新版 国際民事訴訟法

International Civil Procedure

小林秀之＋村上正子
Hideyuki Kobayashi+Masako Murakami

著

弘文堂

■新版はしがき

　本書は、国際民事訴訟法についての、最新かつ最高水準を目指しつつ、わかりやすさとの両立を図ったテキストです。

　実は、国際民事訴訟法は、ここ10年くらいの間に、次々と新法が成立し、完全に様相が一変しました。それ以前は、立法的解決がほとんどなされていないために、学説が林立して対立し合い、判例も多種多様で、まさに「戦国時代」に近い状況でした。

　ところが、現在では、国際民事訴訟法のほとんどすべての領域で立法的解決がなされ、新法の解釈とその適用範囲が大問題となってきています。しかし、学説は、全部を体系的にキャッチ・アップするに至っておらず、最新の国際民事訴訟法の全体像を解説したスタンダードな本もあまりありません。筆者らも、約10年前に、本書の旧版を世に出した時には、しばらくはそのままで通用すると信じて疑いませんでした。法律学の常識からすれば、法分野の進歩などその程度だ、と信じていたといっても過言ではないでしょう。

　ところが、本書の準備に取りかかって驚いたのは、国際民事訴訟法のすべての領域が新法により完全に一新されており、しかも、従来の判例や学説との関連を十分に咀嚼しなければならないと気づかされたことでした。

　本書では、コンパクトさも重視して、注を必要最小限にとどめようとしたため、この領域の多数にのぼる先行研究を上手くまとめて新法についてまで解説するのは至難の業でした。

　本書は、旧版をほとんどすべて書き直し、まったく新しい別の本になっています。

　「国際民事訴訟法」というと、国際取引や国際交流の隆盛化に伴い、国際的な取扱いがなされる種々の法領域の寄せ集め、という印象をもたれている読者も多いでしょう。ところが、国際民事訴訟法の各領域は密接に結びついており、相互に関連し合っています。本書を読み進まれるとおわかりいただけますが、各領域は、一本のしっかりした「太い糸」によってつながっています。学説の対立も、背景には国際民事訴訟法に対する世界観

の差のようなものがありますが、その中で、本書は、現在の立法および判例に配慮している標準的な立場をとっています。

　本書を読まれると、すぐに気づかれる特徴として、判例を、事案も含めてかなり詳しく説明していることがあります。判例をめぐって、学説も、多岐にわたっていることに気づかれるでしょう。ダイナミックに判例と学説とが発展して、最終的に立法に結実していく「法の創造」の現場を国際民事訴訟法でみることができます。

　本書の根底にある考え方をもっと深く知りたい読者は、注に引用した論文や判例評釈を読み進めていただければ幸いです。国際民事訴訟法学の研究は、奥深いものがあります。

　末尾ながら、本書の刊行にあたっては、旧版同様、弘文堂取締役の北川陽子さんの貢献が非常に大きいことを記し、筆者両名の感謝の気持ちを表したいと思います。

　コロナ・ウイルスのパンデミックのもとで、執筆を進めるにおいては多大の困難がありましたが、こうして無事刊行に漕ぎ着けることができたのは幸運であり、生涯忘れられない思い出になるでしょう。世界的にこれだけ広範囲かつ大規模にウイルス感染が全世界に拡大したのは、国際交流が以前とは比較にならないほど増えているからです。まさに今、コロナ・ウイルスに打ち勝つのに必要なのは、ワクチン開発をはじめとする国際協力です。そのためにも、今後、ますます増えていく国際取引・国際交流の健全な発展を図ることは必要不可欠であり、本書で説明した国際民事訴訟法の知識の重要性もますます高まっていくことでしょう。

　　2020年初夏　コロナ禍の中で

小 林　秀 之（文責）

村 上　正 子

■目　次

■凡　例

判例集・雑誌・基本書等の略号は、以下の例によるほか、一般の慣例にならった。

小林=村上・国際民事訴訟法　　小林秀之=村上正子『国際民事訴訟法』（弘文堂・2009）

小林編・理論と実務　　小林秀之編集代表／原強=藪口康夫=村上正子編『国際裁判管轄の理論と実務──新設規定をめぐる裁判例・学説の検討と解釈』（新日本法規・2017）

中西ほか　　中西康=北澤安紀=横溝大=林貴美『国際私法［第2版］』（有斐閣・2018）

本間ほか　　本間靖規=中野俊一郎=酒井一『国際民事手続法［第2版］』（有斐閣・2012）

松岡編　　松岡博編『国際関係法入門──国際私法・国際民事手続法・国際取引法［第4版］』（有斐閣・2019）

秋山コンメⅠ　　『コンメンタール　民事訴訟法Ⅰ［第2版追補版］』（日本評論社・2014）

秋山コンメⅡ　　菊井維大=村松俊夫原著／秋山幹男=伊藤眞=加藤新太郎=高田裕成=福田剛久=山本和彦編『コンメンタール　民事訴訟法Ⅱ［第2版］』（日本評論社・2006）

笠井=越山・新コンメ　　笠井正俊=越山和広編『新・コンメンタール　民事訴訟法［第2版］』（日本評論社・2013）

条解　　兼子一原著／松浦馨=新堂幸司=竹下守夫=高橋宏志=加藤新太郎=上原敏夫=高田裕成『条解　民事訴訟法［第2版］』（弘文堂・2011）

条解民執　　伊藤眞=園尾隆司編集代表／林道晴=山本和彦=古賀政治編『条解　民事執行法』（弘文堂・2019）

注釈(1)　　新堂幸司=小島武司編『注釈民事訴訟法(1) 裁判所・当事者1』（有斐閣・1991）

注釈(3)　　竹下守夫=伊藤眞編『注釈民事訴訟法(3) 口頭弁論』（有斐閣・1993）

注釈(4)　　鈴木正裕=新堂幸司=青山善充編『注釈民事訴訟法(4) 裁判』（有斐

閣・1997)

注解(1)　鈴木忠一=三ケ月章編『注解民事執行法1 序説・総則・強制執行総則』（第一法規・1984）

注解(5)　鈴木忠一=三ケ月章編『注解民事執行法5 非金銭執行・担保権実行・罰則』（第一法規・1985）

注解(6)　鈴木忠一=三ケ月章編『注解民事執行法6 仮差押仮処分（民事訴訟法）・仮差押仮処分の執行』（第一法規・1984）

新実務民訴(1)　鈴木忠一=三ケ月章監修／木川統一郎=新堂幸司=園部逸夫=高野耕一=中野貞一郎=西村宏一=野崎幸雄=三好達=吉井直昭編『新・実務民事訴訟講座(1) 判決手続通論1』（日本評論社・1981）

新実務民訴(7)　鈴木忠一=三ケ月章監修／木川統一郎=新堂幸司=園部逸夫=高野耕一=中野貞一郎=西村宏一=野崎幸雄=三好達=吉井直昭編『新・実務民事訴訟講座(7) 国際民事訴訟・会社訴訟』（日本評論社・1982）

新裁判実務大系(3)　高桑昭=道垣内正人編『新裁判実務大系(3) 国際民事訴訟法（財産法関係）』（青林書店・2002）

実務民訴〔第3期〕(6)　新堂幸司監修／高橋宏志=加藤新太郎編『実務 民事訴訟法講座〔第3期〕第6巻 上訴・再審・少額訴訟と国際民事訴訟』（日本評論社・2013）

澤木=道垣内・入門　澤木敬郎=道垣内正人『国際私法入門［第8版］』（有斐閣・2018）

一問一答平23年　佐藤達文=小林康彦編著『一問一答 平成23年民事訴訟法等改正──国際裁判管轄法制の整備』（商事法務・2012）

一問一答平30年　佐藤達文=小林康彦編著『一問一答 平成30年人事訴訟法・家事事件手続法等改正──国際裁判管轄法制の整備』（商事法務・2019）

中間試案　法務省民事局参事官室「人事訴訟事件及び家事事件の国際裁判管轄法制に関する中間試案（平成27年2月27日取りまとめ）」

中間試案補足説明　法務省民事局参事官室「人事訴訟事件及び家事事件の国際裁判管轄法制に関する中間試案補足説明（平成27年3月）」

民訴百選［第2版］　新堂幸司=青山善充編『民事訴訟法判例百選［第2版］』（有斐閣・1982）

民訴百選I・II［新法対応補正版］　新堂幸司=青山善充=高橋宏志編『民事訴訟法判例百選I・II［新法対応補正版］』（有斐閣・1998）

民訴百選［第3版］　　伊藤眞=高橋宏志=高田裕成編『民事訴訟法判例百選［第3版］』(有斐閣・2003)

国際私法百選［新法対応補正版］　　櫻田嘉章=道垣内正人編『国際私法判例百選［新法対応補正版］』(有斐閣・2007)

国際私法百選［第2版］　　櫻田嘉章=道垣内正人編『国際私法判例百選［第2版］』(有斐閣・2012)

渉外百選［第2版］　　池原季雄=早田芳郎編『渉外判例百選［第2版］』(有斐閣・1986)

渉外百選［第3版］　　池原季雄=早田芳郎編『渉外判例百選［第3版］』(有斐閣・1995)

倒産百選［第5版］　　伊藤眞=松下淳一編『倒産判例百選［第5版］』(有斐閣・2013)

家月	家庭裁判月報
下民集	下級裁判所民事裁判例集
金判	金融・商事判例
金法	金融法務事情
高民集	高等裁判所民事裁判例集
最判解	最高裁判所判例解説民事篇
重判解	ジュリスト増刊・重要判例解説
主判解	別冊判例タイムズ・主要民事判例解説
ジュリ	ジュリスト
新聞	法律新聞
曹時	法曹時報
速判解	法学セミナー増刊・速報判例解説
年報	国際私法年報
判時	判例時報
判タ	判例タイムズ
判評	判例評論
ひろば	法律のひろば
法教	法学教室
法協	法学協会雑誌
法時	法律時報
法セ	法学セミナー

民月	民事月報
民集	最高裁判所民事裁判例集
民商	民商法雑誌
民訴	民事訴訟雑誌
民録	大審院民事判決録
リマークス	私法判例リマークス
労経速	旬刊労働経済判例速報
労民集	労働関係民事裁判例集
論ジュリ	論究ジュリスト

第1章　国際民事紛争の全体像

I　国際民事紛争とは

1　日常生活における国際化の波

　現代では、日常生活の多くの局面に（すべての局面といってもいいすぎではないかもしれない）、国際取引が関係している。一昔前までは、国際取引といえば、海外の企業と取引をする一部の会社や貿易商にかぎられていて、一般市民には関係ないという人も多かったかもしれない。しかし、一般市民が消費する食料品や雑貨の大半は国際取引によるものである（直接輸入でなくても原材料は海外からというものも多い）。国際運送についても、今では学生ですら気軽に海外に行く時代であるし、日本で働く外国人も飛躍的に増大している。何より、近年のインターネットの普及により、外国の商品が海外に行かなくても自宅にいながら誰でも気軽に直接手に入れることができるようになった。これらすべてが国際取引であり（海外旅行や海外出張も国際旅客運送という国際取引の一類型）、これにより、国際取引は、今や一般消費者の日常生活の中に深く浸透している。

　また、逆に、わが国の企業の多くは売上げのかなりの部分を外国への輸出に頼っており、中小企業でも外国への輸出が売上げの大部分を占めるところが少なくない（たとえば、おもちゃ業界は中小企業が多いが、最近まで全体の売上げの半分以上は海外向けであった）。

　このような物品や資金の国境を越えた移動が日常化するのと同様に、人もまた国境を越えて移動している。それに伴い、婚姻や離婚、相続や養子縁組などの様々な家族（身分）関係も国際化の時代を迎えている。

2　国際民事紛争とは

　このように多数の国際取引や国際家族関係がすべて順調にいっている間

は、あまり問題はないが、膨大な数の物や人の移動があれば当然一定数の
トラブルが生じ、いったんトラブルが生じると、文化や慣習さらには法制
度自体も異なるため、トラブルの解決も容易ではない。いやむしろ、国際
取引や国際家族関係の場合には、国内の場合と異なってトラブル解決のた
めの一定のルールが確立していないために、トラブルがこじれることも多
いし、国内事件なら当然救済される者も、渉外事件であるために救済され
ないことも多い。

　国ごとに文化や裁判制度が異なるため、どこの国の裁判所で裁判される
かによって結論が異なる可能性があるだけでなく、問題の紛争に適用され
る法（準拠法）をどこの国の法にするか定める国際私法（これは講学上の概
念で、制定法としてはわが国の場合「法の適用に関する通則法」が規定してい
る）が国によって異なるため、どこの国の裁判所で裁判されるかによって
適用される法も異なってくる。その結果、当然裁判の結論に違いが出るこ
ともある。実際的な問題としては、外国の裁判所で裁判してもらうために
は、言葉の障害や、外国の弁護士に依頼せざるをえないことなど、手間や
費用も日本で訴訟する場合とは比較にならないほどかかる。一般市民や小
規模事業者による国際取引の金額はそれほど大きくないことから、何かト
ラブルがあっても、上述の様々な困難を考えると何もせずにあきらめると
いうことも少なくないであろう。

　また、とくに家事事件においては、言語や慣習、民族性等の違いが紛争
解決に与える影響は国際取引の場合よりも大きく、家族関係や権利意識、
宗教上の倫理観、紛争解決に対する姿勢、社会的環境など考慮すべき要素
は多様化、複雑化しているといえよう。

Ⅱ　国際民事紛争への対応のむずかしさ

　ここでは、国際取引紛争を例にとって、その紛争解決を求める側、そし
て紛争に巻き込まれた側、それぞれが直面する困難について考えてみよう。
その多くは国際家事紛争についてもあてはまるものである。

1　国際取引紛争の紛争解決を求める側のむずかしさ

(1)　法廷地の選択のむずかしさ　　国際取引においてトラブルが生じたり

事故が起きた場合に、紛争解決を求めるにはどうすればよいかというと、これがなかなか容易ならざる問題なのである。

　国内取引であれば、契約でとくに紛争解決方法について定めていなくても、わが国の裁判所に訴えればよい。国内の裁判所間でも、どこの地域で起きた事件はどこに所在する裁判所の管轄に属するかという国内土地管轄は存在するが（民訴4条以下）、国内土地管轄を間違えて東京地裁に提起すべき事件を大阪地裁に提起したとしても、大阪地裁はその事件を東京地裁に移送してくれるし（民訴16条）、東京地裁は国内土地管轄についての大阪地裁の判断に拘束され、さらにまた別の裁判所に移送することはできない（民訴22条）。また、国内取引の場合、どこの裁判所で訴えても適用される法律は日本の法律であり、裁判所による裁判官の差はほとんどないし、前述のように国内土地管轄を間違えたとしても移送等により、結局はわが国の裁判所が紛争を解決してくれる（もちろん、自分が勝訴できるという保証はどこにもないが、どうすれば紛争解決が求められるかで悩む必要はない）。

　これに対して、国際取引の場合、紛争解決方法について当事者間に合意がないときには（当事者間で紛争解決方法について合意があってもなお問題があることは後述）、どこの国の裁判所に紛争解決を求めて訴えればよいのかという法廷地の選択（民訴3条の2以下）が、第1の関門として存在する。

　まず、国際的な事件につきどの国の裁判所が裁判管轄権を行使するかという国際裁判管轄の考え方は国によって異なるために、わが国の国際裁判管轄の考え方に従って外国の裁判所に訴えを提起しても、その外国の裁判所が国際裁判管轄についてわが国と同じ考え方をとってくれるとはかぎらない。わが国の国際裁判管轄の考え方からすれば、被告住所地主義が大原則であり、被告の住所地国で訴えれば当然に国際裁判管轄が認められるはずである。しかし、たとえばアメリカの国際裁判管轄の原則はわが国のそれとは異なっており、とくにフォーラム・ノン・コンヴィニエンスの法理はわが国にはない原則の1つである。このフォーラム・ノン・コンヴィニエンスの法理は、簡単にいえば、法廷地（国）になりうる地が複数存在する場合に不便な地での訴訟追行を否定する原則で、比較的ゆるく認められ

ているアメリカの裁判管轄権に実際的に絞りをかける働きをしているものである。このように、外国で訴えを提起しようとする場合には、その外国の国際裁判管轄の考え方を十分調査する必要があるが、国際裁判管轄は諸外国でもここ数十年で急速に発展してきた問題であるために、その調査は容易でないことが多い。

　さらに、国際裁判管轄には、国内土地管轄の場合と異なり、移送の制度がない。そのため、ある事件についてＡ国裁判所はＢ国裁判所が国際裁判管轄を有すると考えても、Ｂ国裁判所に移送できないから訴えを却下するしかない。Ａ国裁判所の判断に従い当事者がＢ国裁判所に訴えた場合でも、Ｂ国裁判所が国際裁判管轄を肯定するとはかぎらない。Ｂ国裁判所は、国際裁判管轄についてＡ国裁判所と同じ考え方をとるとはかぎらないし、原則としてＡ国裁判所の判断に拘束されないからである。英米法系諸国の場合、自国の裁判所ではなく他国の裁判所が国際裁判管轄を有すると判断したときでも、自国の裁判所の手続を中止（stay）して他国の裁判所が実際に国際裁判管轄を肯定するのを確認したり（他国の裁判所が国際裁判管轄を否定した場合は自国の訴訟手続を再開する）、他国の裁判所が国際裁判管轄を肯定することを条件として訴えを却下する条件付却下が可能であるが、わが国にはこのような制度はない。

　このため、国際取引紛争の場合、国際裁判管轄を認めてくれる国の裁判所を見つけ出すことが、紛争解決を求める当事者がなすべき最初の大仕事になってくる。国際裁判管轄が認められるかどうかだけで最高裁まで争われることもあり、その場合には、本案の審理が本格的に始まるまでに何年も費やされることになる。国内取引紛争の場合、国内土地管轄が争われる事件はそれほど多くはないし、国内土地管轄を間違えても移送してくれるから実際的な支障が少ないのに対して、国際取引紛争の場合、被告側が国際裁判管轄欠如の抗弁を最初に出すことが多く、しかも移送の制度がないことから、いったん訴えを提起すればどこかの裁判所が面倒をみてくれると期待することはできず、国際裁判管轄の欠如を理由に訴えを却下されたら、国際裁判管轄を肯定してくれる別の国の裁判所を見つけ出して訴えるしかない。どこの国の裁判所も国際裁判管轄を否定する場合には、自国の裁判所が国際裁判管轄を一種の緊急避難として認める緊急管轄の考え方に

より、当事者がどこからも司法的救済を拒否されるということはないようにすべきであろう。このような国際裁判管轄の消極的抵触とは逆に、1つの事件について複数の国が国際裁判管轄を有するという、積極的抵触の場合もありうる。たとえば、国際知的財産紛争の場合には、外国で特許権侵害に基づく損害賠償請求を求められた日本企業が、日本で債務不存在確認訴訟を提起するという事例がしばしば起こりうる。この場合、両国の訴訟を調整する国際的なルールはなく、各国の対応に委ねられているため、そのまま判決まで進んだ場合、国をまたいで矛盾する判決が存在するという事態も生じうる。

　また、国際取引紛争の場合、法廷地の選択にあたっては、判決の実効性も十分考慮する必要がある。国内取引紛争の場合は、勝訴すれば、相手方が判決に従わなくても、裁判所に申し立てれば強制執行により判決どおりの内容を実現してくれるが、国際取引紛争の場合はそう単純ではない。判決国に目的物や相手方の資産が存在する場合には、判決国の裁判所に申し立てれば判決どおりの権利の実現は可能であるが、判決国に目的物や相手方の資産が存在しない場合にはそうはいかない。目的物や相手方の資産が存在する国で外国判決の承認・執行の手続をふまなければ、強制執行などは不可能であり、国によっては外国判決の承認・執行の際に手続的要件だけではなく実体的要件を再審査するところが少数ながら存在し、外国判決の承認・執行の手続をふむために二重の手間になるからである。わが国の外国判決承認・執行制度は、手続的要件しか審査しないが（民訴118条参照）、執行のためには通常の判決手続によるため（民執24条参照）、実際にはかなり時間がかかる。

　(2)　**法制の差異・言葉の壁**　　外国の裁判所が、その国際取引紛争について国際裁判管轄を認めてくれるとしても、外国の裁判所で訴訟追行する場合には種々の問題が生じてくる。

　外国の裁判所で訴訟追行するには、手続はすべてその外国の法制に従う必要がある。「手続は法廷地法による」というのが世界的に認められている大原則であり、わが国の民訴法は適用されずその国の訴訟法がすべての手続を支配する。弁護士も、その国の弁護士しか訴訟代理権がないのが通常であるから、その国の弁護士に依頼することが必要である。手続法につ

いての各国の法制の差異はかなりあり、わが国の民訴法は大陸法系に属するため、とくに英米法系諸国の手続法との差異は大きい。たとえば、英米法系諸国では証拠収集制度としてディスカヴァリ（discovery）という広範な証拠収集を可能にする制度が存在するし、事実認定のための判定者として陪審（jury）を利用することも可能である。また、弁護士報酬制度として、アメリカなどではコンティンジェント・フィー（contingent fee）という方式が存在し、勝訴した場合には勝訴額の3分の1とか2分の1といった多額の成功報酬を支払う必要があるが、それ以外は着手金も含めて一切支払う必要がないため、弁護士へのアクセスがわが国よりずっと容易である。

　このように、外国の手続法やそれを取り巻く法慣習を理解していないと、外国での訴訟が困難であることは容易に想像がつくであろう。

　さらに、外国での訴訟の際には、当然のことながら言葉の壁とそれに伴う通信・連絡の大変さという問題も存在する。外国の裁判所ではその国の公用語しか使用できないから、証拠の翻訳や証人尋問の際の通訳の問題も生じるし、外国の弁護士との打ち合わせも必ずしも容易ではない。

　また、注意すべき点として、手続法はともかく実体法はどこの国の裁判所で審理しても同一の国の実体法が適用されるかというと、これも必ずしもそうではない。適用される実体法を決定する（準拠法の選択を規制する）国際私法が、各国によって異なっているからである。わが国の国際私法によればその国際取引紛争に適用される実体法はA国法なのに、B国裁判所でその国際取引紛争が審理された場合、B国の国際私法によれば適用されるべき実体法がC国法である、ということはいくらでもある話である。そのため、適用される実体法の予測も必ずしも容易ではない。

　ただ一方で、手続法や国際私法が各国で異なっていて、訴えた国の手続法や国際私法に従わなければならないとしても、当事者にとってはデメリットばかりではなく、メリットがあるのも事実である。近時は日本人原告が外国の法廷に訴える例も増えてきているが、これは、わが国の訴訟制度と外国のそれとを比較して、外国の訴訟制度のほうが当該事件との関係で有利であれば、積極的に外国の訴訟制度を利用しようという考え方に基づくものである。たとえば、自分の手持ち証拠は十分ではないが、相手方が

自分に役立つ証拠をたくさんもっていることが確実な場合には、広範な証拠収集を可能にするディスカヴァリが利用できる英米法系諸国で訴えることも1つのやり方である。また、各国の国際私法を調査して、自分にもっとも有利な実体法を適用する国際私法を有する国で訴えを提起すれば、実体審理を有利に展開できる。アメリカにおいては、勝訴した場合にのみ弁護士報酬を支払えばよい（弁護士は自腹を切ることにはなるが、その分報酬額も高くなる）という前述のコンティンジェント・フィーという方式が広く行われていることも、アメリカでの訴訟提起を容易にしている。たとえば、1983年（昭和58年）夏に、韓国の旅客機が領空を侵犯したとして旧ソ連の戦闘機に撃墜された大韓航空機事件では、かなりの数の遺族がアメリカでの訴訟提起にふみ切ったが、これはアメリカの広範なディスカヴァリによる証拠収集を考慮したためであるといわれている（わが国でも訴訟提起を行ったため、後述の国際訴訟競合の問題も生じていた）。また、1985年（昭和60年）夏の日航ジャンボ機事件では、一部遺族が米国ワシントン州でボーイング社と日航を提訴した。2000年に起きたオーストリアのケーブルカー火災事故で犠牲になった日本人遺族も、米国ニューヨーク州で電気会社を提訴した。

　もっとも、このような自分に有利な国を捜してそこで訴えることは、フォーラム・ショッピング（forum shopping: 法廷地漁り）とよばれ、国際裁判管轄を否定する理由になることもあるので、注意する必要がある。実際にも、日航ジャンボ機事件では、ワシントン州裁判所は、ボーイング社側が事故の責任を認めることを条件に、損害賠償額の具体的算定は日本で行うべきであるとして、遺族側の訴えを却下した。さらに、外国で訴訟を提起するためには外国の法制度のトータルな理解が要求され、思わぬところで日本法と異なっていて不測の事態が生じることもあるので、外国の法制度に対する十分な知識が必要になってくる。

　(3)　**外国法の適用の問題**　　わが国の裁判所に訴え、わが国の裁判所が国際裁判管轄を認めてくれたとしても、外国に存在する証拠の証拠調べをどのようにわが国の裁判所が行うのか（国際司法共助により外国に依頼するのが通常であるが、可否および方法の問題がある）、適用される法（準拠法）が外国法の場合、その内容の立証は通常容易ではないが、かりに外国法の内

容が不明の場合どうするのか、日本法を適用するのか、当該外国法に類似する法体系の国の法を適用するのか、など困難な問題がある。これらの証拠調べや準拠法の問題は、国際取引紛争のいずれの当事者にも生じるし、裁判所も直面する問題である。

　国際民事紛争においては、適用される法（準拠法）が日本法とは限らない。わが国で訴えが提起された場合に、当事者間の合意により、また、合意がなければ通則法の規定に従って、準拠法が決定される。この準拠法が外国法の場合には、その適用に際して、外国法の調査を誰が（裁判所か当事者か）、どこまで、どのように行うのか、外国法の内容が調査しても不明の場合、事実と同様に証明責任によって処理してよいのか、当事者に不明のリスクを負担させることが許されないとしたら、不明な外国法の内容をどのように決定するのか、という問題が生じる(1)。この問題は、国際民事紛争のいずれの当事者にも生じるし、裁判所も直面する問題である。

　通説は、法の適用は裁判所の専権であることから、裁判所は、当該国の裁判官と同様に外国法を適用・解釈すべきであり、その前提となる外国法の内容の調査も裁判所の権限であり、かつ責務であるとする(2)。外国法が準拠法であっても紛争解決のために果たす機能は国内法と同様であるし、当事者が外国法を誤って理解していた場合に、弁論主義により裁判所がそれに拘束されるとするのは不当である。そもそも正しい外国法の調査を行わないのは、法分野における国際化の流れに逆行し、わが国での外国法研究の成果を否定するものであろう。もっとも、裁判所が外国法の内容を調査する義務があるといっても限界があり、実際上は当事者の外国法についての調査に対する依存度がかなり高いことは否定できない。外国法は事実か法規か、という形式的な性質論から結論を得るよりも、当事者と裁判所が

（1）　石黒一憲「外国法の適用と裁判所」三ケ月章先生古稀記念祝賀・民事手続法学の革新(上)（有斐閣・1991）441頁、松岡博「外国法の適用と裁判」新裁判実務大系(3)277頁等。外国法の適用については、札幌地判昭59・6・26家月37巻7号65頁は、離婚の準拠法をジンバブエ法としたうえで、判明しているジンバブエ法の内容を手がかりにしつつ、不明な部分は条理によって補い、離婚請求の当否を判断するのが相当であるとした。本判決の評釈として、森下哲朗・国際私法百選［第2版］236頁等がある。また、最判平20・3・18判時2006号77頁は、裁判官が準拠外国法の解釈適用を誤った場合でも、国内法と同様に上告受理申立てをすることを認めている。本判決の評釈として、西谷祐子・国際私法百選［第2版］238頁等がある。
（2）　澤木=道垣内・入門52頁以下。

外国法について共通の認識をもつことこそが、充実した審理および当事者の手続保障につながると考えられることから（松岡編55頁〔長田真理〕、本間ほか163頁〔酒井一〕）、当事者と裁判所が協力して、外国法の内容を調査・確定することになろう。文献やインターネット等の調査、外国法専門家の鑑定や当該国の法律家の意見書、最高裁事務総局・大使館・内外の公官庁等への照会などを積極的に利用し、将来的には、最高裁図書館に外国法センターを設けるべきである(3)。

　他方で、裁判所や当事者の努力によっても準拠外国法の内容が不明な場合（当事者間で外国法の内容や解釈に争いがある場合も含む）に、どのように裁判すべきか。裁判の前提となる法規の内容が不明で裁判ができないとして訴えを却下することは、裁判の拒絶を意味し、許されない（本間ほか168頁〔酒井〕）。近時の判例には、準拠外国法が明確でないことを、民訴法3条の9の特別の事情の有無の判断の際に考慮して、日本の国際裁判管轄を否定する傾向がみられるが、これも妥当ではない（第2章参照）。では、何らかの実体判断をするとして、外国法に依拠した請求もしくは抗弁を棄却すべきとする説、外国法の適用を断念し、内国法廷地法を適用すべきとする説、準拠外国法の次に補充的な準拠法を探求して適用すべきとする説、準拠外国法の適用を前提として、その内容を条理によって決定すべきとする説などが主張され、判例の立場も定まっていない(4)。事実と同様に証明責任によって処理し、請求を棄却することは、裁判拒否と同様の結果を招くことになり、妥当ではない(5)。日本に国際裁判管轄が認められる以上、日本との関連性が強いと解されることから、法廷地法である日本法を適用するという方法には一定の正当性があるとはいえる。しかし、この考えは安易に日本法の適用を優先することになりかねず、内外法平等という国際私法の原則と調和しない（松岡編57頁〔長田〕、本間ほか169頁〔酒井〕）。この方

---

(3)　森下・前掲注（1）236頁、西谷・前掲注（1）238頁参照。

(4)　森下・前掲注（1）236頁以下、中西ほか105頁、澤木・道垣内・入門54頁以下参照。前掲注（1）札幌地判昭59・6・26等。

(5)　これに対して、本間ほか170頁〔酒井一〕は、国内法か外国法であるかを問わず、法規内容が不明に帰した場合には、有効な法律効果を享受するはずであった側の当事者に不利な判決を下すことになるとし、その結果の不当は、公序（通則法42条）により回避できるとする。

法はやむをえない例外的な場合に限定すべきであり、不明な部分を条理で
補うにしても、その内容をできるだけ明確にし、裁判所の恣意的な判断と
ならないよう努めるべきであろう。[6]

　裁判官が、適用すべき準拠法を誤った場合には、わが国の通則法の適用
違背となることから、上告受理申立理由となる（312条・318条1項）。裁判
所が、準拠外国法の解釈適用を誤った場合も、それにより当事者の権利が
侵害され、本来あるべき正当な保護を受けられなかったとされる以上は、
上告の道を開いておくべきである。[7]

2　国際取引紛争に巻き込まれた側のむずかしさ

　(1)　**対応の選択のむずかしさ**　　1で説明したように、国際取引紛争の紛
争解決を申し立てる側に国内取引紛争にはない困難な問題がいくつもある
とすると、その分だけ紛争解決を申し立てられた側がやりやすくなるかと
いうとそうではない。紛争解決を申し立てられた当事者（以下では、単に
「被告」という）にも、国内取引紛争にはない困難な問題がいくつも生じる。

　まず、法廷地の選択にしても、紛争解決を申し立てる当事者（以下では、
単に「原告」という）がイニシアティヴをもっており、国際裁判管轄の有
無の点でリスクを負っているとしても、事前に十分な調査と準備をして、
原告にとってもっとも有利と思われる法廷地の裁判所で提訴できる。とく
に、原告の住所地国が国際裁判管轄を広く認めている場合には、原告にと
ってホーム・グラウンドであり、法制・言語ももっとも慣れている原告の
住所地国で訴えが提起されることが多いであろう。たとえば、アメリカで
は、各州のロング・アーム法（long arm statute: ただし、内容は各州により
若干の差があり、また連邦憲法のデュー・プロセス条項〔due process clause〕
からの最小限の関連〔minimum contact〕の制約はある）が非常に広い裁判管
轄権を認めているし、フランスでは、フランス人は自ら放棄した場合を除

（6）　森下・前掲注（1）237頁、中西ほか106頁参照。
（7）　松岡編59頁〔長田真理〕。本間ほか173頁〔酒井〕も同様の立場に立つが、「憲法の番人」
　　としての最高裁判所の任務を重視し、外国法の解釈・適用の誤りが上告受理の理由と認めら
　　れる事案は例外的な場合に限られるとする。前掲注（1）最判平20・3・18、西谷・前掲注
　　（1）238頁も参照。

き常にフランスの裁判所で裁判を受ける権利を有するとされており（フランス民法14条・15条）、両国のいずれかに住所を有する原告は、自国の裁判所に容易に提訴できる。

　被告の側は、原告が自分にもっとも有利と思った法廷地で、国際裁判管轄も含めて争わなければならず、困難な闘いを強いられることになる。たとえば、原告がその住所地国で訴えを提起した場合、被告は、法制度も不慣れで言語や通信・連絡の問題もあり、裁判官や陪審員を含む国民感情が原告側に傾きがちなところで争わなければならない。被告は、弁護士の選任についても、なじみのない原告の住所地国の弁護士を選任しなければならない。場合によっては、誰も知らないため弁護士を選任したくても選任できないこともあるかもしれない。

　被告側の1つの対応策としては、原告が提訴した国に被告が目的物も資産も有していないならば、思い切って原告の提訴をまったく無視してしまうことが考えられる。もっとも、被告が原告の提訴国に目的物ないし資産を有している場合には、無視すれば敗訴して目的物や資産が判決の実現にあてられてしまうから、原告の提訴国で国際裁判管轄も含めて争うしかない。また、被告は原告の提訴当時、提訴国になんらの資産も有していなかったので無視したとしても、その後提訴国に国際取引の関係から商品等を持ち込めば、原告の勝訴判決に基づき差し押さえられる危険が出てくる。

　被告が、原告の提訴国には目的物も資産も有していないとして原告の提訴を無視した場合、原告がさらに提訴国の勝訴判決の承認・執行を被告の住所地国に対して求めてくることもある。この外国判決の承認・執行については、わが国も含めて大多数の国が判決の内容についての実体的な再審査を禁じ、かぎられた手続的要件の審査しか許していないため、例外的に実体的な再審査を許している国を除き、被告は実体的な主張を自国の裁判所であっても聞いてもらえないことになる。

　国際取引紛争の被告は、以上のような諸事情を考慮しながら、原告の訴状が送達された日から原告の提訴国の裁判所が指定する期間（通常それほど長くなく、国際取引紛争という事柄の性質を考えればかなり短いことが多い）内に、態度決定を迫られることになる。

　(2)　**直接郵送による送達の問題**　　被告が日本人ないし日本法人で、原告

が英米法系諸国の裁判所に訴えを提起した場合、実務上原告による訴状の送達が有効かというやっかいな問題が生じることも多い。というのは、わが国を含む大陸法系諸国では職権送達主義がとられ裁判所が送達事務を行うが、英米法系諸国では当事者送達主義がとられ原告（実際には代理人弁護士）が送達事務を行う。そのため、英米法系諸国の裁判所に訴え提起がなされた場合、訴状が原告側の弁護士からわが国の被告に直接郵送されてきたり、原告側に依頼された私人から直接手渡されたりすることも多い（直接手渡しによる送達は、直接交付〔personal service〕とよばれ、英米法では正式の送達方法である）。これに対して、わが国は職権送達主義をとっているので、提訴国の裁判所がどのように扱うかはともかく、わが国で外国判決の承認・執行が問題になった場合、適法な訴状の送達がなかったとして（118条2号の「敗訴の被告が訴訟の開始に必要な呼出し若しくは命令の送達（公示送達その他これに類する送達を除く。）を受けたこと」の要件を欠くとして）、わが国の裁判所が承認・執行を拒否するかが問題となる。先にあげた英米法系諸国の送達方法のうち、直接交付送達については、国際司法共助の多国間条約では許容されていないが、訴状の直接郵送による送達については、次に述べるように、はっきりしないところもあった。

　送達の国際司法共助についての多国間条約としては、民訴条約（正式名は「民事訴訟手続に関する条約」）と送達条約（正式名は「民事又は商事に関する裁判上及び裁判外の文書の外国における送達及び告知に関する条約」）の2つがあり、わが国も加盟している。送達条約10条は特別の送達方法3種を並べ、締約国が拒否の宣言をしないならばその特別の送達方法も可能であるとしている。つい最近までわが国は、他の2種の送達方法に対しては拒否の宣言をしているのに、直接郵送による送達について拒否の宣言をしていなかったため、送達条約の解釈として、わが国は直接郵送による送達を認めていると解する余地があるのかどうかで、議論が分かれていた。しかし2018年（平成30年）末にやっと日本が拒否宣言をしたことにより、送達条約に関してはこの問題は解決したが、送達条約を締結していない国との間では、依然として問題は残っている。

Ⅲ　国際取引における紛争解決の合意の意義

1　国際取引における紛争解決の合意の重要性

　国際取引では、当事者の社会的・文化的背景が異なるだけに、紛争が生じた場合の予測可能性や法的安定性が確保されていることが、国内取引の場合よりはるかに重要であるのに、実際には予測可能性や法的安定性の点で国内取引の場合よりはるかに劣るのが現実である。

　国際取引の当事者間で紛争が生じた場合の紛争解決手段について、当事者間で事前に合意がない場合、紛争解決を求める当事者間は自らの選択とリスクにより、どこかの国の裁判所に救済を求めるために訴えを提起せざるをえない。

　この場合、先に述べたアメリカのフォーラム・ノン・コンヴィニエンスの法理によって、訴えを提起した国の裁判所が国際裁判管轄権の行使を拒否して訴えを却下する可能性もあるし、国際裁判管轄の考え方が各国ばらばらであるため、どこの国の裁判所に訴えを提起すれば国際裁判管轄ありとして実体審理がなされ救済が受けられるのかは、訴え提起の時点では必ずしも明らかとはいいがたい。しかし逆に、複数の国で国際裁判管轄が認められる事件であれば、原告としては、各国の法制や裁判制度（英米法系諸国であれば一般の人々が事実認定を行う陪審制の利用も可能）、とくにどの範囲まで証拠収集が可能か、その国の国際私法によりどこの国の法が適用されるか等を考慮して、自己にもっとも有利と思われる国の裁判所に訴えを提起することも可能である。

　被告となる当事者の側からすると、原告が一体どこの国の裁判所に訴えを提起するのかは、訴えが提起されるまでわからず、原告が選択した国の裁判所で防御活動を行わなければならない。突然ある日聞いたこともない国から訴状が送られてきて、その国の裁判所で自分に対して訴えが提起されていると知っても、どう対応すればよいのかとまどってしまうのが普通であろう。日本となんら条約や協定を結んでいない国から、訴状がわが国の外務省や裁判所を経由せずに直接郵送で送られてきた場合には、なんらかのリアクションをとるべきかどうか、迷うこともあるだろう。その国に

なんら財産がないのであれば、とりあえずは敗訴判決が出ても影響はない
が、相手がわが国の裁判所に当該判決の承認執行を求めてこないとはかぎ
らない。他方で、当該外国の裁判所で応訴しようと決めた場合には、その
国の弁護士に依頼せざるをえないし、打ち合わせや連絡には言葉の問題も
あるし航空運賃や通信費などもかさんでくる。

　このように当事者間で紛争解決手段について事前に合意がないと、国際
取引紛争がいったん生じた場合、国内取引の場合と異なって不測の不利益
が生じることが多い。

　そこで近時は、紛争が生じた場合の予測可能性や法的安定性を少しでも
確保するために、国際取引契約の中に紛争解決方法についての合意条項を
あらかじめ挿入することがかなり多くなってきている。

2　種々の紛争解決方法についての合意

　国際取引における紛争解決方法についての当事者間の合意には、種々の
ものがある。

　おそらくもっとも多いのは、国際裁判管轄についての合意であろう。す
でに説明したように、国際裁判管轄がどこの国の裁判所で認められるかは、
国際取引紛争においてはきわめて重要な問題であるが、国によっては、国
際裁判管轄についてのルールが確立していなかったり、そのルールが異な
ることを考えると、国際裁判管轄についてあらかじめ合意しておくことは
賢明といえる。

　しかし、国際裁判管轄についての当事者の合意を有効とするか、有効と
するとしてもいかなる要件のもとで有効とすべきかは、国際取引において
より強者の立場にある当事者が、自己に有利な法廷地に国際裁判管轄の合
意をさせがちであることを考えても、簡単に答えられる問題ではない。場
合によっては、合意された国際裁判管轄の法廷地が、当該国際取引や国際
取引紛争とまったく無関係な場所の場合もあるだろうし、それでもまった
く構わないのか、という疑問も生じてくる。このことは、一般消費者がオ
ンラインで買い物をした場合などには、より切実な問題となる。

　国際裁判管轄の合意と並んで国際取引契約の中に頻繁に挿入される紛争
解決方法の合意としては、国際仲裁の合意がある。国際仲裁の合意は、国

際取引の紛争解決方法として、裁判ではなく仲裁を選択し、仲裁によって紛争を解決しようとする合意であるが、国内取引の場合よりも仲裁を利用する頻度は国際取引の場合のほうが高い。国際取引で仲裁が好まれる理由としては、仲裁人に商取引の専門家を得ることができること、一審制による迅速性、非公開制による秘密保持等の仲裁特有の利点があげられる。そのほかに、国際訴訟の場合にはどこかの国の裁判所の国際裁判管轄に服することになるため、法廷地国の訴訟法や裁判実務に拘束され、また国民感情によるバイアスなどの問題が生じがちであるが、国際仲裁の場合にはそのような問題を回避できる。

　国際仲裁では、常設仲裁機関の仲裁が利用されることも多く、ロンドン国際仲裁裁判所（London Court of International Arbitration; LCIA）、国際商業会議所（International Chamber of Commerce; ICC）、アメリカ仲裁協会（American Arbitration Association; AAA）の３つの常設仲裁機関の仲裁が、世界的にも頻繁に利用されている。そのほかにも最近では、シンガポール国際仲裁センター（Singapore International Arbitration Centre; SIAC）や香港国際仲裁センター（Hong Kong International Arbitration Centre; HKIAC）も、とくに東南アジア諸国やインド、中国、香港との取引において利用されている。日本では、海事事件についての日本海運集会所（The Japan Shipping Exchange, Inc.; JSE）と国際商事仲裁についての日本商事仲裁協会（Japan Commercial Arbitration Association; JCAA）の２つが、主に利用されている。

　常設仲裁機関によらないアド・ホック（ad hoc）な国際仲裁については、当事者間の合意により国連国際商取引法委員会（United Nations Commission on International Trade Laws; UNCITRAL）が作成した UNCITRAL 仲裁規則がよく利用される。また、近年のインターネットの普及に伴い増加しているオンラインでの取引の紛争解決として、オンライン ADR を活用する国や地域も増えつつある。

　国際取引紛争の紛争解決手段として、国際訴訟ではなく国際仲裁を選択し当事者間で合意がなされた場合、国際仲裁には前述のような利点があるから紛争がスムーズに解決するかというと、必ずしもそうではない。国際訴訟の場合には、どこの国で訴訟をするかにより各国の訴訟法の差異（それは各国の歴史的・文化的な差異の反映でもある）があらわになり、不都合

が生じるのは事実としても、一応訴訟法という手続ルールが存在するため、国際裁判管轄や国際司法共助というような問題は発生するものの、手続の不明確性は少ない。

　これに対して国際仲裁の場合は、国際取引契約を結ぶ際に必ずしも紛争が生じるとは思っていないこともあって、国際仲裁手続についてはそれほど詳細に取り決めがない。そのため、いざ国際仲裁というときには手続的に不明確な点が多く、手続をめぐる紛争が生じることも多い。たとえば、仲裁人の選定は、国際仲裁の勝敗に直接影響する重要な問題であるが、なかなかスムーズにいかない。さらに、手続が開始されても、仲裁人や各当事者は自分が慣れ親しんだ手続を好み、まとまりにくい。仲裁法が整備されていない国もあるし、どこの国の仲裁法を適用するかという準拠法決定の問題もある。準拠法の問題も、厳密にいうと、仲裁契約の準拠法、仲裁手続の準拠法、仲裁判断にあたって適用すべき実体判断についての準拠法等に分かれる。しかし、通常は国際取引契約の中で仲裁判断にあたって適用すべき実体判断についての準拠法が取り決めてあればまだよいほうであり、準拠法の決定が容易でないことも多い。筆者としては、とくに取り決めがなければ、原則として仲裁契約の準拠法は実体判断についての準拠法に準じ、仲裁手続の準拠法は仲裁地法でよいのではないかと思っているが、諸般の事情により異なってくることもあるであろう。これら国際仲裁をめぐる問題については、第 9 章で詳しく検討する。

　国際裁判管轄の合意と国際仲裁の合意のほか、国家が債務者となるローン（sovereign loan）や外債の発行の際に通常なされる主権免除の放棄の合意がある。わが国では、かつて大審院決定（大決昭 3・12・28民集 7 巻1128頁）が、主権免除の放棄の合意を無効としたが、国際金融市場はこの種の合意の有効性を当然の前提として動いていた。その後わが国でも判例変更がなされ、最高裁はこのような合意の有効性を認めるに至り、立法化もされた。この点については第 3 章で扱う。

　国際金融市場のローンや外債の発行で、同様に頻繁に利用される合意の 1 つに、送達場所の指定がある。これは、外国に存在する債務者に対して訴訟を提起した場合、国際司法共助を利用しても時間や手間（翻訳文の添付等）がかかるために、国内の誰かを債務者への送達についての代理人に

指名する形で行われる。債務者の所在国の領事官を送達代理人と指名することが多いが、債権者の１人（ローンの場合の債権者銀行団のうちの１行）を送達代理人に指名することもある。実際に債務者に訴訟提起や訴訟書類の内容が迅速に伝えられるならば問題ないが、そうでない場合には、この種の送達代理人の指名に関する合意は、債務者の手続保障の観点からその有効性・適法性に問題が生じる。

Ⅳ　国際民事紛争の法的諸問題の特徴

　国際民事紛争の法的諸問題は、これまで説明してきたように、国内訴訟では生じないような特殊な問題が多いし、国内訴訟の「常識」やアプローチがあてはまらない場合も少なくない。また、第２章以下で詳しくみていくように、国際司法共助の可否が国際裁判管轄決定の一要素になったり、外国判決承認の一要件として国際司法共助の方法（直接郵送による送達）の適否が問題になったり、外国判決承認と国際的訴訟競合がリンクされて問題になったりと、諸問題が相互に関連しているといえる。さらに、国際裁判管轄では、外国の国際裁判管轄の原理（アメリカの場合には「最小限の関連」やフォーラム・ノン・コンヴィニエンスの法理など）が関係してくるし、国際司法共助では、英米法系諸国の直接郵送による送達やディスカヴァリなどの、わが国にはない手続が関係してくる。国際的なスケールでの各国法の交錯と諸問題の相互の密接な関連が、国際民事紛争の１つの大きな特徴になっているといえるであろう。

Ⅴ　国際民事紛争の類型

　第２章からは、国際民事訴訟法の各論点について詳しくみていくことになるが、ここでは、国際民事紛争の典型的な類型をいくつかあげ、具体的な裁判例に言及しつつ、それぞれの特徴を概観してみよう。

1　国際航空紛争
　最近は海外旅行も国内旅行並みの手軽さになり、大衆的なレジャーの１

つになっている。レジャーとして海外旅行をする場合に通常利用する航空
機（国際路線だけでなく外国の国内路線のこともある）にしても、国際旅客
運送という国際取引の一種であるという認識はあまりなく、運賃の低廉さ
やサービスのよさだけで決める気軽な商品選択にすぎなくなっている。ま
た、海外でのビジネスのための海外旅行も増加しているが、その際の航空
機利用の認識もレジャーの場合とほぼ同様だろう。また、最近は旅行会社
を通さずに個人がインターネットで直接航空券を買うことも珍しくない。

　しかし、いったん墜落事故などが生じた場合、状況は一変し、国際取引
紛争の典型的な一類型として国際取引紛争に伴う種々の問題が生じ、利用
の際の気軽さとは打って変わって国際取引紛争の困難さを思い知らされる
ことになる。

　たとえば、遠東航空機事件（東京地判昭61・6・20判時1196号87頁）は、
台湾国内での旅客機の墜落事故であるが、死亡した日本人乗客の中に有名
な直木賞作家向田邦子氏がいたこともあって、マスコミの注目を浴びた事
件である。台湾の国内航空会社遠東航空の旅客機が台北付近で墜落して死
亡した日本人乗客18名の遺族X₁ら59名が、事故機を製造した米国法人Y₁
（ボーイング社）、遠東航空に販売した米国法人Y₂（ユナイテッド航空）お
よび遠東航空を相手取って、東京地裁に訴えを提起した。事故機の墜落原
因がX₁らとY₁・Y₂との間でもっとも重要な争点となったが、わが国に
存在した事故調査報告書は不完全なものであり、台湾に存在する種々の証
拠は、わが国と台湾との間に国交がないために国際司法共助ができず、そ
れらの利用は不可能だったため、東京地裁は最終的にわが国では適正な裁
判をすることができないとして、訴えを却下した。[8] この遠東航空機事件で
は、当初原告らはアメリカで訴えを提起しているが、わが国の国際裁判管
轄の考え方からすれば、被告の住所地国であり当然に国際裁判管轄が認め
られるはずだった。しかし先述のとおり、アメリカでは、国際裁判管轄も
含む裁判管轄権（jurisdiction）の大原則の1つにわが国にはないフォーラ
ム・ノン・コンヴィニエンスの法理があり、本来裁判管轄権が認められる

──────────

（8）　本判決の評釈として、道垣内正人・ジュリ867号68頁（1986）、後藤明史・昭和61年度重
　　判解272頁等がある。本判決の事例を改正法に沿って検討するものとして、佐藤達史・国際私
　　法百選［第2版］188頁がある。

べき場合でも実際に裁判を行うにはあまり便宜でなく、他の法廷地で裁判を行うほうが適切な場合には、訴えを却下（他の法廷地が裁判を行うことという条件付きのこともある）あるいは裁判を中止（stay）できる。また、台湾の裁判所が遠東航空機事件について国際裁判管轄を認めるかは、台湾法は不法行為地に管轄を認め、Y₁・Y₂の台湾の裁判所の管轄権に服し時効の利益を放棄する旨の保証書もあったので問題ないであろうが、台湾法上の問題である。なお、東京地裁判決に対しては、原告らの一部が控訴したが、東京高裁で死者１人あたり200万円をY₁が支払うことで和解した。

　外国での航空機事故では、たとえそれがローカル路線での事故である場合でも、被害者や遺族はわが国の裁判所で救済を求めたいと思うことが多いであろう。しかし、ローカルな航空路線で起きた事故で、航空会社もわが国とは直接の関係をもたないローカルな外国法人の場合、わが国の裁判所への提訴が認められる（わが国の裁判所が国際裁判管轄を有する）のはかなりむずかしいことも、被告の応訴の困難さを考えてみれば容易に想像できるところであろう。第２章で紹介するマレーシア航空事件（最判昭56・10・16民集35巻７号1224頁）も、マレーシアのローカルな航空路線で起きた事故であるが、被告の航空会社はわが国にも営業所を有する国際航空会社であって（被告の応訴の困難さが減少する）、上の場合とは若干異なる事例であるが、わが国の裁判所へ提訴できるかが一大争点となった。いずれの事案も、国際裁判管轄が事件の行く末を左右しうることを示している。

2　国際製造物責任紛争

　最近のように、製品が国際的に流通し外国製品でも国内製品と同様に使用されるようになってくると、当然その製品に欠陥があった場合に生じた事故の責任をめぐる国際的な紛争が頻発するようになってくる。

　問題なのは、製品の欠陥から生じた事故の責任（以下では講学上の「製造物責任」という語を用いる）をめぐる紛争が国際的な規模で生じると、製品が国際的な流通過程にのって転々流通しているために、製造者にとっては思いもかけないところで訴えを提起されて、遠隔で不便な地での応訴を強いられることである。もちろん、製造者が大企業か零細業者か、訴えを提起された国に子会社か支店を有しているか否かによって、製造者の応訴

の不便さは異なってくるし、製品の販売先、数量、種類によって製造者側の予測可能性も異なってくる。また、国際製造物責任紛争の場合に、製造者側の便宜ばかり考えることはできない。国際製造物責任紛争の場合、被害者は通常一市民であり、そのような一市民に遠隔な地で紛争解決をなすことを強要するのは酷でありかつ不公平であろう。

　沖電気工業光モジュール事件（東京地〔中間〕判平18・4・4判時1940号130頁）は、日本のメーカー（沖電気工業）と外国の部品メーカーとの間の、部品（光モジュール）の欠陥を請求原因とする不法行為責任、製造物責任に基づく請求について、日本の裁判所の国際裁判管轄が争われた事案である。(9)日本法人である原告は、米国法人である被告Y₁が製造し、台湾法人である被告Y₂から輸入した本件製品に欠陥があり、被告Y₂が保証した品質を備えていないとして、被告らに対し、製造物責任等に基づき、東京地裁に損害賠償請求訴訟を提起した。この事案では、契約交渉は台湾と日本において継続的に行われたが、部品が製造され完成品であるメディアコンバーターに組み込まれたのは台湾国内であり、被告らはいずれも日本国内に営業所も代表者も有していなかった。東京地裁は、本件製品に生じた欠陥と被告Y₂における製造過程での作業との間には、本案前の審理に必要な範囲において、事実的因果関係を肯定できるから、わが国の裁判所に管轄を肯定するために必要な、被告の行為により原告の法益について損害が生じたとの客観的事実関係を認めることができるとして、日本が結果発生地であることを理由に不法行為地管轄を認めた。

　このような国際製造物責任紛争の性質から予想されるように、通常被害者はその住所地国で製造者の製造物責任を追及する訴訟等の紛争解決手段を利用するため、最初に問題となるのは製造者に対する国際裁判管轄の有無である。仮に国際裁判管轄が認められても、次に問題となるのは製造者側の対応である。製造者が国際的なメーカーであれば、当然実体審理にも応訴していくだろうが、製造者が被害者の住所地国に資産を有しない中小メーカーであれば、被害者の提訴を無視することも多いであろう。しかし、

（9）　本判決の評釈として、渡辺惺之・平成18年度重判解298頁、宮崎拓也・平成18年度主判解246頁、黄軔霆・国際私法百選［第2版］192頁等がある。

製造者が被害者の住所地国の訴訟に欠席して敗訴判決を受けた場合、被害者はその判決の実現を求めて、製造者の住所地国にその執行を求めることも当然ある（外国判決の承認・執行）。

　外国判決の承認・執行制度は国によって異なるが、手続的要件のみ審査し実体的要件の再審査を許さない国が大半であり、外国判決の承認・執行の段階まで進むと製造者側の不利は明らかであるので、製造者側の対抗手段として、被害者の提訴に対して製造物責任の不存在を確認する訴えを自己の住所地国に提起することが考えられる。この場合、被害者がその住所地国に提起した製造物責任訴訟と、製造者がその住所地国に提起した製造物責任の不存在確認訴訟とが、国は異なるけれども国際的に訴訟が競合し二重起訴になる。そしてこの段階で調整をしないと、被害者と製造者が各々自己の提起した訴訟で勝訴し、被害者が製造者の住所地国で自己の勝訴判決の承認・執行を求めてきた場合、2つの矛盾する判決が衝突するという事態が生じる。

　上のような紛争過程は国際製造物責任紛争に特有のものとはいえず、他の紛争類型でも生じるが、国際製造物責任紛争の場合に生じやすい。第7章で取り上げる関西鉄工事件は、まさにこのような事案であり、紛争の第1ラウンドとしてわが国の国際裁判管轄が争われ（大阪地〔中間〕判昭48・10・9判時728号76頁）、第2ラウンドとして、並行して行われた外国裁判所の判決のわが国での承認執行が問題となった（大阪地判昭52・12・22判タ361号127頁）。

　関西鉄工事件では、両ラウンドでわが国の訴訟およびそれに伴う判決を優先したことで、あまりにも国際的な配慮を欠くものであり、これを契機に国際訴訟競合の議論が発展していったともいえる。その後、国際訴訟競合、さらには内外判決の抵触をどのように処理していくかについて、国際裁判管轄や外国判決の承認執行の枠組みを用いて議論が展開されている。

3　国際知的財産権紛争

　第2章で取り上げる国際的な著作権をめぐる紛争であるウルトラマン事件（最判平13・6・8民集55巻4号727頁）では、テレビ映画「ウルトラマン」等の著作権者である日本企業（円谷プロダクション）が、日本国外に

おける独占的利用許諾を受けたとするタイ企業に対して、著作権侵害に基づく損害賠償や著作権等の確認を求めてわが国の裁判所に訴えを提起した。円谷プロが同様の訴えをタイの裁判所にも提起していたため、国際訴訟競合の問題も生じていたという事案である。円谷プロが複数の請求を提起していたこともあり、裁判所は、不法行為地を理由とする国際裁判管轄の判断に加えて、請求の客観的併合に依拠した国際裁判管轄の許容性、タイで係属する訴訟が国際裁判管轄の有無に影響するかどうかなど、多様な論点について判断した。

　特許権侵害行為が複数の国にまたがってなされたり、さらには発信者の所在国とは異なる多数の国で閲覧されるインターネット上で知的財産権が侵害されることもある。たとえば、日本電算モーター事件（知財高判平22・9・15判タ1340号265頁）は、モーターに関する日本特許権を有する日本法人（日本電算）と韓国法人との間の特許権侵害をめぐる紛争について、日本の国際裁判管轄の有無が争われた事案である。韓国法人は、日本国内から閲覧可能な自社のウェブサイト（英語および日本語）に、日本電算が本件特許権を侵害すると主張するモーターが含まれる製品群を紹介するページと、自社の日本国内の販売拠点を紹介するページを設けていたほか、日本語ページには、上記製品群の製造・販売に関する問い合わせフォームも設けていた。さらに、韓国法人の経営顧問が日本国内で営業活動を行ったり、ウェブサイトに紹介していたモーターが複数の日本企業において評価の対象となっていたという事情もあった。日本電算は、これらを理由に、わが国において韓国法人が業として当該モーターの譲渡の申出をして日本電算の日本特許権を侵害していると主張して、特許権侵害行為の差止めと、不法行為に基づく損害賠償金（本件訴訟提起にかかる弁護士費用相当額）の支払を求めて提訴した。原判決（大阪地判平21・11・26判時2081号131頁）がわが国の国際裁判管轄を否定したのに対して、知財高裁は、特許権侵害差

---

(10)　中西康「マスメディアによる名誉毀損・サイバースペースの著作権侵害等の管轄権」新裁判実務大系(3)99頁以下、河野俊行「知的財産侵害事件の管轄及び例外条項」同編・知的財産権と渉外民事訴訟（弘文堂・2010）237頁以下等。

(11)　本判決の評釈として、髙橋宏司・平成22年度重判解358頁、申美穂・国際私法百選［第2版］194頁等がある。

止請求訴訟が不法行為に関する訴えに含まれるとしたうえで、上記諸般の
事情を総合的に評価して、原告が不法行為と主張する譲渡の申出行為につ
いて、被告による申出の発信行為またはその受領という結果が、わが国に
おいて生じたものと認めることができるとして、国際裁判管轄を認めたも
のである。

　第２章の冒頭で述べるように、どこの国の法律に従って紛争が解決され
るかという準拠法は、提訴された国の規律によることになるため、どこの
国に訴えを提起できるかという国際裁判管轄の問題が、紛争解決の帰趨を
決定的に左右することになる。とくに多くの国にまたがる知的財産権侵害
の場合には、どの国の法律が適用されるかによって、知的財産権の侵害が
認められるか、損害額はどの程度になるかなどの結論が異なってくるため、
これまで以上に国際裁判管轄の問題が先鋭化するという指摘もある。平成
23年民訴法改正により、国際裁判管轄についても、登記・登録に関する訴
えと登録型の知的財産権の存否・効力に関する訴えについては、登録国の
専属管轄に服するとする規定が設けられたが、特許権侵害訴訟は通常の管
轄ルールに従って国際裁判管轄の有無が判断される。外国特許権を侵害し
たとして外国で訴えられた日本企業が、わが国で債務不存在確認訴訟を提
起するなど、国際訴訟競合が生じるケースも少なくない。知的財産の保護
および活用の促進のためには、適切な紛争解決ルールを構築することが不
可欠である。

4　国際家事紛争

　国際（渉外）家事事件とは、厳密には、当事者の国籍、住所、常居所、
居所や婚姻挙行地等の行為地、出生地等の事実の発生地、相続財産所在地

---

(12)　田中成志「国際裁判管轄と国際知財紛争」小林編・理論と実務326頁、344頁参照。外国
　　で登録された特許権侵害をめぐる訴訟で準拠法が争われた事案として、最判平14・9・26民
　　集56巻7号1551頁〔カードリーダー事件〕。本判決の評釈として、島並良・国際私法百選〔第
　　2版〕104頁等がある。
(13)　たとえば、知財高判平29・12・25裁判所ウェブサイト。本判決の評釈として、村上正
　　子・JCAジャーナル746号25頁（2019）等がある。
(14)　国際的知財紛争の処理について、中西ほか278頁以下参照。また、立法提案を含めて包括
　　的に検討するものとして、河野編・前掲注（10）がある。

等の財産所在地など、具体的に問題となっている事件に関係する諸要素が複数の国に関係を有する家事事件をいう。家族関係をめぐる国際紛争は、離婚事件、親権者指定申立事件、養子縁組事件、相続関係事件など様々であり、どこの国に裁判管轄があるかという国際裁判管轄の問題やどこの国の法によって解決するかという準拠法の問題も、それぞれの考慮が必要となる。また、家族関係事件の処理については、判決手続のみならず、調停や審判など、事件の性質に応じた様々な紛争処理手続があり、それが国ごとに異なっているということもある。第8章では、このような多種多様な問題のうち、近時法整備がなされた身分関係事件にかかる国際裁判管轄と外国判決の承認・執行を扱う。また、2014年に日本が加盟した、国境を越えた子の連れ去りを防止するためのハーグ国際条約にかかる問題も、同じく第8章で扱う。ここでは、裁判例としては国際私法の分野のものであるが、広く国際民事訴訟法の問題も含みうる事件であり、近時注目を集めている子の監護権と子の引渡しをめぐる国際的な紛争の側面も有するもの（国境を越えた子の連れ去りの事案とは異なる）として、マリアンヌ事件を紹介する。これによって国際家事紛争のイメージをつかんでもらいたい。

　Z（マリアンヌ）は、1949年（昭和24年）4月、横浜市においてスウェーデン人Aを母とし、アメリカ人Bを父として出生した、スウェーデン国籍を有する婚外子である。Aは翌年8月に死亡したため、Zは日本人女Y₁（被告・控訴人）に引き取られ、Y₁が日本人Y₂（被告・控訴人）と婚姻した後も、継続して養育されていた（原審段階で7歳、控訴審段階では9歳）。在日スウェーデン国公使X（原告・被控訴人）は、1955年（昭和30年）12月23日、スウェーデンの裁判所によりZの監護権者に任命され、同国法上の監護義務を負うこととなったため、同判決に基づき、Y₁らに対してZの引渡しをわが国の裁判所に請求したという事案である。

　原審である横浜地判昭和31年12月5日（下民集7巻12号3553頁）も、控訴審である東京高判昭和33年7月9日（家月10巻7号29頁）[15]も、後見人選任についての準拠法を、旧法例23条1項（通則法35条1項）に基づいてスウェーデン法としたうえで、スウェーデンの裁判所においてXが監護権者

---

(15)　本判決の評釈として、道垣内正人・国際私法百選［第2版］156頁等がある。

に選任されたことを認定し、Y₁らがZを養育してきたことをもって、法律上正式に選任された監護権者の正当な監護権の行使を阻止しうるものではないとして、Xの請求を認容した。

　本件のように子の監護権の所在や子の引渡しをめぐる紛争において何より重視されるのは、子の利益（福祉）であり、Zの現状が安定しているとすれば、あえてY₁から引き離すことから生じるZの精神的な負担は大きいことを考慮すべきであったともいえる。この観点からは、スウェーデンの裁判所の裁判が118条の承認要件（2号を除く）を満たしているかを判断し、1号の間接管轄の要件については、スウェーデンは子の住所地国ではないこと、3号の公序要件については、ZをXに引き渡すことが子の利益に反すること、さらに4号の相互保証の要件についても、スウェーデンが相互に裁判の承認を約束する条約がないかぎりは外国判決を承認しないという立場をとっていることから、これを充足しないことから、結果として本件スウェーデン裁判所の監護権者（後見人）選任の裁判はわが国でその効力は認められるべきではないということになる。(16)

　財産関係事件の場合と異なり、国際家事事件の場合には、外国で裁判がなされていてもその承認を求めずに、直接わが国の裁判所に監護権者の指定や子の引渡しを求める事案も少なくない。たとえば、大阪高決平成22年2月18日（家月63巻1号99頁）は、外国裁判所で監護権者の指定と子の引渡し等が命じられた後、人身保護請求により子の釈放および引渡しを求めた事案である。(17)米国ウィスコンシン州在住のX（ニカラグア国籍）とY（日本国籍）の婚姻がXの暴力が原因で破綻し、Yは子Aを連れて日本の実家に戻り、実父母とともに日本で生活していた。Yは帰国直前、Xに対して離婚訴訟を提起し、弁護士を通じて訴訟対応をしていたが、裁判所はY欠席のまま、夫婦を離婚させること、XをAの単独監護権者とすること、Yは直ちにAをXのもとに戻すか、Xが日本へ行きAをアメリカに帰国させることを認めること等を命じる判決を下した。Xの人身保護請求につき、

---

(16)　道垣内・前掲注（15）157頁、澤木＝道垣内・入門162頁。

(17)　本決定の評釈として、早川眞一郎・平成22年度重判解365頁、織田有基子・国際私法百選［第2版］152頁等がある。本決定の特別抗告書である最決平22・8・4家月63巻1号97頁は抗告を棄却した。

裁判所は、外国裁判所の判決の承認を認めたうえで、当該判決がAの福祉の観点からXを単独監護権者としたわけではなく、Yが州裁判所の裁判期日に出頭しなかったことを理由としていること、A（7歳）は来日以来、日本で安定した生活を送り、心身ともに健全な発育を遂げていること、家裁調査官に対してYやその実父母のもとで日本での生活を続けたい旨を明確に述べていること、Aの希望はAの代理人との面談の結果でも裏づけられていること、Aは現在では英語も話せず、アメリカでの生活を強いることは著しい精神的負担を負わせることが予測できること、Xは医師として多忙であり、Yと同様の細やかで良好な養育監護状況を維持できるかどうかきわめて疑問であることなどの諸事情を総合的に考慮して、AをXの監護下に置くことは、Yの監護の下に置くことに比べてAの幸福の観点から著しく不当な結果をもたらすものといえるとして、Xの人身保護請求を棄却した。

　このように、外国での婚姻関係が破綻し、一方が子を連れて母国に帰った場合、残された他方が子を取り返す方法として、当該外国で得た判決の承認執行を求めずに、直接裁判所に子の引渡しを求めるのは、国際家事紛争においては、家族関係が形を変えても将来に向かって継続して続いていくという特徴があり、いったんいずれかの国で裁判が行われても、その後の事情変更に伴い、その時の紛争解決がもはや妥当しないという事態が生じうることも影響しているといえよう。このように、国際家事紛争の場合には、外国判決で命じられた内容が、その後の事情変更により不適当となった場合に、それをどのような手続で処理することが妥当なのかといった問題も考える必要がある。このような国境を越えた子の連れ去りの問題は、2014年に日本が、「国際的な子の奪取の民事上の側面に関する条約」に加盟したことにより、新たな局面を迎えている。

第2章　国際裁判管轄

I　国際裁判管轄の意義

　国際裁判管轄は、国際的にどこの国の裁判所が裁判権（管轄）を有するかという問題であり、わが国の裁判所の中でどこの裁判所が担当するかという国内管轄とは質的にも実際的にも大きく異なる。

　わが国の裁判所が国際裁判管轄を有することになれば、わが国の裁判システムを利用して紛争を解決できる。国際的な紛争事件でわが国の裁判所に国際裁判管轄があれば、わが国の地方裁判所に訴状を提出し、わが国の地方裁判所の法廷でわが国の裁判官が審理する。訴訟書類はすべて日本語で作成され（国際送達が必要な場合は相手国の言語による翻訳添付が求められる）、日本人の弁護士に依頼して事件処理できる。適用される法律（準拠法）も、わが国の国際私法（「法の適用に関する通則法」）によって定まる。

　もし、わが国の裁判所に国際裁判管轄がないか、なんらかの別の事情で相手国裁判所に訴え、または訴えられた場合、状況は一変する。相手国の裁判システムを利用するしかなく、どこの裁判所かも相手国の法律によって決まる。英米法系諸国であれば、陪審によって裁判されることもある。使用言語も、相手国の言語であり、日本語で訴訟書類を作成することはできない。相手国の弁護士に依頼しなければ事件処理もできず、相手国の弁護士との通信も通常は日本語ではない（相手国言語か英語が普通）。適用される法律も、相手国の国際私法で決まるから、わが国の裁判所に訴えた場合と適用される法律（準拠法）そのものが異なることも珍しくない。適用される法律が異なれば当然結論が異なってくるし、同一であっても裁判システムの差異から結論が異なってくることもある。

　訴訟法などの手続法は、法廷地のある国の法律（法廷地法）によるのが、国際的原則になっているから（「手続は法廷地法による」の原則〔lex fori〕）、

手続も結論も大きく異なるのはむしろ当然のことといえよう。

　しかも、国際裁判管轄の意義や重要性は、「裁判を受ける権利」（憲32条）や司法的救済の可否といったかなり根本的な問題に関係している。わが国の国際裁判管轄が認められなければ、わが国の裁判は訴え却下になり司法的救済は受けられなくなる。その意味で憲法上の「裁判を受ける権利」にまで関係してくる。国際的な紛争を解決するにあたって国際裁判管轄がもっとも重要であるといっても過言ではない。

　国内管轄の場合には様相を異にし、国際裁判管轄のような問題は起こらず、わが国の裁判所による司法的救済は保障されている。わが国の裁判所はどこに行ってもほぼ同質であるし（裁判官も全国を転勤しており、裁判官のレベルや理解力もほぼ同一である）、適用される法律も日本の法律であり、全国津々浦々同一の法的保護が与えられるように仕組まれている（もちろん、実際には東京か離島かで裁判所設備等に若干の差異があるが、建前上は全国どこでも同一の裁判を受ける権利を保障しようとしている）。使用される言語も日本語であり、日本の弁護士に事件処理を依頼できる。利用すべき裁判所を間違えても、正しい管轄を有する裁判所に移送してもらえる（国内土地管轄につき、民訴16条以下参照）。

　これに対して、国際裁判管轄では移送の制度はないので、わが国の裁判所がわが国には国際裁判管轄はなく、Ａ国に国際裁判管轄があると考えても、Ａ国へ移送できないし、Ａ国に国際裁判管轄があると判断したわが国の裁判所の判決は、Ａ国裁判所を拘束しない（国内管轄では、移送判断は移送された裁判所を拘束する〔民訴22条〕）。

　国際取引では、紛争がいったん生じれば国際裁判管轄によってどこの国の裁判所で裁判されるか決まるため、国際裁判管轄はきわめて重要である。わが国に国際裁判管轄があれば、日本人や日本企業はわが国の裁判所で救済が受けられることになり、きわめて楽になるだけでなく有利になるのが通常である。国際契約を結ぶ際も、国際裁判管轄条項（規定）をどのように定めるか、わが国にするか、相手国にするか、あるいは第三国にするかをめぐって争われ、当事者の利害が対立する。国際裁判管轄条項は、国際契約締結にあたってもっとも注意を要する条項であるといっても過言ではない。

II　国際裁判管轄ルールの立法化

　Iで述べたように、紛争当事者にとっては、どこの国で訴えを提起できるか、また訴えられるかという国際裁判管轄の問題は、裁判にかかる費用や労力、ひいては勝敗の行方を左右するなど、その重要性は国内土地管轄とは比較にならないほど大きいものである。そして訴訟の最初の段階で問題となることから、その基準は明確に定まっていることが望ましいにもかかわらず、国際裁判管轄の問題は、わが国では長らく判例の積み重ねによって、その基準が決められてきた。そして平成23年民訴法改正により、ついに国際裁判管轄の規定が設けられることとなったが、明文のルールを作るにあたっては、それまで判例・学説によって積み重ねられてきた判例法理を前提として、具体的かつ詳細な管轄ルールが作られたのである。ここでは、その立法の前提となった判例法理の展開を整理し、現行の国際裁判管轄規定の全体像と特徴を概観する。

1　判例法理の展開とその到達点

　(1)　**マレーシア航空事件判決**　　日本の国際裁判管轄の判例法理の発展は、マレーシア航空事件（最判昭56・10・16民集35巻7号1224頁）によって始まった。この事件は、国際取引紛争に関する国際裁判管轄について初めて最高裁が判断を示したものであり、かつ一般論を論じたことから、その理論構成や結論の当否をめぐって多くの議論がなされ[1]、それが判例法理の発展につながったといえる。

　マレーシア航空事件の事案の概要および判旨は以下のとおりである。

　日本人ビジネスマンＡが、1977年（昭和52年）12月に、マレーシア国の首都クアラルンプールから、同国ペナン行きのマレーシア航空（同国で設

---

(1)　本判決の評釈として、小林秀之「国際裁判管轄とマレーシア航空事件判決」法セ1982年2月号20頁、同・判タ472号225頁（1982）、竹下守夫・金融商事判例研究637号49頁（1982）、青山善充・民訴百選［第2版］20頁、渡辺惺之・民訴百選Ⅰ［新法対応補正版］40頁、早川吉尚・民訴百選［第3版］250頁、多田望・国際私法百選［新法対応補正版］166頁、山本克己・国際私法百選［第2版］178頁等がある。

立され、同国に本店を有するマレーシア法人）の旅客機に搭乗したところ、同機がハイジャックされ、結局、墜落して乗員・乗客とも全員死亡した。Aには日本人の妻X₁と子X₂・X₃がおり、名古屋に居住するX₁〜X₃は、マレーシア航空を被告として、Aとマレーシア航空との間の旅客運送契約の債務不履行に基づく損害賠償債権を相続したとして、名古屋地裁に訴えを提起した。なお、マレーシア航空は、東京に営業所を有しているが、東京営業所は、なんら本件事故について関係（Aに航空切符を販売した等）を有していない。

第一審の名古屋地裁（名古屋地判昭54・3・15金判634号16頁）は、本件の諸事情を比較衡量して、マレーシアの裁判所で本件は審理されるべきであり、わが国の裁判所は国際裁判管轄を有しないとして、X₁らの訴えを却下した。これに対して、控訴審（原審）の名古屋高裁（名古屋高判昭54・11・12判タ402号102頁）は、わが国にマレーシア航空が営業所を有していること（民訴4条5項参照）と、X₁らの住所地が本件損害賠償の義務履行地であること（同5条1号参照）から、マレーシア航空の普通裁判籍（国内土地管轄）がわが国にある以上、わが国の裁判所が国際裁判管轄を有するのは当然であるとして、第一審判決を破棄差戻しとした。

マレーシア航空の上告に対して、最高裁（前掲最判昭56・10・16）は、次のように判示して原審の結論を支持し、マレーシア航空の上告を棄却した。

　　「本来国の裁判権はその主権の一作用としてされるものであり、裁判権の及ぶ範囲は原則として主権の及ぶ範囲と同一であるから、被告が外国に本店を有する外国法人である場合はその法人が進んで服する場合のほか日本の裁判権は及ばないのが原則である。しかしながら、その例外として、わが国の領土の一部である土地に関する事件その他の被告がわが国となんらかの法的関連を有する事件については、被告の国籍、所在のいかんを問わず、その者をわが国の裁判権に服させるのを相当とする場合のあることも否定し難いところである。そして、この例外的扱いの範囲については、この点に関する国際裁判管轄を直接規定する法規もなく、また、よるべき条約も一般に承認された明確な国際法上の原則もいまだ確立していない現

状のもとにおいては、当事者間の公平、裁判の適正・迅速を期するという
理念により条理に従って決定するのが相当であり、わが民訴法の国内の土
地管轄に関する規定、たとえば、被告の居所（〔旧〕民訴法2条〔現4条
2項〕）、法人その他の団体の事務所または営業所（同4条〔現4条4項以
下〕）、義務履行地（同5条〔現5条1号〕）、被告の財産所在地（同8条
〔現5条4号〕）、不法行為地（同15条〔現5条9号〕）、その他民訴法の規
定する裁判籍のいずれかがわが国内にあるときは、これらに関する訴訟事
件につき、被告をわが国の裁判権に服させるのが右条理に適うものという
べきである。」

　このマレーシア航空事件判決以前は、国際裁判管轄については、大きく
は、逆推知説⁽²⁾と管轄配分説⁽³⁾という2つの考え方が対立していた。逆推知説
は、日本の国内土地管轄の規定から国際裁判管轄を逆推知し、国内土地管
轄が認められれば国際裁判管轄もあるとする。これに対して管轄配分説は、
国際裁判管轄を、渉外民事事件をどの国で裁判するのが適切かという国際
的規模での土地管轄の配分として考え、直接の規定がない以上は、当事者
間の公平、裁判の適正・迅速等の条理を考慮して決定すべきであるとし、
国内土地管轄の規定を、管轄の配分として一応の合理性があるとして参考
にし、条理によって修正しつつ適用する。

　たしかに国内土地管轄の立法者は、大正時代にあっても、一応国際的な
配慮もしていた（主に悪徳外国商人を日本で訴えられるかという視点から）。
しかし、現在の視点から見ると国際的配慮に欠けているといわざるをえず、
条理による修正は不可欠である。

　マレーシア航空事件判決は、判旨の前半は管轄配分説に、後半は逆推知
説によっていて、どちらを重視するかでその意義は大きく異なってくると
いえるが、この判決が与えたもっとも大きなインパクトは、やはり後半部
分、すなわち国際裁判管轄の基準として、民訴法の国内土地管轄の規定を
そのまま適用するという点にあった。たしかに、国内土地管轄の規定も、
最高裁が前半部分で掲げている「当事者間の公平、裁判の適正・迅速を期

（2）　兼子一・新修民事訴訟法体系［増訂版］（酒井書店・1965）66頁ほか。
（3）　池原季雄「国際裁判管轄権」新実務民訴⑴16頁ほか。

するという理念」によって一応定められていることは疑いないが、この理念の具体的な適用は、国際裁判管轄と国内土地管轄とでは当然異なってくるはずであり、その点でこの判決は国際的配慮に欠けるとの批判を免れない。そして後述するように、これらの理念を国際的な訴訟でどのように具体化するかが、以後の国際裁判管轄の立法化の中心論点となってくるのである。

このように、国際裁判管轄ルールの一般論としては批判もあったものの、具体的な事案解決の妥当性という観点からは、最高裁判決の結論は正当化できる。すなわち、事故はマレーシア航空の国内路線で起きているが、マレーシア航空自体は国際航空会社であり、その営業所所在地国での提訴の可能性は、業務の国際的性質から覚悟すべきことであること、この事案では事故原因がはっきりしていた（ハイジャック）ため、裁判所の審理の中心は損害賠償額にあり、そのためには被害者の逸失利益に関する証拠所在地である日本の裁判所で審理することが適切であったこと、国際航空会社は国際路線については支店所在地の国際裁判管轄に服することが国際条約で定められており、国内路線についても同様に解してもそれほど不公平を生じないこと、当事者間の訴訟追行能力のアンバランスを考えると、日本の裁判所での審理を認めるほうが公平であったといえる。[4]

(2)　**その後の下級審判例——特段の事情論の確立**　マレーシア航空事件判決以後の下級審判例は、最高裁判決が前半で条理、すなわち当事者間の公平、裁判の適正・迅速を期するという理念を強調していることから、国内土地管轄の民訴法の規定を一応の目安として適用するが、「当事者間の公平、裁判の適正・迅速」という理念に反する「特段の事情」がある場合には、国内土地管轄の規定を適用することは許されないと判示した、という解釈を前提として判例法理を確立していった。すなわち、マレーシア航空事件判決が示したとおり、国内土地管轄の規定を適用して国際裁判管轄の有無を判断するが、その適用の結果、日本の国際裁判管轄が広くなりすぎる等の不都合が生じる場合には、特段の事情の考慮により調整し、場合に

（4）　本件最高裁調査官の塩崎勤「判批」ジュリ758号87頁（1982）が指摘するように、本判決の射程は本件事案との関係で考える必要がある。

よっては国際裁判管轄を否定するというものである。これは、マレーシア
航空判決が示した理念的原則を個々の事件に適用し、これを具体化・実質
化する機能を、「特段の事情」という判断枠組みが担うことを意味する。
この判断枠組みにおいては、マレーシア航空事件判決を一般化することの
問題点であった国際的配慮の欠如、あるいは国際裁判管轄における事案ご
との個別の事情を、「特段の事情」の中で考慮して、最終的に妥当な解決
を図っていくことが可能であり、下級審レベルではこの判例理論が徐々に
定着していったのである。

　そして、次に述べるファミリー事件判決によって、判例法理の発展は新
たな局面を迎えることになる。

(3)　ファミリー事件（ドイツ車預託金事件）判決　　ファミリー事件（ドイ
ツ車預託金事件）判決（最判平9・11・11民集51巻10号4055頁）は、マレーシ
ア航空判決以後の下級審判例によって確立された特段の事情説という判断
枠組みを、最高裁として初めて採用したものである。

　事案の概要および判旨は、以下のとおりである。

　本件原告X会社は、自動車およびその部品の輸入等を目的とする日本法
人であり、本件被告Yは、1965年（昭和40年）ころからドイツ連邦共和国
（旧西ドイツ）内に居住し、フランクフルト市を本拠として営業活動を行っ
てきた日本人である。X会社とYとは、1987年（昭和62年）12月1日、フ
ランクフルト市において、X会社がYに欧州各地からの自動車の買い付け、
預託金の管理、代金の支払、車両の引取りおよび船積み、市場情報の収集
等の業務を委託することを内容とする契約（以下、「本件契約」という）を
締結した。X会社は、Yの求めにより、本件契約に基づく自動車の買い付
けのための資金として、Yの指定するドイツ国内の銀行預金口座に2回に

（5）　マレーシア航空事件判決以後の下級審判例を、特段の事情に関する判断を中心に分析し
　　たものとして、河野俊行＝早川吉尚＝高畑洋文「国際裁判管轄に関する判例の機能的分析」
　　NBL890号72頁（2008）、原強「国際裁判管轄における特別の事情による訴え却下」民訴63号
　　18頁（2017）。村上正子「国際裁判管轄の立法過程」小林編・理論と実務19頁も参照。
（6）　竹下守夫＝村上正子「国際裁判管轄と特段の事情」判タ979号19頁（1998）。
（7）　本判決の評釈として、高田裕成・国際私法百選［新法対応補正版］164頁、海老沢美広・
　　平成9年度重判解289頁、孝橋宏・平成9年度主判解1320頁、中野俊一郎・国際私法百選［第
　　2版］180頁等がある。

わたって約9000万円を送金した。本件契約上、Yは預託された金員の支出
内容を毎月X会社に報告すべき旨が定められていた。その後、X会社は、
Yによる預託金の管理に次第に不信感を募らせ、信用状によって自動車代
金の決済を行うことをYに提案し、Yに対して預託金の返還を求めた。と
ころが、Yがこれに応じなかったため、X会社は、その本店所在地が上記
預託金返還債務の義務履行地であるとして、上記預託金の残金2496万81円
およびこれに対する遅延損害金の支払を求めて、本件訴訟を千葉地裁に提
起した。これに対してYは、本案前の抗弁として、わが国の本件に関する
国際裁判管轄を否定すべき旨を主張し、訴え却下の判決を求めた。

　第一審は、Yの本案前の抗弁を容れて、X会社の訴えを却下した。原審
も、本件に関するわが国の国際裁判管轄を否定し、X会社の控訴を棄却し
た。これに対するX会社の上告に応えたのが、本件最高裁判決である。

　最高裁は、まず、記録に基づき本件の事実関係を要約した後、国際裁判
管轄に関する一般論ならびにその本件への適用として、次のように述べた。

　　「被告が我が国に住所を有しない場合であっても、我が国と法的関連を
　有する事件について我が国の国際裁判管轄を肯定すべき場合のあることは、
　否定し得ないところであるが、どのような場合に我が国の国際裁判管轄を
　肯定すべきかについては、国際的に承認された一般的な準則が存在せず、
　国際的慣習法の成熟も十分ではないため、当事者間の公平や裁判の適正・
　迅速の理念により条理に従って決定するのが相当である（最高裁昭和55年
　(オ)第130号同56年10月16日第二小法廷判決・民集35巻7号1224頁、最高裁
　平成5年(オ)第764号同8年6月24日第二小法廷判決・民集50巻7号1451頁
　参照）。そして、我が国の民訴法の規定する裁判籍のいずれかが我が国内
　にあるときは、原則として、我が国の裁判所に提起された訴訟事件につき、
　被告を我が国の裁判権に服させるのが相当であるが、我が国で裁判を行う
　ことが当事者間の公平、裁判の適正・迅速を期するという理念に反する特
　段の事情があると認められる場合には、我が国の国際裁判管轄を否定すべ
　きである。
　　これを本件についてみると、上告会社〔原告X〕は、本件契約の効力に
　ついての準拠法は日本法であり、本件請求に係る預託金返還債務の履行地
　は債権者が住所を有する我が国内にあるとして、義務履行地としての我が

国の国際裁判管轄を肯定すべき旨を主張するが、前記事実関係によれば、本件契約は、ドイツ連邦共和国内〔旧西ドイツ〕で締結され、被上告人〔被告Y〕に同国内における種々の業務を委託することを目的とするものであり、本件契約において我が国内の地を債務の履行場所とすること又は準拠法を日本法とすることが明示的に合意されていたわけではないから、本件契約上の債務の履行を求める訴えが我が国の裁判所に提起されることは、Yの予測の範囲を超えるものといわざるを得ない。また、Yは、20年以上にわたり、ドイツ連邦共和国内に生活上及び営業上の本拠を置いておりYが同国内の業者から自動車を買い付け、その代金を支払った経緯に関する書類などYの防御のための証拠方法も、同国内に集中している。他方、Xは同国から自動車等を輸入していた業者であるから、同国の裁判所に訴訟を提起させることがXに過大な負担を課することになるともいえない。右の事情を考慮すれば、我が国の裁判所において本件訴訟に応訴することをYに強いることは、当事者間の公平、裁判の適正・迅速に期するという理念に反するものというべきであり、本件契約の効力についての準拠法が日本法であるか否かにかかわらず、本件については、我が国の国際裁判管轄を否定すべき特段の事情があるということができる。」

　本判決が特段の事情の枠内で考慮した要素は、①本件契約においてわが国内の地を債務の履行場所とすることまたは準拠法を日本法とすることが明示的に合意されていないことから、本件契約上の債務の履行請求訴訟がわが国の裁判所に提起されることは、Yの予測の範囲を超えること、②Yは20年以上にわたってドイツ国内に生活上・営業上の本拠をおいていること、③本件契約上の業務の経緯に関する書類等、その防御のための証拠方法がドイツ国内（Yの住所地国内）に集中していること、④ドイツ（Yの住所地国）における訴訟提起がX会社に過大な負担を課すことにはならないこと、である。これらの要素は従来の下級審判例や学説においても考慮されていたものであり、それによってなされた特段の事情の類型化もあわせて、本判決によって認められたものと評価できる。

　しかし他方で本判決は、そもそも民訴法の規定する裁判籍のいずれかがわが国内にあるのか、具体的にはX会社の主張する義務履行地に基づいてわが国の管轄を肯定できるか否かを確定せずに、事案の具体的事情をすべ

て特段の事情の枠内で検討している。この点については、判旨の述べる一般論とその具体的適用との間に齟齬があるとして厳しく批判するものが多い[8]。とくに特段の事情の判断に対しては、裁判官の裁量による利益衡量が判断の大部分を占め、その判断基準が恣意的になり管轄判断の予測可能性を失わせ、X会社の管轄選択権が不当に侵害されるとの批判があった。たしかに、本判決が特段の事情として考慮した上記①の履行場所や準拠法についての事情は、本来は義務履行地管轄を認めることができるかどうかの際に考慮されるべきものであり、義務履行地を管轄原因とする国際裁判管轄がいかなる場合に認められるかについて、かねてより議論が錯綜していたことに鑑みれば、その解釈を明らかにすることが上告裁判所としての最高裁に期待されていたことは否定できず、その点が本判決の評価を分けるところであろう。

　本判決は、国際裁判管轄の有無を判断する一般ルールとして特段の事情論を採用したという点で、その後の判例実務にとって重要な意義を有すると同時に、かねてより指摘されていた特段の事情論の問題点を浮き彫りにすることとなった。そしてこのことが、本判決以降の国際裁判管轄をめぐる議論の行方を、特段の事情のもとで考慮すべき要素の類型から、管轄原因ごとの類型化へと明確に方向づけた。具体的には、個々の管轄規定ごとに国際裁判管轄に適用する際に必要な修正をあらかじめしたうえで、個別具体的な事案の特殊性から生じる不都合を特段の事情で微調整するという方向である。さらにそれが国際裁判管轄の法制化への動きにつながったといえる。

　(4)　**新たな方向性──管轄原因ごとの類型化**　管轄原因ごとに類型化を図ることにより、特段の事情論に欠けていた法的安定性や予測可能性が確保されることになる。この方向性自体はすでに、マレーシア航空事件判決以後の下級審判例においてもみられていた。すなわち、下級審判例の「特段の事情」説も、その内容を吟味すると、単純に「特段の事情」による修正ないし調整以上の基準の定立を試みていたといえる。第1に、民訴法の国内土地管轄規定を原則的に準用するとはいえ、無限定に準用しているわけ

（8）　道垣内正人・ジュリ1133号213頁（1998）、中野俊一郎・法教213号124頁（1998）等。

ではない。学説から問題点の指摘のあった主観的併合（7条）、最後の住所地（4条2項）、消極的確認訴訟における財産所在地（5条4号）や不法行為地（同9号）については、むしろ国内土地管轄規定の準用を原則行っていない。第2に、かりにこれらの条項を準用する場合でも、4条2項については「最後の住所」を除外し、7条については、請求相互間や共同被告間に密接な関連性がある場合に限定している。⁽⁹⁾第3に、具体的な事情による修正ないし調整として、外国での訴訟提起やその可能性あるいは証拠の収集の容易さなどの観点を重視している。⁽¹⁰⁾

　また、ファミリー事件判決で最高裁が特段の事情論を採用した後の判例をみると、そこで示された特段の事情で考慮すべき要素を、具体的事案にあてはめて類型化しようとする試みがみられる一方で、管轄原因の類型化の試みもなされている。たとえば、東京地判平成15年9月26日（判タ1156号268頁）では、日本法人が外国法人に対して契約金の前払金の返還および契約締結上の過失または不法行為に基づく損害賠償請求を行った事案において、少なくとも前者については財産所在地の裁判籍が、後者については義務履行地の裁判籍が、それぞれ認められるところであった。しかし裁判所は、被告が日本国内に支店・営業所を有さず、当事者間の基本合意書が米国ハワイ州内で取り交わされ、同合意書をはじめ関係文書はすべて英語で作成され、契約書案の中に、当該契約にハワイ州法が適用され同契約に関する訴訟につきハワイ州の裁判所を専属管轄裁判所とする旨の記載があるところ、原告がこれらの記載に異議を述べていなかったなどの事情がある場合には、わが国の裁判所に訴えが提起されることは被告の予測の範囲を超えるものであり、ハワイ州の裁判所で審理することが裁判の適正・迅速にかなう、として、わが国の国際裁判管轄を否定すべき特段の事情があるとした。また、東京地判平成16年10月25日（判タ1185号310頁）では、

<hr />

（9）　主観的併合につき、アッティカ号事件（東京地判昭62・7・28判時1275号77頁）、エスケナジイ・リミテッド事件（東京地判平2・10・23判時1398号87頁）、カムフェア号事件（東京高判平8・12・25高民集49巻3号109頁）、アビアコ航空事件（東京地〔中間〕判昭62・5・8判時1232号40頁）、香港三越事件（東京地〔中間〕判昭62・6・1判時1261号105頁）などがあり、前三者は、結論としても国際裁判管轄を否定している。

（10）　前掲注（9）の香港三越事件のほか、遠東航空機事件（東京地判昭61・6・20判時1196号87頁）。

外国法人に対する連帯保証債務の履行を求めた訴訟において、保証の成立を管轄原因としてわが国に義務履行地の裁判籍に基づく国際裁判管轄を肯定するためには、保証行為を行ったとの客観的事実関係が証明されることが必要であり、それがなされていない以上、主債務者との関係での主観的併合の裁判籍に基づいてわが国の国際裁判管轄を認めることもできないとされた。他方で、東京地〔中間〕判平成18年 4 月 4 日（判時1940号130頁）では、日本法人が外国法人に対し、輸入した製品に欠陥があるとして、製造物責任および不法行為に基づく損害賠償請求訴訟を提起した事案で、被告がわが国に本店も営業所も有しないこと、台湾における製造工程に関する文書の多くが中国語や英語で作成されていること、原告も台湾での訴訟追行能力を有していることなどから、わが国での審理が被告にとって不利益となることも予想された。しかし、被告は本件製品に不具合が生じた場合に、これに起因する損害が日本国内で発生することを十分に予測しえたものであり、実質的な取引相手として原告と直接契約締結の交渉などをしていたことから、本件において被告にわが国での応訴を求めたとしても当事者間の衡平に反することにはならないこと、証拠方法の多くは台湾にあるのは事実であるが、書証によって代替することは可能であり、わが国の裁判所で審理をすることが必要な防御の機会を奪うほどの不利益を被告に課すとか、真相の解明を不可能にするということにもならないとして、上記の被告の不利益を考慮しても、わが国の管轄を否定すべき特段の事情は認められないとした。

2　立法の方向性

　(1)　**立法の必要性と理念**　　以上述べたように、国際裁判管轄の判例法理はある程度確立されたとはいえ、判例の示した準則のみでは、必ずしも、明確性や法的安定性、当事者の予測可能性を十分に担保することができないことから、国際裁判管轄に関する具体的な規律を定める必要性が指摘されてきたのである[11]（一問一答平23年 3 頁）。

　そして立法化にあたっては、マレーシア航空事件判決およびファミリー

---

[11]　横山潤「総論的考察」年報10号 3 頁（2009）。

事件判決で宣明された、当事者間の公平、裁判の適正・迅速という理念的
原則がそのまま維持された。思うに、国際裁判管轄は、単に渉外的な訴訟
事件における本案審理開始の前提条件というにとどまらず、この種の事件
の本案判決の結論および各当事者に対する手続権の保障にとって決定的に
重要な役割を果たしている。渉外事件において、いずれの国の裁判所で本
案の審理・裁判がなされるかによって、訴訟追行上の便宜や負担すべき費
用はもちろん、手続権の保障の程度、陪審審理などの審理方式や構造等の
事情が大きく異なる。国際裁判管轄の帰趨いかんでは、原告が訴えの提起
や訴訟追行を断念せざるをえない場合もあり、また、被告が応訴に耐えら
れない事態に追い込まれることもありうる。このような事情に鑑みれば、
国際裁判管轄の配分は、憲法32条および国際人権B規約14条の定める裁判
を受ける権利の保障を実質的に左右する問題であるといえ、わが国の国際
裁判管轄の有無も、両当事者それぞれの裁判を受ける権利（適正・迅速な
裁判を含む）を公平に保障しうるように定められなければならない。[12]国際
裁判管轄についての従前の判例が一貫して掲げてきた当事者間の公平、裁
判の適正・迅速という理念的原則は、ここにその根拠を有するものと考え
るべきであり、それは法制化にあたっても変わらず妥当するものである。

　ただし、この理念的原則をより具体化した立法の方向性としては、相反
する2つの視点がある。[13]1つは、できるだけ管轄ルールを柔軟に定立し、
解釈・適用において管轄を広く提供していくという、原告の管轄選択権を
広く認める視点である。この考え方は、消費者や労働者、日本人や日本企
業、とくに中小企業に対して、広く日本での裁判を受ける権利を保障する
という方向に向かう。しかしこの場合には事後的な修正の必要性が増し、
国内の場合であれば移送という手段によって調整するところ、国際裁判管
轄の場合には、特段の事情によって管轄を抑制するということになる。今
1つは特段の事情による修正をできるだけ避け、次に述べる予測可能性な

---

(12)　竹下=村上・前掲注（6）22頁。
(13)　早川吉尚ほか「〈座談会〉国際裁判管轄ルールの法令化に当たって」日本弁護士連合会国
　　際裁判管轄規則の法令化に関する検討会議編・新しい国際裁判管轄法制（別冊 NBL138号）3
　　頁（2012）〔鈴木五十三発言〕。青山善充ほか「第46回シンポジウム 国際裁判管轄 民事訴訟法
　　改正をうけて」ノモス30号121頁（2012）〔酒井一発言〕も参照。

いし法令の明確化を図る見地から、個別の国際裁判管轄をあらかじめ規制
し、過剰管轄を防止するという視点である。立法作業においては、この2
つの視点の妥協点を探るべく、様々に議論が展開されたのである。

(2) **予測可能性・法的安定性**　　国際裁判管轄の立法化にあたりもっとも
重視されたのは、予測可能性および法的安定性である。予測可能性の確保[(14)]
は、特段の事情論に対する最大の批判であった。すなわち、従来の判例の
枠組みでは、特段の事情の枠内で、当該事案固有の例外的事情への対処だ
けではなく、国内土地管轄の転用による管轄の有無の判断に用いた管轄原
因が不適切に広く管轄を認めた場合に対処するため、本来であれば国際裁
判管轄ルール定立の際に要件として一般化できるような事情までもが考慮
に入れられていた。これが特段の事情の判断の肥大化につながり、ルール
としての明確性を欠き、法的安定性を害し、予測可能性を損なっていると
いう批判である[(15)]。それではここでいう予測可能性とはいかなるものであろ
うか。

　抽象的には、日本において原告が訴えを提起できる条件と被告が応訴す
べき条件とが一般的・抽象的に明確にされることであるが、より具体的に
は、誰のどのような場面についての予測可能性なのかを考える必要がある。
この点について、大企業と中小企業や個人とでは予測可能性の意味が異な
ってくることを指摘する見解もある。すなわち、外国の大企業はどのよう
な場合に日本で訴えられるのかを、また日本の大企業はどのような場合に
日本で訴えることができるのかを主に念頭に置いて、それぞれ日本法の内
容を検討し、契約や組織上の必要な手当てを行い、結果の予測がつけば弁
護士からも適切なアドバイスを期待できるかもしれない。しかし、事前に
日本の国際裁判管轄法制を検討する機会などほとんどない日本の中小企業
や個人にとっては、いざ訴訟が必要となった場合には日本で訴えることが
できるはず、というのが通常の期待である。このような当事者にとっては、
ルールをあてはめた結果が事前に予測可能であることよりも、一般人や一
般の企業人が通常予測する結果とルールをあてはめた結果が大きく違わな

---

(14)　中西康「新しい国際裁判管轄規定に対する総論的評価」年報15号5頁（2014）参照。

(15)　中西康「国際裁判管轄」実務民訴〔第3期〕(6)309頁、道垣内・前掲注（8）213頁、中
　　野・前掲注（8）124頁、海老沢・前掲注（7）288頁。

いという意味での予測可能性のほうが重要ではないか、という指摘である。⁽¹⁶⁾

　いずれにせよ、予測可能性が確保されれば、法的安定性もそれに伴い高まることになるが、もともと、特段の事情論という判例法理によって得られた結論自体の妥当性は大方の支持を得られていたとされ、判例法理としては一定の評価を得ていたともいえる。それでもなお制定法という形でルールを明確化することが必要なのは、判例法理の場合には常に判例変更の可能性がある点があげられている。すなわち、最高裁判所の判決という形でなされる判例変更は、事前にまったく察知ができず、かつ従前の案件にも遡及的に適用されてしまうという点で安定性に欠けるが、ルールが立法化されれば、それが変更される場合は法改正という形で、ルール変更に至る議論や経緯が外部に明らかになるうえに、経過措置が定められ、原則として遡及適用は制限されることから、法的安定性が確保されることになる。⁽¹⁸⁾

3　国際裁判管轄規定の全体像とその特徴

　以上述べた理念や原則のもと、平成23年の民訴法改正により、現代社会に適合した国際裁判管轄の規定が設けられた。そこでは、国内土地管轄の規定を出発点としつつも、移送制度がなく、また使用言語や法制度、訴訟手続などが異なる遠隔の地での応訴や提訴を強いることになるという、国内土地管轄の場合とは異なる国際的な要素を考慮して、独自の管轄原因が定められた。応訴の期待可能性など被告の立場を国内法以上に考慮する必要がある反面、わが国の裁判権が否定される結果、外国の裁判所での提訴を余儀なくされる負担や、外国裁判所においても裁判権を否定される危険など原告の権利保護にも配慮している（条解46頁）。立法化前の個別の管轄原因の類型化における議論をふまえて、具体的事件とわが国との間に、わが国が裁判権を行使することを正当化するだけの関連性を認めうる管轄原因を規定したうえで（3条の2〜3条の8）、従来の判例法理の展開をふまえて、特別の事情がある場合には裁判権行使を差し控えるという規制に

---

(16)　森下哲朗「新しい国際裁判管轄ルール」年報15号31頁（2014）。

(17)　早川ほか・前掲注（13）5頁〔手塚裕之発言〕。

(18)　早川ほか・前掲注（13）6頁〔古田啓昌発言〕。高橋宏志ほか「〈座談会〉国際裁判管轄に関する立法の意義」ジュリ1386号7頁（2009）〔手塚裕之発言〕も参照。

なっている（3条の9）。

　具体的には、国際裁判管轄が認められる場合を独自に制限する形の規定や、国内土地管轄の規定には見られない保護の観点に基づく規定が設けられる一方で、これらの規定が、抽象化された類型的事例を前提として、原告と被告との間の利益を調整するものにすぎず、具体的事例におけるすべての多様かつ妥当な利益調整をあらかじめ規定上行うことは困難であることから、判例法理の特段の事情論が、3条の9の「特別の事情」による訴え却下として明文化されることとなった。これについては否定的な見解もあるが[19]、国際民事紛争における当事者間の諸事情は実に多様であり、また、個々の事案の諸事情が管轄の有無の判断に大きく影響するのもまた事実である。そうすると、事前にすべての事件において妥当する利益調整の結果を明文化しておくことは不可能であり[20]、また、国際裁判管轄の問題は、当事者の裁判を受ける権利の保障に関わるものであり、具体的妥当性の確保の要請は国内土地管轄に比べてはるかに大きいといえる[21]。したがって、個別の事案における利益調整は依然として必要であると思われる[22]。ただし、ルールの明確化という立法趣旨からは、個別的利益調整を制限的に運用し、予測可能性を高めるような裁判実務が期待される。

Ⅲ　個別の管轄原因

1　被告の住所地

　3条の2は、事件の種類に関係なく一般的に認められる国際裁判管轄に

---

(19)　横溝大「国際裁判管轄法制の整備」ジュリ1430号43頁（2011）、早川吉尚「判例における『特段の事情』の機能と国際裁判管轄立法」ジュリ1386号22頁（2009）。

(20)　中西・前掲注（14）12頁。

(21)　国際裁判管轄権の有無は、適用法令、言語や代理人、訴訟に関する費用を含め、訴訟の結果を大きく左右する。森下・前掲注（16）31頁。

(22)　この点については法制審議会でもほぼ異論はなく、一定の要件のもとで日本の国際裁判管轄を否定できるような一般的な規律を設けることとしたうえで、考慮要素をどこまで条文化するかについて議論された。立法過程における議論については、村上・前掲注（5）32頁以下。他方で、当初から個別の調整のための一般的な規定を置くことを前提として議論したために、個々の管轄原因を詰め切れなかった点があるのも否定できないとする見解もある。中西・前掲注（14）13頁参照。

ついて定めたもので、国内土地管轄に関する4条の普通裁判籍による管轄
に相当する。自然人に対する訴えについては被告の住所等、法人等に対す
る訴えについては被告の主たる営業所・事務所等が日本国内にある場合に、
日本の裁判所に国際裁判管轄が認められる。国内土地管轄に関する4条と
同様に、相当な準備をして提訴できる原告と、不意に応訴を余儀なくされ
る被告との間の衡平を図ったものである（一問一答平23年22頁）。と同時に、
原告にとっては、どのような事件であっても、最低限世界中のどこかの国
で必ず訴えを提起することができることを認めることで、国際的な意味で
の原告の裁判を受ける権利を保障するという機能を有している（条解48
頁）。

　国内土地管轄規定との違いは、最後の住所が管轄原因として認められる
場合である。平成23年民訴法改正前においては、国内土地管轄の規定であ
る4条2項をそのまま国際裁判管轄に適用すると、現在日本に住所や居所
はなく、外国にそれを有する被告が、一度でも日本に住所を有したことが
あれば、日本に最後の住所を有したことになり、日本の裁判所の裁判権に
服することになるのは、被告にとって酷であると批判され、その適用を限
定すべきであると指摘されていた。この従来の解釈を受け、3条の2第1
項でいう「住所・居所がない場合又は知れない場合」とは、日本にかぎら
ず、世界中のどこにもない場合をさし、括弧書きではあるが、「（日本国内
に最後に住所を有していた後に外国に住所を有していたときを除く。）」と規定
することで、過剰管轄にならないよう配慮したものである。

　この場合、住民票や外国人登録の提出などによって日本国内にかつて住
所があったことが証明されれば、被告がその後提訴前に外国に住所を有し
ていたことを証明しないかぎりは、日本の国際裁判管轄が認められること
になる。この場合、訴状等の送達は公示送達（110条1項1号）の方法によ
ることが想定されるが、実際には外国に居住する者がこれを了知すること
はほぼ不可能であり、被告が欠席し、上記証明のないまま日本の裁判管轄
が肯定され、原告勝訴の本案判決が下される可能性が高く、結局は規定の
趣旨が損なわれることにもなりかねない。それゆえ、裁判所としては、最
後の住所による管轄権を認めるかどうか、外国における送達が不可能であ
り公示送達にせざるをえないかどうかを、職権により（3条の11）、被告

が日本で住所を有していた時期や期間、滞在理由、職業等に照らして、場合によっては特別の事情による訴え却下（3条の9）の可能性も含めて慎重に判断すべきである[23]。

　法人その他の社団または財団に対する訴えについては、その主たる事務所・営業所が日本国内にあるときは、日本の国際裁判管轄が認められる。自然人の場合と同様、被告の本拠地国に一般的な管轄権を認めることで、原告にとって常に提訴できる裁判所を最低 1 つは確保しようとする趣旨である。「主たる」営業所等については、実質的な活動内容を基準として決定すべきである（一問一答平23年29頁注）。その設立準拠法が外国法であったり、あるいは法人登記その他の公簿上の本店所在地が外国にあったとしても、実質的な活動の拠点が日本にあれば、3条の2第3項によってわが国の国際裁判管轄が肯定できる場合もあろう[24]。

　従来のように国内土地管轄に関する 4 条 5 項を直接適用すると、日本に事務所・営業所があるだけで世界中の事件を引き受けなければならず過剰管轄になるとの批判を受けて、3条の2第3項は、外国に主たる営業所があって、日本国内には事務所または営業所があるだけでは一般的な国際裁判管轄は認められないことを明らかにしている（ただし、3条の3以下の管轄原因に基づいて管轄が認められる余地はある）。また、世界中のどこにも事務所・営業所がないか知れない場合には、その代表者その他の主たる業務担当者の住所が日本国内にあるときは、日本に国際裁判管轄が認められる。外国においては、商業登記等の公示制度があるとはかぎらず、法人等の外国における事務所・営業所の有無を把握するのが困難な場合もあることに配慮したものである（一問一答平23年29頁）。

2　契約上の債務に関する訴え

　3条の3は、訴えの種類ごとに管轄原因を定めたもので、国内土地管轄に関する 5 条の特別裁判籍による管轄に相当する。国内土地管轄では、財産権上の訴え一般について義務履行地に管轄が認められる（5条1号）。

---

(23)　武藤佳昭「被告の住所、営業所所在地等による管轄権」日本弁護士連合会国際裁判管轄規則の法令化に関する検討会議編・前掲注（13）36頁。
(24)　古田啓昌「国際裁判管轄と国際契約」小林編・理論と実務258頁。

これに対して、国際裁判管轄については、財産権上の訴えのうち、契約上の債務の履行の請求を目的とする訴えおよび契約上の債務に関する請求を目的とする訴えを別に規定し、義務履行地とは区別した「債務の履行地」が日本国内にある場合に、日本に国際裁判管轄を認めることとした（3条の3第1号）。具体的には、契約上の債務の履行請求（売買契約に基づく代金支払請求や目的物の引渡請求など）、契約上の債務に関する請求（債務不履行を理由に契約を解除し給付済みの目的物返還を求める訴えや、債務不履行を理由とする損害賠償請求訴訟など）については、契約において定められた当該債務の履行地が日本国にあるとき、または契約において選択された地の法（準拠法）によれば当該債務の履行地が日本国内にあるときにかぎり、国際裁判管轄が認められる。[25]契約当事者は、その契約上の債務の履行地がある国で紛争が解決されると予測しまたは期待する（黙示の合意も含む）のが通常であると考えられるからである。

　なお、金銭債務の履行は、決済上の便宜等の理由から通常送金や振込み等の方法によるものであり、履行地は観念的であることから、債務の履行地に国際裁判管轄を認めると過剰管轄になることが懸念されていた。[26]この点については、たとえば、金銭消費貸借における貸付金の弁済や契約上の金銭債権の支払につき、当事者間に、日本国内の銀行支店における債権者名義の口座への振込みや、日本を振込送金の受領地とする合意がなされている場合には、日本を債務の履行地として国際裁判管轄を認めることはできるとする立法前の下級審判例もあるが、[27]いずれも合意のほかに管轄を肯定するその他の事情が認められる事案である点に注意が必要である。[28]債務の履行地に管轄を認めることが契約当事者の予測の範囲内にあるとする3条の3第1号の趣旨に沿うよう、事案ごとに判断することになろう。

---

(25)　平成23年民訴法改正前の裁判例で、義務履行地の決定について準拠実体法により認めたものとして、東京地判平5・4・23判時1489号134頁。本判決の評釈として、田中美穂・国際私法百選［第2版］182頁等がある。

(26)　道垣内正人「国際裁判管轄」新裁判実務大系(3)45頁、高桑昭「判批」ジュリ1078号124頁(1995)。

(27)　東京地〔中間〕判昭56・11・27判タ460号118頁、東京地判平元・11・14判時1362号74頁参照。

(28)　原強「わが国の国際裁判管轄規定の全体像」小林編・理論と実務58頁。

3　財産権上の訴え

　財産権上の訴えについては、請求の目的物または差押えの対象となる被告の財産が日本国内にある場合に、日本の国際裁判管轄が認められる（3条の3第3号）。国内土地管轄については、日本国内に住所がないか知れない者に対する財産権上の訴えに限定して認められる管轄原因であるが（5条4号）、国際裁判管轄の場合には、このような限定はない。目的物や財産がわが国に所在していれば迅速な権利の実現が期待できるのであり、もともと5条4号は国際裁判管轄を強く意識した条文である。判決の実現可能性が国際裁判管轄の重要な一要素であることからすれば、3条の3第3号がとくに限定を設けていないのは、債権者が日本国内で強制執行を行う便宜を考慮してのことである。[29]

　他方で、財産所在地に国際裁判管轄を認めれば、過剰管轄になるおそれがあることは、かねてから指摘されていたところである。国際裁判管轄の場合には、直接管轄の規定が外国で下された判決をわが国で承認執行する際の要件である間接管轄の基準にもなることから、上述のように日本で債務名義を得る必要性という債権者保護の観点も重要であることから、国内財産に対する執行可能性を広く確保しつつ、過剰管轄であるという批判をいかにかわすか、そのバランスを考慮する必要がある。そこで3条の3第3号は、請求の担保の目的の所在地は国際裁判管轄の原因から除外し、差押え可能財産については、括弧書きで「（その財産の価額が著しく低いときを除く。）」として、わずかな価値しかない名目的な財産の存在を理由とする過剰管轄を排除するようにした。この場合の財産の価額は絶対的な基準であり、請求額との均衡を要求する相対的な基準ではない。請求額が高額な場合には、相当額の財産があるにもかかわらず、価額の不均衡を理由に管轄が否定されてしまうことにもなりかねないし[30]、そもそも財産の価値がどの程度であれば均衡がとれているか、評価に困難が伴うからである[31]。なお、3条の3第3号は日本の所在する財産と請求との関連性があることは要件としていないことから、日本に営業所や事務所がなくても被告の財産

---

(29)　笠井=越山・新コンメ36頁、中西ほか158頁。

(30)　村上・前掲注（5）33頁。

(31)　森下・前掲注（16）36頁。

（特許権、商標権、売掛金など）が日本にあれば、それだけで日本に国際裁判管轄が認められることになり、結局は過剰管轄の生じる可能性は残ることに懸念も示されている。⁽³²⁾

4　日本に事務所または営業所を有する者に対する訴え

　3条の2第3項によれば、外国に本拠地がある法人等に対する訴えについては、日本に事務所または営業所があるだけでは、日本の国際裁判管轄は認められない。しかし、その訴えが、日本にある事務所または営業所における業務に関するものである場合には、日本の国際裁判管轄が認められる（3条の3第4号）。業務の中心となっている営業所または事務所は、個人の住所に準ずるような本拠地とみることができ、証拠の収集の観点からも、その所在地のある国の裁判所に当該業務に関する紛争を審理させることが便宜であると考えられるからである（一問一答平23年51頁）。

　ここでいう業務とは、過剰管轄を防ぐ趣旨から、抽象的な業務ではなく、当該事務所または営業所が実際に関与した業務を意味する。実際に関与した業務であれば、営利・非営利を問わず、また国内にかぎらず外国で行われた業務でも対象となる。たとえば、日本にある事務所または営業所が、アジア全域を統括する支店として近隣の外国における業務も担当している場合には、その業務が日本以外の国で行われたとしても、3条の3第4号の対象となる（一問一答平23年52頁）。また、旅行代理店を介して航空券を手配・購入した場合でも、当該旅行代理店が日本にある営業所から航空券を購入していた場合には、業務該当性が認められる。⁽³³⁾

　マレーシア航空事件判決では、国内土地管轄の規定に基づき、東京に営業所があることを根拠に国際裁判管轄が認められたが、現行法のもとでは、マレーシア航空の主たる営業所はマレーシア連邦にあることから（3条の2第3項参照）、東京の営業所が直接業務に関与していないかぎりは、わが国の国際裁判管轄を認めるのはむずかしいかもしれない。⁽³⁴⁾このように具体

---

(32)　手塚裕之「特集1　国際裁判管轄立法の意義と課題　国際裁判管轄立法・実務からの評価」年報16号8頁（2014）。
(33)　古田・前掲注（24）262頁。
(34)　山本・前掲注（1）179頁、中西ほか158頁、澤木＝道垣内・入門272頁。

的な業務関連性を要件とすれば、過剰管轄の回避という立法趣旨には合致するし、業務関連性を厳密に解したとしても、それ以外の、たとえば財産所在地管轄が広く認められているので、原告にとって提訴の困難はさほど大きくないともいえる。

　ただ、多国間を空で結ぶ航空業を営む航空会社という業態の特殊性に鑑みた場合、このように業務関連性を厳密に解する立場に対しては批判もある。すなわち、問題の局面を、日本に航空便を就航させている航空会社の航空運送サービス事業から生じた責任ととらえるならば、日本における営業所が日常的に航空運送事業に不可欠なチケットの予約・販売、宣伝・広告、アフターサービス、事故対応等を行っているのが通常であり、たまたま被害者が航空券を海外の営業所で購入した、あるいは事故が海外で起こったとしても、被害者が日本人であるかぎりは、日本の営業所が事故対応の直接の窓口になるであろうし、日本の裁判所に提訴することも十分予測される。事故対応も含めた業務も不可避的にありうる航空会社にとっては、日本で応訴することについてもそれほど大きな不都合があるとはいえない[35]。さらに、営業所所在地の裁判籍は、不法行為事件についても認められることから、外国企業の日本支店に勤務する者が第三国に出張中に業務で自動車を運転中に事故を起こした場合でも、被害者は当該外国企業に対する使用者責任に基づく損害賠償請求訴訟を、日本支店の業務関連の事件として日本で提起できるとする見解もある（松岡編269頁〔多田望〕）。結局は、応訴の予測可能性という被告の利益と、原告の権利保護の要請のバランスをどう調整するかに尽きるが、業務の性質によって個別に考えることになろう。

5　日本において事業を行う者に対する訴え

　企業の海外進出の形態は、支店や営業所を置くか、別法人格の子会社を設立するか、営業担当者を派遣するか、現地代理店を利用するかなど、実質的な業務の進出の度合いにかかわらず、税制や人件費など様々な考慮か

---

(35)　手塚・前掲注（32）7 頁。森下・前掲注（16）39頁、田村陽子「契約上の債務に関する訴え等の管轄」小林編・理論と実務117頁も参照。

ら選択される。平成14年商法改正により外国会社の営業所の設置義務が廃
止され、営業所をもたなくても日本における代表者のうち１人以上が日本
に住所を有すれば、わが国で事業を行うことも可能となった（会社817条１
項）。さらに、近時はインターネットの発達により、営業所や事業所を設
けずに、世界的に事業を展開する者も増えつつある。このような者（法人
にかぎらず、個人や権利能力なき団体も含む）に対する訴えについても、日
本で事業を行い、かつ訴えがその業務に関するものであれば、日本に国際
裁判管轄が認められる（３条の３第５号）。事業を行う者については、米国
法における doing business に類似するが、事業を行うこと自体により管轄
が認められるのではなく、日本における業務に関する訴えについてのみ管
轄が生じるという点が異なる（条解56頁）。業務関連性の解釈については、
３条の３第４号の場合と同様、訴えにおいて原告より主張されている被告
の個別特定の業務行為が、日本国内で実際に行われるべきものであること
を要する。たとえば、インターネット上にウェブサイトを開設し、日本の
法人や個人に対し製品等を売却している者に対して、代金支払や購入製品
の引渡しに関する訴えを提起する場合には、当該ウェブサイトが日本語で
記載されているか、実際に日本から当該ウェブサイトを通じて申込みをし、
購入した製品が日本へ送付可能か、当該事業者と日本法人・個人との間に
は取引実績があるか、などを考慮して、日本で事業を行い、かつ訴えが業
務に関連するものであるかどうかが判断される（一問一答平23年57頁）。東
京地判平成30年６月22日（判タ1473号58頁）は、被告が日本国内で閲覧可
能な日本語のウェブサイトの運営主体であったことをもって、日本におい
て事業を行う者であり、かつ原告の請求は被告の日本における業務に関す
るものであるといえるとして、３条の３第５号により日本の国際裁判管轄
を肯定した。

　ちなみに、事業者が日本国内に事務所または営業所を有しており、かつ
その日本における業務に関する訴えであるかぎりは、３条の３第４号によ
って国際裁判管轄が認められるほか（あるいは認められなくても）、同条第

(36)　一問一答平23年52頁、原・前掲注（28）61頁。これに対して、多田望「国際取引事件の
　　国際裁判管轄」日本国際経済法学会編・国際経済法講座Ⅱ（法律文化社・2012）171頁は、抽
　　象的関連性で足りるとする。

5号によっても国際裁判管轄が認められる余地がある。ただし、4号のもとでは、当該業務が外国で行われたものであってもよいが（わが国の営業所がアジア地域の業務を統括している場合など）、5号のもとでは日本における業務に限定されている点が異なる（一問一答平23年56頁）。

6　不法行為に関する訴え

(1)　不法行為地管轄の趣旨・適用範囲　　不法行為に関する訴えについては、不法行為があった地が日本国内にある場合に、日本の国際裁判管轄が認められる（3条の3第8号）。国内土地管轄（5条9号）の場合と同様に、不法行為地には一般に証拠が存在することから証拠収集・証拠調べに便宜であり、適正かつ迅速な裁判の実現を図ることができるとともに、不法行為の被害者が被害を受けたうえに不便な地での裁判を強いられることのないよう、被害者を保護すべく便宜を図るべきであるとの考慮に基づく（一問一答平23年68頁）。不法行為地には、加害行為地のみならず結果発生地も含まれるとするのも、国内土地管轄の場合と同様である。(37) ただし、国際裁判管轄について、損害発生地に無制限に管轄を認めると、被告にとってはまったく予期しなかった地での応訴を強いられる可能性もあり、過剰管轄になりうる。たとえば、国内市場にのみ製品を供給している製造業者の製品を、外国人旅行者が購入し、自国に持ち帰った後に負傷したような場合に、損害発生地であるとして被害者の住所地である外国に国際裁判管轄が認められるとすれば、それは国内製造業者にとっては酷な結果となる。そこで3条の3第8号は、括弧書きで「（外国で行われた加害行為の結果が日本国内で発生した場合において、日本国内におけるその結果の発生が通常予見することのできないものであったときを除く。）」として、被害者が便宜な法廷地において救済を受けることができる利益と、加害者の予期せぬ地での応訴を強要されない利益との調整を図ったものである。(38) 加害者が予見可能であったかどうかは、加害者の主観的事情ではなく、加害者および行為の

---

(37)　3条の3第8号では、通則法17条にあわせて、損害発生地ではなく、結果発生地という文言が用いられている。中西ほか159頁も参照。

(38)　原・前掲注（28）63頁、澤木＝道垣内・入門281頁。改正前の判例として、東京高判平23・5・11金判1457号39頁も参照。

性質、態様、被害発生の状況等、当該不法行為に関する事情を総合的に考慮して、客観的・類型的に判断すべきである（一問一答平23年71頁）。加害者が国際的な物流にかかわっている企業である場合には、予見可能性も高くなると思われる。たとえば、フランス法人が製造し、台湾法人が所有・運行する旅客機が名古屋空港で着陸時に機体が大破し、乗客乗員が死傷したという事案（中華航空事件）においては、製造物責任に基づく損害賠償請求の訴えについては、不法行為地には損害発生地を含むことから、名古屋で事故を起こした運送会社である台湾法人のみならず、当該旅客機を製造したフランス法人に対しても、日本の国際裁判管轄が認められるとされた。この場合、台湾法人が日本と台湾との間で定期的に就航していれば、結果発生の予見可能性は認められるし、フランス法人についても、日本国内に営業所がなくても、その製造する航空機が日本を含む世界中で運行されていれば、日本における損害の結果発生の予見可能性が認められる(39)。

　近時は新聞やインターネット掲載の記事による慰謝料請求事案が増えている。対象記事が日本に居住する日本人読者を主たる対象としていること（東京地判平28・6・20LEX/DB25535498）や、記事が日本語で記載され、もっぱら日本国内で読まれることが想定されるものであること、日本国内で一定数の読者が当該記事を読んでいることが優に推認されること（東京地判平29・2・15LEX/DB25553745）を根拠に、結果発生地である日本に国際裁判管轄を認めた事例もみられる。また、最判平成28年3月10日（民集70巻3号846頁）〔ユニバーサルエンターテインメント事件〕（詳細はⅣで後述）は、インターネット上のウェブサイトに掲載した記事によって名誉および信用を毀損されたと主張して不法行為に基づく損害賠償を請求した事案で、ウェブサイトの閲覧可能性により結果発生地管轄を肯定した。

　日本国内で発生したとされる加害行為の結果（損害）については、解釈に委ねられ、直接的な損害（直接の法益侵害の結果）にかぎり、二次的・派生的に生じた経済的損害は含まれないとするのが多数説である（条解57頁）。外国で行われた不法行為の結果として日本企業の利益が減少した場

---

(39)　浜辺陽一郎「国際裁判管轄と国際不法行為」小林編・理論と実務285頁。立法前の判例について、名古屋地判平15・12・26判時1854号63頁（第一審）、名古屋高判平20・2・28判時2009号96頁（控訴審）〔中華航空事件〕参照。

合や、外国で交通事故に遭い日本で入院して治療費を支払った場合にまで、日本に国際裁判管轄を認めると、当事者の予見可能性を害することになるからである。⁽⁴⁰⁾

　もっとも、経済的損害は、その結果が直接的なものか派生的なものかの判断が困難な場合もあり、たとえば、外国で行われた特許権侵害等の不法行為の結果、日本の企業の利益が減少した場合には、減少した利益の発生地等も考慮して日本が結果発生地と考えられるかどうかを検討すべきであるとの指摘もされている。⁽⁴¹⁾

　なお、従来は、不法行為に基づく損害賠償請求の訴えについて、その支払義務が持参債務となるという理由で、被害者である日本人や日本法人の住所地・営業所所在地等を義務履行地であるとして、日本に国際裁判管轄が認められるかが議論されていた。この点について現行法は、契約上の債務に限って債務の履行地を管轄原因と定めている（3条の3第1号）ことから、不法行為に基づく損害賠償請求については、義務履行地が管轄原因とはならないことが明確になった。

　⑵　**管轄原因の証明の必要性と程度**　　不法行為に関する訴えについては、管轄原因が本案と密接に関連していることから、国際裁判管轄の判断において、管轄原因としての不法行為はどの程度立証が必要とされるかが問題となる。これについては、改正前の判例として、ウルトラマン事件（最判平13・6・8民集55巻4号727頁）がある。⁽⁴²⁾本判決は、東南アジアにおけるキャラクター（ウルトラマン）のライセンスが問題となった事件で、主に不法行為地および併合請求を理由とする国際裁判管轄について判示したものである。原審判決（東京高判平12・3・16民集55巻4号778頁）は、不法行為地を理由とする国際裁判管轄を肯定するには、不法行為の存在の「一応

---

(40)　改正前の判例として、東京地判平18・10・31判タ1241号338頁〔ノーザンエンデバー号事件〕。東京地判昭59・2・15判時1135号70頁〔グリーンラインズ事件〕も参照。

(41)　秋山コンメⅠ609頁。野村秀敏「経済的損害のみを生じさせる不法行為と結果発生地の国際裁判管轄」JCAジャーナル67巻6号28頁以下（2020）も参照。

(42)　本判決の評釈として、小林秀之・判評518号〔判時1773号〕171頁（2002）、髙部眞規子・平成13年度㊦最解説475頁、松岡博・平成13年度重判解325頁以下、木棚照一・リマークス2002㊦146頁、花村良一・平成13年度主判解228頁、横溝大・法協119巻10号2095頁（2002）、高橋宏志・国際私法百選〔第2版〕190頁、早川吉尚・民商131巻3号88頁（2004）等がある。

の証明」を要するとしたうえで、これがないことを理由に国際裁判管轄を
否定した。これに対して最高裁は以下のように判示して、原判決を破棄し、
第一審判決を取り消して、本件を第一審に差し戻した。

　　「我が国に住所等を有しない被告に対し提起された不法行為に基づく損
　　害賠償請求訴訟につき、民訴法の不法行為地の裁判籍の規定（民訴法5条
　　9号、本件については旧民訴法15条）に依拠して我が国の裁判所の国際裁
　　判管轄を肯定するためには、原則として、被告が我が国においてした行為
　　により原告の法益について損害が生じたとの客観的事実関係が証明されれ
　　ば足りると解するのが相当である。けだし、この事実関係が存在するなら、
　　通常、被告を本案につき応訴させることに合理的な理由があり、国際社会
　　における裁判機能の分配の観点からみても、我が国の裁判権の行使を正当
　　とするに十分な法的関連があるということができるからである。」

　本判決は、いわゆる客観的事実証明説[43]を採用し、本案審理よりも証明の
範囲を緩和して、被告がわが国においてした行為により原告の法益につい
て損害が生じたという客観的事実関係を証明すれば足りるとした。原審が
採用した一応の証明説については、不法行為の存在が認められる必要があ
るとする前提が誤りであるとする一方、原告の主張のみによって不法行為
の存在を認めるとする管轄原因仮定説（先送り説）では、過剰管轄になり
被告の負担が大きいし、かといって、不法行為の存在について本案と同様
の証明を要求する証明必要性では、訴訟要件たる管轄の有無の判断が本案
審理を行う論理的前提であるという訴訟制度の基本構造に反することにな
るとして、いずれも否定した。さらに、一応の証明では、証明の程度の基
準が不明確であり、本来の証明に比して、裁判所間において判断の基準が
区々となりやすく、当事者、ことに外国にある被告がその結果を予測する
ことも著しく困難となり、かえって不相当であるとした。
　この法理は、違法行為により権利利益を侵害されまたは侵害されるおそ
れがあるとして差止請求を認めた外国判決の承認執行の際の間接的国際裁

───────────────

(43)　高橋宏志「国際裁判管轄における原因符号」原井龍一郎先生古稀祝賀・改革期の民事手
　　続法（法律文化社・2000）323頁。

判管轄（118条1号）の有無を判断する場合にもあてはまるし（最判平26・4・24民集68巻4号329頁〔アナスタシア事件〕）、不法行為地のみならず、契約の債務不履行事件における義務履行地の国際裁判管轄に関しても、契約の締結という客観的事実関係の証明が必要であるとされている[44]。現行法のもとでもこの法理は妥当するとされている（一問一答平23年72頁）が、主観的事実か客観的事実かの区別は容易ではないし、不法行為の一応の証明もないのであれば、わざわざ本案審理をしても無駄になってしまうという指摘もある。

7　消費者契約および労働関係の訴え

(1)　**消費者および労働者保護の特別規定**　　国際裁判管轄の立法化にあたり、国内土地管轄規定にはないまったく新しい独自の規定として設けられたのが、消費者契約および労働関係に関する訴えの管轄について定めた3条の4である。本条は、消費者および労働者という当事者の属性に着目し、これらの者が事業者ないし事業主を被告として訴訟を行う場合を対象に、特別規定を置いたものである。インターネットの普及により、消費者取引も拡大した。また、外資系企業の参入等により日本人が海外企業で、あるいは海外で働くことも珍しくなくなり、労働者問題も国際化の様相を呈している。消費者や労働者にとって、使用言語、法制度や訴訟制度が異なる外国で提訴し、あるいは応訴することは困難であるうえに、相手方である事業者や事業主との間には情報の質・量や経済力において著しい格差があり、自身の住所地国以外の国での訴訟追行は、経済力に劣る消費者・労働者にとっては事実上訴訟による権利実現の方法を断念せざるをえないことを意味する。また、訴えられた場合には十分な防御をすることができずに敗訴する可能性も大きい[45]。このような事態を回避すべく、本条は、消費者事件と労働事件のうち一定の要件を満たすものについて、消費者や労働者が原告となってわが国で民事訴訟を提起する場合にかぎり、日本の国際裁判管轄を認めるものである。これにより、手続法上の不安定要素が小さく

---

(44)　東京地判平21・11・17判タ1321号267頁。本判決の評釈として、多田望・国際私法百選［第2版］184頁等がある。中西ほか160頁は、契約債務履行地の制度趣旨を考えずに最高裁の判示を転用することに批判的である。多田・前掲185頁、澤木＝道垣内・入門273頁も同旨。

(45)　原・前掲注（28）64頁、68頁。

なり消費者や労働者の保護が一定程度図られるとともに、提訴後に日本の
国際裁判管轄の有無を争う事案が減少することで、渉外的要素を含む消費
者訴訟や労働関係訴訟において審理の迅速化に資するものと期待されてい
る[46]。事業者にとっては日本での事業に際して潜在的な訴訟リスクが高まっ
たといえる反面、法的リスクの予測が立法前よりも容易になったといえる[47]。

　消費者契約および労働事件に関する訴えについては、国際裁判管轄合意
に関して一定の制限が設けられているが、これについては後述する。

　(2)　**消費者契約に関する訴え**　　消費者は、消費者契約に関する訴えにつ
いて、3条の2および3条の3に基づいて認められる場合に加えて、訴え
の提起の時または消費者契約の締結の時における自らの住所が日本国内に
あるときは、日本の裁判所に訴えを提起することができる（3条の4第1
項）。被告である事業者の住所等や営業所等が日本になくても、契約にお
いて定められた債務の履行地が日本国内になくても、消費者は自らの住所
地で訴訟をすることができる（片面的な管轄原因の付与）。わが国に国際裁
判管轄があるかどうかの判断は、提訴時の管轄原因事実によってなされる
（3条の12）ため、消費者が提訴後に外国に住所を移すことになっても、
わが国の国際裁判管轄が否定されるわけではない。反対に、管轄原因の取
得のみを目的に消費者が日本に住所を移した場合には、特別の事情による
訴えの却下（3条の9）もありうる[48]。

　これに対して、事業者が原告となって消費者に対して提起する訴え（た
とえば、消費者契約締結後、商品を引き渡したにもかかわらず消費者が商品代
金を支払わないことを理由とする商品代金支払請求）については、事業者は
原則として消費者の住所等にしか国際裁判管轄は認められない（3条の4
第3項による3条の3の適用排除）。3条の4第1項の趣旨を貫徹し、消費
者が被告となった場合の応訴負担を軽減するとともに、その防御の機会を
保障して、消費者事件における原告・被告間の実質的平等を確保する趣旨

---

(46)　これに対して、実際の国際消費者紛争の解決のため裁判が利用されることはほとんどな
　　いことを指摘するものとして、早川吉尚「国際裁判管轄と国際消費者紛争」小林編・理論と
　　実務303頁参照。
(47)　小田敬美「消費者契約および労働契約の訴えに関する管轄」小林編・理論と実務154頁。
(48)　中西ほか167頁も同旨。

である。

　なお、この規定は、日本の裁判所に国際裁判管轄が認められるかどうか
を判断するための規定であるから、事業者がたとえば契約において定めら
れた債務の履行地であるとして、外国の裁判所に訴えを提起した場合には、
その国独自のルールに基づき、管轄が認められることはありうる。しかし、
当該外国で下された判決の承認執行がわが国で求められた場合には、間接
的国際裁判管轄（118条1号）を欠くものとして承認執行が否定されること
になる。[49]

　消費者および事業者の定義は、通則法11条1項や消費者契約法の定義と
同様であるが、その範囲は、民訴法3条の4第1項の解釈問題として、わ
が国の国際民訴法上独自の立場から決せられる。[50]ここでいう事業とは、営
利目的でなされる行為にかぎらず、非営利や公益目的であっても、その行
為が一定の質・量の情報と交渉力をもって反復継続的になされている場合
には、事業に該当しうる。[51]個人事業者が事業遂行そのもののために消費者
と行う契約が消費者契約にあたるだけでなく、個人が事業目的で消費者と
行う契約も消費者契約となる。個人が契約の主体となる場合は、同じ内容
の契約であっても、事業との関連性の有無や度合いによって、場合によっ
ては事業者とみなされることもありうることになり、この点については今
後の判例の蓄積が待たれる。

　何が消費者契約にあたるかの判断も解釈による。たとえば、マレーシア
航空事件判決の事案においても、日本人ビジネスマンが観光目的で航空券
を購入し、当該航空機に搭乗していた場合には、この旅客運送契約は3条
の4第1項にいう消費者契約に該当するが、ビジネス目的の場合には、事
業としてまたは事業のために旅客運送契約の当事者となったとされ、消費
者契約とはみなされない可能性もある。さらには、たとえば会社の出張の
ために、本人ではなく会社が航空券を購入して本人に支給したような場合
には、そもそも本人は旅客運送契約の当事者ではなく、3条の4第1項に

(49)　原・前掲注（28）65頁。間接的国際裁判管轄について、最判平10・4・28民集52巻3号
　　853頁〔香港サドワニ事件〕も参照。

(50)　小田・前掲注（47）154頁。

(51)　小田・前掲注（47）156頁。

いう消費者には該当しない可能性もある[52]。一般的には、消費者と事業者との間で締結される契約といえるが、上述のように、消費者や事業者の概念に幅があることから、消費者契約該当性も、3条の4第1項新設の趣旨に照らして判断する必要がある[53]。

　(3)　**労働関係に関する訴え**　労働者が事業主に対して、個別労働関係民事紛争に関する訴えを提起する場合には、3条の2および3条の3に基づく場合に加えて、当該紛争にかかる労働契約における労務の提供地が、その地が定まっていない場合には、労働者を雇い入れた事業所の所在地が日本国内にあるときは、日本の国際裁判管轄が認められる（3条の4第2項）。労務提供地は通常、労働者にとってアクセスが容易な地であり、証拠も存在するものと考えられるし、事業主にとってもそのような地で応訴することは十分予測できるからである。また、労務提供地が定まっていない場合（たとえば、雇用開始から間もない時期〔労働契約締結直後、研修中など〕で配属先が正式に決まっていない場合）には、個々の労働者を雇い入れた事業所の所在地を代替地として、優先順位を付けて管轄原因として定めているものである。消費者の場合とは異なり、提訴時や契約締結時の労働者の住所地国に国際裁判管轄を認めていないのは、事業主に予測に反した地での応訴を強いることにならないよう配慮したためである。

　労務提供地とは、契約書に形式的に記載された場所ではなく、実際の労務提供地または労務を提供していた地をさす（一問一答平成23年97頁[54]）。実際に複数の場所で労務が提供されている（されていた）場合には、その中に日本が含まれていれば、日本の国際裁判管轄は認められる[55]。ただし、航空機の乗務員や船員で労務提供地が複数の地にわたる場合、乗務による移動が常態となっている労務提供形態の場合などについては、労務提供地を認定することなく、雇入事業所の所在地を管轄原因とするほうが適切な場合もあろう[56]。

------

(52)　古田・前掲注（24）267頁。
(53)　詳しくは、小田・前掲注（47）157頁。また、澤木=道垣内・入門287頁も参照。
(54)　笠井=越山・新コンメ46頁。
(55)　小田・前掲注（47）164頁。
(56)　牛嶋龍之介「消費者・労働事件の国際裁判管轄」道垣内正人=古田啓昌編・実務に効く国際ビジネス判例精選（有斐閣・2015）137頁。

　事業主が労働者に対して労働関係に関する訴え（たとえば、労働者の競業避止義務違反に基づく損害賠償請求）を提起する場合には、原則として、労働者の住所地（3条の2第1項）にしか国際裁判管轄は認められない（3条の4第3項による3条の3の適用排除）。消費者契約の場合と同様に、3条の4第2項の趣旨を貫徹し、被告とされる労働者の応訴負担の軽減・防御の機会を確保することで、当事者間の実質的平等を図る趣旨である。これに反して、事業者がたとえば労働契約で定められた債務の履行地である外国裁判所に提訴した場合の対応についても、消費者契約の場合と同様である。

　3条の4第2項が対象としているのは、個々の労働者と事業主との間に生じた民事に関する紛争である。典型例としては、労働者個人と事業主との間の解雇や雇止めの効力に関する紛争（労働契約に基づき従業員等の地位を有することの確認請求訴訟など）、賃金や退職金に関する紛争（未払賃金等の支払請求訴訟など）、安全配慮義務違反を理由に損害賠償を求める紛争（パワハラ等に起因する罹患に対する治療費や慰謝料の支払請求訴訟など）が考えられる。[57]これに対して、労働組合が原告となる集団的労使紛争（労働争議や不当労働行為事件など）や、労働者と事業主との間で事業と関係なく生じた個人的な紛争は含まれない。募集および採用に関する紛争は、当事者間で労働契約その他の労働関係が発生する前の出来事であるから、3条の4第2項の民事紛争には含まれないが、採用内定後の紛争は、求職者と事業主との間で条件付きではあるが一定の法律関係が構築された後のことであるので、3条の4第2項の対象となると解される（一問一答平23年97頁）。

　労働者や事業主の意義および範囲については、消費者契約の場合と同様に、3条の4第2項の趣旨に照らして、民訴法独自の立場から判断することになる。労働者も労働契約の形態も多様であり、一律に労働者のアクセス可能な国で訴訟を行えるようにすることが、場合によっては事業主との衡平に反する場合もありうる点に注意すべきであろう。また、労働契約に該当しないような雇用契約の使用人の保護も考慮すべきである。たとえば、

---

(57)　小田・前掲注（47）163頁参照。

家事使用人等は労働基準法上の労働者ではないが、近年は、外国人のハウスキーパー（家政婦）など、職種によっては外国人労働者の参入が広く認められているものも増えており、今後、さらに解釈論的手当てが必要となることが予想される。

8　その他の訴え

(1)　**手形・小切手による金銭支払請求を目的とする訴え**　　手形・小切手による金銭支払を求める訴えについては、支払地が日本国内にあるときには、日本の国際裁判管轄が認められる（3条の3第2号）。国内土地管轄（5条2号）の場合と同様に、支払義務者の予見可能性を保障するとともに、手形・小切手の所持者に簡易迅速な債権回収を保障するためである（一問一答平23年42頁）。

(2)　**社団・財団に関する訴え**　　会社その他の社団・財団に関する訴えのうち、これらの組織に属する（もしくは属していた）利害関係者を被告とする訴えについては、当該会社等が法人であれば、その設立が日本の法令によってなされた場合、法人でない場合はその主たる事務所または営業所が日本国内にあるときには、日本の国際裁判管轄が認められる（3条の3第7号）。具体的には、持分会社から社員に対する出資金請求の訴え（同号イ）、役員の任務懈怠による損害賠償請求の訴え（同号ロ）、検査役の任務懈怠による損害賠償請求の訴え（同号ハ）、持分会社の社員に対する会社債務の履行請求（同号ニ）などがあげられる（一問一答平23年66頁）。これらの訴えは、社団・財団を被告とするものではないが、証拠収集の便宜や同種事件における統一的判断の必要性を考慮し、当該組織を基準として管轄を定めたものである（本間ほか57頁〔中野俊一郎〕）。

なお、会社その他の社団・財団に関する訴えのうち、日本法人（日本法に準拠して設立された社団・財団を含む）の組織（会社設立無効確認の訴えなど）や責任追及、役員の解任の訴え等については、日本の裁判所に専属管轄が認められる（3条の5第1項）。これにより、法律関係の画一的な処理や迅速かつ適正な審理判断が可能となり（一問一答平23年102頁）、さらには法人・株主の手続参加も容易になる（本間ほか65頁〔中野〕）。

(3)　**不動産に関する訴え**　　不動産上の物権の確認請求、所有権または

契約に基づく引渡請求など、不動産に関する訴えについては、不動産が日本国内にあるときには、日本の国際裁判管轄が認められる（3条の3第11号）。不動産所在地は証拠調べに便宜であるし、利害関係人が存在することが多いと考えられるからである（一問一答平23年77頁）。

立法過程では、不動産物権に関する訴えが所在地国の領土主権にも関わることから、不動産所在地管轄を専属管轄として認めることも議論されたが、不動産所在地国外で裁判を行うことが直ちに所在地国の主権を侵害することにはならないこと（本間ほか62頁〔中野〕）、不動産の引渡し請求について、物権・債権いずれを根拠とするかで管轄の規律が異なるのは妥当でないこと、日本に居住する両当事者にとっては、外国所在不動産の権利関係について日本の裁判所で審理判断をすることが便宜であること（一問一答平23年77頁）などを考慮して、専属管轄とはされなかった。

これに対して、不動産の登記に関する訴えについては、日本で登記をする場合には、証拠調べや判決の執行の便宜を考慮して、日本の裁判所に専属管轄が認められる（3条の5第2項）。

(4) **海事事件にかかる訴え**　船舶先取特権が認められる船舶債権（商842条参照）や、船舶抵当権によって担保される債権に基づく訴えについては、船舶が日本国内にあるときには、日本の国際裁判管轄が認められる（3条の3第6号）。船舶を所在地で仮に差し押さえ、そこで本案の訴えを提起することを認めるのが、債権者の便宜にかなうからである（本間ほか55頁〔中野〕）。その他、海事債権に基づく担保権実行手続開始後に、船舶所有者や船舶運航者が提起する船舶債権にかかる債務不存在確認の訴えや、チャーター船（傭船）契約により運航されている船舶についても、3条の3第6号の対象となる。[58]

船舶の衝突その他海上の事故に基づく損害賠償の訴えについては、損害を受けた船舶が最初に到達した地が日本国内にあるときには、日本の国際裁判管轄が認められる（3条の3第9号）。事故が公海上その他日本の領海外で起きた場合には、不法行為地管轄を利用することはできず、また、最初の寄港地で損害の調査および船舶の修理を行うのが通常であり、証拠等

---

(58)　田村・前掲注（35）123頁、条解56頁。

が多くあると考えられるため、最初に到達した地の裁判所で審理することが、適正・迅速な裁判に資するとされた（一問一答平23年74頁）。ただし、国際海上運送では、船主の国籍とは異なる国に船籍を置く便宜置籍船が多く、乗組員の国籍も様々であるうえに、船舶を1つの港に滞留させることが経済的に許されないという事情があり、最初の到達地で訴訟を行うことは実際には容易ではないことから、実務上は、衝突船舶の関係者間で協議し、裁判管轄を合意しておくことが多いとされる(59)。

　海難救助に関する訴えについては、海難救助地または救助された船舶が最初に到達した地が日本国内にあるときには、日本の国際裁判管轄が認められる（3条の3第10号）。証拠調べの便宜の観点から定められている（一問一答平23年76頁）。なお、国際海難救助においては、ロイズ海難救助契約標準書式（LOF; Lloyd's Open Form）に基づいた救助契約により、仲裁合意がなされるのが通常であるので、3条の3第10号が適用されるのは、このような合意がない場合に限定される（本間ほか56頁〔中野〕）。

(5)　**相続事件の管轄**　　相続権もしくは遺留分に関する訴えまたは遺贈その他死亡によって効力を生ずべき行為に関する訴えについては、相続開始時における被相続人の住所等が日本国内にあるときには、日本の国際裁判管轄が認められる（3条の3第12号）。これにより、多数の人が関係する相続をめぐる事件について、共通の管轄裁判所を確保することができる。また、被相続人の死亡時の住所地、すなわち相続開始地には、財産や記録等の証拠が存在する可能性が高く、そこに管轄を認めることが、審理の便宜に資すると考えられる（一問一答平23年80頁）。

　被相続人が生前に負担した債務の履行請求やその存否確認、葬式費用、遺言執行費用等の相続開始後に生じる費用に関する給付の訴えについても、同様の規律が妥当する（3条の3第13号)(60)。

9　併合請求における管轄

　1つの訴えで数個の請求をする併合請求には、同一の原告・被告間で複

(59)　本間ほか56頁〔中野俊一郎〕。パナマ船籍の貨物船の衝突事故にかかる損害賠償請求訴訟が、最初の到達地である日本で提起された事案について、特段の事情を認めて訴えを却下した例として、仙台高判平23・9・22判タ1367号240頁〔パナマ船衝突事件〕がある。

(60)　詳しくは、村上正子「相続事件に関する管轄」小林編・理論と実務144頁以下参照。

数の請求が定立される客観的併合と、複数の原告・被告間で複数の請求が
定立される主観的併合がある。関連する請求をまとめて1つの裁判所で審
理すれば、原告の便宜にもなるし、訴訟資料の共通化による事件の適正・
迅速な処理が可能となり、訴訟経済に資することも多い。国内土地管轄に
ついては、客観的併合の場合は、被告の不都合がそれほど大きくないこと
を理由にとくに制限は設けておらず、主観的併合の場合のみ、一定の制限
を設けている（7条）。これに対して国際裁判管轄の場合は、外国での応
訴を余儀なくされることによる被告の負担は過大であるうえ、移送により
当事者間の衡平を図ることもできない。被告の負担は、主観的併合の場合
にはさらに大きくなる。このことから、国際裁判管轄については、併合さ
れる請求の間に密接な関連性や請求の基礎の同一性を要求する見解が、立
法前から主張されていた。[61]最高裁もウルトラマン事件判決（前掲最判平
13・6・8）において、下記のように判示して密接な関連性を要求するこ
とを明らかにした。

　　「ある管轄原因により我が国の裁判所の国際裁判管轄が肯定される請求
　の当事者間における他の請求につき、民訴法の併合請求の裁判籍の規定
　（民訴法7条本文、旧民訴法21条）に依拠して我が国の裁判所の国際裁判
　管轄を肯定するためには、両請求間に密接な関係が認められることを要す
　ると解するのが相当である。けだし、同一当事者間のある請求について我
　が国の裁判所の国際裁判管轄が肯定されるとしても、これと密接な関係の
　ない請求を併合することは、国際社会における裁判機能の合理的な分配の
　観点からみて相当ではなく、また、これにより裁判が複雑長期化するおそ
　れがあるからである。」

　また、主観的併合については、被告の利益保護を図る必要から、原則と
して併合請求の国際裁判管轄を認めず、当事者間の公平、裁判の適正・迅
速という理念にかなう場合にのみ、例外的に認めるとするのが、下級審判

---

(61)　高橋宏志「国際裁判管轄」澤木敬郎=青山善充編・国際民事訴訟法の理論（有斐閣・
　　1987）64頁、注釈(1)117頁〔道垣内正人〕。立法前の判例で、請求の基礎の同一性を要件とす
　　る東京地〔中間〕判平元・6・19判タ703号246頁〔品川白煉瓦事件〕、関連性を要件とする東
　　京地判平10・11・27判タ1037号235頁等も参照。

例の多くの立場であった。[(62)]

　以上をふまえて現行法では、客観的併合については、日本の裁判所に管
轄権のある請求と、それ以外の請求の間に密接な関連性があるときにかぎ
り、併合請求の管轄を認め、主観的併合については、国内土地管轄の場合
と同様に（38条前段参照）、請求相互間に一定の関連性がある場合にかぎっ
て認められるとした（3条の6）。ここでいう密接な関連性がある場合と
は、法が併合請求管轄を認める趣旨に照らして、併合された請求間に訴訟
資料を共通化できるほどの関係がある場合をさすと解される。具体的には、
訴訟物たる権利関係の内容や発生原因事実において共通点を有するなど、
いわば実質的な争点を共通にしている場合である。[(63)]また、客観的併合の一
類型である反訴についても、本訴の目的である請求または防御の方法と密
接に関連する請求を目的とする場合には、本訴が係属する裁判所に提起す
ることが認められた（146条3項）。ただし、併合される、または反訴の目
的である請求について、専属管轄規定により日本に国際裁判管轄が認めら
れない場合には、併合・反訴はできない（3条の10・146条3項但書）。

　先にあげたウルトラマン事件も国際的な著作権をめぐる紛争であったが、
とくに知的財産権は同一の製品や創作物に関しても、各国で独立して成立
するとされる結果、同一ないし同種の行為により複数国で知的財産権侵害
が生じることも少なくない。知的財産権の侵害を理由とする損害賠償請求
の訴えや差止請求の訴えは、後述する専属管轄ではなく、不法行為に関す
る訴えに関する規律に服する（一問一答平23年113頁）。この場合に、日本

---

(62)　共同訴訟だけを理由として国際裁判管轄を一般的に認めることは適当ではないとする前
　　掲注（9）東京地〔中間〕判昭62・5・8〔アビアコ航空事件〕、前掲注（9）東京地判昭
　　62・7・28〔アッティカ号事件〕、前掲注（9）東京地判平2・10・23〔エスケナジイ・リミ
　　テッド事件〕、前掲注（39）名古屋地判平15・12・26〔中華航空事件〕、東京地判平21・4・
　　21判タ1315号266頁、東京地〔中間〕判平21・11・10判タ1320号265頁等参照。
(63)　原・前掲注（28）72頁、斎藤善人「管轄の専属、併合請求や反訴の管轄、中間確認の訴
　　えの管轄」小林編・理論と実務184頁。立法前の事例で、前掲注（9）東京高判平8・12・25
　　〔カムフェア号事件〕は、原審被告の外国法人と共同被告の日本法人とが友好的関係になく、
　　一方被告の応訴活動によって得られた証拠資料を利用することにより的確な防御活動を容易
　　に行うことが期待できないこと、併合された請求間に統一的な紛争解決を期待する関係がな
　　いことなどから、主観的併合による併合請求管轄を否定した。本判決の評釈として、安達栄
　　司・国際私法百選［第2版］198頁等がある。予備的請求につき、客観的併合により国際裁判
　　管轄を認めるものとして、東京地判平30・4・24LEX/DB25555549。

の知的財産権に対する侵害に基づく請求に、外国知的財産権の侵害に基づく請求を併合したり、日本の子会社に対する請求に外国親会社に対する請求を併合することによって、客観的・主観的併合管轄が認められるか否かは、請求間の密接関連性や関係当事者間における統一的解決の要請を考慮して判断し、被告の予測可能性を害するような場合には、特別の事情（3条の9）により調整することも必要だろう。[64]

　なお、特許権の存否や効力にかかる訴え（3条の5第3項）や日本に所在する不動産や法人等の登記、知的財産権や自動車の所有権等の登録に関する訴え（同条第2項）は、法定専属管轄とされている。[65]このことから、例えば、外国で設定の登録がされた特許権について、日本国内で侵害行為がされた場合、これに基づく損害賠償請求の訴えは日本に管轄が認められるが、これと特許権の有効確認請求の訴えが併合提起されたときは、両請求間に密接な関連性があっても、専属管轄の規定が優先し、外国特許権の有効確認の訴えの管轄権は日本にはなく、両請求を併合して日本の裁判所に訴えを提起することはできない（3条の10）（一問一答平23年121頁）。

10　合意管轄・応訴管轄

　(1)　**合意管轄**　　国際取引における紛争解決方法について当事者間で合意があるうち、もっとも多いのが国際裁判管轄についての合意（国際合意管轄）であろう。国際裁判管轄について統一的なルールが未だ確立されていない現状においては、国際裁判管轄についてあらかじめ合意をしておくことで、紛争解決地や事件処理に対する予測可能性を確保し、国際取引にかかる紛争をできるだけ迅速に解決することが可能となる。ただ、事前に合意があれば万事解決かというわけではなく、実際には合意の解釈をめぐって様々な問題が生じてくる。立法前は、国際裁判管轄の合意に関するリーディングケースである、チサダネ号事件判決（最判昭50・11・28民集29巻10号1554頁）[66]を基礎にして議論が展開されていた。最高裁は、合意の有効

---

(64)　中西ほか283頁。国際知財紛争については、田中成志「国際裁判管轄と国際知財紛争」小林編・理論と実務326頁以下も参照。

(65)　詳しくは、斎藤・前掲注（63）181頁以下、澤木＝道垣内・入門294頁以下参照。

(66)　本判決の評釈として、平塚真・渉外百選［第2版］206頁、三ツ木正次・昭和50年度重判

性について、①当該事件がわが国の裁判権に専属的に服するものではないこと、②指定された外国の裁判所がその外国法上、当該事件につき管轄権を有すること、③合意がはなはだしく不合理で公序法に違反しないこと、の３つの要件をあげて、オランダの裁判所を専属管轄裁判所とする当事者間の合意の効力を認めた。

　現行法はこれをふまえて、当事者が、一定の法律関係に基づく訴えに関し、かつ、書面（合意の内容を記録した電磁的記録を含む）により、いずれの国の裁判所に訴えを提起することができるかについて定める国際裁判管轄の合意を行った場合には、管轄権がわが国あるいは外国に専属的に帰属するものでないかぎり、有効であるとする（３条の７第１項〜第３項[(67)]）。一般に管轄合意には、合意した国の裁判所にしか管轄を認めない旨の専属的合意と、合意した国の裁判所以外の国で訴えを提起することも妨げない旨の付加的合意とがあるが、専属的合意である旨が明示されていないかぎり、当事者は付加的な管轄として合意したものと解される。国際事件の場合には、国際裁判管轄のルールが国によって異なること、事件とはまったく無関係な国の裁判所でしか裁判できないとなると、証拠の収集や審理の不都合さのみならず、遠隔な国の場合には一方当事者に訴訟追行そのものを断念させてしまう可能性も高く、その不都合は国内事件の場合とは比較にならないことから、付加的合意が原則であると解すべきである（一問一答平23年133頁参照[(68)]）。

　日本の裁判所で国際裁判管轄の合意の効力が問題となるのは、①日本の裁判所を管轄裁判所とする（専属的）合意に基づいて日本の裁判所に訴え

　解221頁、矢吹徹雄・民訴百選Ⅰ〔新法対応補正版〕46頁、渡辺惺之・国際私法百選〔新法対応補正版〕176頁、高橋宏司・国際私法百選〔第２版〕200頁等がある。なお、東京高判平12・11・28判時1743号137頁〔ユナイテッド航空事件〕は、労働者と事業主との間に国際裁判管轄の合意がある事案で、本判決を引用したうえで、米国裁判所を専属管轄とする合意は労働者に一方的に不利益を強いるものではないこと、原告にはその内容を検討する十分な検討期間があり説明が不十分であったとはいえない等の事情を総合的に考慮して、合意を有効としている。本判決の評釈として、中西康・国際私法百選〔第２版〕202頁等がある。

(67)　11条１項とは異なり、第一審の管轄合意に限定する旨は明記されていないが、「訴えを提起することができるかについて定める」としているため、国際裁判管轄の合意についても第一審に限定することを前提としていると解される。笠井＝越山・新コンメ54頁。

(68)　2005年のハーグ管轄合意条約（2015年発効）３条(b)は、明示しないかぎり専属的管轄とみなすとしているが、このようなみなし規定は国際取引の実務とは異なるとされる。

が提起される場合、②外国の裁判所を管轄裁判所とする専属的な合意がある場合に、他の管轄原因を主張して日本の裁判所に訴えを提起し、当該合意の効力を争う場合である。①について、専属的管轄合意の場合には、特別の事情による訴えの却下（3条の9）は認められない。これを認めてしまうと、管轄合意により国際裁判管轄の有無をめぐる紛争を防止しようとした当事者の意図に反するからである（一問一答平23年162頁⁽⁶⁹⁾）。②については、当該外国の裁判所が法律上または事実上裁判権を行うことができることが、合意を認める要件となる。法律上行使できない例としては、合意された国の法令によれば当該訴えについて管轄が認められない場合が、事実上行使できない例としては、戦乱や天災その他の原因によりその国の司法制度が実際上機能していない場合があげられる（一問一答平23年136頁）。また、当該訴えについて日本の裁判所に法定専属管轄がある場合には、当事者意思よりも公益性が優先されることから、3条の7は適用されず（3条の10）、外国裁判所を管轄裁判所とする専属的合意管轄があっても、日本の国際裁判管轄が認められる。

　国際裁判管轄合意についてのリーディングケースであるチサダネ号事件判決が、合意の有効性についてあげた3つの要件のうち公序の要件については議論の末、立法的に明文化することがむずかしいこと、日本法に照らして公序法に反する場合には合意の有効性が否定されるので、特段の規律を置く必要はないことなどから、解釈に委ねられることとなった。これまで公序要件は、管轄合意の合理性を判断する枠組みとして、内国関連性の強さ、合意管轄地との関係の薄さ、合意管轄地での提訴の困難さ（原告の資力等も含む）、証拠の所在のほか、消費者保護の必要性や合意締結の公正性等を基礎として判断されてきた⁽⁷⁰⁾。現行法では、次に述べるように、消費者契約および労働関係にかかる紛争についての管轄合意は明文で制限されていることから、それ以外の場合には、原則として当事者間の合意を尊重するという立場もありうる。しかし、公序法要件は、本来の趣旨であると

---

(69)　なお、3条の10は、法定専属管轄の規定が適用される訴えについて3条の9の適用が除外される旨規定している。この規定が実質的に意義をもつのは、外国判決の承認・執行の場面における間接的国際裁判管轄の判断（118条1号）についてである。条解73頁。

(70)　渡部美由紀「管轄に関する合意と応訴による管轄」小林編・理論と実務200頁参照。

ころの、強行規定の潜脱を防ぐという目的のほか、たとえばフランチャイ
ズ契約や代理店契約など、契約当事者間に経済的・社会的格差があり、合
意締結の公正性が疑われるような場合に、例外的に管轄合意の有効性を否
定することを可能にする判断枠組みとして、なお留保されるべきである[71]。

　東京高判平成26年11月17日（判時2243号28頁）〔MRI インターナショナル事
件[72]〕は、当事者間の金融商品取引契約において、米国ネバダ州法を準拠法
とし、同州裁判所を専属的合意管轄とする管轄合意がされていた事案であ
る。日本国内に居住する原告が、出資金の返還を求めて東京地裁に提訴し
たところ、被告が本件訴訟は管轄合意に反すると主張し、当該管轄合意の
公序違反性が争われた。本件合意は改正法施行日前になされたものである
ため、上記チサダネ号事件判決の基準に従い判断されたが、第一審（東京
地判平26・1・14判時2217号68頁）が本件合意を有効として、原告の訴えを
却下したのに対して、控訴審は、消費者保護の観点を重視したうえで、被
告が本件金融商品の運用が行き詰まっていたにもかかわらずその勧誘を続
け、本件管轄合意の定めを置いたこと、本件金融商品の購入者に対し必要
な説明を怠っていること、日本の裁判所で審理することによる被告の負担
に比して、米国裁判所で審理することによる原告の負担が大きいことなど
を考慮して、本件管轄合意を認めることは公序に反するとした。この判断
は最高裁でも維持されている（最決平27・9・1 LEX/DB25541404[73]）。

　(2)　**消費者契約および労働契約における管轄合意についての特則**　現行法
が、消費者および労働者保護の観点から、消費者契約および労働契約にか
かる紛争について、国際裁判管轄独自の規定（3条の4）を設けたことは

---

(71)　渡部・前掲注（70）202頁、高橋・前掲注（66）200頁、加藤紫帆・ジュリ1462号130頁
　　（2014）、中西ほか164頁、澤木＝道垣内・入門306頁。

(72)　本判決の評釈としては、小田司・判時2265号165頁（2015）、早川吉尚・新・判例解説
　　Watch20号329頁（2017）、山田恒久・リマークス2016(上)142頁、加藤紫帆・ジュリ1484号143頁
　　（2015）がある。

(73)　渡部・前掲注（70）202頁は、控訴審裁判所が考慮した事情は、従来公序要件において顧
　　慮されてきたものとは異質であるとし、当事者の予想可能性や法的安定性の観点からすれば
　　その妥当性はなお検討を要するとする。東京地判平24・11・14労判1066号5頁、東京高判平
　　24・6・28LEX/DB25504140、大阪高判平26・2・20判時2225号77頁も参照。なお、中西ほか
　　165頁は、このような管轄合意は、今後は消費者契約に関する特則で処理されるべきであり、
　　公序違反要件をふくらませて法的安定性を損なう解釈は避けるべきであると指摘する。

すでに述べた。しかし、消費者事件や労働事件では、その法律関係の基礎
となる契約に、事業者自らが作成した契約条項や定型的な条項を用い、そ
の中に、紛争解決条項として合意管轄条項や仲裁条項を置いている例が少
なくないが、この場合、事業者や事業主が一方的に作成していることで、
作成者に有利な内容になっていることが多い。国内土地管轄については、
このような合意管轄があっても、訴訟の著しい遅滞を避け、または当事者
間の衡平を図るため必要があると認めるときは、申立てによりまたは職権
で、別の裁判所に移送することが可能（17条・20条括弧書き）であり、こ
れによって消費者や労働者の保護が図られている。これに対して国際裁判
管轄の場合には、移送制度がない。特別の事情によって却下することもで
きるが、それでは司法による救済の途を閉ざすことにもなりかねず、真の
保護にはならないし、新たな規定を設けた趣旨が簡単に没却されることに
もなりかねない。このことから、現行法は管轄原因の新設とは別に、消費
者契約および労働契約に関する紛争を対象とする国際裁判管轄の合意の効
力を一定の範囲で制限する規定を設けている。

　⑶　**消費者契約に関する紛争を対象とする合意**　　将来において生じる消
費者契約に関する紛争を対象とする合意は、原則として効力を有しない
（3条の7第5項）。例外的に管轄合意が有効とされるのは、①消費者契約
の締結時に消費者が住所を有していた国の裁判所に訴えを提起することが
できる旨の合意をしている場合（同項1号）、②消費者が合意された国の
裁判所に訴えを提起したとき、または事業者が日本もしくは外国の裁判所
に訴えを提起したときにおいて、消費者が管轄合意を援用した場合（同2
号）である。①のような合意であれば、消費者は事前に当該国で紛争解決
がされることにつき予測可能であり、応訴することが困難であるとはいえ
ないと考えられるからである（一問一答平23年145頁）。たとえば、消費者
契約時、日本在住の消費者が海外の事業者との間で、海外の地を管轄地と
する管轄合意をしても、消費者が合意した外国の裁判所に自ら提訴するか、
事業者が当該裁判所に提起した訴えについて管轄合意を援用しないかぎり
は、当該管轄合意は効力を有しない。消費者が3条の4第1項に基づき、
自らの住所地国である日本の裁判所に訴えを提起しても、海外の事業者は
管轄合意があることを本案前の抗弁として主張しても認められないことに

なる。これに対して、契約締結後に消費者が外国に転居したとしても、事業者は、契約締結時に合意された裁判所（契約締結時の消費者の住所地国の裁判所）に訴えを提起することができる。②のような場合には、消費者は管轄の合意の意味を理解したうえで積極的に行動しているのであるから、合意の効力を認めても消費者の利益を損なうことにはならない（一問一答平23年147頁）。

　なお、消費者契約に関する紛争を対象とする合意は、消費者の裁判所へのアクセス確保の観点から（一問一答平23年152頁）、専属的なものであっても付加的合意とみなされる（３条の７第６項１号括弧書き）。

(4)　労働契約に関する紛争を対象とする管轄合意

　将来において生じる個別労働関係民事紛争を対象とする合意は、原則として効力を有しない（３条の７第６項）。例外的に管轄合意が有効とされるのは、①労働契約の終了時にされた合意であって、その時における労務の提供地がある国の裁判所に訴えを提起することができる旨を定めた場合（同項１号）、②労働者が合意された国の裁判所に訴えを提起したとき、または事業主が日本もしくは外国の裁判所に訴えを提起した場合において、労働者が当該合意を援用した場合（同２号）である。①の合意については、契約締結時や継続中とは異なり、労働契約の終了時であれば、労働者と事業主との交渉上の格差が比較的小さいと考えられるし、労働者は労働契約の終了時点での労務提供地のある国に住所を有していることが少なくないこと、労務を提供していた国であれば、その法制度や言語等にある程度通じており、当該国での労働関係に関する紛争解決も予測可能であると考えられる（一問一答平23年152頁）。この規律は、労働者のみならず、事業主の利益にも配慮している。事業主は、労働契約終了時に、労働者との間で競業避止義務や秘密保持義務等に関して合意をすることがあるが、労働契約終了後に、これらの義務違反が発覚した場合、国際裁判管轄の合意を一律に否定し、常に訴え提起時の労働者の住所地等で提訴しなければならない（３条の４第３項）とすると、事業主にとっては負担が大きく、訴訟を断念せざるをえなくなる可能性もある。[74]①の合意を有効として、合意管轄裁判所への訴え提

---

(74)　立法過程では、個別労働関係民事紛争を対象とする事前の国際裁判管轄の合意を一律無

起を認めれば、事業主の利益保護も図れることになる。たとえば、労働者が外国に移住した場合でも、①のような合意をしておけば、事業主は当該合意に基づき、労務提供地のある裁判所に提訴することができる。②の場合、および合意が付加的合意とされる点については、消費者契約の場合と同様である。

　(5)　**応訴管轄**　　国内土地管轄について、被告が提訴裁判所に管轄権がない旨の抗弁を主張することなく本案について弁論または弁論準備手続における申述をしたときは、応訴管轄が生じる旨を規定した12条は、国際裁判管轄の場合にも適用されるとするのが、従来の判例の立場であった。[75]現行法は、国内土地管轄の規定と同様に、専属管轄（3条の10）の場合を除き、応訴管轄を認めている（3条の8）。ただし、12条とは異なり、第一審における管轄違いの抗弁の提出を要求していないことから、国際裁判管轄については、本案について応訴していないかぎり、控訴審においても管轄違いの抗弁を提出することができることになる。なお、事件とわが国との関連性が乏しく審理に困難をきたすおそれがある場合や、国際裁判管轄の専属的合意がある場合にも、単に応訴管轄を理由に国際裁判管轄を肯定してよいかは問題になりうる。場合によっては特別の事情による却下もありえよう。

Ⅳ　特別の事情による訴えの却下

1　特別の事情による訴えの却下の位置づけ

　現行法3条の2ないし3条の8に基づき、訴えについて日本に国際裁判管轄が認められる場合でも、裁判所は個別事案における具体的事情を考慮し、「事案の性質、応訴による被告の負担の程度、証拠の所在地その他の事情を考慮して、日本の裁判所が審理及び裁判をすることが当事者間の衡平を害し、又は適正かつ迅速な審理の実現を妨げることとなる特別の事情

効とする案も提案されていたが、これに対しては実務家サイドからの批判が強く、一定の合理性がある管轄合意については有効と考えるべきであるという指摘がされていた。村上・前掲注（5）35頁および39頁注⑶～⑷参照。

(75)　大阪地〔中間〕判昭61・3・26判時1200号97頁〔ヒュルス・ジャパン事件〕参照。

があると認めるときは」、その訴えの全部または一部を却下することができる（3条の9）。

　従来の判例法理のもと、特段の事情として考慮されていたのは、主に①国際的な配慮を要する事情と、②個別の事案の特性による事情である。①については、特段の事情論の判断枠組みにおいて依拠する国内土地管轄規定が、国際的配慮を欠くことを理由に、そのまま適用した場合の不都合を特段の事情によって回避するためのものであり、その多くは、国際裁判管轄の個別の管轄原因を立法化する際に考慮されている[76]。このことから、現行法における特別の事情による訴えの却下は、一般的な管轄規則によることが不適切な事件において、個別の事件の特性に応じた微調整を図る手段として位置づけられ（上記②の場合）、日本の国際裁判管轄を否定すべき特別の事情があると裁判所が積極的に認める場合にかぎって適用され（条解72頁）[77]、特別の事情とは、個別の管轄原因の判断では考慮されない個別の事案固有の事情に絞られるとする見解も有力である[78]。

　しかし他方ですでに述べたように、渉外事件においては個別的要素（個別的事情）の少しの変化が国際裁判管轄の判断に影響を及ぼすこともまた事実であり[79]、当事者間の多様な諸事情を事前に、すべての事件において妥当する利益調整（国際的な事件では国内事件に比してより強く求められる）の結果を規定することは不可能であることに鑑みると[80]、特別の事情による利益調整が必要とされる事案は、後述する判例が示すように、依然として一定程度存在すると思われる。

2　考慮される事情

　特別の事情とは、日本の裁判所が審理および裁判をすることが当事者間の衡平を害し、または適正かつ迅速な審理の実現を妨げることとなるよう

---

(76)　国内土地管轄からの逆推知によって生じる不都合については、小林秀之「国際裁判管轄の意義と国際取引への影響」小林編・理論と実務8頁。条解46頁も参照。

(77)　青山ほか・前掲注（13）122頁〔酒井発言〕、青山善充「新しい国際裁判管轄法について」明治大学法科大学院論集10号363頁（2012）。

(78)　笠井=越山・新コンメ657頁。

(79)　小林・前掲注（76）12頁参照。

(80)　原・前掲注（28）88頁、中西・前掲注（14）12頁参照。

な事情であり、具体的に考慮される事情として、①事案の性質、②応訴による被告の負担の程度、③証拠の所在地、④その他が条文であげられている。①については、請求の内容、契約地、事故発生地等の一般に紛争に関する客観的事情、②については、被告の応訴の負担、当事者の予測可能性などの当事者に関する事情、③については、証拠の所在や証拠調べの便宜、④については、当該請求についての外国裁判所の管轄権の有無、外国裁判所における同一または関連事件の係属等の事情が考えられる（一問一答平23年158頁[81]）。平成23年民訴法改正後の判例（公布後、施行前のものを含む）をみると、その他の事情としては、準拠法、準拠法の適用（の難易）、判決の実現可能性、外国における承認・執行可能性、外国での関連訴訟（反訴）の存在などが考慮されている[82]。たとえば、改正後初めて3条の9を適用した中国不動産共有物分割請求事件（東京地判平25・2・22LEX/DB25510985）は、3条の2（被告の住所地）に基づく国際裁判管轄は日本に認められるとしながら、①準拠法である中国物権法の解釈適用に困難が予想されること、②証拠の所在地が中国であるうえ、必要となる鑑定の手続に困難が伴うこと、③中国における日本の裁判所の判決の承認・執行の保障がないことを考慮して、特別の事情を認めている。ここでは、当事者間の衡平を害する事情については言及せず、もっぱら適正かつ迅速な裁判の実現を妨げる事情を考慮している[83]。本件はとくに①を重視しているが、従来の裁判例においても準拠法は特段の事情の考慮要素とするとされてきた[84]。しかし、準拠法が外国法であることを考慮してわが国の国際裁判管轄を否

---

(81)　裁判の適正という観点からは、重要な証拠方法の利用可能性や当事者（主に被告）が十分な訴訟活動を行えるかという要素が考慮される。ただ、重要な証拠方法が外国にあっても、国際司法共助を利用することは可能であるし、被告が日本に営業所等の拠点を有していることは、日本での十分な訴訟活動を可能ならしめるといえる。遠東航空機事件（前掲注（10）東京地判昭61・6・20）では、重要な証拠が台湾にあったが、日本と台湾との間に国交がないために国際司法共助が利用できないことから、日本の国際裁判管轄が否定された。

(82)　裁判例の分析については、河村基予「特別の事情による訴えの却下」小林編・理論と実務218頁以下参照。また、フォーラム・ノン・コンヴィニエンスの法理と3条の9を比較するものとして、澤木=道垣内・入門310頁、中西・前掲注（14）16頁以下参照。

(83)　本判決の評釈として、岡野祐別・平成25年度重判解303頁がある。

(84)　河村=早川=高畑・前掲注（5）74頁、東京地判平23・9・7判時2228号38頁〔バミューダ法人ファンド事件〕。前掲注（59）仙台高判平23・9・22〔パナマ船衝突事件〕は、準拠法

定することは、外国法の適用を当然の前提とする国際私法を根底から否定することにつながりかねないことから、特別の事情として考慮すべきではない[85]。

　平成23年民訴法改正後、最高裁が初めて3条の9を適用したのが、ユニバーサルエンターテインメント事件判決（最判平28・3・10民集70巻3号846頁[86]）である。事案は、インターネット上の名誉・信用毀損および原告会社の株価下落に伴う損害の賠償請求訴訟であるが、アメリカにおいて内国訴訟の原告を被告とする関連する訴訟が先行しており、かつ内国訴訟の原告が反訴を提起していた。最高裁は、名誉・信用毀損という直接の結果がわが国で発生したとして、3条の3第8号に基づき不法行為地が日本にあるとしたうえで（株価下落に伴う損害については否定）、特別の事情の有無について検討した。第一審（東京地判平25・10・21民集70巻3号890頁）および第二審（東京高判平26・6・12民集70巻3号913頁）は、事案の性質（両当事者の予測可能性）、応訴による被告の負担、証拠の所在、わが国における国際裁判管轄が否定される場合の原告らの不利益を特別の事情として考慮したうえで、本件訴えを却下した。これに対してXらが上告受理申立てをしたところ、最高裁は以下のように判示して、上告を棄却した。

　　「本件訴訟の提起当時に既に係属していた別件米国訴訟は、米国法人である被上告人が、上告人X₂及びその関係者が海外腐敗行為防止法に違反

が外国法であることのほかにも、わが国で審理をしても訴訟の促進や訴訟費用の低減に役立つ等の事情もないとして、特別の事情を認めている。本判決の評釈として、山田恒久・国際私法百選［第2版］196頁等がある。

(85)　山本和彦・民商119巻2号278頁以下（1998）も同旨。芳賀雅顯「準拠法が国際裁判管轄の判断に及ぼす影響」JCAジャーナル67巻6号40頁以下（2020）は、当事者の予測可能性の観点から、特別の事情の考慮要素を限定すべきこと、管轄判断における準拠法の先取りに伴う問題点を指摘し、本書と同様に準拠法を考慮することを否定する。なお、バミューダ法人ファンド事件の控訴審（東京高判平24・2・22判時2228号34頁）は、準拠法がバミューダ法であることはわが国の管轄を否定する事情としてそれほど重視すべきではないとして特段の事情を否定した。一見すると、バミューダ法の調査は非常に困難に見えるが、金融関係では準拠法として合意されることも多く、内容も関係者の間ではかなり知られている。

(86)　本判決の評釈として、野村武範・曹時69巻8号289頁（2017）、安達栄司・金判15号8頁（2017）、村上正子・平成28年度重判解146頁、高杉直・同313頁、中野俊一郎・民商153巻4号541頁（2017）、山田恒久・リマークス2017(下)130頁、横溝大・ジュリ1517号130頁（2018）等がある。

する行為を繰り返すなどしていたとして、上告人X₂が取締役会長を務める上告人会社の子会社であるＡが保有する被上告人の株式を強制的に償還したこと等に関して、被上告人とＡ及び上告人らとの間で争われている訴訟であるところ、本件訴訟は、上告人らが、上記の強制的な償還の経緯等について記載する本件記事によって名誉及び信用を毀損されたなどと主張して、被上告人に対し、不法行為に基づく損害賠償を求めるものであるから、別件米国訴訟に係る紛争から派生した紛争に係るものといえる。そして、事実関係や法律上の争点について、本件訴訟と共通し又は関連する点が多い別件米国訴訟の状況に照らし、本件訴訟の本案の審理において想定される主な争点についての証拠方法は、主に米国に所在するものといえる。さらに、上告人らも被上告人も、被上告人の経営に関して生ずる紛争については米国で交渉、提訴等がされることを想定していたといえる。実際に、上告人らは、別件米国訴訟において応訴するのみならず反訴も提起しているのであって、本件訴えに係る請求のために改めて米国において訴訟を提起するとしても、上告人らにとって過大な負担を課することになるとはいえない。加えて、上記の証拠の所在等に照らせば、これを日本の裁判所において取り調べることは被上告人に過大な負担を課することになるといえる。これらの事情を考慮すると、本件については、民訴法3条の9にいう『日本の裁判所が審理及び裁判をすることが当事者間の衡平を害し、又は適切かつ迅速な審理の実現を妨げることとなる特別の事情』があるというべきである。」

　わが国の裁判例の多くは、従来、外国での競合訴訟の存在を国際裁判管轄の有無を判断する際の特段の事情の一要素として考慮してきた（第7章参照）。国際裁判管轄の立法化の際には、国際訴訟競合についてなんらかの規定を設けるかどうか議論されたが、結局明文の規定は設けられなかった。[87]このことから、従来どおり、同一または関連する訴訟が外国の裁判所において係属していることは、3条の9のその他の事情として考慮されると説明されている（一問一答平23年178頁）。これに対しては、外国で訴訟が係属しているだけでは、日本の裁判所が裁判権の行使を自制する理由とはならないとする見解もあり（条解73頁）、解釈は分かれる。本件事案

---

(87)　立法過程の議論については、村上・前掲注（5）44頁参照。

で最高裁がとくに重視したのは、本件訴訟が経営等にかかる紛争から派生
した紛争にかかるものであり、かつその本体の紛争自体に係る訴訟がすで
に係属しているという、事案の性質と関連訴訟の存在との密接な関連性で
あり、本件事案の紛争の実体ないし核心がアメリカにおける経営にかかる
紛争で、アメリカにおいて解決されるべきものであるという判断が背景に
ある。外国における訴訟の状況に伴う事実関係を３条の９の事案の性質や
証拠の所在地として考慮し、日本に管轄を認めれば、被告の裁判を受ける
権利を侵害し、適正な裁判の実現という裁判所の役割も十分に果たしえな
いと判断したものと解される。本判決はまた、被告がわが国での訴訟を予
測することが可能であったかどうかや、被告の日本における訴訟追行（応
訴）の負担と原告の外国での訴訟追行の負担を比較衡量している。これら
の事情は、従来の特段の事情論の判断枠組みで考慮されていたものであり、
３条の９の条文上の例示にはあげられていないものの、特別の事情の一要
素として３条の９の適用の際に考慮されることになる。[88]

　３条の９の特別の事情の適用解釈については、国際裁判管轄規定が整備
された現行法のもとでは、制限的であるべきとする見解も有力であること
は、すでにみてきたとおりであり、本件最高裁が、従来の特段の事情の場
合と比較して、特別の事情の適用についてことさら制限的であるとはいえ
ないとの評価も可能であろう。しかし、個々の事案の諸事情が管轄の有無
の判断を大きく左右するのであり、最高裁は、定型化された要件を前提と
した個別の管轄規定では考慮されない、あるいはその重要性が異なりうる
個別具体的な事情をあげ、特別の事情のもとで考慮すべき要素を細かく認
定することで、予測可能性を高めることにも配慮しつつ、あくまでも個別
の調整であり、例外的にのみ管轄が否定されることを明らかにしていると
考えるべきだろう。[89]

---

(88)　河村・前掲注（82）222頁参照。

(89)　中西ほか171頁以下は、例外的運用を肯定しつつも、その発動をあまりに抑制すると、不
　合理に広く国際裁判管轄を認めることになると指摘する。

V　国際裁判管轄の審理

1　国際裁判管轄に関する調査

　裁判所が訴えについて管轄権を有することは、本案判決をするための訴訟要件の1つであることから、受訴裁判所に国際裁判管轄があるか否かは、職権調査事項であり、裁判所はその調査に必要な範囲において、職権で証拠調べをすることができる（3条の11）。職権調査事項なので、被告から日本の裁判所が管轄権を有しない旨の抗弁が提出されていなくても、裁判所はその有無を調査する義務を負うが、被告が本案について応訴した場合には、日本に専属管轄がある場合を除いて、応訴管轄が認められる（3条の8・3条の10）から、この場合には調査の必要はない。国際裁判管轄が、日本の裁判所の民事裁判権の行使に関わり、高度な公益性があることから、専属管轄だけでなく、国際裁判管轄一般について、裁判所は疑義がある場合には、当事者が争っていなくても積極的に職権で事実を探知し、証拠調べをすべきだろう⁽⁹⁰⁾。

　なお、国内土地管轄の場合（299条）とは異なり、国際裁判管轄は、訴訟の帰趨を左右する重要な問題であることから、控訴審において原審の判断を争うことができるとされている（一問一答平23年173頁）。さらに、法定専属管轄違反については、上告審では絶対上告理由として主張できる（312条2項2号の2）⁽⁹¹⁾。

2　管轄の標準時

　国際裁判管轄の有無は、訴え提起の時点を基準として決定される（3条の12）。国内事件の管轄の場合（15条）と同様に、訴え提起後の事情の変更が管轄権の有無に影響を及ぼすことを回避し、円滑な審理の進行と手続の安定を図ることを目的としている（一問一答平23年168頁）。

　この規律は国内管轄の規律（15条）と同じであるが、国内管轄の場合に

---

(90)　条解74頁、中西・前掲注（15）339頁、山田明美「専属管轄の適用除外、職権証拠調べ、管轄の標準時」小林編・理論と実務239頁。
(91)　詳しくは、畑宏樹「上告理由」小林編・理論と実務251頁以下参照。

は、裁判管轄違いの判断は、移送で処理されることを前提に決定手続でなされ、迅速な処理が可能であることから、管轄の標準時を提訴時とするのは適当であるといえる。これに対して、国際裁判管轄の場合には、管轄がないとされれば終局判決で訴えが却下されるし、最終的な結論が出るまでに数年を要することも少なくないことから、国際裁判管轄については、他の訴訟要件と同様に、口頭弁論終結時を基準として判断すべきであるとする見解もある。ただ、15条の趣旨が、提訴時に定まった日本の国際裁判管轄は、事後的な事情変更により失われないという管轄の固定にあることからすれば、管轄原因の事後的な充足を認めれば、基準時を提訴時としても、当事者に不利益にはならないと思われる。すなわち、管轄がない場合に、提訴時を基準としてその不存在が確定されるわけではなく、訴えが却下される前（口頭弁論終結時まで）に管轄原因を充足すれば、日本の国際裁判管轄を肯定することができると解すべきである。[93]

Ⅵ　残された問題

　以上みてきたように、平成23年の民訴法改正によって新設された国際裁判管轄の規定は、具体的かつ詳細なものと評価されているが、他方で、国際訴訟競合（第7章参照）や緊急管轄など、議論はされたものの最終的には明文の規定が設けられず、解釈に委ねられた問題もある。

　緊急管轄とは、日本の裁判所が管轄権を有しない場合であっても、事案の具体的な事情に照らし、これを否定すると裁判の拒否にあたるようなときは、例外的に日本の管轄権を認めることをいう。[94]日本ではこれまで、正面から緊急管轄を認めた裁判例はないが、人事に関する訴えについて、最判平成8年6月24日（民集50巻7号1451頁）が、「管轄の有無の判断に当たっては、応訴を余儀なくされることによる被告の不利益に配慮すべきこと

---

(92)　古田啓昌・国際民事訴訟法入門（日本評論社・2012）34頁。

(93)　条解75頁、古田・前掲注（92）33頁以下、中西・前掲注（15）341頁、山田・前掲注（90）243頁。

(94)　緊急管轄については、横山・前掲注（11）12頁、澤木＝道垣内・入門311頁、横溝大「国際裁判管轄における緊急管轄について」曹時64巻8号1985頁（2012）参照。

はもちろんであるが、他方、原告が被告の住所地国に離婚請求訴訟を提起することにつき法律上又は事実上の障害があるかどうか及びその程度をも考慮し、離婚を求める原告の権利の保護に欠けることのないよう留意しなければならない」として、被告が日本に住所を有していない事案で日本の国際裁判管轄を認めている。これは、日本の裁判所に提訴する以外に婚姻解消の手段のないことを重視して、日本の国際裁判管轄を認めたという意味で、緊急管轄の考え方と相通じるところが多いとされている（本判決については、第 8 章参照）。しかし、緊急管轄については、試案の段階で「規律を設ける必要性の有無、規律を設けるとした場合の具体的な規律の内容について、なお検討する」と後注で示されるにとどまり、最終的には、管轄原因をかなり広く認めている以上はそれほど必要性がないこと、わざわざ規定を設けなくても必要な場合には救済可能なことなどから、特別の規律を置くまでもないとされた。

　また、渉外事件においても、国内事件と同様に、債務者が原告となって債権者に対して債務不存在確認訴訟を提起することがある。債務不存在確認訴訟について、何を根拠に管轄を認めるかは、国際裁判管轄だけでなく、国内管轄についても議論があるが、国際裁判管轄の法制化にあたっては特段の規定は設けられず、訴えの類型や訴えにかかる債務の性質等に応じて、個別の事件における判断および解釈に委ねられることとなった。最終的な不都合は、 3 条の 9 の特別の事情による訴え却下によって対処することが想定されている（一問一答平23年46頁）。

　金銭債務不存在確認訴訟の管轄原因として考えられるのは、 3 条の 3 第 1 号の債務の履行地、第 2 号の財産所在地、第 8 号の不法行為地であるが、解釈は分かれている。たとえば、債務者が原告となり、被告債権者の金銭債権が日本にあるとして、その債務不存在確認訴訟を提起する場合は、主張に一定の矛盾を含むほか、判決執行の可能性もないにもかかわらず、差し押さえることができる財産の所在地に管轄を認めると、常に債務者たる原告の住所地国の裁判所に管轄が認められることになり、債権者たる被告に不利益を及ぼすことになり、当事者間の衡平を著しく害し、相当ではな

（95）　竹下守夫「権利保護の拒絶の回避と国際裁判管轄」駿河台法学10巻 2 号63頁（1997）。

いとする判例もある。これに対して、不法行為に関する訴えについては、被害者からの給付請求にかぎらず、加害者とされた者からの債務不存在確認請求も含まれると解されている（条解56頁）。そのほか、3条の5第2項は、登記または登録に関する訴えの管轄権は、登記または登録をすべき地が日本国内にあるときは、日本の裁判所に専属する旨規定しているが、日本にある土地について、所有権移転登記義務の不存在確認を求める訴えも、ここでいう登記または登録に関する訴えに該当し、同条に基づいて日本の国際裁判管轄が認められるとする見解もある。これらを前提としても、債務不存在確認が単独で、あるいは外国訴訟に先行してわが国で提訴されることはまれであり、この問題はもっぱら国際訴訟競合の問題として論じられている（第7章参照）が、3条の9を適用する前提として、そもそもわが国に管轄原因が認められるかどうかは明らかにしておく必要はある。

Ⅶ　設例の検討

　最後に、冒頭で述べた国際裁判管轄の意義と、個別具体的な事情が結論に大きく影響することを具体的に示すために、国際裁判管轄のリーディングケースであるマレーシア航空事件を素材として、以下のような設例を設け、その解説を行うこととする。平成23年の立法は、いわばマレーシア航空事件から始まり集積された判例・学説の集大成ともいえるもので、国際裁判管轄規定が整備された今では、類似の事例は明快に解決できるようになったと思いがちである。しかし、個別的な事情が異なれば結論が変わり、国際裁判管轄は決して一筋縄では解決できない問題である。

　　【設例】
　　　故Aは日本人ビジネスマンで、妻X_1と子X_2、X_3がいる典型的なサラリ

---

(96)　前掲注（9）東京地判昭62・7・28〔アッティカ号事件〕。本判決の評釈として、徳岡卓樹・国際私法百選［第2版］186頁等がある。

(97)　澤木=道垣内・入門281頁。改正前の判例として、関西鉄工事件のほか、前掲注（61）東京地判平10・11・27など。また、改正後の判例として、東京地判平26・10・29LEX/DB25522384は、国際裁判管轄が認められることを前提としている。

(98)　古田啓昌「国際裁判管轄と国際的な財産紛争」小林編・理論と実務272頁参照。

ーマンで、名古屋市に居住していた。Aは、会社の命令でM国へ海外出張することになり、東京からM国の首都K市までM国の代表的国際航空会社（ナショナルフラッグ）であるM航空により渡航した。その航空券は、わが国の旅行代理店がM航空の東京支店を通じて購入したものである。

Aは、K市でのビジネスを終えた後、K市でK市からP市（M国第2の都市で有名な観光地）までのM航空の国内路線の航空券を購入し、国内線に搭乗したところ、途中でハイジャックに遭い航空機は海上に墜落し乗員・乗客は全員死亡した。

Aの遺族X₁らは、M航空を相手取り、居住地を管轄する名古屋地方裁判所に損害賠償請求の訴えを提起した。名古屋地方裁判所の国際裁判管轄は認められるか。

1　AがM国K市からP市までの国内路線の航空券をK市で購入したか、M航空の東京支店で購入したかで結論は異なるか（旅行代理店がM航空の東京支店から購入したか否かでも異なるか）。

2　M航空が、M国の国内航空会社でわが国に営業所を有していない場合は結論が異なるか。

3　事故原因の証拠がすべてM国に集中しており、わが国とM国との間には正式の国交はなく、国際司法共助も利用できない場合は結論が異なるか。

マレーシア航空事件当時は、逆推知説の基礎となる国内土地管轄はわが国にあるマレーシア航空の支店の存在を根拠にしており、そこから国際裁判管轄を逆推知していた。しかし、現在の国際裁判管轄規定は、わが国にある「事務所又は営業所における業務に関する」訴えに限定している（3条の3第4号）ので、この考え方はとれない（マレーシア航空事件最高裁判決のような理論構成は、現在では通用しない）。小問1においてM航空東京支店からAがM国の国内路線の航空券を購入していればよいが、AがM国K市で購入したならば、国際裁判管轄の存在は否定的になりそうである。しかし、航空券の販売がどの場所かでそれほどに差異が生じることが正当化されるのであろうか。M航空の東京支店でもM国の国内路線の航空券を販売していたならば、一般的には東京支店の「業務に関する」ものとはいえないのだろうか。M国K市で購入したとしても、通常は東京支店が、販売した東京からM国K市までの国際航空券に接続させて取り扱うことも多い

はずである。また、M航空としても、東京支店もM国の国内路線の航空券を取り扱っている以上、M国内で国内路線の航空券を買った日本人乗客に日本で訴えられてもそれほど予見可能性を侵害されることにはならないだろう。

　しかし、立法関係者は、「業務に関する」を具体的に考え、東京支店からAが国内路線の航空券を購入していなければならないとし、それによってX₁ら遺族への保護が欠ける場合には、消費者契約で保護すればよいと考えていたようである（一問一答平23年31頁）。たしかにAのK市での航空券の購入は消費者契約にあたるから、消費者契約締結時のAの住所はわが国にあるし、X₁らの訴え提起時の住所もわが国にあるから、本件のわが国の国際裁判管轄は消費者契約によって基礎づけられ、X₁らの保護にかけることはなさそうである。

　他方で、国内路線の航空券はAのビジネスのためであり、費用もAの勤務先の会社が負担していた場合、消費者契約ではないとされたらどうであろうか。この場合は、M航空の東京支店を差押可能財産とみなし、財産所在地を理由とする国際裁判管轄を認めることを考えるべきだろう（3条の3第3号）。小問1の場合は、M航空にわが国で応訴を強いることになっても、M航空の国際航空としての業務の性質、東京支店による応訴可能性の高さ、損害に関する証拠はわが国に主に存在し、事故原因についての証拠も必要であれば国際司法共助によって入手可能であること、X₁らにM国での訴訟提起を強いることの困難性等を考慮すると「特別の事情」（3条の9）による訴え却下の可能性はあまりないだろう。

　小問2でも、小問1の場合に比べて、M航空が国際航空会社でないため国際裁判管轄が認められる可能性は減少するが、個別的事情によって国際裁判管轄が認められる可能性はかなり存在する。M航空がその国内路線の航空券をわが国で（他の航空会社や旅行代理店を通して）販売していたら、「日本における業務に関する」として（3条の3第5号）、国際裁判管轄が肯定される。M航空がわが国に資産価値のある（著しく価値が低くない）財産を所有していれば、同様に国際裁判管轄が肯定される可能性が高い。これに対して、消費者契約だけを理由とする場合には、M航空はわが国における業務もなく、財産もない以上、わが国でわざわざ応訴する負担はか

なりのものになるだろうから、「特別の事情」（3条の9）によって訴えを却下できるかの判断は微妙なところだろう。

　小問3は、遠東航空機事件に類似する。しかし、もう少し個別的事情も考慮する必要があろう。遠東航空機事件の場合は、事故原因が不明で（台北空港離陸直後に墜落）、国際司法共助ができないと事故原因が究明できなかった事情があった。本設例のように事故原因がハイジャックであるならば、M航空の責任は明らかであり、損害に関する証拠は主に日本に存在する。X_1らにM国に行って訴訟追行せよというのはかなり無理がある（遠東航空機事件の場合は日本人原告団は集団だった）。M航空が国際航空会社であり、支店などの応訴できる拠点をわが国に有している場合は、応訴負担の問題は減少するが、国内航空会社でわが国にあまり関係を有しない場合は、その応訴負担が問題となろう。

第3章　裁判権の免除

I　相手方当事者が外国国家やその機関の場合の問題点

　近時の国際経済活動では、国家が積極的に介入したり従事したりすることが増えてきている。とくに社会主義諸国や開発途上国の場合、大規模な経済活動を行っているのは、国家機関ないし国営企業だけであるということが多い。

　国際取引の相手方が外国国家やその機関（以下、「外国国家等」とする）である場合、国際取引紛争が生じたらわが国の裁判所に訴えを提起して司法的救済を得ることができるか、これが裁判権（主権）免除の問題である[(1)]。裁判権とは、司法機関によって具体的紛争の処理を行う国家の権能をいう。国家は互いに平等である以上、原則として、国家は同意しないかぎり他国の裁判権に服する必要はないため、国際取引紛争が生じても、相手方が外国国家等である場合には、相手国以外の国の裁判所に訴えて司法的救済を

（1）　従来の議論については、小林秀之「国際法と国際民事訴訟法の交錯」法時72巻3号4頁
　　（2000）、村上正子「主権免除について」同11頁、中谷和弘「国際法の観点から見た主権免
　　除」同35頁、原強「主権免除と国際裁判管轄」小林編・理論と実務389頁、横溝大「裁判権の
　　免除」実務民訴〔第3期〕(6)365頁参照。なお、外交官等の外交使節や領事官についても、同
　　様に裁判権免除が認められ、それぞれ外交関係に関するウイーン条約（昭和39年条約第14号）、
　　領事関係に関するウイーン条約（昭和58年条約第14号）にその範囲が規定されている。一般
　　には、国家代表としての性格が強い外交使節のほうが、自国民保護や行政事務の遂行を主な
　　役割とする領事官に比べて、裁判権免除が認められる範囲は広いが、外交使節に対する裁判
　　権免除は、個人に対してではなく、派遣国に対して与えられているものであるから、派遣国
　　は個人の意向に関わりなく、接受国裁判権からの免除を放棄することができるとされている
　　（ウイーン外交条約32条1項）。詳しくは、本間ほか27頁以下〔中野俊一郎〕、最高裁事務総局
　　民事局監修・国際民事事件手続ハンドブック（法曹会・2013）325頁以下参照。東京高決昭
　　45・4・8下民集21巻3=4号557頁は、アラブ連合共和国の外交官に対する建物明渡請求につ
　　き、派遣国の免除放棄の意思を確認せずに訴状送達不能と判断した原審命令を取り消した。

得られるとはかぎらないことになる。

　わが国の判例では、第1章Ⅲで述べた1928年（昭和3年）の大審院決定（大決昭3・12・28民集7巻1128頁）⁽²⁾が、国際取引紛争で相手方が外国国家等である場合、不動産関係事件を除き、相手方が同意しないかぎり絶対的にわが国の裁判所には服しない、と判示した（「絶対免除主義」とよばれる考え方である）。事案は、当時の中華民国公使が訴外A宛に振り出した約束手形を譲り受けた原告が、その支払を求める訴えを中華民国に対して提起したところ、第一審の裁判長は、同国が同意しない以上わが国の裁判権は及ばないとして訴状送達もしなかったものである。大審院は第一審の裁判長の行動を支持し、絶対免除主義の立場を宣言した。またその後、当該決定の趣旨に従い、訴状送達は行わず、外交ルートを通じて当該外国が応訴するか否かの意思を確認する手続も定められた（昭和49年4月15日最高裁民二第281号事務総長通達）。わが国においては、この大審院決定が変更されないかぎり、わが国の裁判所に訴えを提起しても相手方が外国国家等である場合、裁判権の免除を理由に審理さえしてもらえないという状況であった。また近時は、裁判権の免除の問題を避けるため、当事者間において事前に国際取引契約の中で外国国家等の当事者が裁判権の免除を放棄する合意をなしておくことが増えているが、前述の大審院決定は事前の裁判権の免除の放棄も無効としていたため、なお問題が残っていた。現在の国際金融市場では、国家ないしその機関が外債を発行したりローン契約の当事者になることが増えてきているが、その際裁判権の免除の放棄についてその有効性を前提に詳細な規定を設けているのが通常である。もし大審院決定がそのまま適用されたならば、国際金融実務に大混乱が生じることはほぼ間違いないであろう。

　このように絶対免除主義の立場では、外国国家等が国際経済活動で私人や私企業と同一の活動をした場合でも、まったく法的な責任を問われないことになり、妥当とはいいがたい。世界的にみても、絶対免除主義を否定し、外国国家等の私法的行為については裁判権の免除を認めないとする制

（2）　本判決の評釈としては、小林秀之・民訴百選［第2版］18頁、小田滋＝岩沢雄司・渉外百選［第3版］192頁。

限免除主義が、1970年代以降全体的な趨勢になっていた。とくに絶対免除主義の傾向が強かったアメリカやイギリスでも、1976年にアメリカが外国主権免除法（Foreign Sovereign Immunities Act）により、1978年にイギリスが国家免除法（State Immunity Act）により、制限免除主義に移行したことによって、制限免除主義の優位は確立された。また、多国間条約でも、1972年の欧州国家免除条約では制限免除主義が採用され、制限免除主義への移行が世界的趨勢となり、国際金融市場も制限免除主義を前提に動いていることに鑑みて、わが国も判例を変更し制限免除主義に踏み切るべきであるという考え方が、いっそう強く主張されるようになった。

　ところで、制限免除主義を採用した場合、問題となるのは免除許否の区別の基準である。有力な考え方としては、国家の行為の目的が主権活動に関連しているか否かで区別しようとする行為目的説と、国家の行為の性質が国家のみがなしうる行為か私人によってもなしうる行為かで区別しようとする行為性質説の2つがある。最近は、行為目的説は基準が主観的な面があり、また国家の行為の目的は究極的にはすべて主権活動に関連しているともいえるため、より客観的な基準である行為性質説が有力になってきている。ただ行為性質説によったとしても、何をもって私人によってもなしうる行為、すなわち私法的・商業的行為とするのかについての画一的な基準は定まっておらず、たとえば、ある国家行為がその性質からすれば商業的行為といえるが、その行為が政府の政策に従って行われた場合や、契約違反や不法行為が国家による政策変更の結果として生じている場合には、困難な問題が生じてくる。

Ⅱ　絶対免除主義から制限免除主義へ

　このような制限免除主義への移行という世界的趨勢の中で、下級審判例においては制限免除主義への移行を示唆したり（東京高判平10・12・25判時1665号64頁〔横田基地夜間飛行差止請求事件〕）、これを採用する（東京地判平12・11・30判時1740号54頁、東京地決平15・7・31判時1850号84頁〔ナウル共和国外債事件〕）動きがみられるようになり、最高裁はついにパキスタン・イスラム共和国貸金請求事件において、長きにわたって先例とされてきた

前掲大審院決定を変更し、明確に制限免除主義を採用したのである。[3]

1　横田基地夜間飛行差止請求事件

　まず、横田基地の米軍機離発着をめぐる周辺住民（Xら）による差止・損害賠償請求訴訟において、東京高裁（前掲東京高判平10・12・25）が次のように判示し、制限免除主義に好意的な見解を示した。[4]

　　「主権免除又は国家免除につき、国内の不動産に関する権利についての訴訟を除き、被告である外国の応訴がないかぎりは、その外国に対して裁判権を行使できないとする、いわゆる絶対的免除主義をとる前掲の大審院判例は、その後の国際情勢の変化により、もはや先例としての価値を失ったものとする見解が有力である。

　　かつては、国は他国の主権の行使である裁判権に服することはないという主権免除は、国際慣習法として存在していたが、国家の活動範囲が広がり、私人と同様な立場で商取引を含む経済活動を活発に行うようになると、主権国家であるというだけの理由で、外国の裁判権が及ばないとすると、取引の相手方の保護に欠けるだけでなく、国家の活動にも支障が生じたので、国家の行為のうち主権行為（公法的行為）については他国の裁判権は及ばないが、私法的行為（職務行為、商取引行為、業務管理行為）については、その当事者たる国も外国の裁判権に服するとの制限的免除主義が普及し、昨今では旧社会主義国の一部を除いては、ほとんどの国が制限的（相対的）免除主義を採用するに至った。

　　したがって、このような世界の大勢にもかかわらず、我が国だけが絶対的免除主義に固執するときは、国の経済活動を含む様々な活動の障害となるし、制限的免除主義がより合理的であるから、これを採用して絶対的免除主義は廃棄すべきであるとしつつ、それにもかかわらず、原判決が依然として前掲大審院判決に先例としての意義を認めてこれを踏襲したのは正しくないとするXらの主張は傾聴に値する。」

（3）　判例の変遷は、村上・前掲注（1）11頁以下、原・前掲注（1）392頁以下を参照。
（4）　東京高裁判決では、同裁判所に提出された原強教授の鑑定意見が大きな影響を及ぼした。
　原強「国家の主権免除」法時72巻3号19頁（2000）。

　もっとも、結論的には別の在日米軍の地位協定18条 5 項の存在により裁
判権の免除を認めているが、一般論としては制限免除主義を認めていると
いってもよいであろう。その後、最高裁がⅩらの裁量上告を認めたため、
その判断が注目されていた。[(5)]

　そのような中最高裁は、米軍機の夜間離発着は外国軍隊の活動であるた
め、制限免除主義のもとでも主権的行為として裁判権免除が認められる行
為であることから、結論としては「訴え却下」という第一審・第二審の結
論を支持した（最判平14・ 4 ・12民集56巻 4 号729頁）。しかし、制限免除主
義に対しては次のように判示した。

　　「外国国家に対する民事裁判権免除に関しては、いわゆる絶対免除主義
　が伝統的な国際慣習法であったが、国家の活動範囲の拡大等に伴い、国家
　の私法的ないし業務管理的な行為についてまで民事裁判権を免除するのは
　相当でないとの考えが台頭し、免除の範囲を制限しようとする諸外国の国
　家実行が積み重ねられてきている。しかし、このような状況下にある今日
　においても、外国国家の主権的行為については、民事裁判権が免除される
　旨の国際慣習法の存在を引き続き肯認することができるというべきである。
　本件差止請求及び損害賠償請求の対象である合衆国軍隊の航空機の横田基
　地における夜間離発着は、我が国に駐留する合衆国軍隊の公的活動そのも
　のであり、その活動の目的ないし行為の性質上、主権的行為であることは
　明らかであって、国際慣習法上、民事裁判権が免除されるものであること
　に疑問の余地はない。」

　本件の事案自体、主権的行為であることが明白で制限免除主義をとって
も結論を異にしないにもかかわらず、世界的な制限免除主義の潮流にあえ
て言及していることや、本件では「その活動の目的ないし行為の性質上」

――――――――――――――
（5）　小林・前掲注（ 1 ） 4 頁以下。横田基地事件は米軍の軍事活動が問題になるため、制限
　免除主義でも裁判権が当然に免除されるようにみえるが、騒音公害の側面を強調すれば必ず
　しもそうではない。アメリカの外国主権免除法下の判例でも利益衡量アプローチが主流にな
　っている。村上・前掲注（ 1 ）11頁以下。
　　なお、前述の外国が応訴するか否かの意思確認の手続は、平成12年 4 月20日付最高裁判所
　事務総長通達によって廃止された（林潤『「外国を相手方とする民事事件に関する応訴意思の
　有無等の照会について」と題する通達の廃止について」民事法情報167号43頁（2000））。

主権的行為である旨判示して、制限免除主義における区別の基準として有力な行為性質説と行為目的説を念頭に置いた考え方を示しており、絶対免除主義をとった前述の大審院決定を実質的に変更したものと評価できよう。

2　ナウル共和国外債事件

本事件は下級審判例ではあるが、外国国家や外国国家機関の外債の発行という主権免除が問題となる典型的な事例である。

まず前掲東京地判平成12年11月30日であるが、事案は、円建て外債を発行したナウル共和国金融公社〔外国国家機関〕とその保証をしたナウル共和国〔外国国家〕に対して、当該外債を取得した英国法人が提起した償還等請求訴訟で、被告両者に民事裁判権の免除が認められるかが争点となった。第一審は以下のように判示して主権免除を認めなかった。すなわち、「本件訴訟の請求原因事実は、外国政府の保証による債券発行という、今日の国際社会において国際金融取引として大規模に、かつ幅広く行われている経済活動に属する性質の行為であって、しかも、債券等の書面に記載された約束の条項により、債券発行主体の属する国家以外の他国の裁判所を管轄裁判所とし、その裁判管轄権からの主権免除を放棄する意思を明示的に表示しているのであって、このような場合についてまで、その経済取引の主体である外国国家又はその国家機関に対し、他国の裁判管轄権からの免除を認めることが、日本国憲法98条2項によって日本国が遵守すべき『確立された国際法規』としての国際慣習法となっているとは、到底認められない」。

もっともこの判決の控訴審では、東京高裁は原判決を一部取り消して、ナウル共和国がわが国に対して主権免除特権を放棄する旨の意思表示をしたと認めるには至らないとして、その主権免除を認めた（東京高判平14・3・29LEX/DB28072402）。すなわち、前述の大審院決定を引用し、「外国国家がこのような主権免除特権を放棄する場合には、その意思は条約によるものを含め常に国家から国家に対して表示されることを要し、たとえ、外国国家と我が国国民等の私人の間において我が国の裁判管轄権に服する旨の主権免除特権の放棄が合意されたとしても、その合意自体により直ちにその外国国家をして我が国の裁判管轄権に服させる効果を生ずることがな

いものと解するのが相当である」とした。そして、本件債券の券面上の主
権免除特権を放棄する旨の表示は、当該券面の性質上本件債券の取得を予
定している私人に対してされたものと理解されるのであり、この表示のみ
をもってナウル共和国から日本国に対し特権放棄の意思表示があったとは
認められないとした。他方でナウル共和国金融公社については、外国国家
の国内法における独立した法主体である法人であり、それが公法人であっ
ても、原則として当該外国国家と同等の主権免除特権を有するものではな
く、当該公法人が他国の私人との間で特権放棄に合意したときは、それが
国に対し直接表示されていなくても、それゆえに無効となるものではない
として、原審と同様に、主権免除を認めなかった。

　同じナウル共和国外債事件でも、前掲東京地決平成15年7月31日は、よ
り明確に制限免除主義の採用を宣言している。事案は、ナウル共和国発行
の外債を取得した英国法人が、ナウル共和国に対して償還等の請求を提起
したものであるが、被告欠席のまま原告の請求を認容する判決が言い渡さ
れ確定した。この確定判決に対して、ナウル共和国らが、絶対免除主義を
理由に送達が無効であるから再審事由（338条1項3号）があると主張して、
再審の訴えを提起したものである。

　この訴訟で東京地裁は、今日のように国家の行う行為が私人と同様の取
引行為や営利行為の管理・運営に及んでいる現状からすると、国家の行為
を公法的行為ないしは主権的行為と私法的ないし業務管理的行為に区別し、
民事裁判権の免除については前者にかぎるものとし、後者については民事
裁判権免除を認めないとする制限的免除主義を採用すべきであるとしたう
えで、本件債券の保証は経済的活動に属する行為であり、債券の保証要項
上で、主権免除を放棄する意思を明示的に表示している本件では、再審原
告であるナウル共和国らの民事裁判権の免除の主張は認められないとした。
東京地裁は判旨の中で前述の横田基地夜間飛行差止事件最高裁判決に言及
し、当該最高裁が、「その事案の解決上、絶対的主権免除主義又は制限的
主権免除主義のいずれを採用しても同様の結論が導かれるにもかかわらず、
あえて外国国家の民事裁判権免除に関する国家実行の変遷について触れた
うえで、上記のような判断を示していることからすれば」、当該最高裁判決
は前掲大審院決定を「実質的に変更したものと理解すべきである」とした。

3　パキスタン・イスラム共和国貸金請求事件

パキスタン・イスラム共和国貸金請求事件（最判平18・7・21民集60巻 6
号2542頁）の事案は、パキスタン国防省の関連会社を代理人として、同省
に高性能コンピュータ等を売り渡す旨の売買契約を締結した原告が、売買
の目的物を引き渡した後、売買代金債務を消費貸借の目的とする準消費貸
借契約を締結したと主張して、パキスタン国に対して、貸金等の支払を求
める訴えを提起したものである。この訴えに対し、被告パキスタン国は、
主権国家としてわが国の民事裁判権に服することを免除されると主張して、
訴えの却下を求めていた。原審は、制限免除主義にたち訴えを却下したが、
最高裁は原告の上告受理申立てを認め、以下のように判示した。

【1】「外国国家に対する民事裁判権免除に関しては、かつては、外国国
家は、法廷地国内に所在する不動産に関する訴訟など特別の理由がある場
合や、自ら進んで法廷地国の民事裁判権に服する場合を除き、原則として、
法廷地国の民事裁判権に服することを免除されるという考え方（いわゆる
絶対免除主義）が広く受け入れられ、この考え方を内容とする国際慣習法
が存在していたものと解される。しかしながら、国家の活動範囲の拡大等
に伴い、国家の行為を主権的行為とそれ以外の私法的ないし業務管理的な
行為とに区分し、外国国家の私法的ないし業務管理的な行為についてまで
法廷地国の民事裁判権を免除するのは相当でないという考え方（いわゆる
制限免除主義）が徐々に広がり、現在では多くの国において、この考え方
に基づいて、外国国家に対する民事裁判権免除の範囲が制限されるように
なってきている。これに加えて、平成16年12月 2 日に国際連合第59回総会
において採択された『国家及び国家財産の裁判権免除に関する国際連合条
約』も、制限免除主義を採用している。このような事情を考慮すると、今
日においては、外国国家は主権的行為について法廷地国の民事裁判権に服
することを免除される旨の国際慣習法の存在については、これを引き続き
肯認することができるものの（最高裁平成11年(オ)第887号、同年(受)第741
号同14年 4 月12日第二小法廷判決・民集56巻 4 号729頁参照）、外国国家は

（6）　本判決の評釈としては、高桑昭・ジュリ1326号212頁（2007）、林道晴・金判1259号 2 頁
（2007）、河野真理子・国際私法百選［新法対応補正版］164頁、水島朋則・平成18年度重判解
277頁、三木素子・ジュリ1342号177頁（2007）、道垣内正人・リマークス2008(上)146頁等があ
る。

私法的ないし業務管理的な行為についても法定地国の民事裁判権から免除される旨の国際慣習法はもはや存在しないものというべきである。

　そこで、外国国家の私法的ないし業務管理的な行為に対する我が国の民事裁判権の行使について考えるに、外国国家に対する民事裁判権の免除は、国家がそれぞれ独立した主権を有し、互いに平等であることから、相互に主権を尊重するために認められたものであるところ、外国国家の私法的ないし業務管理的な行為については、我が国が民事裁判権を行使したとしても、通常、当該外国国家の主権を侵害するおそれはないものと解されるから、外国国家に対する民事裁判権の免除を認めるべき合理的な理由はないといわなければならない。外国国家の主権を侵害するおそれのない場合にまで外国国家に対する民事裁判権免除を認めることは、外国国家の私法的ないし業務管理的な行為の相手方となった私人に対して、合理的な理由のないまま、司法的救済を一方的に否定するという不公平な結果を招くこととなる。したがって、外国国家は、その私法的ないし業務管理的な行為については、我が国による民事裁判権の行使が当該外国国家の主権を侵害するおそれがあるなど特段の事情がない限り、我が国の民事裁判権から免除されないと解するのが相当である。」

【2】「また、外国国家の行為が私法的ないし業務管理的な行為であるか否かにかかわらず、外国国家は、我が国との間の条約等の国際的合意によって我が国の民事裁判権に服することに同意した場合や、我が国の裁判所に訴えを提起するなどして、特定の事件について自ら進んで我が国の民事裁判権に服する意思を表明した場合には、我が国の民事裁判権から免除されないことはいうまでもないが、その外にも、私人との間の書面による契約に含まれた明文の規定により当該契約から生じた紛争について我が国の民事裁判権に服することを約することによって、我が国の民事裁判権に服する旨の意思を明確に表明した場合にも、原則として、当該紛争について我が国の民事裁判権から免除されないと解するのが相当である。なぜなら、このような場合には、通常、我が国が当該外国国家に対して民事裁判権を行使したとしても、当該外国国家の主権を侵害するおそれはなく、また、当該外国国家が我が国の民事裁判権からの免除を主張することは、契約当事者間の公平を欠き、信義則に反するというべきであるからである。」

　そして、本件の事案に照らして、パキスタン国の行為がその性質上、私人でも行うことが可能な商業取引であることから、その目的のいかんにか

かわらず、私法的ないし業務管理的な行為にあたるとして、制限免除主義を採用した場合の区別の基準として、近時有力となっている行為性質説を採用した。さらに、免除の放棄の意思表明の方式についても、このような意思表示は常に国家から国家に対してなされることを要するとしていた大審院決定の考え方を改め、外国国家が私人との間の書面による契約においてわが国の民事裁判権に服することを約することによってわが国の民事裁判権に服する旨の意思を明確に表明した場合には、原則として免除は認められないと判示した。

　本判決は、行為性質説にたちつつも、問題の行為自体の性質を検討せず、当該行為が私人でも行うことが可能な行為か否かという、行為主体に着目した判断を示しているが、実際の事件では、性質か目的かという単純な基準で容易に判断できない事例も少なくないとの指摘もある[7]。本判決が制限免除主義を採用したとはいえ、国家が関わるあらゆる紛争に関する裁判権免除許否の一般的な判断基準を示したわけではないことから、いかなる場合に裁判権免除が認められるのか、またその場合の手続や執行の方法などについても、立法による成文化の必要性が高まったといえよう[8]。

4　外国民事裁判権法の成立

　制限免除主義の内容や免除許否の判断基準の画一化について参考となるのが国際条約の動向である。国連国際法委員会は、1978年から裁判権免除条約について検討を重ね[9]、2004年12月2日の国連第59回総会において、制限免除主義を採用した「国及びその財産の裁判権からの免除に関する国際連合条約（United Nations Convention on Jurisdictional Immunities of States and Their Property）」（以下、「国連国家免除条約」という）を採択した[10]。この条約においては、国家の行為を判断する基準について行為性質説と行為目的説といずれを採用するかについて依然として各国間で統一がとれていない

（7）　河野・前掲注（6）165頁。
（8）　水島朋則「主権免除」ジュリ1321号37頁（2006）参照。
（9）　詳細は、中谷・前掲注（1）35頁。
（10）　条約の審議過程については、山田中正「国連国家免除条約」国際法外交雑誌105巻4号213頁（2007）、道垣内正人「外国等に対する我が国の民事裁判権」ジュリ1387号58頁（2009）を参照。

ことに配慮して、原則として行為性質説を基準としながらも、法廷地国が行為目的説を採用する余地を残した形をとっている（条約2条2項）。具体的には、2条1項(c)において「商取引」を定義したうえで、同条2項において、「契約又は取引が1項(c)に規定する『商取引』であるか否かを決定するに当たっては、主として当該契約又は取引の性質を考慮すべきである。ただし、当該契約若しくは取引の当事者が合意した場合又は法廷地国の慣行において契約若しくは取引の目的が当該契約若しくは取引の非商業的性質を決定することに関連するとされている場合には、その目的も考慮すべきである」としている。

　日本は2007年（平成19年）1月11日に同条約に署名し、その内容に準拠した「外国等に対する我が国の民事裁判権に関する法律」（法律第24号）（以下、「外国民事裁判権法」という）が成立し、平成22年4月1日に施行された。同法は、外国等は裁判権から免除されることを原則としつつ（外国民事裁判権法4条）、例外的に免除が認められない場合を規定している（同法5条～16条）。さらに、外国等の有する財産に対する保全処分および民事執行の手続について免除されない場合、訴状等の送達などの裁判手続についての特例もあわせて規定している。国連国家免除条約、締約国が一定数に達していないことから未発効であるが、外国民事裁判権法は、同条約の内容に準拠しているとはいえ、適用対象を限定していないことから、同条約の締約国にかぎられずに適用される。制限免除主義のもとでは、国による差異が生じる国内法による成文化には限界があり、多国間条約のほうが望ましいといえるが、外国民事裁判権法は、国連国家免除条約に準拠した規律を設けることで、国家間の差異から生じるアンバランスを最小限にしようとするものといえる。

---

(11)　同法については、飛澤知行編著・逐条解説 対外国民事裁判権法（商事法務・2009）、原・前掲注（1）397頁、道垣内・前掲注（10）62頁、村上正子「外国等に対する我が国の民事裁判権に関する法律（対外国民事裁判権法）」ジュリ1385号69頁（2009）、中野俊一郎「対外国民事裁判権法について」JCAジャーナル57巻10号2頁（2010）、横溝・前掲注（1）376頁。

(12)　小林・前掲注（1）6頁、原・前掲注（1）397頁注17。また、道垣内・前掲注（10）61頁は、裁判権免除条約に準拠することにより、原則として本法の内容が今日の国際慣習法の内容に一致することを担保しているとする。

Ⅲ　外国民事裁判権法と制限免除主義

1　免除の対象

　外国民事裁判権法（以下、Ⅲにおいては条文番号のみで示す）が定める主権免除の対象は、国およびその政府の機関（2条1号。未承認国家を除く。政府の機関とは外国の国会、中央省庁、裁判所など）、連邦国家の州その他これに準ずる国の行政区画であって、主権的な権能を行使する権限を有するもの（同2号。香港など）、主権的な権能を行使する権限を付与された団体（同3号。外国中央銀行など）、それらの代表者であって、その資格に基づき行動するもの（同4号。国家元首、内閣総理大臣や各省庁の大臣、大使、連邦国家の州知事など）である。[13]最高裁は、ジョージア州港湾局事件判決（最判平21・10・16民集63巻8号1799頁）において、米国ジョージア州に主権免除享有主体性を認めている。[14]

2　裁判手続に関する免除

　上述のように、外国等は原則として裁判権から免除されるが、制限免除主義の下、一定の場合には免除が否定される。以下ではその中で重要と思われる、(1)外国等の同意があった場合、(2)商業的取引や船舶の運航等、非主権的行為の場合、(3)労働者の保護が必要な労働契約の場合について説明する。それ以外には、(4)被害者等の司法的救済が必要な場合（10条）、(5)領土主権に関する場合（11条）、(6)裁判所が関与する財産管理等の実効性を確保するのに必要な場合（12条）、(7)外国等の知的財産制度利用に関する場合（13条）、(8)外国等が日本の法人や団体の構成員となっている場合（14条）には、外国等は裁判手続について免除されない。

　(1)　**外国等の同意**　外国等が、条約や仲裁合意、書面による契約、裁判での陳述や書面による通知により、特定の事項または事件に関して裁判

---

(13)　原・前掲注（1）398頁。

(14)　平覚・平成17年度重判解300頁は肯定的。櫻田嘉章・Lexis 判例速報10号102頁（2006）は州が条約上の主権免除対象となるのは、州が国としての主権的行為を行使する場合にかぎられるとする。

権に服することに明示的に同意した場合には、当該外国等は裁判権から免除されない（5条1項）。ただし、外国等が特定の事項または事件に関して日本法を準拠法とする合意は、ここでいう合意には含まれない（同条2項）。このほか、外国等が提訴その他の裁判手続の開始の申立てなどの行為を自らした場合、本案に異議なく応訴した場合、反訴を提起し、された場合には、明示的な同意が擬制される（6条1項・7条）。ただし、外国等は原則として裁判権が免除されていることから、期日への不出頭や代表者が証人として出頭したことをもって、同意を擬制することは許されないとされる（6条3項）。

　(2)　**非主権的行為**　　(a)　**商業的取引**　　外国等は商業的取引に関する裁判手続については、裁判権から免除されない（8条）。ただし、当該商業的取引が、外国等と当該外国以外の国等との国家間の取引の場合（同条2項1号）、当事者間に別段の合意が明示的になされている場合（同2号）、自国の国民・企業との取引については免除が認められる。

　8条は、制限免除主義の核となる規定であるが、外国国家が主権免除を認められない場合をどう定義するかは大きな問題であり、立法過程では以下のような議論があった。担当者試案においては、「商取引（commercial transaction）」という文言ではなく、「私法上の取引」という文言を用いたうえで、その定義規定を置くか否かについて、定義も例示も置かないとする甲案と、定義を置かないとしても例示を置くべきとする乙案とが併記されていた。また、「私法上の取引」の判断基準については、特段の規定を置かないものとしていた。考え方としては、性質を基準に判断することを原則としつつも、例外を許容する余地を認めるという国連国家免除条約2条2項にならった規定の仕方もありうるが、そうした場合、どのような例外事由を設けるかについて困難な問題があり、かりに、契約または取引の目的も考慮に入れられる余地を残した規定を置くとすると、わが国が前述の行為目的基準説にたつものとの誤解を招くおそれもあることから、判断基準については明文の規定を設けず、ある契約または取引が私法上の取引に該当するか否かの判断を解釈に委ねる考え方を相当としたものとされていた。その後、法律案要綱で「商業的取引」とされた後、最終的には、商業的取引の後に括弧書きでその内容を具体化し、民事または商事にかかる

物品の売買・役務の調達、金銭の貸借その他の事項についての契約または
取引と規定することとなった。商業的取引該当性の判断基準について、立
法担当者は、前述Ⅱ3のパキスタン・イスラム共和国貸金請求事件判決
（前掲最判平18・7・21）に沿って、問題となる契約または取引の性質が私
人でも行いうる性質のものかどうかといった点から判断するのが相当であ
るとして、行為の性質を基準にすべきとしている。しかし実際には、行為
の性質と目的のいずれを基準とするのかは、それほど明確に区別できるも
のではなく、行為目的をどのレベルでとらえるかにより、行為性質にも影
響を及ぼす。たとえば、外国通貨の安定のため（通貨の危機的状況に対処す
るため）発行した国債は、そのレベルでは国家のみがなしうる公的行為と
みることもできるが、証券の発行というレベルでは私人もなしうる行為で
あり、「商業的取引」といえる。

　アルゼンチン共和国ソブリン債事件（東京地判平30・3・26LEX/DB
25552605）は、銀行である原告らが、外国国家である被告（アルゼンチン共
和国）が発行した円建て債券（ソブリン債）を保有する債権者らから訴訟
追行権を授与された訴訟担当者として、被告に対し、当該債券の償還およ
び約定利息等の支払を求めたところ、差戻し前第一審において原告らの訴
えが却下されたが、上告審（最判平28・6・2民集70巻5号1157頁）におい
て差戻し前控訴審判決を破棄して差戻し前第一審判決が取り消され、差し
戻された事案である。差戻し前の審理では、第一審から最高裁まで原告の
任意的訴訟担当が認められるかが争われたが、差戻審の東京地裁では、被
告であるアルゼンチン共和国が本件訴訟についてわが国の民事裁判権に服

(15)　道垣内・前掲注（10）64頁。主権免除法制部会の議論（担当者試案、同補足説明、要綱
　　試案、要綱案を含む）については、〈http://www.moj.go.jp/SHINGI/shukenindex.html〉を参
　　照。
(16)　飛澤編著・前掲注（11）37頁。なお、道垣内・前掲注（10）62頁は、外国民事裁判権法
　　は平成18年最高裁判決とは断絶していて、同法の解釈を左右する価値はないとしている。
(17)　原・前掲注（1）404頁以下。この点について、判例の蓄積が多いアメリカにおいては、
　　訴訟によって本来の政府の機能を不必要に干渉されないという国家の利益と、自己の権利を
　　法的手続に則って判断してもらうという私人の利益とを調整するという利益衡量を用いた判
　　断枠組みが提唱されている。村上・前掲注（1）11頁以下参照。
(18)　本判決の評釈として、楢崎みどり・令和元年度重判解302頁、加藤紫帆・ジュリ1540号
　　111頁（2020）がある。

することを免除されるかどうかが本案前の争点となった。

　東京地裁は、パキスタン・イスラム共和国貸金請求事件判決の判断枠組みに従い、以下のように判断した。まず、問題となる行為の性質について、「債券を発行して資金調達することは、今日の国際社会において金融取引として幅広く行われている経済活動であって、その性質上、私人でも行うことが可能な商業取引であるから、本件債券に関する取引行為は私法的ないし業務管理的な行為に当たるというべきである」とした。次に、裁判権免除の書面による放棄について、「被告は、本件債券の内容等を定めた本件要項において、本件債券に係る債務について裁判権免除を取消不能の形で放棄する旨書面により約しているところ（本件放棄条項）、この条項に不明瞭な点はなく、被告は、本件債券に関する紛争について我が国の民事裁判権に服する旨の意思を明確に表明していたと認められる。しかも、この表明については何らの留保や例外も付されていない」とし、本件放棄条項が定められた当時、本件支払延期措置のような緊急事態を予測しえなかったという被告の主張を排斥し、「明示的な裁判権免除の放棄の効力を覆すと、上記放棄を前提として国家と契約する私人の契約内容に対する合理的な期待が害され、ひいては法的安定性が阻害される。したがって、被告は本件放棄条項によって包括的にその裁判権免除の利益を放棄したというべきである」とした。最後に、裁判権免除を認めるべき特段の事情について検討し、本件の判決によって権利の存在が法的拘束力をもって確定されたとしても、被告国内における強制執行の可否は分離して取り扱われるべき問題であるから、被告の支払延期措置に関する判断が示されても、それによって、直ちに被告の外国国家としての財政状況等に実質的な影響が生じるものではないことに加えて、「被告が本件支払延期措置を執ったことの根拠は、立法行為や行政権の行使にあるが、これは、国家であるがゆえに立法行為や行政措置によらなければ支払停止措置等を適正な手続に則って行い得ないという事情があることを意味するにすぎず、原告らとの関係で真に紛争の要因となっているのは、飽くまでも本件支払延期措置が行われたということである。そして、この行為自体は銀行等も行い得るのであって、国家特有の政治的判断等が介在しているとはいい難い。実際上も、ある行為を行う手段として立法等を行わなければならないということのみを

もって、当該行為を主権的行為と見なければならないというのでは、例外
が認められるべき場面が広くなりすぎて、前述した判断基準が実質的に没
却されることとなり、妥当ではない」として、特段の事情の存在を認めず、
最終的に原告の請求を認容する判決を下した。

　たしかに、国家の通貨管理政策や国家防衛、国際的緊急事態への対応等
にかかる行為が主権的行為とみなされる可能性もありうるが、外国国家に
対して裁判権を行使することによって、国家の政策等の当否の判断に立ち
入ることになる場合には格別、当該外国国家の主権的機能の実現に支障を
きたすおそれがない以上は、本判決は妥当である。

　なお、外国等が、商業的取引に関して他国の私人や私企業と書面による
仲裁合意をしている場合には、当該仲裁合意の存否もしくは効力や仲裁手
続に関する裁判手続につき、裁判権から免除されない（16条）。仲裁とい
う紛争解決手続について合意をしている以上、その効力等に関する裁判手
続に服する旨の同意があったものとみなされる。仲裁判断に基づく執行決
定の申立て（仲裁46条）に対する裁判も含まれるが、これによって直ちに
執行手続に服する同意があったとされるわけではない。

　　(b)　**船舶の運航等**　　外国等が所有ないし運行する船舶が、政府の非商
業的目的以外に使用されていた場合には、当該船舶が軍艦または軍の支援
船でないかぎり、外国等は当該船舶の運航や当該船舶による貨物運送にか
かる紛争（衝突事故、修理等の運行契約に関する紛争など）に関する手続に
ついて、わが国の裁判権から免除されない（15条）。援助用の食料や医療
用品等緊急事態に関連する貨物は、その性質自体は単なる食料または医療
用品であっても、当該貨物の予定される用途をも考慮すると、政府の「非
商業的目的」であると判断される。

　(3)　**労働契約**　　外国等は、個人との間の労働契約であって、日本国内
において労働の全部または一部が提供され、または提供されるべきものに
関する裁判手続について、裁判権から免除されない（9条）。わが国には
自国の労働法秩序を維持する利益があるとともに、雇用契約のもとでの雇
用者たる国家の裁量的判断や被雇用者の任務などを考慮する必要があるこ
とから、商業的取引に関する規定とは別に、個別に規定が設けられている。
労働契約については、免除が認められないことを原則として、例外的に免

除が認められる場合が明記されている。すなわち、当該個人が外交官など
の外交特権享有者である場合（同条2項1号）、当該外国等の重大な利益に
関わる任務のために雇用されている場合（同2号）、日本に通常居住しな
い当該外国国民である場合（同5号）である。さらには、採用・再雇用の
契約の成否に関わる訴訟（同3号）、解雇など労働契約終了の効力に関す
る訴訟で外国等の安全保障上の利益を害しうるもの（同4号）については、
雇用に関する外国等の裁量権を尊重する観点から、やはり免除が認められ
ている。これに対して、不当な不採用や解雇を理由とする損害賠償請求に
ついては、採用や解雇を当該外国等に強いるものではないことから、免除
を認める必要はないとされる。[19]

　外国民事裁判権法が施行される前の事案ではあるが、前掲最判平成18年
7月21日〔パキスタン・イスラム共和国貸金請求事件〕が採用した制限免除
主義の具体的な適用を雇用契約との関連で示した判例として、ジョージア
州港湾局事件判決（前掲最判平21・10・16）がある。[20]事案は米国ジョージ
ア州港湾局極東代表部の東京事務所にて雇用されていた原告が、ジョージ
ア州を被告として解雇無効を主張して、雇用契約上の権利を有する地位に
あることの確認および解雇後の賃金の支払を求めて提訴したものである。
事案としては、現在であれば外国民事裁判権法9条の適用対象となるが、
当時は裁判権免除が認められるかどうかが争われた。最高裁は、前掲最判
平成18年7月21日を引用したうえで、本件雇用契約の性質のみならず、契
約締結の形式やその目的、職務内容、年金関係の取扱い等、行為の目的・
内容を総合的に考慮して、免除を認めなかった。

　　　「(2)　前記事実関係によれば、上告人は、極東代表部の代表者との間で
　　　口頭でのやり取りのみに基づき現地職員として被上告人に雇用されたもの
　　　であり、勤務を継続することにより州港湾局の企業年金の受給資格を得る

(19)　原・前掲注（1）410頁。道垣内・前掲注（10）65頁以下は免除の例外とすることに反対。
(20)　本判決の評釈として、倉地康弘・曹時63巻7号1704頁（2011）、垣内秀介・判タ1343号37
　　　頁（2011）、横溝大・民商144条3号350頁（2011）、野村秀敏・ひろば2010年6月号46頁、坂
　　　巻静佳・平成21年度重判解315頁、春日偉知郎・法学研究（慶應義塾大学）83巻9号72頁
　　　（2010）、多田望・リマークス2011(下)146頁、越山和広・速判解6号157頁（2010）、古田啓昌・
　　　労経速2058号2頁（2010）、村上正子・国際私法百選［第2版］176頁等がある。

ことが可能であるのみでなく、極東代表部には我が国の厚生年金保険、健康保険、雇用保険及び労働者災害補償保険が適用されていたというのであるから、本件雇用関係は、被上告人の公権力的な公務員法制の対象ではなく、私法的な契約関係に当たると認めるのが相当である。極東代表部の業務内容も、我が国において被上告人の港湾施設を宣伝し、その利用の促進を図ることであって、被上告人による主権的な権能の行使と関係するものとはいえない。以上の事情を総合的に考慮すると、本件雇用関係は、私人間の雇用契約と異なる性質を持つものということはできず、私法的ないし業務管理的なものというべきである。

そして、本件解雇は、極東代表部を財政上の理由により閉鎖することに伴い、上記のような雇用契約上の地位にあった上告人を解雇するというものであり、私人間の雇用契約における経済的な理由による解雇と異なるところはなく、私法的ないし業務管理的な行為に当たるものというほかはない。

(3) 原審は、免除条約のうち雇用契約に関する11条の規定についての議論の過程では、個人と外国国家との雇用契約から生ずる訴訟については一般的には裁判権免除の対象とならないが、被用者の『採用、雇用の更新、復職』が訴訟の主題となる場合は、裁判権免除の対象となるとの立場がほぼ一貫して採用されてきており、国際慣習としてほぼ定着しているか、少なくとも国際連合加盟各国で共通の認識となっているものと解するのが相当であるとした上、上告人が雇用契約上の権利を有する地位にあることの確認及び解雇後の賃金の支払を求める本件請求も、同条2(c)の『復職』を主題とする訴訟に当たると解するほかはないと判示する。しかしながら、免除条約が平成16年12月に国際連合総会において採択されるまでに各国代表者の間で行われた議論においては、労働者が使用者である外国国家に対して金銭的救済を求めた場合に、外国国家は原則として裁判権から免除されないことが共通の認識となっていたところである（当裁判所に顕著な事実であり、その後成立した外国等に対する我が国の民事裁判権に関する法律9条1項、2項3号、4号もこのことを前提としている。）。原審の指摘する免除条約11条2(c)は、雇用関係を開始する場合に関する規定であり、そこにいう『裁判手続の対象となる事項が個人の復職に係るものである』とは、文字どおり個人をその職務に復帰させることに関するものであって、現実の就労を法的に強制するものではない上告人の本件請求をこれに当たるものとみることはできない。解雇が無効であることを理由に、雇用契約

上の権利を有する地位にあることの確認及び解雇後の賃金の支払を求める本件請求は、同条2(d)にいう『裁判手続の対象となる事項が個人の解雇又は雇用契約の終了に係るもの』に当たると解すべきであり、この場合は、『雇用主である国の元首、政府の長』等が、『当該裁判手続が当該国の安全保障上の利益を害し得るものであると認める場合』に限り裁判権の免除が認められているところである。

　さらに、原審は、本件解雇の『正当事由』の有無について判断するため州港湾局の事務所閉鎖の必要性や被上告人の事業政策、財政状況等について審理することは主権の侵害に当たると判示するが、免除条約においては、上記のとおり、解雇の場合は、政府の長等によって安全保障上の利益を害するおそれがあるものとされた場合に限って免除の対象とされるなど、裁判権免除を認めるに当たり厳格な要件が求められていることに徴しても、原審の指摘するような事情が主権を侵害する事由に当たるものとは認められない。

(4)　前記のとおり、本件解雇は私法的ないし業務管理的な行為に当たるところ、原審が指摘するところは、我が国が民事裁判権を行使することが被上告人による主権的な権能の行使を侵害するおそれがある特段の事情とはいえないから、被上告人が我が国の民事裁判権から免除されるとした原審の前記判断は、外国国家に対する民事裁判権免除に関する判断を誤った違法なものといわざるを得ない。」

　国家による雇用関係をめぐる請求については、労働者個人の利益、雇用主たる外国等の利益、さらには労働者保護という法秩序を維持する法廷地国たるわが国の利益など、多様な利益を考慮すべきことに鑑みると、単純に行為の性質のみを基準とした形式的な判断では妥当な結論を導くことは困難であり、本判決の判断は正当と評価できる。[21]外国民事裁判権法が施行された現在では、本判決の対象となっている雇用関係にかかる請求については、同法9条が適用され、性質決定等の判断は不要となるが、本判決が示した総合的な考慮は、雇用関係紛争の枠を越えて一般的に妥当し、最終的な免除の可否を判断する過程のいずれかの段階で必要とされるものであろう。

<hr>

(21)　原・前掲注（1）409頁、倉地・前掲注（20）1716頁、横溝・前掲注（20）361頁。

3　保全処分・民事執行の手続に関する主権免除

　外国等の有する財産に対する保全処分および民事執行の手続については、外国等の明示の同意がある場合、および保全処分または民事執行の目的を達することができるように特定の財産を担保として提供するなどした場合には、外国等はわが国の民事裁判権に服すると規定されている（17条）。外国等が政府の非商業的目的以外にのみ使用する財産（この文言についてもかなり議論があったが、その意味するところは、商業用財産である）に対する民事執行の手続についても、主権免除は認められない（18条）。

4　民事裁判の特例

　訴状等の送達については、条約等で定める方法を原則とし、それがない場合は、外交上の経路を通じてする方法かわが国の送達方法に合致することを条件に、当該外国等が認めるその他の方法によるとしている（20条 1項）。外交上の経路を通じて送達がされた場合は、外務省に相当する当該外国等の機関が訴状等を受領したときに、送達があったものとみなされる（同条 2 項）。また、上記の手続によらない場合であっても、外国等が異議を述べずに本案について弁論または申述したときは、送達の方法について異議を述べる権利を失う（同条 3 項）。

第4章　外国人の当事者

I　「手続は法廷地法による」の原則と外国人当事者の取扱い

1　「手続は法廷地法による」の原則

　国際裁判管轄が存在する国の裁判所で国際取引紛争が審理される場合、大体どこの国の裁判所でも採用されている普遍的な原則に、「手続は法廷地法による」の原則がある。この「手続は法廷地法による」という原則は、実体については国際私法（わが国の制定法としては「法の適用に関する通則法」）が適用され、国際私法の適用の結果決定された準拠法（法廷地法とはかぎらず、むしろ法廷地法でないことのほうが多い）によって判断するのに対して、手続については法廷地法によって判断するという大原則である。「手続は法廷地法による」の原則がどうして成立したかについては、歴史的経緯もありかつ国際私法上の大問題であるのでここでは深入りはしないが、手続については法廷地国の訴訟制度の制約を不可避的に受けるうえ、訴訟制度は個々の部分が有機的に関連した自己完結的な制度であることから、手続全体を法廷地法によらしめることにした原則と理解してもらえれば十分である。

　法廷地国で訴訟をする以上、手続については法廷地国の司法制度や訴訟法によらなければならないというこの原則は、基本的には正しいとしても、問題はその適用範囲である。

　訴訟書類の作成方式（言語も通常は法廷地国で使用されている言語にかぎられる）、口頭主義等の訴訟原則、訴え提起や判決や上訴の方式などが、

（1）　「手続は法廷地法による」の原則については、澤木敬郎「国際私法と国際民事訴訟法」澤木敬郎＝青山善充編・国際民事訴訟法の理論（有斐閣・1987）1頁、山本和彦「『手続は法廷地法による』の原則の相対化」判タ841号15頁（1994）、本間ほか3頁〔本間靖規〕、松岡編293頁〔長田真理〕。

すべて法廷地国法に従って決定されることは問題ないであろう。期間については、外国にいる当事者については特定の期間が伸長される（97条1項但書・112条2項参照）場合もあり、運用上の配慮がなされれば、かなりの程度問題の解決になるだろう（ただし、実際には、翻訳のために思わぬ時間がかかり、期間が経過してしまうこともある[2]）。

証明責任や消滅時効は手続的側面が強いが（証明責任は手続法の一領域として議論されることも多いし、消滅時効は英米法では出訴期限〔statute of limitation〕として手続的に構成されている）、実体との関連性の強さから実体の準拠法によるとするのが、現在のわが国の通説・判例である[3]。もっとも、証明責任は実体の準拠法（本件ではドイツ法）によるとしても、表見証明や一応の推定は自由心証の枠内での問題であるので、法廷地法によるとするL−トリプトファン事件（東京地判平10・5・27判時1668号89頁）がある[4]。

中間的な領域としては、仲裁契約、不起訴の合意（no action clause）、既判力の範囲などがある。いずれも、その効果はそれが主張された法廷地国の法によって決まるが（仲裁契約や不起訴の合意が当該訴訟で問題になるのに対して、既判力は後続訴訟ないし外国判決の承認・執行で問題となることが多い点が異なる）、実体法上の権利の処分可能性や性質を考慮する必要があるという意味では、その限度で実体の準拠法も関連してくる（本間ほか5頁〔本間靖規〕、松岡編294頁〔長田真理〕）。

同様に中間的な領域であり、その取扱いについて学説・判例が錯綜しているのが、当事者の問題である。当事者を誰とし、誰に訴訟上の行為を行うことを認め、誰に訴訟追行や判決の効果を認めるのかは、一見手続上の問題にみえるが、外国人当事者の本国法がその当事者にどのような実体法上の権利を認めているかに密接に関連する。その意味では、「手続は法廷地法による」の原則で割り切ることができず、当事者の本国法を十分考慮

（2）　東京地判昭51・12・21下民集27巻9=12号801頁は、フランスの裁判所から訴状および期日呼出状が日本語の訳文の添付なしに送達されてきたために、日本側当事者が翻訳し終わった時には呼出期日を徒過していたという事案である。

（3）　澤木・前掲注（1）21頁、大判大6・3・17民録23輯378頁、横浜地判明41・10・2新聞573号12頁。

（4）　越山和広・判時1685号216頁（1998）。

する必要がある問題である。

2 外国人当事者をめぐる準拠法の錯綜

当事者と一口にいっても、現在の民訴法理論は、当事者をめぐる問題を当事者能力、訴訟能力、当事者適格の3つの局面に分けて考える。当事者能力とは、民事訴訟の当事者となることができる一般的能力であり、訴訟能力とは、当事者として訴訟行為を行うことができる能力であり、当事者適格とは、具体的な事件において当事者として訴訟を追行し本案判決を求めることができる権能である、と通常説かれている。

以下では、現在の民訴法理論に従って、外国人当事者（自然人としての外国人のほか外国法人も含む）の取扱いについて、当事者能力、訴訟能力、当事者適格の3つの局面に分けて検討してみるが、どこの国の法に従って考えるかという準拠法の問題は複雑に錯綜している。

まず、当事者についての民訴法の規定がどうなっているかをみてみると、28条は、「当事者能力、訴訟能力及び訴訟無能力者の法定代理は、この法律に特別の定めがある場合を除き、民法（明治29年法律第89号）その他の法令に従う」として、当事者能力と訴訟能力については原則として実体法（「民法その他の法令」）に委ねている。ただし、外国人の訴訟能力については特則があり、33条は、「外国人は、その本国法によれば訴訟能力を有しない場合であっても、日本の法律によれば訴訟能力を有すべきときは、訴訟能力者とみなす」として、外国人がその本国法では訴訟能力を有しない場合でも、日本法によれば訴訟能力があるとされるべき者であれば、訴訟能力者と扱うとしている。当事者適格については、準拠法に関する規定はとくにない。

外国人の当事者能力と訴訟能力については法廷地法によるといっても、28条からは、純粋に日本法だけによるのではなく、当事者能力や訴訟能力の前提となる実体法上の能力については外国人の本国実体法によるとも解される。しかし、33条の「外国人は、その本国法によれば訴訟能力を有しない場合であっても」（傍点筆者）という文言からは、もっと直接的に訴訟能力については外国人の本国訴訟法によるとも、同様に当事者の一般的能力という共通性から、当事者能力についても外国人の本国訴訟法による

とも解される。逆に法廷地法の考え方を徹底すれば、当事者能力や訴訟能力の前提となる実体法も含めてすべて日本法によればよく、法人格のない社団や財団については、29条を適用して当事者能力を肯定すればよいという解釈も不可能というわけではない。

　当事者適格については、実体法との関連の強さから「手続は法廷地法による」との原則の適用はなく外国人の本国法（準拠実体法）によるという考え方と、手続問題であるから法廷地法によるべきであり、本国法は参照されるにとどまるという考え方がある。また、当事者適格と一口にいっても、英米法のクラス・アクション（class action：代表者が利害を共通にするクラスの者全員の権利につき当事者適格を有する）や、ドイツ法の団体訴訟（Verbandsklage：団体に差止訴訟の当事者適格を認める）のように、法廷地の訴訟制度に大きく依存するものと、遺言執行者や遺産管理人あるいは債権者代位権のように本国法に密接に関連するものもある。わが国も適格消費者団体に当事者適格を認めるようになったが（消費契約12条等）、当事者適格は限定されており、外国の団体がこれに基づいて訴訟提起できるわけではない。

　このように、外国人当事者の取扱いをめぐる準拠法の問題は、複雑に錯綜しているため、単純に「手続は法廷地法による」の原則で割り切ることはできないことだけは明白だろう。

Ⅱ　外国人の当事者能力と訴訟能力

1　外国人の当事者能力

　外国人の当事者能力についてのわが国の学説は、法廷地法説（具体的にはわが国の民訴法28条・29条。当事者能力は実体法上の権利能力の有無を基準にして判断されるから、外国人の当事者能力の前提となる実体法については、「民法その他の法令」に含まれる法の適用に関する通則法により、外国人の本国実体法）、本国訴訟法説（外国人の本国訴訟法が当事者能力を当該外国人に認めている場合には、わが国も当事者能力を肯定しなければならない）、選択的適用説（当事者能力の認められる範囲ができるだけ広いことが望ましいとの見地から、法廷地法か本国訴訟法かのいずれかによって当事者能力が認められれ

ば足りるとする）の 3 説に分かれる。国際私法学者の間では、最後の選択
的適用説が多数説である。当事者能力の前提となる実体法についても日本
法だけで考え、外国人の本国実体法を一切考慮しない純粋な法廷地法説と
いうのも理論的には考えられるが、当該外国人が一般的にどれだけの権利
を享有し義務を負うことができるのかは本国実体法を参照しないかぎりわ
からないのであるから、実際的とはいえないだろう。

　外国人の当事者能力についての判例は、下級審判例ばかりではあるが戦
後のものだけでも、相当数存在する。そして、ケニア・パートナーシップ
事件第一審判決（東京地判昭35・ 8 ・ 9 下民集11巻 8 号1647頁）を除けば、
すべて法廷地法説によっている。そして、同事件も、民訴法28条〔旧民訴
法45条〕を適用している点では法廷地法説的であるが、問題となったケニ
ア法上のパートナーシップ（英米法系の一種の組合的な社団）についてはケ
ニア法上当事者能力を有していれば十分であるとして、本国訴訟法説にた
っている。しかし、パートナーシップは、日本法に引き直せば代表者の定
めのある法人格なき社団と解することができるから、わざわざケニア法上
の当事者能力を問題にしなくても、代表者の定めのある法人格なき社団に
当事者能力を認める民訴法29条により当事者能力を肯定できたはずであり、
法廷地法説で十分処理できた事案である。本件の控訴審判決である東京高
判昭和43年 6 月28日（高民集21巻 4 号353頁）は、このような立場にたち、
外国人の当事者能力の準拠法に関する原判決の判断を否定し、その準拠法
は法廷地法たるわが国の民訴法であることを明示している。

（5）　外国人の当事者能力をめぐるわが国の学説の状況については、青山善充「外国人の当事
　　者能力および訴訟能力」澤木=青山編・前掲注（ 1 ）201頁、松岡博「渉外訴訟事件における当
　　事者」新堂幸司編・講座民事訴訟(3)（弘文堂・1984）161頁、175頁、山田恒久「外国人の当
　　事者能力」獨協法学49号65頁（1999）、本間ほか110頁〔本間〕、澤木敬郎=道垣内正人・国際
　　私法入門［第 6 版］（有斐閣・2006）286頁、櫻田嘉章・国際私法［第 5 版］（有斐閣・2006）
　　331頁等参照。ドイツの議論については、小田司「外国人の当事者能力及び訴訟能力」日本法
　　学73巻 2 号555頁（2009）が詳しい。
（6）　外国人の当事者能力をめぐるわが国の判例については、青山・前掲注（ 5 ）206頁、松
　　岡・前掲注（ 5 ）175頁、小田・前掲注（ 5 ）564頁。
（7）　本判決の評釈として、国友明彦・渉外百選［第 3 版］218頁、土井輝生・ジュリ235号84
　　頁（1996）参照。
（8）　同様の立場にたつものとして、東京地判昭47・ 5 ・16下民集23巻 5=8 号230頁、東京地判
　　昭47・ 2 ・19判時670号66頁、東京高判昭54・ 7 ・ 3 高民集32巻 2 号126頁。

　最初に述べたように、「手続は法廷地法による」の原則で単純に割り切れないのは事実としても、本国訴訟法説のように日本法をまったく無視し、外国人の本国法の立場だけを一方的に押しつけることを認めることは、わが国での訴訟に混乱を引き起こす余地を生じさせる点で疑問だろう。

　この疑問は、選択的適用説にもあてはまるが、さらに選択的適用説の場合は当事者能力は広ければ広いほどよいというその前提自体、問題だろう。当事者能力をどの範囲で認めるかは、法廷地国のポリシーと登記や強制執行も含む私法制度全体と密接に関係する問題であり、あまり広げすぎると混乱が生じるだけである。わが国で下された判決が、登記や強制執行できないためにわが国で実現できないという事態が生じるからである。

　本国訴訟法説や選択的適用説を適用した場合の混乱の例をもう 1 つあげると、外国法人が紛争の一方主体であるが、外国法人の本国訴訟法では担当者や担当部局も当事者能力を有するとされている場合に（英米法系では多い）、わが国の訴訟でそのままそれを認めると、外国法人を実質的には名宛人とする判決が担当者個人や担当部局に対してなされ、当該外国法人の本国実体法では担当者個人や担当部局が権利義務の主体となることはないのに、わが国ではそのような判決の結果、権利義務の主体となってしまうことがある。訴訟の途中でも、担当者個人や担当部局が当事者となっていても、実質的な当事者は外国法人であることから生じる混乱もある（当事者尋問か証人尋問か、中断・中止事由等）。

　法廷地法説といっても、当事者能力の前提となる実体法として外国人の本国実体法を考慮するという意味では、法廷地法（わが国の民訴法）と外国人の本国法との融合を図った理論である。当事者能力の性質（実体法上の権利義務の主体になれると同時に民訴法の規定とも調和する手続主体）にもっとも合致するのは法廷地法説だし、法廷地法説で唯一問題となる英米法系のパートナーシップについても、前述のように29条により当事者能力が肯定できるから、実際的にも法廷地法説が妥当だろう。

　ここで、外国の当事者能力が問題となった事例として、光華寮事件判決（最判平19・3・27民集61巻 2 号711頁）を紹介しておく。光華寮事件は、未承認国家（訴訟係属中に日本国政府に承認を取り消された外国政府）の当事者能力、あるいは政府承認の切り替えが当事者能力にどのような影響を及ぼ

すかについて争われた事件であり、提訴から40年余り、最高裁に上告され
てからも20年余りを経過していたこともあって、新聞でも大きく報道され
世間の注目を集めた事件である。

　光華寮は、京都帝国大学が第二次世界大戦中に中国人学生のための宿舎
として民間から賃借していたものであったが、その後1952年（昭和27年）
に中華民国政府が購入し、1961年（昭和36年）に所有権移転登記を行った。
1967年（昭和42年）、中華民国政府は、その管理に服さず中華人民共和国
を支持する寮生らを相手に、寮の明渡しを求める訴えを京都地裁に提起し
た。他方、中国では1949年（昭和24年）に中華人民共和国が成立し、それ
まで中国の政府であった中華民国政府は台湾に退去した。わが国は、1952
年（昭和27年）に中華民国政府との間で日華平和条約を締結したが、その
後、当該訴訟の第一審係属中の1972年（昭和47年）の日中共同声明におい
て、中華人民共和国政府を中国の唯一の合法政府として承認するに至った
（政府承認の切り替え）。

　第一次第一審判決（京都地判昭52・9・16判時890号107頁）は、政府承認
の切り替えがあっても、原告がなお台湾島とその周辺諸島を支配し、事実
上の国家形態をとっていることは否定できないことから、その当事者能力
は認めたものの、光華寮は公共用財産であり日中国交回復により所有権は
中華人民共和国に移ったものであり、中華民国には権利保護の資格（当事
者適格）がないとして、訴えを却下した。第一次第二審判決（大阪高判昭
57・4・14高民集35巻1号70頁[(9)]）は、「中華民国がわが国において私的な法
律関係の当事者として立ち現われて来る事態の生ずることは否定できず、
現に前記日中関係の正常化の前後を通じ、わが国の主権に服する自然人や
法人と中華民国との間に大規模ないわゆる民間レベルにおける取引関係が
存在し、中華民国が右取引関係に基づく私的な法律関係の当事者となって
いることは公知の事実であるから、私的な法律上の紛争を合理的に解決す
べき責務を有する国内裁判所としては、右紛争の解決を図るべき法廷にお
いて、紛争の当事者である中華民国に訴訟当事者として行動することを許
容することが最も合理的であるというべき」で、政府承認の切り替えがあ

（9）　本判決の評釈として、小林秀之・民訴百選Ⅰ［新法対応補正版］48頁。

った事実は、わが国の裁判所が中華民国を当事者とする私的な法律上の紛争につき中華民国に当事者能力を認めることに対し影響を与えないと判示した。そのうえで、光華寮の所有権喪失の有無は本案の当否に関わる事実であるとして、原判決を破棄し、事件を第一審に差し戻した。差戻し後の第二次第一審判決および第二次第二審判決は、いずれも上記大阪高裁判決と同様の理由で、原告の請求を認容あるいは認容すべきものとした。この第二次第二審判決に対して留学生らが上告したのが本件である。

　最高裁は、一連の下級審判決が中華民国の当事者能力・当事者適格の有無を問題としてきたのに対して、そもそも当事者は誰なのかを問題とした。すなわち、本件では日本政府による中国の政府承認の切り替えの結果、訴状の原告欄に記載された「中華民国」が中華民国（台湾）をさすのか、それとも中華人民共和国をさすのかが問題となり、最高裁は、本件において原告として確定されるべきは、本訴提起当時、その国名を「中華民国」としていたが、日中共同声明があった時点で「中華人民共和国」に国名が変更された、国家としての中国であるとした。そして政府承認の切り替えによって中華民国政府から派遣されていた中華民国駐日本国特命全権大使の代表権が消滅したことにより、本件訴訟手続は日中共同声明が発せられた時点で中断したものとみるべきで、それを看過して続行された手続および判決は無効であるとして、原判決を破棄し、第一審判決を取り消して、事件を第一審に差し戻した[10]。

　また、東京地判平成21年9月10日（判タ1371号141頁）は、日本の政府開発援助のうちの有償資金協力によりダムが建設されたことに伴い、居住地を強制退去させられたと主張するインドネシア共和国籍の外国人多数および団体が、国、国際協力銀行およびダム建設プロジェクトの調査、ダム建設の管理等を行った日本のコンサルタント業者に対して損害賠償請求をした事案において、原告に名を連ねていたインドネシア共和国環境フォーラム財団の当事者能力について、法廷地法説にたち、当該原告がインドネシア国内で法人格を付与されていることをもって、28条により当事者能力を

---

(10)　本判決の評釈として、横溝大・判評588号〔判時1987号〕32頁（2008）、村上正子・平成19年度重判解138頁。

認めた。

2　外国人の訴訟能力

　外国人の訴訟能力の問題状況も、外国人の当事者能力の問題状況に類似する。

　わが国の学説は、法廷地法説（具体的には、わが国の民訴法28条・31条以下。ただし、訴訟能力の前提となる実体法は外国人の本国実体法）と本国訴訟法説（外国人の本国訴訟法が訴訟能力を当該外国人に認めている場合には、わが国も訴訟能力を肯定しなければならない）の2説が対立している（選択的適用説はない）[11]。国際私法学者の間では、前述の33条の文理解釈を根拠に、本国訴訟法説が多数説である。

　判例は、戦後のものは3件ほどあるが（最判昭34・12・22家月12巻2号105頁・判時211号13頁、東京地判昭28・2・18下民集4巻2号218頁、東京地判昭43・12・20労民集19巻6号1610頁〔チェース銀行事件〕）、いずれも結論的には法廷地法説にたっている[12]。一般論としては、33条を根拠に本国訴訟法説にたつチェース銀行事件も、結論的には本国訴訟法上訴訟能力を有する外国銀行の第二副社長につき、取締役でも日本における代表者でもないことから訴訟能力を否定し、法廷地法を本国訴訟法に優先させている。

　外国人の訴訟能力についての法廷地法説と本国訴訟法説の一般的な比較検討は、外国人の当事者能力についての学説の比較検討に類似するので省略したいが、訴訟能力の場合のほうが当事者能力の場合以上に法廷地法（わが国の民訴法）との調和が重要になる点と、33条の文理解釈の2点についてのみ、ここで検討しておこう。わが国の民訴法は、弁護士強制主義をとっていないために、本人訴訟で当事者が訴訟行為を行うことは当然あるし、実際、地方では本人訴訟の比率はかなり高い。そのため、たとえば、

(11)　外国人の訴訟能力についてのわが国の学説の状況については、青山・前掲注（5）220頁、松岡・前掲注（5）162頁。また、小田・前掲注（5）585頁は、ドイツにおける議論を参照しつつ検討している。訴訟能力は当事者能力よりも手続的性格が強いことから、当事者能力については本国訴訟法説によりつつ訴訟能力については法廷地法にたつのは、注解(5)409頁〔山本和彦〕。

(12)　青山・前掲注（5）222頁。なお、チェース銀行事件については、山本敬三・渉外百選［第3版］220頁。

わが国の民訴法で訴訟無能力者とされている外国人が（31条参照）、その本国訴訟法が訴訟能力を認めているからといって、高度な判断を要求されるわが国の法廷で単独で本人訴訟を行った場合は、わが国の訴訟がスムーズに行えないばかりかその利益も害するだろう。

　33条の文理解釈も、必ずしも本国訴訟法説に有利ともいい切れないように思われる。同条の「外国人は、その本国法によれば訴訟能力を有しない場合」という文言も、「外国人がその本国実体法によれば行為能力を有せずそのため28条により訴訟能力を有しないとされる場合」と解することも十分可能であるばかりでなく、法廷地法による修正を肯定する33条は、厳密には本国訴訟法説を否定する性質をもつ。すなわち、当該外国人がその本国訴訟法を適用した結果、訴訟能力を有しない場合でも、日本法によれば訴訟能力を有するときには当該外国人に訴訟能力を認めようとする同条の趣旨は、法廷地法を考慮することなく本国訴訟法だけで決定しようとする本国訴訟法説の本来的な性格と正面から衝突するからである。

　法廷地法との調和や33条からは、外国人の訴訟能力についても、訴訟能力の前提となる実体法として外国人の本国実体法を考慮しつつ、最終的には法廷地法であるわが国の民訴法の観点から決定する法廷地法説の妥当性が強く示唆されるように思われる。

　なお、訴訟能力は身分関係事件においても重要な問題であるが、たとえば行為能力を制限する後見開始の審判については、外国でなされた審判の効力をわが国において承認することができるかという問題と、わが国の裁判所が日本に居住する外国人についてした後見開始の審判の効力が、当該外国人の本国において承認されない場合に、当該外国人をわが国の訴訟手続において訴訟能力者として扱ってよいかという問題がある。とくに後者の問題についてはあまり議論されたことはないが、ここでも法廷地法説が妥当であろう。[13]

---

(13)　この点については、小田・前掲注（5）601頁。

Ⅲ　外国人の当事者適格

　外国人の当事者適格に関する戦後の裁判例をみると、概して本国法と法廷地法の両方を当事者適格の決定に際して考慮しようとする姿勢がみられる。たとえば、破産管財人の当事者適格について判断した東京高決昭和56年1月30日（判時994号53頁）をみてみよう。

　　スイスのジュネーヴ市に本店を有しスイス法に準拠して設立されたA社は、1979年（昭和54年）10月26日ジュネーヴ地裁で破産宣告を受け、Yが破産管財人に就任した。Xは、同年12月11日、Aに対する売掛金債権の保全のため、Aを権利名義人としてわが国の特許庁に出願登録されている商標権の仮差押えをした。これに対してYが、1980年（昭和55年）6月26日、上記仮差押決定に記載された仮差押解放金額を供託のうえ、仮差押決定執行の取消申立てをなし、同月30日その旨の決定を得た。これに対してXが抗告したが、東京高裁は以下のように述べて抗告を棄却した。

　　「〔旧〕破産法の右規定〔3条2項をさす〕は、外国において宣告された破産はわが国にある財産については当然にはその効力、特にその本来的効力（包括執行的効力）が及ばないことを宣告したにとどまり、それ以上に、外国において破産の宣告がなされたことや、それに伴い破産管財人が選任されたこと自体を無視したり、その宣告の結果、当該外国において、その国の法律に従い、破産管財人が破産者の有する財産の管理処分権を取得するなどの効果が発生することを否定したりすることまで要求するものでないことは明らかである。

　　……破産宣告のなされた当該外国の法律が、破産管財人において破産者の有する全財産の管理処分権を取得することを認めており、しかも、その財産の中に他国（わが国を含む。）にある財産も含まれているような場合には、その破産管財人は、右外国法によって認められる破産者の全財産の管理処分権に基づき、その財産を保全するため、わが国にある財産についても、破産者がわが国の法律に従いその財産について有する権利（外国での破産の効力がわが国にある財産には当然には及ばないために、破産者がわが国の法律上その財産について依然有する管理処分権やそれに基づく実体法上及び訴訟法上の各種の権利）を行使することが許されるものと解す

べきである。

　　……当該破産管財人が破産者との関係において他国（わが国を含む。）
にある財産についても管理処分権を取得するか否かは、右破産宣告のなさ
れた当該外国の法律に従って決定すべきものであり、他方、わが国にある
財産について破産管財人に対し破産者のいかなる権利をいかなる形式で行
使することを認めるかは、その財産の存在するわが国の法律に従って決定
すべきものであることは、国際私法ないし国際民事訴訟法の原則に照らし
て、当然である。」

　本決定では、破産管財人が管理処分権を取得するか否かは破産宣告（現
行の破産手続開始決定）のなされた国の準拠法に従うが、わが国にある財
産について破産管財人がいかなる形式で行使することを認めるかはわが国
の法律（法廷地法）に従うとし、倒産属地主義をとる破産法 3 条の規定
（当時）は、破産管財人の当事者適格の有無にまでは影響しないとされた。
2000年（平成12年）秋に成立した国際倒産法改正では、原則的に倒産普及
主義に移行したが、外国破産管財人の当事者適格は直接規定していない。
本件のように、外国で選任された破産管財人が日本に存在する債務者の財
産に関する訴訟において、当事者適格を有するかについては、これを否定
し、外国倒産処理手続の承認援助に関する法律（以下、「外国倒産法」とい
う）に基づき、管理命令によって別途裁判所に選任された承認管財人（外
国倒産法34条）が当事者適格を有するとする考え方もある（本間ほか127頁
〔本間〕）。しかし、承認援助法というルートに加えて（わざわざ承認援助の
手続をするまでもなく）、直接外国破産管財人に当事者適格を認めるアプロ
ーチも認めるとすれば、本件の先例的意義は残る。なお、破産管財人の管
理処分権については本国法に、それによって基礎づけられる当事者適格に
ついては法廷地法によろうとする考え方も、本国法と法廷地法の折衷を巧
みに図ろうとしている点で非常に興味深いものがある[14]。また、この決定と
同じ立場にたつ裁判例として、東京地判平成 3 年 9 月26日（判時1422号128
頁）がある。

---

[14]　石黒一憲・ジュリ748号125頁（1981）は、本決定を妥当とし、当事者適格の問題は国際
　　私法上手続と性質決定すべきであるとする。

　次に債権者代位権に基づく代位債権者の当事者適格に関する東京地判昭和37年7月20日（下民集13巻7号1482頁）をみてみよう。

　　　Ａ運転の車がＢタクシー会社の被用者Ｃが運転する車に追突し、そのためＣ運転の車が歩道に乗り上げ、歩道に立っていた故Ｄに衝突し、Ｄは上記事故のため死亡した。Ａはその後アメリカに帰国し所在不明となったため、Ｄの遺族Ｘ₁・Ｘ₂は、Ａに代位して米国法人のＹ保険会社に対し、ＡのＹに対する保険金請求権（東京で保険契約締結）を行使して、訴えを提起した。

　　　〔請求認容〕　「債権者代位権に関する規定は、債権者に、債務者の第三債務者に対する、直接の実体法上の請求権を付与する規定ではなく、債権者が、自己の名に於て、債務者に属する権利を、訴訟上追行し得る権限を付与する、訴訟法上の規定と解釈する。

　　　その見解が正しいとすれば、訴訟法上、何人が訴訟実施権を有するかの問題の解釈の基準については、法廷地法を適用すべきであると考えられるから（尤も訴訟実施権の存否は、実体法により決すべき場合がある。）、Ｘ₁らが、ＡのＹに対する保険金請求権を代位行使することが、許されるか否かについては、法廷地法たる日本民法が適用せられると謂わなければならぬ。そうすると、本件に於て、Ｘ₁らが、ＡのＹに対する保険金請求権を代位行使することは、民法第423条第1項本文の規定に基き適法であると謂わなければならない。」

　本判決は、債権者代位権については債権者に訴訟追行権を付与する訴訟法上の規定であるとして法廷地法によるとしているが、その理由の中で「尤も訴訟実施権の存否は、実体法により決すべき場合がある」として、訴訟追行権の存否について本国法を考慮する余地を認めている。なお通説は、債権者代位権の規定を債権の効力の一面として実体法上の規定と解し、債権者代位権の成立および効力等に関し債権者の債権の準拠法と債務者の第三債務者に対する債権の準拠法を重畳的に適用すべきだとしている（本間ほか123頁〔本間〕、松岡編300頁〔長田〕）。⁽¹⁵⁾

────────────

(15)　本判決の評釈として、三ツ木正次・渉外百選［第3版］106頁、楢崎みどり・国際私法百選［第2版］96頁参照。

　このほかにも、相続人の当事者適格に関して、本国実体法（中華民国法）と法廷地法の調和を図りつつ、最終的にわが国の民訴法の判例理論に従ったもの（最判昭53・2・24民集32巻 1 号110頁）、死後認知の相手方の当事者適格に関して本国法（中華民国法）上不明であることを理由に日本法を適用したもの（千葉地佐倉支判昭33・10・14下民集 9 巻10号2098頁）等がある。

　さらに、知財高判平成28年 6 月22日（判時2318号81頁）〔毎日オークション事件〕では、フランス法人（協会）の法定訴訟担当が問題となった。原告協会は、パリ大審裁判所の急速審理命令により、フランス民法上の不分割共同財産であるピカソの著作権につき管理者（代表者）に指名され、フランス民法1873条の 6 第 1 項に基づき、オークションのために作成されたカタログに利用許諾なしにピカソ等の作品の写真を掲載し、原告 $X_1 \sim X_5$ の著作権を侵害しているとして、被告に対して不法行為に基づく損害賠償請求訴訟を提起したものであり、被告が原告の当事者適格を争っていた。原審（東京地判平25・12・20LEX/DB25502645）および控訴審はともに当事者適格を認めた。控訴審が示した一般論は以下のとおりである。

　　　「当事者適格の有無は、訴訟手続において、誰に当事者としての訴訟追
　　行権限を認め、法的紛争の解決を有効かつ適切に行わせるのが相当かとい
　　う視点から判断されるべき事項であるから、手続法上の問題として、法廷
　　地における訴訟法、すなわち、我が国の民訴法を準拠法とすべきである。
　　そして、我が国の民訴法は、本来の権利者又は法律関係の当事者以外の者
　　が、訴訟担当として訴訟において当事者適格を持つ場合を規定しているが
　　（民訴法30条、民法423条参照）、他方、他人の権利や法律関係を訴訟で主
　　張することを無制限に認めているわけではない（民訴法54条参照）。さら
　　に、訴訟担当の中でも、訴訟法（民訴法に限らない。）自体が担当者の定
　　めを規定している場合ではなく、担当者が実体法上の法律関係に基づいて、
　　訴訟物の管理処分権等が認められる場合においては、法廷地法の視点から、
　　当該者に管理処分権及び訴訟追行権限を認めてよいか否かという点を検討
　　する上で、訴訟担当者と被担当者との関係を規律する当該実体法の内容を
　　考慮すべきものであり、本件のように、訴訟担当者の訴訟追行権限が一定
　　の実体法上の法律関係の存在を前提にしている場合には、当該法律関係の

準拠実体法を参照することが求められるというべきである。」

　本件では、原告の訴訟追行権限は、フランス民法1873条の１に基づく権利不分割の合意を前提にしたうえで、管理者の選任について、フランス民法1873条の５第１項に規定する共同不分割権利者の合意が成立しなかったため、パリ大審裁判所の本件急速審理命令により、原告 X₁ がピカソの相続人中の管理者として選任されたことに基づくものであったことから、このような原告の実体法上の地位が、わが国において、訴訟担当を基礎づけるに足りるものか否かが問題となった。控訴審は、以下のように判示した。

　　「原告 X₁ は、フランス民法に基づき、実体法上、権利不分割合意の対象となった不分割財産の管理権限を有し、それに伴って裁判上も共同不分割権利者を代表する権限を有するほか、全共同不分割権利者の同意を得て、通常の利用に属しないあらゆる処分行為を行うことができる。このような地位を我が国の制度に照らしてみると、まず、民訴法30条の規定する選定当事者制度は、共同利益を有する多数の者の中から全員のために訴訟当事者となるべき１人を選任することを容認しており、共同相続人はこれら多数の者に該当すると解されること（大審院昭和15年４月９日判決・民集19巻９号695号）、また、各共有者は、共有物について、保存行為は単独で行うことが可能であるが（民法252条）、基本的には持分に応じた使用が許されており（民法249条）、共有物に対する不法行為による損害賠償請求権もこれに該当すると解されること（最高裁昭和41年３月３日判決・裁民82号639頁、最高裁昭和51年９月７日判決・裁民118号423頁参照）、他方、各共有者による共有物についての不分割の合意が規定されていること（民法256条１項ただし書）、債権についても当事者の合意による不可分が認められていること（民法428条）、相続財産は相続人の共有とされていること（民法898条）、相続財産の保存に必要な処分について、裁判所による相続財産管理人の選任ができること（民法918条）などの条文及び法解釈があり、これらの条文及び法解釈は、フランス民法に基づく権利不分割合意とその不分割財産の管理者に関する規定と同様の趣旨と解される。
　　以上によれば、相続人間で不分割とすることを合意した財産のうち、準物権的な知的財産権について、裁判所により管理者に選任された相続人が、単独で訴訟を提起することは、我が国の法規とも合致するところであり、

　　原告 X₁ の訴訟追行権限を許容すべき合理的な必要性は、我が国における
　　訴訟法の観点からも是認することができる。」

　以上みたように、外国人の当事者適格を原則的には法廷地法によりつつ
本国法も考慮するという取扱いは、当事者適格の本来の性質にも合致する。
当事者適格は、一方では当事者が訴訟を追行する資格であり判決の効力が
及ぶ対人的範囲であるから手続的で法廷地法によるべきといえるが、他方
ではその権利の管理処分権を有するのは誰かにつき本国法を考慮すること
が当然に要求される問題だからである。比較法的にみても、イギリスでも、[16]
原則として誰を当事者とするかは法廷地法によるが、場合によっては本国
法の考慮が必要であるとされているし、ドイツでも、多数説は当事者適格
は法廷地法によるとしつつ、当事者適格の基礎となる本国法によって付与
された権利の有無に関わる場合や第三者の訴訟担当が実体法に基づく場合
には、本国法を考慮したりそれによって決するとされている。

　しかし、一口に当事者適格といっても、誰がその権利につき管理処分権
を有するかによって決まる場合だけでなく、訴訟中の目的物の譲渡による
当事者承継、第三者が権利者から委託されて当事者になる任意的訴訟担当、
債権者代位権、英米法のクラス・アクションやドイツ法の団体訴訟など
種々の場合が含まれ、法廷地の訴訟制度に深く関連するものからそれほど
でないものまで様々である。その意味では、外国人の当事者適格の問題は、
一般的には、原則として法廷地法によりつつ本国実体法だけでなく本国訴
訟法も含めた本国法もあわせて考慮すべきであるといえるが、さらに個別
的に、本国法との関係や法廷地法の訴訟制度上可能かという吟味を行うこ
とが必要だろう。

　たとえば、破産管財人や相続財産管理人の当事者適格の判断にあたって
は、それらの者が本国法によりどのような管理処分権が付与されているか
が大きな要素になる。また、わが国でアメリカ人当事者のクラス・アクシ
ョンの申立てを認めることができるかという問題の場合には、わが国の民
訴法がクラス・アクションを適切に行えるような制度上の道具立てを有し

(16)　詳細は、小林秀之「外国人の訴訟当事者適格」新実務民訴(7)97頁参照。

ていないことが、大きな障害になってくる。クラス・アクションを適切に
行うには、代表者がクラスの全員を適切に代表しているかを裁判所がコン
トロールする手続やクラスの全員に通知をする手続が手続保障の観点から
必要であるが、わが国の民訴法ではこのような手続を行うことは不可能で
ある。

　外国人の当事者適格の問題は、原則として法廷地法によりつつ本国法も
あわせて考慮すべきであるといっても、大きく分けて、主に法廷地法によ
るべき類型と、法廷地法だけでは決することができず本国法を十分に考慮
することが必要な類型に分かれるだろう。

　前者の類型に属する例としては、任意的訴訟担当、当事者承継、団体訴
訟、クラス・アクションなどがある。任意的訴訟担当は、その国の訴訟政
策に深く関連し、弁護士強制が行われているかや弁護士代理をどこまで貫
徹するかという観点も考慮して決定されるから法廷地法によるべきである。
これに対しては、選定当事者以外の、区分所有における管理者制度や業務
執行組合員など、担当者と被担当者との間の実体法関係が任意的訴訟担当
を許容する根拠となっている場合には、両者を規律する実体的法律関係の
準拠法によるべきであるとする見解も有力である。任意的訴訟担当の許容
性が問題となった東京地判平成3年8月27日（判時1425号100頁）〔ロイズ・
シンジケート事件〕では、任意的訴訟担当についての判例法上の基準（弁
護士代理の原則や訴訟信託禁止の原則の回避・潜脱の有無、任意的訴訟担当を
認めるべき合理的必要性）を判断する際には、実体的法律関係の準拠法を
参照し、さらに授権行為の有効性については、準拠実体法である英国法
（ないし慣習）を考慮ないし適用して判断すべきとされた。[17]

　訴訟中の訴訟物譲渡による当事者承継も、法廷地国の訴訟構造および訴
訟政策に密接に関わる問題だから、基本的には法廷地法によるべきであろ
う。ドイツ法の団体訴訟や英米法のクラス・アクションも、わが国の訴訟
手続にはとうていおさまらないことから考えても、その許否は法廷地法に

---

(17)　本判決の評釈として、早川吉尚「当事者適格」国際私法百選［第2版］216頁。山本克己
　　「当事者適格」新裁判実務大系(3)191頁、小田司「渉外訴訟における当事者適格」日本法学73
　　巻1号65頁以下（2007）も参照。

よるべきである。⁽¹⁸⁾

　これに対して遺言執行者、遺産管理人、破産管財人が当事者適格を有するかは、本国法がこれらの者にどこまで財産管理権を認めているかに大きく依存する。それゆえ、これらの問題については本国法を十分に考慮することが当然要請され、後者の類型に属するだろう。

　以上みてきたように、当事者適格についての考え方は、当事者適格が実体的法律関係と深い関わりをもち、法廷地法と実体関係の準拠法の両方に配慮すべきであるという特質に基づく。しかも、個別問題により差異があるという点にも留意すべきである（本間ほか121頁〔本間〕）。

（18）　渉外事件における任意的訴訟担当については、大阪高判昭60・5・16金判731号40頁・判タ561号148頁、東京地判昭60・12・27判時1220号109頁、前掲東京地判平3・8・27〔ロイズ・シンジケート事件〕等があるが、いずれも法廷地法によっている。

第5章　国際司法共助

I　国際司法共助の意義と法源

1　国際司法共助の意義

　ある国で行われている裁判の進行・審理のために他国の裁判機関が国際的に協力する活動を国際司法共助[(1)]というが、その中心は送達と証拠調べについての国際的な司法協力である。

　国際司法共助の問題は、国際司法共助を行う段階だけでなく、その国際司法共助に基づいて下された外国判決がわが国で承認・執行を求められる段階でも問題になってくる。外国判決の承認・執行では、公示送達によらないで訴訟の開始に必要な呼出しもしくは命令の送達を受けたこと（民訴法118条2号）や手続的公序（同3号）が要件になっているために、国際司法共助の適否がそこでもう一度吟味されるからである。国際司法共助を行う段階と外国判決の承認・執行の段階では目的が異なるから、適法か否かの評価の規準も違ってこざるをえないが、後者の段階でもふたたび国際司法共助の適法性が問題となってくることに十分注意する必要がある（第6章参照）。

　また、国際司法共助による司法協力があるかどうかは、国際裁判管轄の判断にも影響する。東京地判昭和61年6月20日（判時1196号87頁）〔遠東航

---

(1)　国際司法共助一般については、小林秀之「国際司法共助」澤木敬郎=青山善充編・国際民事訴訟法の理論（有斐閣・1987）285頁、高桑昭「渉外的民事訴訟事件における送達と証拠調」曹時37巻4号821頁（1985）。近時の国際司法共助がグローバルな民事司法協力ネットワークに向かっていることにつき、渡辺惺之「国際化の中の国際民事訴訟法制」ジュリ1232号111頁（2002）。福與輝彦「民事事件における国際司法共助の状況」民事法情報226号8頁（2005）も参照。また、具体的な国際司法共助の方法については、最高裁事務総局民事局監修・国際民事事件手続ハンドブック（法曹会・2013）、同・民事事件に関する国際司法共助手続マニュアル（法曹会・1999）が有益であり、本書も前者に従う。

空機事件〕は、台湾国内での旅客機の墜落事故で死亡した乗客の遺族らが、航空機を製造したボーイング社と、これを遠東航空に販売したユナイテッド航空および遠東航空を相手取って、東京地裁に損害賠償請求訴訟を提起した事案である。この訴訟では、事故機の墜落原因がもっとも重要な争点であったが、台湾に存在する証拠は、わが国と台湾との間に国交がないために、国際司法共助ができず、それらの証拠調べは不可能であった。東京地裁は、このような状況で本件訴訟をわが国の裁判所で審理すると、裁判の適正を期するという理念に反する特段の事情があるとして、訴えを却下した。

　しかし、国際司法共助を行うか否かは、外国判決の承認・執行の可否に依存しない。すなわち、国際司法共助を依頼してきた外国の裁判所での当該訴訟の判決について、わが国で将来その承認・執行が問題になった場合に、民訴法118条の要件を満たしていて承認・執行されるか否かということと、国際司法共助を行うか否かということとは、別個の問題である。当該訴訟が民訴法118条の要件を満たさない場合でも、国際司法共助の要件を満たしているかぎり、国際司法共助を行わなければならない。

2　国際司法共助の法源

　国際司法共助の国際的法源となるわが国が結んでいる国際条約には、まず多国間条約としてハーグ国際私法会議で作られた1954年の「民事訴訟手続に関する条約」（以下、「民訴条約」という）と1965年の「民事又は商事に関する裁判上及び裁判外の文書の外国における送達及び告知に関する条約」（以下、「送達条約」という）の2つがあり、わが国は1970年（昭和45年）に各々批准した（昭和45年条約第6号・第7号[(2)]）。二国間条約では、相手国の領事官が任意的に送達または証拠調べを実施することを認める領事条約として、「日本国とアメリカ合衆国との間の領事条約」（昭和39年条約第16号）（以下、「日米領事条約」という）と「日本国とグレート・ブリテン及び北部アイルランド連合王国との間の領事条約」（昭和40年条約第22号）

（2）　民訴条約の締約国は、わが国のほか48の国と地域、送達条約の締約国は、わが国のほか75か国である。

（以下、「日英領事条約」という）の２つがあり、またわが国は20か国以上の国との間で、交換公文、口上書、先例による国際司法共助についての二国間取決めを結んでいる。また、条約や二国間取決めによらないで共助がなされた事例も、相当数存在する。現在の民訴条約の前身は、1905年の民訴条約（これの前身は1896年の民訴条約であり、民訴条約自体２回の大改正を受けた条約である）であり、送達条約は民訴条約第１章の送達の部分を改正することを目的とした条約で、送達の国際司法共助につき防御権の保障と手続の簡素化を図ったものである。さらに1970年のハーグ国際私法会議では民訴条約第２章の証拠調べの部分を改正する「民事及び商事についての外国における証拠の収集に関する条約」（以下、「証拠収集条約」という）が作成されたが、これは民訴条約に参加しなかった英米法系諸国（送達条約にはイギリス、アメリカも参加している）との間の証拠調べの国際司法共助を可能にすることを目的としており、2020年８月１日現在イギリス、アメリカ、フランス、ドイツ、イタリア、中国、オーストラリアなど63か国が批准している。わが国は証拠収集条約を締結もしておらず、これを批准するか、またどのように批准するかは今後の課題である。

　国際司法共助のわが国の国内的法源としては、1905年（明治38年）に制定された「外国裁判所ノ嘱託ニ因ル共助法」（以下、「共助法」という）、民訴条約と送達条約を実施するために1970年（昭和45年）の両条約の批准の

（３）　1896年の民訴条約の成立から1905年の民訴条約を経て現在の民訴条約と送達条約に至るまでの経緯については、三井哲夫「国際民事訴訟法の基礎理論(3)(4)」曹時22巻12号2358頁以下、23巻１号54頁（1970-1971）が詳しい。

（４）　証拠収集条約の邦訳は、菊池洋一「証拠収集に関するヘーグ条約の運用についてのヘーグ会議」国際商事法務14巻６号405頁（1986）。証拠収集条約に関する包括的な労作として、多田望・国際民事証拠共助法の研究（大阪大学出版会・2000）がある。山﨑栄一郎「外国における証拠調べと司法共助」門口正人編・民事証拠法大系　総論(2)（青林書院・2004）273頁も参照。

　　また証拠共助に関する国際的な立法としては、1975年の「外国における証拠の収集に関する米州条約」が、2001年のEUにおける「民事又は商事に関する証拠の収集における共同体構成国の裁判所の間における協力に関する規則」がある。前者については、多田望「米州証拠収集条約とその追加議定書について」熊本法学113号161頁（2008）、同「外国における証拠の収集に関する米州条約とその追加議定書の仮訳」熊本ロージャーナル２号95頁以下（2008）を、後者については、春日偉知郎「ヨーロッパ証拠法について」判タ1134号47頁（2004）、多田望「国際民事証拠共助法の最近の展開」阪大法学52巻3=4号1081頁（2002）を参照。

際に制定された「民事訴訟手続に関する条約等の実施に伴う民事訴訟手続の特例等に関する法律」（昭和45年法律第115号）（以下、「実施法」という）と「民事訴訟手続に関する条約等の実施に伴う民事訴訟手続の特例等に関する規則」（以下、「実施規則」という）があり、わが国の民事訴訟のための外国における送達、証拠調べについて民訴法108条と184条に規定がある。

II　送達の国際司法共助

1　わが国の事件のために外国で行う送達

(1)　**外国で行う送達の方法**　わが国の裁判所がわが国で提起された訴訟事件などのために、外国にいる訴訟関係者に訴訟書類を送達する方法としては、①民訴条約によりわが国の領事官から外国の指定当局を経由する方法（民訴条約締約国の場合）、②送達条約により外国の中央当局を経由する方法（送達条約締約国の場合）、③外国に駐在するわが国の領事官を経由する方法（民訴条約または送達条約の締約国でこの方法に異議を述べていない国の場合。日米領事条約、日英領事条約もこの方法を認める）、④二国間の司法共助取決めによる方法（わが国との間に二国間司法共助取決めがある国の場合）の4通りの方法がある。しかし、民訴条約または送達条約の締約国でなく、また二国間条約や二国間司法共助取決めがない外国であっても、具体的な事件において必要性が生じて受訴裁判所の送達の嘱託がなされれば、外交上の努力によって二国間司法共助取決めが結ばれ、それに基づき送達がなされることもある。

(2)　**民訴条約による送達**　民訴条約により外国の指定当局を経由して送達する方法は、受送達者が民訴条約締約国にいる場合に利用できるが、当該外国が同時に送達条約締約国でもある場合は、送達条約のほうが簡便であり優先するので後述の送達条約の方法によらなければならない（送達条約22条）。民訴条約により外国の指定当局を経由する方法は、わが国（嘱託国）の領事官から当該外国（受託国）の指定する当局に要請し、当該外国の国内法により送達権限がある当局が送達を行う形で実施される（送達依頼をする受訴裁判所の長 ━━▶ 最高裁判所事務総長・同民事局長 ━━▶ 外務省 ━━▶ 当該外国に駐在するわが国の領事官〔いない場合は大使〕（要請）━━▶ 当該

外国の指定当局─→当該外国の送達受託当局）。ただし、民訴条約は、締約国が送達文書が外交上の経路を通じて自国に提出されるよう他の締約国に宛てた通告により宣言することを認めており（民訴条約1条3項）、この宣言をなした諸国（ロシア、ウクライナ、ポーランド、ポルトガル）に対して送達の要請をするには、当該外国に駐在するわが国の大使から当該外国の外務省に送達を要請し、当該外国は自国内で定める手続に従って送達を行う。

　送達の方法としては、任意に受領する名宛人への交付による方法（以下、「任意交付」という⁽⁵⁾）、当該外国の国内法で定める送達による方法（以下、「国内法送達」という）、当該外国の国内法に反しない範囲で特別の方法で送達を希望する場合に行う特別の方法（以下、「特別方法送達」という）の3つがあるが（民訴条約2条・3条）、民訴条約は任意交付を原則的な方法としている（同2条）。国内法送達か特別方法送達によることを希望する場合には、その旨の希望を要請書に表明すること、送達文書に送達受託当局が用いる言語または両関係国間で合意する言語による翻訳文と、わが国の外交官もしくは領事官または当該外国の宣誓した翻訳者の翻訳証明の添付が必要である（同3条2項・3項）。任意交付の場合には、名宛人が任意に受領しないときは、わが国に文書が返送されるが、前述の翻訳文の添付があれば、当該外国の国内法による強制的な送達が行われる。

　民訴条約は、当該外国の指定当局を経由して送達を行う以外に、締約国である当該外国が拒否しない場合にかぎり、次の3つの送達の実施方法も認めている（民訴条約6条）。①外国にいる利害関係人に対して直接文書を郵送する、②直接当該外国の裁判所付属吏または権限ある官吏に送達を行わせる、③各締約国が、当該外国にいる者に対する送達を自国の外交官または領事官に直接行わせる（当該外国がこの方法を拒否しても、締約国は当該外国にいる自国民に対して任意に送達することは、対人主権の行使だから可能である。同条2項）。わが国からの送達の方法として、当該外国が拒否していないかぎり、②ないし③の方法も利用できることは、ほぼ問題がない

（5）　任意交付の具体的な例としては、締約国により警察当局が名宛人を呼び出して文書を交付して受領証を取るとか、吏員または郵便集配人が文書を任意に交付して受領書を取るとかの方法でなされているようである。

であろう。問題なのは、民訴条約を締約している当該外国が拒否していな
ければ、わが国からの送達の方法として①のわが国の裁判所が当該外国に
いる利害関係人に直接文書を郵送する方法が使えるかである。文書の名宛
人が民訴条約の締約国である外国にいる場合にかぎって民訴法107条の
「書留郵便に付する送達」を行うことができるとする有力説もあるが、民
訴法108条が定める外国においてなすべき送達の方法の中に「書留郵便に
付する送達」が含まれていないことから、わが国の民訴法の解釈としては
わが国の民事訴訟のための送達として①の方法を利用することは無理であ
ると解さざるをえない（②・③の方法は、民訴法108条があげる送達方法の中
にある[7]）。

　以上の民訴条約による送達の説明として、民事裁判上の文書を主に念頭
に置いてきたが、厳密には、民事または商事に関する裁判上または裁判外
の文書[8]が対象になり、この範囲に入る文書であるかぎり行政訴訟に関する
文書であっても差し支えない。また非訟事件に関する文書も、裁判上また
は裁判外の文書に含まれる。

　なお送達の証明は、日付を付されかつ認証された名宛人の受取証または
当該外国の当局が送達の事実、方法および日付を確認する証明書によって
行われる（民訴条約 5 条 1 項）。

　(3)　**送達条約による送達**　　送達条約によって外国の中央当局を経由す
る方法は、民訴条約のようにわが国の領事官または外交上の経路を経るこ
となく、直接締約国の中央当局にわが国の最高裁から送達を要請する（送
達依頼をする受訴裁判所の長 ──▶ 最高裁判所事務総長・同民事局長（郵便）
──▶ 当該外国の中央当局。具体的には、中央当局に直接、要請書および送達文
書を郵便で送付するのが通例である）。民訴条約の送達経路から領事官また
は外交上の経路を経ることを省くことにより、送達をより迅速に行うこと

（6）　三井哲夫「国際民事訴訟法の基礎理論⑾」曹時23巻 8 号1846頁（1971）、石黒一憲・現代
　　国際私法⒧（東京大学出版会・1986）225頁。
（7）　藤田泰弘「日本の被告に対するアメリカ訴状の直接郵送とその効力」判タ354号90頁
　　（1978）、注解⑸453頁〔山本和彦〕、注釈⑶588頁〔渡辺惺之〕。
（8）「裁判外の文書」とは、裁判には直接の関係はないが、紛争を事前に防止しまたは権利を
　　保全するための文書でとくに送達を要するものをいい、わが国の執行力ある公正証書などが
　　これにあたる。

を狙ったものである。送達条約は、民訴条約の送達の方法をかなりの部分において踏襲しているが、次のような点で異なる。送達すべき文書の翻訳文の添付は必ずしも義務的ではなく、義務的なのは国内法送達か特別方法送達の場合でかつ中央当局の要請があった場合にかぎられ（送達条約5条3項）、任意交付の場合は翻訳文の添付は義務的ではない。翻訳文の添付を行う場合には当該外国の公用語による翻訳文が必要であるが、民訴条約の場合のような翻訳証明は必要ない。⁽⁹⁾

　当該外国の中央当局に対する要請書は、当該外国の公用語、英語、フランス語のいずれかで作成されなければならず、要請書のうち文書の要領に関する事項を記載した部分は、名宛人が文書の要領を容易に知ることができるよう、送達文書とともに名宛人に交付される（送達条約5条4項）。

　送達の証明は、中央当局または当該外国がとくに指定する当局が作成する送達条約附属書の統一様式に合致した証明書によって行うこととし、外国での送達の証明を容易にした（送達条約6条1項・2項）。送達条約に従ってなされた送達の要請に対しては、受託国がその主権または安全を害する性質のものと判断した場合のほかは、拒否できない（同13条1項）。

　送達条約は、名宛人（被告）の防御権に対する配慮から、「訴訟手続を開始する文書又はこれに類する文書」（以下、「訴訟手続開始文書」という）について、被告が出頭しないときは、被告の防御のために十分な期間をおいて、国内法送達（告知も含む）または送達条約の定める他の方法により被告もしくはその住居において実際に交付されたことが立証されるまで、裁判所は裁判を延期しなければならないと規定している（送達条約15条1項）。ただし、①訴訟手続開始文書が送達条約に定めるいずれかの方法によって転達されたこと、②その文書発送日から裁判所が定める6か月以上の期間を経過したこと、③あらゆる妥当な努力にもかかわらず当該外国の権限ある当局から送達の証明書を入手できなかったこと、の3つの条件がすべて満たされたときは、裁判所が裁判をすることを締約国は宣言できる（同条2項）。わが国もこの宣言を行っており、上述の3つの条件が満たさ

（9）　実務上の取扱いでは、わが国が外国からの送達依頼に対して原則として翻訳文の添付を要請していることとのバランスから、外国へ任意交付以外の送達を要請する場合には翻訳文の添付を必要的としている。

れたときは公示送達ができる（実施法28条、民訴法110条 1 項 3 号・ 4 号参照）。なお、民訴法112条 2 項は、外国においてなすべき送達について公示送達が実施された場合には、文書の掲示を始めた日から 6 週間が経過することによって、送達の効力が生じる旨規定している（国内送達の場合は 2 週間）。

　送達条約はさらに、被告の防御権保障の「最後の砦」として、帰責事由なく訴訟手続開始文書ないしそれに基づく裁判を知らなかった被告に、期間の徒過により失った不服申立権を、一定の要件のもとで回復させることを認める。すなわち、訴訟手続開始文書が送達条約に基づき転達されたが、被告が出頭せず欠席裁判がなされた場合に、①被告が帰責事由なくして、防御のための十分な期間内に当該文書を知らず、または不服申立てのために十分な期間内に裁判を知らず、②被告の主張がまったく理由がないとは思われないときには、裁判所は、被告が裁判を知った時から相当の期間内に請求したときには、その不服申立権を回復させることができる（送達条約16条）。わが国の民訴法97条 1 項但書は、これを受けて、帰責事由なく外国にある当事者が不変期間（上訴期間）を遵守できなかった事由（送達条約16条が規定する場合がこれにあたると解すべきだろう）がやんで 2 か月以内は、訴訟行為（上訴行為）の追完ができると規定する。この規定は非訟事件の手続についても準用されている（非訟34条 4 項）。

　なお送達条約は、名宛国である締約国が拒否の宣言をしないかぎり、①名宛国にいる者に対して直接に文書を郵送すること、②嘱託国の送達権限を有する者（わが国では裁判所書記官）が名宛国の送達権限を有する者に送達を行わせること、③裁判手続の利害関係人が直接、名宛国の送達権限を有する者に送達を行わせること、④強制によらない直接の送達または告知を自国の外交官または領事官に行わせることも認めている（送達条約 8 条・10条）。

　⑷　**領事送達**　　外国に駐在するわが国の領事官（領事官がいない場合は外交官）が送達する方法は、日米領事条約17条 1 項(e)(i)と日英領事条約25条が日米間および日英間で認めているが、民訴条約や送達条約でも締約国が拒否していない場合には認められる（民訴条約 6 条 2 項前段、送達条約 8 条）。またわが国の領事官が、外国にいるわが国の国民に送達することは、

対人主権の現れとして許される（授受国は任意の場合は拒否できない）が、外国にいるわが国の領事官による送達は、受送達者が任意に受理する場合に限られ、強制的な方法によることはできない（民訴条約6条2項後段、送達条約8条1項・2項参照。他の場合も同様と解される）。

(5)　**二国間司法共助取決めによる送達**　　二国間司法共助取決めによる送達は、わが国と当該外国との間で口上書、交換公文、先例などにより、外交上の取決めがある場合に利用できる。また、これまで二国間取決めがなかった場合でも、当該外国に個別に申し出て応諾を得るなど、その事件の送達を契機に二国間取決めが交わされることはある。送達は、民訴法108条により、管轄裁判所送達の方法で行われる。すなわち、外交上の経路を通じて、送達を実施する相手国の公用語による訳文を添付する必要がある。当該外国での送達は、当該外国の国内法に従って行われる。

2　外国の事件のためにわが国で行う送達

　外国の裁判所に提起された訴訟事件などのためにわが国が送達を共助する必要があるか、送達の共助をなすとしたらどのような方法によるべきかは、当該外国とわが国との間の条約や司法共助取決めの有無や内容にかかってくる。そのような送達の国際司法共助のための国際法上の根拠が存在しない場合には、わが国は送達の司法共助をなす義務を負わない。もっとも、実務上は、送達の国際司法共助のための条約や二国間司法共助取決めがなくても外国から送達の依頼があった場合には共助法による送達を行うこともあるようである（カナダ、中国などにつき実例あり）。

　条約や司法共助の取決めがある場合にはそれに従ってわが国で送達をなすべきであるが、わが国の事件のために外国で行う送達と同様に、次の4つに分けて考えるべきである。①民訴条約に基づく送達（民訴条約締約国で送達条約締約国でない場合）、②送達条約に基づく送達（送達条約締約国の場合）、③民訴条約、送達条約、（英米）領事条約が認めるそれらの締約国のわが国に駐在する領事官による任意の送達、④二国間司法共助取決めに基づく送達（送達のための司法共助取決めがある国）である。なお、③のうち送達条約については、わが国が拒否宣言（送達条約8条2項）を行った結果、文書を作成した外国の国民に対する領事送達はできるが、それ以外

の者に対する領事送達はできない。

　外国の領事官が行う③の場合を除いた、わが国が送達を実施しなければ
ならない①・②・④の３つの場合の具体的方法を説明すると、いずれもわ
が国の外務大臣ないし外務省を経由して行われる（民訴条約の指定当局、
送達条約の中央当局のいずれも、わが国の場合、外務大臣である〔実施法2
条・24条〕。また二国間司法共助取決めによる場合、外交機関を経由しなければ
ならない〔共助法1条ノ2第1項1号〕）。外務大臣ないし外務省を経由して、
最高裁を通じ、受送達者の住所地を管轄する地方裁判所が送達を実施する。
日本語の訳文の添付は、①ないし②の場合で要請者が任意交付を選択した
場合を除き、常に要求される（①の場合には要請国の外交官または領事官の
翻訳証明も添付されている）。①ないし②の場合で要請者が任意交付を選択
したときは、日本語の添付は必要でないが（民訴条約3条2項、送達条約5
条3項）、強制的な送達は行われず、任意の受領を求める「受領の催告」
が行われる（実施規則4条）。催告を受けた受送達者は、地方裁判所の書記
官のところに出頭して文書を受領するか文書の送付を申し出るものとされ、
期限内に出頭・申出がない場合は受領を拒絶したものとして扱われる（受
領催告書には日本語訳文の添付が明示されている）。

3　直接交付や直接郵送による送達

　外国の事件のためにわが国で行う送達においてもっとも問題とされてき
たのが、わが国と送達方法が異なる英米法系諸国からの送達において頻繁
に生じる、受送達者への直接交付や直接郵送による送達の適法性である。
実際、送達が司法共助によってなされていたかどうかが意味をもってくる
のは、当該送達にかかる外国訴訟の判決の承認が、わが国で求められた場
合である。送達が条約等で定められた方法によってなされていなければ、
当該外国判決は民訴法118条2号の要件を満たしていないものとして、承
認を拒否される（第6章参照）。

　まず、直接交付は送達条約もこれを認めていないので、少なくともわが
国を含め送達条約締約国との間では、当該国法上もこのような送達は不適
法なものとされる。またその送達に基づく外国判決の承認・執行を求めら
れても、訴訟開始の呼出状や訴状などの重要訴訟書類の送達がこの方法で

なされているならば、民訴法118条2号の要件を欠くとして承認・執行を拒否すべきである。最高裁も香港サドワニ事件（最判平10・4・28民集52巻3号853頁）で、原告から私的に依頼を受けた者によるノーティス・オブ・モーションの直接交付の方法による送達を違法な送達とした（ただし、応訴があったとして同号の要件を満たすとした）。

　次に直接郵送については、民訴条約および送達条約は、名宛国が拒否の宣言をしないかぎり、名宛国にいる者に対して直接に文書を郵送する権能を認めている（民訴条約6条1項1号、送達条約10条(a)）。両条約がこのような直接郵送による送達を、名宛国が拒否の宣言をしない場合という限定付きながら認めたのは、英米法系諸国では、当事者送達主義をとり受送達者に直接交付する方法や直接郵送する方法が原則的な送達方法であって、職権送達主義をとる大陸法系諸国の送達方法と大きく異なっていることに配慮したからである。わが国は、民訴条約と送達条約を1970年（昭和45年）に批准した際に、直接郵送による送達と同様に拒否宣言が可能だった民訴条約6条1項2号や送達条約10条(b)(c)の特殊な送達方法（外国裁判所が日本の裁判所に直接送達を依頼する〔(b)〕、裁判手続の利害関係人が直接わが国の裁判所に送達を求める〔(c)〕）については拒否宣言をしながら、直接郵送による送達については拒否宣言をしなかった。

　拒否宣言をしなかったことについて、日本国政府は、「外国から裁判上の文書が直接郵送されてきたとしても、わが国としては、それを主権侵害とはみなさないということを意味している」にすぎないとの公式見解を表明してきた。これに対して学説では、①条約締約国からの直接郵送による送達は日本法上適法と解すべきか、②かりに適法としても、直接郵送による送達には日本語の訳文が添付されていないことや時間的余裕が十分ないことが多いが、そのことは適法性に影響を及ぼさないか、③直接郵送による送達に基づく外国判決の承認・執行がわが国の裁判所に求められてきた場合、どのように取り扱うべきかをめぐって、全面適法説、全面不適法説、中間説と多岐に議論されてきたのである（実際に問題となるのは③の局面で

---

(10)　高桑・前掲注（1）871頁、注解(1)400頁〔青山善充〕。詳細な検討として、安達栄司・国際民事訴訟法の展開（成文堂・2000）191頁。

(11)　原優「私法の国際的統一運動」国際商事法務17巻12号1284頁（1989）参照。

ある$^{(12)}$）。しかしこの問題は、日本政府が2018年12月21日に送達条約10条(a)の拒否宣言をしたことで、ついに解消されるに至った（ただし、民訴条約上の直接郵送にかかる6条1号には拒否宣言をしていないことから、同条約のみの締約国との関係では依然として問題は残っている）。

　なお、なんら条約や二国間司法共助取決めのない国からの送達については、国際法上の法的根拠を欠くから、日本法上はそのような直接交付や直接郵送による送達は不適法な送達である。外交ルートによる送達を求められた場合には、新たな二国間司法共助が取り決められることも多いが、二国間司法共助取決めでは現在そのような送達方法を認めていないので、国際司法共助としては、やはり不適法な送達となる（これらの送達に基づいて下された外国判決の承認執行がわが国で求められた場合に、民訴法118条2号の「送達」の要件を満たすかどうかについては、第7章参照）。

Ⅲ　証拠調べのための国際司法共助

1　わが国の事件のために外国で行う証拠調べ

　(1)　**わが国の事件のために外国で行う証拠調べの方法**　　わが国の裁判所に提起された民事事件のために外国で証拠調べを行う方法としては、①民訴条約により外国に駐在するわが国の領事官から外国の指定当局を経由し、外国の司法当局に実施してもらう方法（民訴条約締約国の場合）、②外国に駐在するわが国の領事官に嘱託し実施してもらう方法（アメリカ、イギリス両国については領事条約で認められているが、民訴条約締約国については相手国が異議を述べない場合にかぎる）、③二国間の司法共助取決めによる方法（わが国との間に二国間司法共助取決めがある外国の場合）の3通りの方法がある（民訴法184条参照）。わが国は証拠収集条約を批准していないので、同条約による方法は利用できない。また、以上の3つの方法のいずれかによる証拠調べの実施が今まで認められていなかった国でも、具体的に必要な事件が生じたときに外交努力により二国間司法共助取決めがなされることがあることは、送達と同様である。

---

(12)　詳しい議論は、小林＝村上・国際民事訴訟法122頁以下、芳賀雅顯・外国判決の承認（慶應義塾大学出版会・2018）132頁以下参照。

(2) **民訴条約による証拠調べ**　民訴条約（第2章司法共助の嘱託）により わが国の領事官から当該外国の指定当局を経由して当該外国の司法当局により実施される証拠調べは、民訴条約締約国において可能であるが、当該外国の国内法に従って行われ、わが国の当局が当該外国の国内法にない特別の方法によって実施することを要請した場合には、当該外国の法律に反しないかぎり応じられる（民訴条約14条）。民訴条約により嘱託ができる証拠調べとは、証人尋問、当事者尋問、検証、文書の検真、審尋、鑑定人の指定などである。当該外国は、嘱託関係書類の真正が立証されない場合、その実施が当該外国の司法権に属しない場合、その実施が当該外国の主権または安全を害する場合を除いて、実施を拒否できない。また当該外国の司法当局は、当事者の呼出しを除き、自国の当局からの嘱託または関係当事者からの類似の請求について用いられるのと同様の強制方法によって証拠調べを実施する（同11条）。

わが国の裁判所が民訴条約により証拠調べを嘱託する場合には、送達の場合と同様、嘱託書および添付書類につき、受託当局が用いる言語または両国間で合意する言語による翻訳文と、わが国の外交官もしくは領事官または当該外国の宣誓した翻訳者の翻訳証明が、添付されなければならない（民訴条約10条）。また嘱託書は、当該外国に駐在するわが国の領事官から当該外国の指定当局を経由するのが原則であるが、当該外国が外交上の経路を通じて行われることを希望する旨宣言しているとき（現在はロシア、ウクライナ、ポーランド）は、外交上の経路（受託裁判所→最高裁→外務省→日本国大使→相手国外務省）を通じて行われる（同9条3項）。

(3) **領事官による証拠調べ**　外国に駐在するわが国の領事官（または外交官）に嘱託し、領事官が直接証拠調べを実施する方法は、日米領事条約17条(1)(e)(ii)および日英領事条約25条が正面から認め、民訴条約も関係国間の条約が認めている場合または証拠調べが実施される国が拒否しない場合には認めている（民訴条約15条）。

このわが国の領事官に直接証拠調べを実施させるメリットは、外国に在住する日本人または日本語を解する者に対して、直接日本語で取調べをすることにより迅速かつ効率的な取調べが可能になり、外国の裁判所に嘱託して証拠調べを行うことによって生じる翻訳や通訳が不要となることにあ

る。このことからか、日米領事条約や日英領事条約はすべての人を対象に認めているにもかかわらず、実際にはわが国の裁判所がアメリカ、イギリス両国でこの方法によるのは、原則として日本人または日本語を解する者にかぎっている。[13]日米領事条約および日英領事条約は、領事官が派遣国の法令（日本法）に従い、かつ接受国（アメリカまたはイギリス）の法令に反しないような方法で、派遣国（わが国）の裁判所のために、自発的に提供された証言を録取することを認めている。

　わが国の領事官に直接証拠調べを実施させる場合、証拠調べは日本法に従って行われ、領事館長または館長が指定する領事が裁判官の職務を行い、その者より下級の館員で館長が指定する者が裁判所書記官の職務を行う。[14]証人の呼出しには強制力を伴うことは許されず、任意に応じた者にかぎられる。宣誓については、日本法上宣誓義務を負う者（民訴法201条2項以下により宣誓義務を負わない者以外の者）に対して、その者が拒否しないかぎり宣誓を行わせる（ただし、宣誓しても偽証罪の適用はない）。

(4)　**二国間司法共助取決めによる証拠調べ**　　二国間の司法共助取決めにより相手国の司法当局（管轄裁判所）に証拠調べを実施してもらう方法は、送達の場合と同様、口上書、交換公文、先例などによる外交上の取決めに基づくものであり、証拠調べを実施してくれる相手国の公用語による訳文を添付して、外交上の経路を通じて嘱託される。相互の保証が二国間司法共助取決めの基本的な要件であることも、送達の場合と同様である（共助法1条ノ2第1項6号）。相手国において実施される証拠調べは、その国の国内法に従って行われる。

(5)　**外国で実施された証拠調べの結果**　　外国で実施された証拠調べの結果は、わが国の受訴裁判所の弁論に上程される必要があり、その結果、証拠方法が本来の取調べ方法によって取り調べられたものと扱われる。嘱託に基づき外国法によってされた証拠調べは、日本法に違反していても、日本法による証拠調べとしての効力が認められる（条解1062頁）。証拠調べが

(13)　平成3年4月10日最高裁民二第89号事務総長通達記第21(2)カ。さらにその対象は、当該証人等が当該在外領事等の属する領事館の管轄区域に居住する者に限られている。
(14)　昭和39年10月13日最高裁民二第627号事務総長回答、昭和42年1月19日最高裁民二第153号事務総長照会。

受託国法上不適法とされる場合であっても、わが国の民訴法に違反しないかぎりは、それは有効とされる（民訴法184条2項）。当事者に証拠調べの結果を援用するか否かの選択権はないとされる。また、証拠能力の有無は、わが国の民訴法によって判断される。証拠調べに関する規定の多くは任意規定であることから、責問権の放棄・喪失によりその瑕疵は治癒される（同90条）。不適法な証拠調べについて瑕疵が治癒されない場合には、違法収集証拠の証拠能力についての考え方にならい、その瑕疵ないし違法性の程度が著しい場合にかぎって、当該証拠を排除すべきであろう（本間ほか154頁以下〔酒井一〕）。

2　外国の事件のためにわが国で行う証拠調べ

(1)　**外国の事件のためにわが国で行う証拠調べの方法**　　外国で提起された民事事件のためにわが国で証拠調べを行う方法は、わが国の事件のために外国で行う証拠調べとはちょうど逆の経路になる。すなわち、①民訴条約によりわが国に駐在する外国の領事官からわが国の指定当局（外務大臣）を経由して、わが国の地方裁判所が実施する方法（民訴条約締約国の場合）、②わが国に駐在する外国の領事官が直接実施する方法（アメリカ、イギリス両国についてはすべての人に対して可能であるが、それ以外の国については相互主義を条件としてかつ当該外国国民に対してのみ可能）、③二国間の司法共助取決めによる方法（わが国との間に二国間司法共助取決めがある外国の場合）の3通りがある。なお送達の場合と同様、実務上は証拠調べについても、国際司法共助のための条約や二国間司法共助取決めがなくても、証拠調べの依頼が外国からなされた場合には共助法により証拠調べを行うこともあるようである（オーストラリア、中国などにつき実例あり）。

(2)　**民訴条約・二国間司法共助取決めによる証拠調べ**　　②の外国の領事官が直接実施する方法は、英米法のディスカヴァリの実施と関連して複雑な問題を有しているので、後述することにし、まず①と③の方法について説明しよう。

　民訴条約によりわが国に駐在する外国の領事官からわが国の外務大臣（わが国は民訴条約の指定当局として外務大臣を指定。実施法2条）を経由して、わが国の地方裁判所が実施する方法は、当該外国の外交官または領事

官の翻訳証明付きの日本語の訳文を添付した嘱託書に基づいて行われる（民訴条約10条。わが国には宣誓した翻訳者の制度はない）。わが国の地方裁判所は、わが国の民訴法に従い証拠調べを実施するが、嘱託書で当該外国が特別の方法による実施を要請している場合には、わが国の法律に反しないかぎり要請に応じる（民訴条約14条）[15]。わが国の地方裁判所は、当事者の呼出しを除き、類似の請求について用いられるのと同様の強制方法によって受託事項を実施しなければならず（同11条）、たとえば必要があれば証人の不出頭に対する制裁、証人の勾引、証言・宣誓拒絶に対する制裁も使用する。証拠調べの実施においてわが国の地方裁判所がなした裁判については、当該地方裁判所を受訴裁判所とみなして不服申立てに関する民訴法の規定を適用する（実施法9条）。

　二国間司法共助取決めに基づいてわが国の地方裁判所が実施する方法は、共助法に従って行われ、相互の保証があることが必要である（共助法1条・1条ノ2第1項6号）。嘱託書は外交機関を経由し、当事者、証拠方法の種類、証人の住所・氏名、尋問事項が記載され、日本語の訳文が添付されていることなどが必要である（同1条ノ2参照）。証拠調べは、わが国の民訴法に従って実施される（同3条）。

　民訴条約による場合も二国間司法共助取決めによる場合も、わが国の民訴法に従って行われ、わが国の弁護士しか訴訟代理人になれない（民訴法54条参照）。

　(3)　**領事官による証拠調べ**　わが国に駐在する外国の領事官が直接実施する方法は、前述のようにアメリカとイギリスについては領事条約で正面からすべての人に対して行う権限を認めているが（日米領事条約17条(1)(e)(ii)、日英領事条約25条）、それ以外の国の領事官に対しては、派遣国国民に対しての証拠調べは相互主義を条件として認め、日本国民および第三国国民に対しては許さないのが実務の取扱いである[16]。

---

(15)　米国連邦地方裁判所に係属している損害賠償請求訴訟のディスカヴァリ手続において、国際司法共助に基づき、日本の裁判所に証人尋問の実施が嘱託された事例として、最決平18・10・3民集60巻8号2647頁がある。この事案では、証人である報道関係者に取材源に関する証言拒絶権が認められるかについて、日本法に従って判断されている。

(16)　昭和28年9月22日法務省民事甲第1722号法務事務次官回答。

　わが国に駐在する外国の領事官が直接証拠調べを実施する方法でもっとも問題になるのは、わが国が領事条約ですべての人（日本国民も当然含まれる）に対する実施を認めているアメリカとイギリスが、わが国と異なるディスカヴァリ制度を有していることである。とくにアメリカは、わが国にない証言録取書（deposition）をはじめとして非常に大規模で広範なディスカヴァリ制度を有しているため、どのような形でどこまでわが国で行わせるかが大問題となる（後述Ⅳ参照）。

　日米領事条約および日英領事条約は、両国の領事官が、わが国の法令に反しない方法で、派遣国の法令に従い派遣国の司法当局のために、自発的に提供された証言を録取することを認めている（日米領事条約17条(1)(e)(ii)〔アメリカの場合は宣誓を行わせることもできる。同(iii)〕、日英領事条約25条）。証言録取以外の証拠調べについては、日米領事条約が公の記録所の文書の写しまたは抜粋を入手することだけを認めており（同条約17条(1)(f)）、それ以外の証拠方法については認めていないので、両領事条約ではそれ以外の証拠調べの実施はできないと解される。

　領事官による証言の録取は、領事館の中で派遣国の法令に従って行われ、派遣国の弁護士も参加でき、また派遣国の証拠法に合致した証拠価値の高い形での実施が可能であるため、わが国でも証言録取書の利用が盛んなアメリカを中心に頻繁に利用されている。

Ⅳ　アメリカのディスカヴァリをめぐる諸問題

　アメリカのディスカヴァリは、非常に広範な証拠の収集を行う制度である[17]。他国に類をみない徹底した証拠収集制度であるために（大陸法系諸国は元来ディスカヴァリ制度を有せず、英米法系諸国でもディスカヴァリはアメリカほど発達しておらず、たとえばイギリスにはアメリカのディスカヴァリ

---

(17)　アメリカのディスカヴァリについては、小林秀之・新版・アメリカ民事訴訟法（弘文堂・1996）148頁、高橋宏志「米国ディスカバリー法序説」法学協会百周年記念論文集(3)（有斐閣・1983）527頁以下、リチャード・マーカス／三木浩一訳「アメリカにおけるディスカヴァリの過去、現在、未来」大村雅彦＝三木浩一編・アメリカ民事訴訟法の理論（商事法務・2006）29頁等参照。

の中核である証言録取書は存在しない)、他国でのディスカヴァリの実施は
しばしば国際的摩擦を引き起こしてきた。他国でのディスカヴァリの実施
がしばしば国際的摩擦を引き起こす理由としては、次のようなことが考え
られる。トライアルでの証拠としての利用可能性とディスカヴァリの利用
可能性が完全に分離され、事件と関連性のある証拠であれば、秘匿特権
(privilege) に該当しないかぎり、原則として何でもディスカヴァリの対象
となること、アメリカの実務では、ディスカヴァリが極度に肥大化し、可
能なかぎり関連する証拠をすべてディスカヴァリで収集しようとする傾向
が強いこと、ディスカヴァリの実施は大部分が当事者に委ねられているた
め、国際司法共助のルートを利用せずに当事者が勝手に実施して、それが
他国の目には主権侵害に映ることなどである。このような国際的摩擦から、
イギリス、フランス、ドイツ、カナダ、オーストラリアなどの国がアメリ
カのディスカヴァリに対して対抗立法 (blocking statute) を制定し、アメ
リカのディスカヴァリに応じて情報や文書を国外に持ち出すことを禁止す
る措置をとっている (とくに反トラスト訴訟が中心である)[18]。わが国は未だ
このような対抗立法を制定していないが、わが国の企業に対して広範なデ
ィスバリが実施される例はかなり生じているようである[19]。

　アメリカのディスカヴァリがわが国で実施される場合、これまで説明し
てきた正規の国際司法共助の方法 (日米領事条約によりアメリカの領事官が

---

(18)　対抗立法については、霜島甲一「米国開示手続の対日渉外問題(2)」NBL308号49頁
　　(1984)、松下満雄・アメリカ独占禁止法 (東京大学出版会・1982) 316頁、同「米反トラスト
　　法の域外適用と対抗立法」国際商事法務10巻185頁 (1982)、同「独禁法の衝突と共助」ジュ
　　リ781号170頁 (1983) 参照。このような対抗立法を生んだ原因としては、本文であげたよう
　　な制度的な理由のほか、アメリカの弁護士が他国の法制度を無視してアメリカのディスカヴ
　　ァリを強行しがちであったことがあるが、1980年代半ばにはこのような風潮に反省が生じた。
　　S. Seidel (ed.), EXTRATERRITORIAL DISCOVERY IN INTERNATIONAL LITIGATION (1984) は、アメリカ
　　国外でのディスカヴァリの手引書であり、580頁に及ぶ大部なものである。
(19)　筆者の知るかぎりでも判例集等に公刊されていないが、日本の企業に対し広範なディス
　　カヴァリが行われた実例は多数存在する。米国大使館・領事館で数多く実施されている証言
　　録取書に対する実務的対応策について、関戸麦・日本企業のための米国民事訴訟対策 (商事
　　法務・2010) 105頁、小杉丈夫「アメリカの『ディスカバリー』の日本での実施をめぐる問題
　　点」新裁判実務大系(3)238頁、熊谷久世「国際民事訴訟法におけるディスカヴァリについて」
　　沖縄法学26号155頁 (1997)、嶋拓哉「ディスカヴァリに基づく米国判決の承認・執行」ジュ
　　リ1235号64頁 (2002) 等参照。

領事館内で実施するか、二国間司法共助取決めと共助法によりわが国の裁判所が実施する）によって行われるかぎり、問題はない。実務的にも、証言録取書の実施については証人が任意に応じる場合はアメリカでの実施に近い形で行える日米領事条約による領事官方式が多く用いられ、証人が任意に応じない場合に二国間司法共助取決めによる裁判所方式が利用されているようである。

　問題となるのは、正規の国際司法共助の方法によらずに実施されるディスカヴァリである。とくに、文書の提出は、日米領事条約では公文書以外では不可能であり、二国間司法共助取決めでは日本法に従って実施されるため文書提出命令手続をふむ必要がある（民訴法220条以下）ことや、アメリカのディスカヴァリは当事者間の合意に基づいて実施されることが多い（米国連邦民訴規則29条参照）ために、正規の国際司法共助のルートによらないで行われているようである。証言録取も、アメリカの領事館内で実施する正規の方法によらず、当事者だけで適当な場所で行うこともかなり行われているようである。いずれも当事者間の合意で行われているようだが、純粋に私人の行為とみなせる例外的な場合（私人として任意に話をして、それを単にメモに取ったにすぎない場合）を除き、不適法と解さざるをえないであろう。[20]　なお、正規の国際司法共助の方法によらずに実施されたディスカヴァリに基づいて下された判決が、わが国で承認・執行されるか否かについては、民訴法118条３号の公序要件との関係で別途検討する必要がある（第6章参照）。

　アメリカのディスカヴァリに対する対応手段としては、ハーグの証拠収集条約に加盟することが一般的な解決にみえるが、アメリカの連邦最高裁のアエロスパシアール判決は証拠収集条約と連邦民訴規則のディスカヴァリを選択的な証拠収集方法としているため、同条約に加盟しても完全な解決にはならない。[21]

　なお、2006年には米国連邦民訴規則の一部が改正され、電子メールなど

(20)　高桑・前掲注（1）875頁。澤木＝道垣内・入門341頁は反対。
(21)　アエロスパシアール連邦最高裁判決については、多田・前掲注（4）「米州証拠収集条約とその追加議定書について」165頁、小林秀之・アメリカ法〔1989-Ⅰ〕163頁、同・新版・PL訴訟（弘文堂・1995）218頁参照。

電子的に保存された情報（electronically stored information）の証拠開示
（electronic discovery：わが国では一般に「Ｅディスカヴァリ」とよばれてい
る）に関する規則が新たに制定された。主なものは、①ディスカヴァリの
対象に電子保存情報も含む旨の明確化とその開示手続（34条(a)(1)(A)、(b)）、
②電子保存情報の開示範囲（合理的にアクセスできない電子保存情報の開示）
（26条(b)(2)(B)）、③電子保存情報の開示形式（34条(b)）、④誤って開示された
情報に対する秘匿特権等の主張に関する手続（26条(b)(5)(B)）、⑤電子保存
情報を紛失した場合の制裁（37条(e)）、⑥初期手続における当事者間の協
議（26条(f)）である。これにより、日本企業もアメリカでの訴訟に対応し
うる電子的に保存された情報等の管理体制の整備を余儀なくされ、また国
際民事紛争の局面で今後新たな問題を引き起こす可能性も十分ありうる。[22]

Ⅴ　域外的な送達・証拠収集の今後の課題

　近時民事訴訟実務をめぐっては、裁判にかかる手続等の IT 化の推進に
向けての議論が盛んである。[23]この動きは、これまで時間や手間がかかって
いた、国境を越えた送達や証拠調べに関する国際司法共助にどのように影
響するだろうか。[24]

　域外送達（日本から外国に対する送達）について、実務上大きな問題とし
て指摘されてきたのは、①送達に長期間を要すること、②書面が到着した
ことの報告のためにさらに長期間を要すること、③電子メールアドレスが
判明していても、住所が不明な場合には公示送達となり、結果として判決
の承認が困難となること、という問題である。裁判の IT 化が進められる

(22)　この改正を受けて、日本企業に求められる対応について具体的に検討しているものとし
　　て、吉田大助「E-ディスカバリーに関する米国連邦民事訴訟規則の改正」国際商事法務34巻
　　11号1412頁（2006）、眞鍋佳奈「米国訴訟におけるディスカバリー手続と日本企業に求められ
　　る対応」NBL856号22頁（2007）、伊藤嘉秀「Ｅディスカバリー規則への日本企業の対応(上)」
　　ビジネス法務 7 巻10号58頁（2007）参照。
(23)　商事法務研究会編「民事裁判手続等 IT 化研究会報告書」〈https//www.shojihomu.or.jp/
　　kenkyuu/saiban-it〉参照。
(24)　この問題を論じるものとして、池田綾子「域外的な送達・証拠収集の実務に関する現代
　　的考察」国際法外交雑誌118巻 3 号358頁（2019）があり、本文の記述もこれによる。

中で、従来の送達方法に加えて、裁判所の設けるオンラインシステムによる簡易な送達方法（システム送達）を設けることが提案されている。この方法を送達自体について一般化するには困難な問題があるようだが、上記②の書面到着の報告について、外国中央当局から最高裁事務総局への連絡を電子メールで行えるようにするのは、比較的現実的であろう。①についても、司法共助にあたっては、受訴裁判所から受送達者（被告）までの間に多数の機関が関与するが、最終的に被告への送達は現状の方式を前提としても、その間に関与する機関内での連絡・確認は送達すべき書類のアップロードや電子メールを利用することができるのではないかとされる。

　外国にいる証人等の証拠調べについても、日本の裁判所に来てもらって尋問を行うのが通常で、上述した条約に基づく外国での尋問は、実務的にはほとんど用いられていないとされる。裁判所としても、他人に依頼して尋問してもらうことは、書面で出してもらうのと変わらないという。国内の訴訟で活用されるテレビ会議や電話会議も、わが国の裁判官や家裁調査官が、外国に所在する当事者と直接会話することは、実務では認められていない。外国とのビデオリンクによる証拠調べも外国とインターネットを接続しての調停も、主権を侵害する行為として、条約等の事前の同意がないかぎりは、外国の裁判所から求められたとしても、日本政府は認めないとされる。これに対して ADR（Alternative Dispute Resolution：裁判外紛争解決手続）機関では国際電話やスカイプなどを活用し、あっせん委員が直接外国にいる当事者から事情聴取をしているし、ODR（Online Dispute Resolution：オンラインでの裁判外紛争解決）（第 9 章参照）や当事者の一方または双方によるテレビ会議やウェブ会議を活用した e 法廷の検討も行われている。ウェブ会議等を利用すれば、外国にいる証人等の簡易迅速な取調べが可能となり、主権侵害になるのかどうかも含め、今後、前向きに検討されることが期待される。

第6章　外国判決の承認・執行

I　国際取引紛争と外国判決の承認・執行

1　国際取引紛争における外国判決の承認・執行の意義

　裁判所の判決は司法権の一作用として、その効力は当該国の主権の及ぶ範囲内でしか生じないのが原則である。しかし、ある国の判決が当該国以外の国ではなんら効力を有しないとすると、当事者はある国で勝訴判決を得ても、別の国でまた改めて提訴することを強いられ、訴訟審理が重複し、矛盾判決に至るおそれも出てくる。外国判決の承認・執行制度とは、国境を越えて当事者の権利実現を促進し、跛行的法律関係の発生防止、訴訟経済といった観点から、一定の要件を満たす外国判決については、その効力を内国で認め、必要があれば当該外国判決に基づいて執行することも認めるものである。[1]

　国際取引紛争において、外国判決の承認・執行は、第9章で説明する外国仲裁判断の承認・執行とともに、国際取引紛争の第2ラウンドを形成する。これらは、外国で行われた訴訟の判決や仲裁手続の仲裁判断をわが国で承認・執行する手続であるからである。

　国際取引紛争について外国で訴訟や仲裁が行われている場合に、当該外国には営業所や資産を何も有していないからといって放置しておくと、わが国でその判決や仲裁判断の承認・執行がなされることが十分ありうる。その場合、無条件で承認・執行されるわけではないが、かといって実体審理からもう一度やり直すわけでもなく、一定の手続的要件の具備だけを審査して承認・執行するか否かが決められる。

（1）　外国判決の承認についての最新かつ包括的な研究として、芳賀雅顯・外国判決の承認（慶應義塾大学出版会・2018）がある。

　外国判決の承認・執行のための手続的要件は、民訴法118条に規定されているが、いずれも当該判決によって不利益を受ける当事者が、当該判決国で十分な手続保障を受けていたかをわが国の基準で確認するという観点から設けられている。同条の要件を満たす外国判決はわが国でも国内判決と同様の効力（既判力等）が認められる（判決効の拡張）。これが外国判決の承認である（ただし、効力の範囲については後述）。外国判決が民訴法118条所定の要件を満たせば、特別な裁判等国家による承認行為を経ることなく、法律上当然にその外国判決の効力がわが国においても認められるのである（「自動承認の原則」）。他方で、この外国判決に基づいてわが国で強制執行をしようという場合には、執行判決を求める訴え（民執24条）を提起しなければならず（効力の付与）、民訴法118条の要件を具備している場合には外国判決の裁判の当否を調査することなく（民執24条2項。「実質的再審査禁止の原則」。この原則はもちろん外国判決の承認の場合にも妥当する）、わが国の裁判所は外国判決による強制執行を許す旨を宣言しなければならない。これが外国判決の執行である。

2　外国判決の承認・執行の実際的な意義

　外国判決の承認・執行の実際例として判例集や判例誌に紹介された事例数自体は、相当あるものの多数とはいえない。しかし、判例集等に紹介されない事件もかなりあるし、外国での訴訟で敗訴判決を受け、従わなければわが国で執行判決が下されると考えて被告が任意に履行する場合も当然あるから、どのような要件のもとで外国判決が承認・執行されるかの検討は重要である。

　ある日突然資産を有しない外国で自分（自社）に訴訟が提起されたとの通知を受けた場合、その外国でかなりの費用・労力を費やしてでも応訴するか（外国での応訴はその外国に営業所等の拠点を有していないならば、弁護士の選任、通信・連絡など費用もかかるしその手間も大変なものである）、無視して放置しておくかの1つの決め手は、わが国でその外国判決が承認・執行されるか否かに求められる。わが国で承認・執行されないのであれば、将来その外国に進出する計画でもないかぎり、放置しておいてもほとんど実害はない（第三国での承認・執行の可能性もないことはないが、実際にはそ

の可能性はそれほど高くない）。これに対して、わが国で承認・執行される
場合に放置しておくと、当該外国での訴訟は敗訴し（欠席当事者を敗訴さ
せる欠席判決主義を採用している国は、ドイツをはじめかなりの数にのぼるし、
欠席判決主義を採用していない国でも、応訴せず欠席すれば実際上は敗訴する
のが通常であろう）、その外国判決の承認・執行をわが国で求められてきた
ら、実質的再審査禁止の原則から、もはや実体的な主張は出せないので、
こちらにいくら相当の理由があっても（真実はこちらのほうが正しくても）、
手遅れということになってしまう。

　平成23年民訴法改正前のものではあるが、外国での訴訟の対応を誤り、
わが国で外国判決の承認・執行を求められてきた段階で応訴して頑張った
がもはや手遅れであった一例として、執行判決が下され新聞等でも報道さ
れた北川工業事件(2)を紹介しよう。

　被告の北川工業（Y）は、資本金1億円、年間売上高約40億円の電子制
御部品の製造・販売を行っている典型的な中堅企業であり、問題となった
ドイツにもハンブルクに駐在員事務所を置いていた。

　原告Xはスイス法人であり、北川工業とライセンス契約を締結し、その
中でXの有する特許等の実施許諾に対して一定額のロイヤルティーの支払
を北川工業がなす旨定められた。北川工業は第1回目のロイヤルティーは
支払ったものの、北川工業側の言い分によれば、Xが供与した特許等には
申請中のものや他人が申請者のものが含まれ、またXが契約に反して技術
指導しないうちに大メーカーの競合製品が出現して北川工業による商品化
が不可能になったため、第2回目以降のロイヤルティーの支払をしなかっ
た。

　なお、上記ライセンス契約には、ドイツのミュンヒェン裁判所を専属管
轄裁判所とする合意管轄条項があったが、「as long as the parties do not
want to settle same〔any difference or disputes arising out of this contractをさ
す〕by means of a Court of Arbitration procedure」（以下、「アズ・ロング・
アズ・クローズ」という。「両当事者が共に仲裁による解決を望まない場合に限

（2）　本判決の評釈として、小林秀之・法セ1987年7月号98頁、青山善充「西ドイツ金銭給付
　　判決の日本での承認・執行可能性」ジュリ890号79頁（1987）、貝瀬幸雄・法教82号87頁
　　（1987）。

り」とも訳せる）という条件が付けられていた。

　Xが上記合意管轄条項に従い、ミュンヒェン裁判所にロイヤルティー5万ドルおよびその利息の支払を求める訴えを提起し、その訴状および答弁書の催告書が共助法により北川工業宛に送達された。しかし、北川工業が応訴しなかったために、ミュンヒェン裁判所は北川工業敗訴の欠席判決を下し、北川工業が上訴ないし故障の申立て（ドイツでは欠席判決の場合故障の申立てにより欠席前の訴訟状態に復活する）をしなかったため、上記判決は確定した。なお、上記判決には、北川工業が訴訟費用を負担する旨の訴訟費用確定決定も付せられていた。

　Xが、ミュンヒェン裁判所の確定判決および訴訟費用確定決定の執行判決を求める訴えを名古屋地裁に提起してきたのに対し、北川工業は旧民訴法200条（現民訴法118条）に関し考えられるあらゆる抗弁を提出した。すなわち、合意管轄条項は、「両当事者が共に仲裁による解決を望まない場合に限り」との停止条件付きであるが条件が成就していない、上管轄合意はXの利益に偏し著しく不合理なもので無効である（いずれも同条1号につき）、被告の側に応訴に著しい困難があったため手続的公序に反し、またXは判決を欺罔によって詐取したものである（同3号につき）、わが国と西ドイツ（当時）との間には相互保証がない（同4号につき）、などと主張した。

　しかし、名古屋地裁は、北川工業の主張をことごとくしりぞけ、ミュンヒェン裁判所の確定判決および訴訟費用確定決定の執行判決を下した（名古屋地判昭62・2・6判タ627号244頁）。以下判旨の一部を紹介する。

　【1】「本件のような渉外的取引において、具体的手続の取極めのない仲裁契約の成立が認められるならば、紛争当事者は、つぎのとおり極めて不安定な地位に置かれることになる。
　　すなわち、紛争発生後に当事者間で、仲裁人の選定又は仲裁地指定の合意が成立すれば、右仲裁人の裁量又は仲裁地の常設仲裁機関の規則若しくは仲裁地の国の法に従って仲裁手続を進めることが可能であるが、右合意が成立する保障はなく、かかる合意が成立しない場合には、国際取引上の紛争のための仲裁においては事実上手続は頓挫をきたさざるを得ない。

　現に、弁論の全趣旨によれば、Yは、Xが原裁判所に訴えを提起した後に、東京の国際商事仲裁協会に仲裁の申立をしようとしたが、仲裁機関、仲裁地等の取極めがないため、同協会の指示により、Xの同意を得るまで右申立を見合せた事実が認められる。

　さらに、このように右の仲裁契約によって、紛争が解決できないため、当事者の一方が裁判による解決を求めて提訴した場合、他方当事者は、右の仲裁契約の存在を理由に、妨訴抗弁を主張することができるので、結局、訴訟による解決の機会をも喪失する結果となる。

　また、本件ライセンス契約に関係のある我が国、西ドイツ、スイスがいずれも加入している外国仲裁判断の承認及び執行に関する条約5条1項aによれば、外国仲裁判断の承認及び執行は、仲裁契約が無効であるときはこれを拒否することができるのであるから、前記のような最小限の内容しか定めていない仲裁契約においては、仲裁判断の承認執行についても仲裁契約の有効性をめぐつて紛争が生ずる虞れが強い。

　以上のとおり、具体的手続の取極めのない仲裁契約の成立を認めることは、渉外的取引の安全を著しく害する結果となりかねず、かような不安定な立場に置かれる結果となることは、本件ライセンス契約において、特に原裁判所を具体的に指定して裁判管轄の合意をなし、紛争解決の安定をはかろうとした当事者の意思に副うものとは考えられない。

　……本件アズ・ロング・アズ・クローズは、紛争の発生した時点で、当事者が個々の事案につき仲裁人の選定をも含む仲裁契約を締結することによって、紛争を仲裁に付する余地を留保する趣旨に止まり、拘束力のある仲裁契約とする意思であったとは、認め難い。」

【2】「Yは、本件外国判決の言渡された昭和54年当時、資本金1億円の企業であったことが認められること、〈証拠〉によれば、昭和51年以来、Yは、西ドイツ、ハンブルク市に駐在事務所を設置し、ここに日本人駐在員を置いて、電子工業部品分野の営業活動をしているものと認められることなどの事情に照らすと、西ドイツを裁判管轄地に選定したことは合理性があるし、ハンブルクとミュンヒェンとの距離を考慮に入れたとしても、Yがハンブルク駐在所を通じて、代理人を選任し、証拠の収集その他の裁判の追行をする上で著しい支障があったものとは認められない。

　よって、本件管轄合意が、公序法に反する不合理なものであるとは、とうてい認められないものといわなければならない。」

【3】「Yには、本件訴訟の訴状が送達された昭和53年11月24日から、本

件外国判決が確定した同55年2月6日に至るまでの間に、十分防禦の機会が与えられていたにもかかわらず、……防禦のために何らの措置も講じなかったものと認められるから、前記〔応訴することが著しく困難であったことを理由に原判決の成立が手続的公序に反する旨の〕主張の失当なことは明らかである。」

【4】「Ⅹが欺罔によって本件外国判決を詐取したものとは、とうてい認められない。」

【5】「法規上も西ドイツの承認要件とほとんど同一の要件を採用し、外国判決の承認に際して形式審査主義（民事執行法24条2項）を採用する我が国の財産法上の判決に対しては、西ドイツにおいて、相互の保証あるものとして、その効力が認められる蓋然性は、極めて高いものというべきである。

　よって、西ドイツにおいては、我が国の財産法上の判決が、我が〔旧〕民訴法200条各号〔現118条各号〕と同様の条件のもとに、その効力が認められるものと判断して差支えない。」

Ⅱ 承認適格性── 118条「外国裁判所の確定判決」の意義

　承認の対象となるのは、外国裁判所の確定判決である（118条柱書）。外国判決の承認・執行制度の趣旨が、国境を越えた当事者の迅速な権利の実現にあることに鑑みると、ここでいう外国には未承認国家も含まれると解すべきである（条解642頁、本間ほか180頁〔中野俊一郎〕）。あくまでも主権国家の裁判所の判決を対象とするのであり、国際司法裁判所や国際海洋法裁判所は、ここでいう裁判所には含まれない（松岡編312頁〔長田真里〕）。

　承認の対象となるのは、確定した判決である。ここでいう確定判決とは、実体私法上の法律関係につき、当事者双方の審尋を保障する手続により、裁判所が終局的にした裁判である。つまり、争訟性、対審性、終局性の要件を満たしていれば、その裁判の形式・名称は問わない。確定しているという点では、判決国法上、控訴や上告などの通常の不服申立てに服するものは承認適格性はない。終局性を欠く保全命令についても、判例（大判大6・5・22民録23輯793頁〔オルガ引渡し事件〕）・通説（条解626頁）は判決にあたらないとする。これに対しては、そうすると、本案裁判所が下した保

全命令が実効性をもたず、本案訴訟を保全訴訟が国際的に分裂し、国家間で債権者の迅速な満足を図ることがむずかしくなるという問題を指摘し、解釈論上一定の例外を認めるべきであるとする見解も有力である(3)(第11章Ⅳ参照)。これに対して決定や命令など、その名称は問わないので、訴訟費用決定(最判平10・4・28民集52巻3号853頁〔香港サドワニ事件〕)や、英米法下のサマリー・ジャッジメント(東京地判平10・2・25判時1664号78頁)、懈怠判決(最判平31・1・18民集73巻1号1頁)も、承認の対象となりうる(4)。制裁的機能を有する懲罰的損害賠償の支払を命じる判決(最判平9・7・11民集51巻6号2530頁〔萬世工業事件〕)や、刑事裁判の附帯私訴で下された裁判も、私法上の請求権に関するもので、私人の救済になるかぎりは、承認の対象となる(5)。

　267条が、裁判上の和解や請求の放棄・認諾が調書に記載された場合には確定判決と同一の効力を有するとしていることから、同様の外国判決について承認適格性が認められるかは議論がある。とくに裁判上の和解や公正証書については、条約上承認適格が認められる場合もあるが、裁判上の和解に既判力を認めるかについて否定的な見解が有力なわが国の現状からすると、承認適格性を認めるには時期尚早とする見解が有力である(条解626頁、本間ほか181頁〔中野〕)。ただ他方で、わが国の裁判上の和解に類似する英米法下の同意に基づく判決(consent judgment)については、当事者間に成立した和解(同意)内容の履行を裁判所が命じるものであり、裁判所がその内容を認めたうえで判決に引用していることから、承認適格性を認めてよいだろう(6)。この考え方を前提とすると、裁判上の和解について承認適格性を一律に否定する必要はないかもしれない。近時は、さらに、アメリカのクラス・アクション上の和解にも承認適格を認めるとする見解もある(7)。たしかに、前述の懈怠判決やサマリー・ジャッジメント、懲罰的損

---

(3)　中野俊一郎「外国判決の執行」実務民訴〔第3期〕(6)445頁。

(4)　中野・前掲注(3)446頁。

(5)　中野・前掲注(3)446頁。これに対して、刑事事件で罰金を科す判決や租税の支払を命じる判決は、承認適格性が否定される。中西ほか186頁参照。

(6)　名古屋高判平14・5・22裁判所ウェブサイト(否定)、東京地判平29・4・25LEX/DB 25553673(肯定)。中野・前掲注(3)446頁、注解(1)394頁〔青山善充〕。

(7)　安達栄司「我が国における米国クラス・アクション上の和解の承認適格」民事手続法の革新と国際化(成文堂・2006)245頁。

害賠償の支払を命じる判決などは、承認適格性を認めたうえで、3号の公序要件の枠内で処理をしていることに鑑みると、クラス・アクション上の和解についても同様に扱うという方法もありえよう[(8)]。しかし、ことクラス・アクションについては、承認要件や効果との関係で制度固有の問題点が多く、限定的に解すべき公序要件の審査を必要以上に複雑化させるおそれは無視できない。この点については、わが国における消費者団体制度等をめぐる議論の今後の展開を踏まえて、さらに詳細な検討が必要であろう。

Ⅲ　承認の要件

1　間接的国際裁判管轄（118条1号）

　118条1号では、「法令又は条約により外国裁判所の裁判権が認められること」として、間接的国際裁判管轄の存在を積極的要件としている。実質的再審査禁止の原則（民執24条2項）との関係から、外国判決が承認国からみて正当な管轄権を有する外国裁判所によって下されていることが、もっとも重要な手続保障要件となる。外国判決にわが国の判決と同様の既判力を付与し、必要があれば執行判決（民執24条）により執行力を付与する外国判決承認執行制度の趣旨からして、当該外国裁判所の管轄は、判決国法を基準とするのではなく、承認国であるわが国の基準に照らして判断される。すなわち、わが国の国際民訴法からみて、事案と十分な関連性をもたない国が管轄権を行使している場合に、それによって不利な判決を受けた被告の手続保障を図るものであり、正当な権限を有する外国裁判の判決であることを要求するものである[(9)]。

　間接的国際裁判管轄の範囲（基準）については、これを直接定める規定はなく、わが国の裁判所が国際的な事件について裁判できる国際裁判管轄を有するか否かという、第2章で詳説した直接的国際裁判管轄と同一の範

（8）　安達栄司「米国クラス・アクション判決（和解）の承認・執行と公序」成城法学69号255頁（2002）参照。
（9）　安達栄司「外国判決の承認執行における国際裁判管轄」小林編・理論と実務349頁、条解628頁。被告の保護に加えて、自国ととくに密接な関連性を有する事件についての自国の利益を守ることも目的としている。

囲（基準）であるとするのが通説である（鏡像理論[10]）。これに対して、わが
国の裁判所が当該事件の審理・判決をするのが適切かという視点から判断
する直接管轄と、外国裁判所が下した判決をわが国で承認するのが適切か
という視点から判断する間接管轄とは、判断の視点が異なるという立場は、
直接管轄において裁判所の裁量を認めた特別の事情（3 条の 9 ）の規定や、
債務履行地管轄（3 条の 3 第 1 号）など、わが国独自の管轄ルールがある
ことに鑑みて、両者の基準がまったく一致すると考えるのは難しいと指摘
する（松岡編313頁〔長田〕）。

　この点について、平成23年民訴法改正によって国際裁判管轄の規定が設
けられる前の前掲最判平成10年 4 月28日〔香港サドワニ事件〕は、間接的
国際裁判管轄については、「当事者間の公平、裁判の適正・迅速を期す」
という理念により条理に従って決定すべきものであるとし、基本的に民事
訴訟法の定める（国内）土地管轄に関する規定に準拠しつつ、当該外国判
決をわが国で承認するのが適当か否かという観点から再吟味を加え、個々
の事案における具体的事情に即して管轄を拡張しまたは制限すべき旨を判
示し、間接管轄について独自の判断をすることにより、直接管轄と間接管
轄とが異なりうることを示唆している[11]。さらに、平成23年民訴法改正後の
最判平成26年 4 月24日（民集68巻 4 号329頁）〔アナスタシア事件〕も、「人事
に関する訴え以外の訴えにおける間接管轄の有無については、基本的に我
が国の民訴法の定める国際裁判管轄に関する規定に準拠しつつ、個々の事
案における具体的事情に即して、外国裁判所の判決を我が国が承認するの
が適当か否かという観点から、条理に照らして判断すべきものと解するの
が相当である」と判示した。両者の最高裁判決はその趣旨を同じくするも
のであるが、アナスタシア事件判決は、間接管轄の基準となる条理を判定

---

(10)　澤木＝道垣内・入門346頁、注釈(4)370頁〔高田裕成〕、高桑昭・国際民事訴訟法・国際私
　　　法論集（東信堂・2011）154頁。条解628頁は、平成23年の国際裁判管轄の法制化においては、
　　　間接管轄を定める基準となることをも考慮に入れて直接管轄を定めたことを強調する。

(11)　本件最高裁調査官の河邉義典・最判解平成10年度(上)1761頁参照。これに対して、道垣内
　　　正人・国際私法百選［新法対応補正版］193頁は反対。本判決の評釈としては、酒井一・リマ
　　　ークス1999(下)158頁、渡辺惺之・判評484号〔判時1670号〕201頁（1999）、山本和彦・平成10
　　　年度重判解297頁、安達栄司・NBL678号62頁（1999）、中西康・民訴百選［第 3 版］252頁、
　　　多田望・国際私法百選［第 2 版］218頁等がある。

するための直接の手がかりを、3条の2以下の直接管轄の規定に求めることを明示したことにより、立法趣旨とも整合している（一問一答平23年18頁）。この点を強調し、本判決をして鏡像理論が妥当することをより明確にしたと評価する立場もある[12]。たしかに、原則的には間接的国際裁判管轄と直接的国際裁判管轄の範囲は同一であるべきであり、そうでなければ自国の裁判所の場合と他国の裁判所の場合で取扱いに差異があるという問題を生じさせる[13]。しかし、両者の範囲が常にいかなる場合も同一であるというほど、厳格に解する必要もないであろう。基本的には両者の範囲は同一であるとしても、局面の差から生じる若干の出入りはあると思われる（間接管轄は評価規範であり、直接管轄とは次元が異なる）。アナスタシア事件判決も、直接管轄の規定に依拠しつつ、外国判決の承認という観点からの独自の判断を認める趣旨と理解すべきである（松岡編314頁〔長田〕）。

　たとえば、国際訴訟競合で外国でもわが国でも判決が下され、外国判決の承認・執行が求められてきた場合（第7章の関西鉄工事件参照）、わが国の確定判決が118条3号の「公の秩序」を構成しそれと矛盾する外国判決の承認・執行は一切許されない（関西鉄工事件の大阪地裁の立場）とするのではなく、直接的国際裁判管轄とは若干異なる、どちらがより適切な法廷地であったのかという観点から、間接的国際裁判管轄の中で処理するほうが妥当な場合もある[14]。

　なお、3条の9は、3条の2から3条の8までの規定によりわが国の国際裁判管轄が認められる場合でも、事案の性質や応訴による被告の負担の程度、証拠の所在地等の事情を考慮して、特別の事情がある場合には訴え

---

(12)　安達・前掲注（9）352頁。なお、越山和広「外国判決の承認と間接管轄の判断基準」春日偉知郎先生古稀記念・現代民事手続法の課題（信山社・2019）317頁、323頁は、判決の具体的解決に疑問を示したうえで、鏡像理論（同一説）に立って解決すべきであったとする。

(13)　中野・前掲注（3）446頁は、不明確な基準によって応訴義務の範囲を確定し、被告を内国で執行の危険にさらすことは問題であるとする。

(14)　石黒一憲・国際私法［新版］（有斐閣・1990）223頁以下。北川工業事件（前掲名古屋地判昭62・2・6）でも、名古屋地裁は、北川工業側の合意管轄は錯誤無効という主張をしりぞける際、合意管轄の錯誤無効の取扱いが直接的国際裁判管轄の場合と間接的国際裁判管轄の場合で違う（前者の場合は錯誤無効の余地があるが、後者の場合はない）ことを示唆している。これに対して安達・前掲注（9）354頁は、118条3号の手続的公序（訴えの利益論）の枠内で審査されるべきであるとする。

を不適法却下することを認めている。鏡像理論をとった場合に、 3 条の 9
の規定が間接管轄の有無を判断する際の基準になるかどうかについては、
議論が分かれる。[15] たしかに、直接管轄と間接管轄の範囲は基本的に同一で
あるという以上は、 3 条の 9 も間接管轄の基準とすべきではある。[16] 国際裁
判管轄については、具体的な事案によって考慮すべき要素が多様であり、
行為規範である直接管轄についての 3 条の 9 の解釈を必要以上に広げない
ためにも、評価規範としての間接管轄独自の要素（アナスタシア事件判決
のいう「条理」）を考慮する余地を残しておくべきである。[17]

2　敗訴した被告への訴訟開始文書の現実の送達（118条 2 号）

　訴訟開始文書の敗訴被告への現実の送達は、もっとも重要な手続保障の
1 つであり、118条 2 号は被告が外国訴訟手続に十分関与する機会を与え
られていたかどうかを承認要件とするものである。

　118条 2 号が要求する「送達」に該当するかどうかは、送達の適式性
（判決国法上有効な送達）と適時性（了知・防御可能性）の観点から判断する
のが一般的である（条解632頁）。前掲最判平成10年 4 月28日〔香港サドワニ
事件〕は、同条 2 号の送達につき、「我が国の民事訴訟手続に関する法令
の規定に従ったものであることを要しないが、被告が現実に訴訟手続の開
始を了知することができ、かつ、その防御権の行使に支障のないものでな
ければならない。のみならず、訴訟手続の明確と安定を図る見地からすれ

---

(15)　青山善充ほか「第46回シンポジウム　国際裁判管轄　民事訴訟法改正をうけて」ノモス30
　　号（2012）133頁〔道垣内正人発言〕、151頁〔山本弘発言〕は肯定、青山善充「新しい国際裁
　　判管轄法について」明治大学法科大学院論集10号368頁（2012）、安達・前掲注（ 9 ）353頁、
　　笠井＝越山・新コンメ459頁は否定。
(16)　この場合、間接管轄において、 3 条の 9 の特別の事情で処理するか、間接管轄の局面で
　　独自の判断によって処理するかは、説明の差にすぎないともいえる。中西ほか189頁、条解
　　630頁も同旨。平成23年民訴法改正前の議論であるが、道垣内・前掲注（11）193頁は、直接
　　管轄について判例が「特段の事情」による例外の可能性を認めていることから、最終的には
　　「理念」と「条理」に立ち戻る以上、両者の判断が実際に異なるという事態は想像しにくいと
　　指摘する。
(17)　中野・前掲注（ 3 ）447頁も同旨。行為規範と評価規範については、山本和彦・平成10年
　　度重判解299頁参照。これに対して越山・前掲注（12）330頁以下は、 3 条の 9 も間接管轄の
　　基準に含めたうえで、それに加えて、間接管轄の場面で条理という実質的基準による調整を
　　認めることに批判的である。

ば、裁判上の文書の送達につき、判決国と我が国との間に司法共助に関する条約が締結されていて、訴訟手続の開始に必要な文書の送達がその条約の定める方法によるべきものとされている場合には、条約に定められた方法を遵守しない送達は、同号所定の要件を満たす送達に当たるものではない」と判示した。本判決は適式性の要件につき、とくに条約に定められた方法を遵守していることを要求している。この判決の時点では、日本は未だ拒否宣言をしていなかったことから、直接郵送による送達が、条約に定められた方法を遵守しない送達として、同条2号要件を満たさないといえるのかどうかをめぐって様々に議論されたところである。これに対して日本が正式に拒否宣言をした現在では、直接郵送による送達は条約に定められた方法を遵守しない送達であり、判決国においても適法な送達とはみなされず、よって2号要件を満たさないと解されることになる。条約に定められた方法を遵守した送達については、適時性の要件も満たしていると解される（条解633頁）。

　これまで議論されてきた直接郵送の問題は、拒否宣言により送達条約加盟国との間では決着をみたといえるが、判決国との間でとくに取決めがない場合には、判決国法で適法な送達（判決国内で行われた直接交付や直接郵送を含む）であっても、さらに適時性の要件を満たす必要があり、訴状が翻訳文も添付されないまま直接郵送で送られてきた場合のこれまでの議論が、依然として意味をもつことになる。

　この点について、東京地八王子支判平成9年12月8日（判タ976号235頁）は、訴訟手続の画一性および安定性を重視し、翻訳文の添付のない送達を一律に不適法とする。すなわち、「なお、送達が有効になされたか否かについて、当事者が語学に堪能であったか否か、送付された文書を現実に受領し、その内容を十分理解していたか否か等、個々の事案の具体的事

---

(18)　議論の状況については、芳賀・前掲注（1）133頁以下参照。

(19)　本判決の評釈として、長田真里・国際私法百選［第2版］220頁等がある。東京地判昭63・11・11判時1315号96頁は、外国離婚判決の無効確認に関する事案についてであるが、訳文を添付しない郵送による送達のような防御の機会を全うできないような態様の送達は、118条2号の要件を満たす適法な送達に原則としてあたらないと判示した。東京地判平2・3・26金判857号39頁も同旨。

情に応じた利益を衡量して判断することは、後日の紛争を極力防止するために特に厳格な方式を要求している送達制度の本旨並びに多数の事件を一様に処理するために要請される訴訟手続の画一性及び安定性に反し、被告に応訴するかどうかの態度決定を迷わせることになるから相当とはいえない」。しかし、翻訳文添付の要否は、被告の了解可能性や防御適時性（期日まで十分な時間的余裕があるか）を基準として、審問請求権や手続権の保障の観点から、個別の事案において実質的に判断すべきである。

　また、送達要件を、たとえば当事者が長期間現地で就労し十分に語学力を有している場合や、従前の取引活動を訴状で用いられている言語で行っていた等の事情を考慮すれば、翻訳文が添付されていなくても、実質的には手続権が保障されていたと解される場合もあろう[(20)]。

　直接郵送と並んで、英米法系の国で認められている直接交付送達は、送達条約が認める送達方法には含まれていないので、条約締約国との間では、条約上の方式を遵守しない送達は、判決国法上も不適法であり、適式性の要件を欠く。他方で、判決国との間に条約上の取決めがない場合は、適式性の要件は満たすとしたうえで、あとは適時性の問題となる[(21)]。

　また、118条2号の送達がなされなかった場合のそれに代わる「応訴」の意義については、この「応訴」は送達の瑕疵を治癒するための要件であることから、応訴管轄を生じさせるための応訴（現実に出廷し本案について弁論する）までは要求されず、外国裁判所で管轄違いの抗弁等の本案前の抗弁を提出したにすぎない場合でもよい（前掲最判平10・4・28）[(22)]。すなわち、118条2号の「応訴」は、起訴の了知という手続保障を被告に担保す

---

(20)　長田・前掲注（19）221頁、芳賀・前掲注（1）146頁。

(21)　ただし、判決国内で直接交付が行われた場合は国内送達であり、送達条約の適用はない。東京地判平6・1・14判時1509号96頁は、ニューヨークのホテルのロビーで送達権限を有する者から訴状を直接交付されたという事案だが、国内事件であり、かつ被告が2号要件を争わなかったことから、わが国での執行が認められている。ただ、芳賀・前掲注（1）143頁は、適時性の観点から争う余地があったと指摘している。

(22)　小林秀之「外国判決の承認・執行についての一考察」判タ467号24頁（1982）、注解(1)411頁〔青山善充〕、石黒一憲・現代国際私法(上)(東京大学出版会・1986）547頁。条解635頁は反対。多田・前掲注（11）219頁も、応訴により送達についてのあらゆる瑕疵が治癒されるか否かについては検討の余地ありとする。被告が応訴して送達の瑕疵を争ったにもかかわらず認められずに敗訴した場合には、2号要件を審査する必要はあると考えられる。

るものであれば足り、本案についての応訴を要求する同条1号の間接的国際裁判管轄を生じさせる「応訴」管轄とは区別されなければならない。[23]

　この点においては、以下の事例が興味深い。被告の日本企業は、百屋という商号の花火製造会社であり、輸出の割合も多い典型的な中小企業であるが、被告にちなんでこの事件を花火屋事件とよぶことにする。[24]

　花火屋事件では、被告の花火屋がアメリカに輸出した花火が米国インディアナ州で事故を起こし、足を負傷したアメリカ人の原告Ⅹが、同州裁判所に被告の花火屋に対して製造物責任を問題にして損害賠償請求の訴えを提起した。花火屋の本店に英文の訴状と召喚状（summons）がアメリカから直接郵送によって送達されてきた（この事件ではインディアナ州裁判所の書記官から送られてきたようである）。花火屋は、花火の輸出をかなりしていた関係から、社員の中に英語ができる者もいたので、その社員がインディアナ州裁判所の書記官に、この事故は花火屋の製品の瑕疵が原因ではない旨の英文の手紙を送った。

　花火屋としては、それっきりこの事件のことは忘れていたが、インディアナ州裁判所では花火屋欠席のままトライアル（trial：わが国の民事訴訟にあてはめると、口頭弁論の証拠調べを中心とした部分がこれにあたる）が行われ、Ⅹ勝訴で花火屋に日本円で7000万円以上の支払を命じる判決が下されていた。

　Ⅹが、このインディアナ州裁判所判決の執行判決請求訴訟を花火屋の本店所在地である東京地裁に提起してきたため、驚いた花火屋は弁護士に依頼した。花火屋に依頼された弁護士は、旧民訴法200条2号（現民訴法118条2号）の訴状の送達の適法性の要件を主に争ったのに対して、Ⅹ側は、訴状の直接郵送による送達も日米両国が加盟している送達条約10条により適法であり、かりに送達が不適法だとしても、花火屋が英文の手紙をインディアナ州裁判所の書記官宛に送り、事故は花火屋の製品の欠陥が原因で

---

(23)　前掲最判平10・4・28では、送達自体は適式性を欠いていたが、被告が応訴していたことから、最終的には執行が認められたが、澤木＝道垣内・入門347頁は、立法論として、条約違反の瑕疵は応訴によっても治癒されないとすべきとする。なお、送達の瑕疵を主張するための応訴は、118条2号の応訴にはあたらないと解する。石黒・前掲注（22）546頁、芳賀・前掲（1）139頁も同旨。

(24)　花火屋事件については、小林・前掲注（22）18頁参照。

はないと主張したことは、民訴法118条2号の「〔送達〕を受けなかったが応訴したこと」に該当するから、同号の要件を満たすと主張した。

　結局、東京地裁での執行判決請求訴訟は、裁判所の職権による勧告もあって、花火屋が4000万円近い損害賠償金をXに支払うことで和解が成立し、事件は終結した。この事例において、花火屋のインディアナ州裁判所書記官宛の英文の手紙は、2号の「応訴」にあたる可能性があった。アメリカの訴訟手続は、当事者の主張を書面で交換するプリーディング（pleading：わが国の口頭弁論の主張陳述の部分にあたる）手続とトライアル手続に分かれているが、花火屋の手紙は、プリーディング書面とみなされ、応訴したことになるからである。また、直接郵送されたXの訴状には日本語の訳文が添付されていなかったので、かりに直接郵送による送達自体は適法としても、Xの訴状の内容を十分理解できなかったから手続法の基本である花火屋の手続保障が侵害されていると主張する余地もあったのに、英文の反論の手紙を出している以上その余地も封じられてしまっている。このように、国際取引紛争についての十分な法的知識なしに対応をすることは、事態をかえって悪化させる危険も大きいので、十分気をつける必要がある。

　公示送達その他これに類する送達は、被告に実際に訴訟の開始を知らせて、その防御権を現実に保障するとはいえないことから、このような送達に基づく外国判決は承認されない。その他これに類するものとしては、付郵便送達やフランス法上の検事局への送達などがあげられる（条解635頁）。外国の当事者に対して付郵便送達をすることの適法性については議論が分かれるが、これを国内送達として適法とする見解によっても、付郵便送達に基づく外国判決はわが国では承認されない可能性が高いとする。

3　公序良俗（118条3号）

　118条3号は、外国判決の承認要件として、「判決の内容及び訴訟手続が

---

(25)　芳賀・前掲注（1）153頁以下は、付郵便送達の適法性と承認要件を論じている。同170頁以下、石黒一憲・国際民事訴訟法（新世社・1996）83頁は適法とする。注解(5)453頁〔山本和彦〕、注釈(3)587頁〔渡辺惺之〕は反対。

(26)　芳賀・前掲注（1）171頁、175頁。条解635頁も同旨。中野・前掲注（3）は被告への到達が証明されれば例外の余地を認める。なお、澤木=道垣内・入門347頁は、立法論としては、日本法が認めるのと同様の状況下でなされた公示送達は拒否事由とすべきでないとする。

日本における公の秩序又は善良の風俗に反しないこと」と規定していることから、判決の内容についての公序を実体的公序、訴訟手続についての公序を手続的公序として、それぞれ議論されている[27]。そもそもわが国の外国判決の承認・執行制度は、外国判決の内容の当否を吟味しない「実質的再審査禁止」を大原則にしているのであるから、公序要件の審査については、それに抵触しないかという両者の緊張関係に十分留意したうえで、承認結果の異常性・重大性と、事案の内国関連性の程度に照らして判断する必要がある[28]。外国判決を承認・執行するという考え方自体、世界各国の多元的な法的正義観を前提としているのであり、わが国の公序良俗に反することを理由にその承認・執行を拒絶するのは、外国判決を承認・執行することがわが国の法秩序にとって非常に耐えがたい結果をもたらす場合に限定されるべきである[29]。すなわち、ここにいう公序とは、外国判決に対しても維持されるべき、わが法秩序の基本原則ないしそれを支えている基本理念をさすと解すべきであり、その意味では、民訴法118条３号の公序良俗の範囲は、国内法しか関係しない民法90条の公序良俗の範囲よりも狭い[30]。

　公序良俗に反するか否かの判断にあたっては、外国判決の主文だけでなく理由も審理の対象になる（麻薬取引の代金の支払を認める外国判決の場合、主文だけでは単に金銭の支払を命じているだけなので、公序良俗に反するか否かという問題がそもそも生じなくなってしまう）。ただ、具体的にどのような外国判決がわが国の公序良俗に反するとして承認・執行が拒絶されるのかは、実質的再審査禁止の原則との関係やわが国の法的正義観と外国のそれとの調和というむずかしい比較衡量の中で、事件ごとに積み上げていくしかない[31]。

(27)　公序要件についての詳細な研究として、岡田幸宏「外国判決の承認・執行要件としての公序について㈠～㈥」名古屋大学法政論集（名法）147号279頁、148号313頁、151号369頁、152号439頁、153号355頁、156号425頁（1993-1994）がある。

(28)　中野・前掲注（３）449頁、中西ほか194頁、岡田・前掲注（27）名法152号445頁。

(29)　条解635頁、岡田・前掲注（27）名法152号445頁。

(30)　髙桑昭「外国判決の承認及び執行」新実務民訴(7)141頁、注解(1)402頁〔青山〕、石黒・前掲注（22）557頁。

(31)　公序要件と実質的再審査禁止の原則については、中西康「外国判決の承認執行におけるrevision au fond の禁止について(1)～（４・完）」法学論叢135巻２号１頁、同４号１頁、同６号１頁、136巻１号１頁（1994）がとくに詳しい。

(1)　**実体的公序**　　判決内容についての公序は、外国判決の効力を承認することによって、内国法秩序の根幹が脅かされないために設けられた要件である。実体的公序については、懲罰的損害賠償を認めたアメリカの判決の執行許容性をめぐって最高裁が初めて判断を示したことによって、公序要件適合性をめぐる議論が活発になった。懲罰的損害賠償とは、悪性の強い不法行為が行われた場合に、被害者が加害者に対し、実際に生じた損害額を超える額（場合によってはきわめて高額）の賠償を求めうるという制度である。⁽³²⁾このような賠償を命じる判決が、同様の制度をもたないわが国で承認・執行されうるかが問題となり、最高裁は次に紹介する萬世工業事件（最判平9・7・11民集51巻6号2530頁）で初めてこの問題について判断を示した。⁽³³⁾

　アメリカ・オレゴン州のパートナーシップであるXは、日本法人Y₁の子会社であるカリフォルニア州法人Aとの間で、Y₁のオレゴン州工場進出計画に伴う土地賃貸借契約を締結した。しかしその後この計画の中止により両者間に紛争が生じ、Aはカリフォルニア州裁判所に、Xの欺罔的行為を理由として、契約が拘束力を欠く旨の確認と損害賠償請求の訴えを提起した。他方でXは反訴を提起し、Aに契約の履行を求めるとともに、Y₁およびその社長であるY₂に対しては、欺罔的行為に基づく損害賠償を請求した。カリフォルニア州裁判所は、本件契約の拘束力は否定したが、損害賠償についてはXの主張を認め、Y₁・Y₂に対し、補償的損害賠償として約42万ドル、訴訟費用として約4万ドルを支払うよう命じるとともに、Y₂に対しては、これに加えて約112万ドルの懲罰的損害賠償の支払を命じた。そこでXは、この判決の執行判決を求める訴えを東京地裁に提起した。

　東京地裁（東京地判平3・2・18判時1376号79頁）は、懲罰的損害賠償を命じる部分も旧民訴法200条（現民訴法118条）の対象となることを前提と

(32)　田中英夫=竹内昭夫・法の実現における私人の役割（東京大学出版会・1987）140頁以下参照。

(33)　本判決の評釈としては、小林秀之=吉田元子・NBL629号6頁、630号42頁（1997）、中野俊一郎・NBL627号19頁（1997）、藤田泰弘・判タ953号61頁（1997）、須藤典明・自由と正義49巻4号62頁（1998）、佐久間邦夫・平成9年度最判解839頁、櫻田嘉章・平成9年度重判解291頁、西野喜一・平成10年度主判解218頁、横山潤・国際私法百選［第2版］224頁等がある。

しながらも、「薄弱な根拠に基づき」巨額の懲罰的損害賠償を命じる外国判決は公序に反するとして、執行を認めなかった。控訴審（東京高判平5・6・28判時1471号89頁）は、罰金類似の刑事法的性格を有する懲罰的損害賠償が旧民訴法200条の対象たる外国裁判所の判決といえるかは疑問であるとし、かりにそうであるとしても、その執行を認めることは公序に反するとした。

　最高裁は公序要件について、外国裁判所の判決がわが国の採用していない制度に基づく内容を含むという一事をもって直ちに公序違反を認めることはできないが、それがわが国の法秩序の基本原則ないし基本理念と相容れない場合には、当該判決は公序に反するとしたうえで、以下のように判示した。

　　「カリフォルニア州民法典の定める懲罰的損害賠償（以下、単に「懲罰的損害賠償」という。）の制度は、悪性の強い行為をした加害者に対し、実際に生じた損害の賠償に加えて、さらに賠償金の支払を命ずることにより、加害者に制裁を加え、かつ、将来における同様の行為を制止しようとするものであることが明らかであって、その目的からすると、むしろ我が国における罰金等の刑罰とほぼ同様の意義を有するものということができる。これに対し、我が国の不法行為に基づく損害賠償制度は、被害者に生じた現実の損害を金銭的に評価し、加害者にこれを賠償させることにより、被害者が被った不利益を補てんして、不法行為がなかったときの状態に回復させることを目的とするものであり（最高裁昭和63年㈠第1749号平成5年3月24日大法廷判決・民集47巻4号3039頁参照）、加害者に対する制裁や、将来における同様の行為の抑止、すなわち一般予防を目的とするものではない。もっとも、加害者に対して損害賠償義務を課することによって、結果的に加害者に対する制裁ないし一般予防の効果を生ずることがあるとしても、それは被害者が被った不利益を回復するために加害者に対し損害賠償義務を負わせたことの反射的、副次的な効果にすぎず、加害者に対する制裁及び一般予防を本来的な目的とする懲罰的損害賠償の制度とは本質的に異なるというべきである。我が国においては、加害者に対して制裁を科し、将来の同様の行為を抑止することは、刑事上又は行政上の制裁にゆだねられているのである。そうしてみると、不法行為の当事者間において、

　被害者が加害者から、実際に生じた損害の賠償に加えて、制裁及び一般予防を目的とする賠償金の支払を受け得るとすることは、右に見た我が国における不法行為に基づく損害賠償制度の基本原則ないし基本理念と相いれないものであると認められる。」「したがって、本件外国判決のうち、補償的損害賠償及び訴訟費用に加えて、見せしめと制裁のためにY₁に対し懲罰的損害賠償としての金員の支払を命じた部分は、我が国の公の秩序に反するから、その効力を有しないものとしなければならない。」

　懲罰的損害賠償を命じる判決の承認・執行をめぐっては、学説上活発な議論が多岐にわたって展開された。学説を大別すると、①外国判決のうち、懲罰的損害賠償を命じる部分の民事判決性を否定し、一律承認・執行の対象から除外しようとする見解[34]、②民事判決性を認めつつも、その性質上一般的に公序に反するとする見解[35]、③懲罰的損害賠償に含まれうる多様な機能を重視し、その部分的承認を含め、場合によっては懲罰的損害賠償部分の承認・執行も認めようとする見解[36]に分けられる。

　まず、懲罰的損害賠償を命じる判決が民事判決といえるかどうかについては、たしかに、懲罰的損害賠償には「公権力行使」的性格や、「制裁」的性格があることは否定できないが、それが被害者たる私人の救済方法として認められ、私人に対して支払われるかぎりでは、118条柱書でいう「判決」にあたり、承認・執行の対象となると考えるべきであろう[37]。最高

(34)　澤木=道垣内・入門345頁、石黒一憲・ボーダレス・エコノミーへの法的視座（中央経済社・1992）136頁、道垣内正人・判評391号〔判時1388号〕44頁（1991）、同「アメリカの懲罰的損害賠償判決の日本における執行」三ケ月章先生古稀祝賀・民事手続法学の革新(上)（有斐閣・1991）433頁、早川吉尚・ジュリ1050号194頁（1994）、横溝大・判評475号〔判時1643号〕40頁（1998）ほか。また、州によってはいわゆるsplit-recovery statuteを採用し、受領すべき金額のうち一定の額を州などに納付することを義務づけていることがあり、その場合には民事判決性が否定されるとするのは、横山・前掲注（33）225頁。
(35)　藤田泰弘「渉外民事事件と実務の問題点」自由と正義31巻11号22頁（1981）、田尾桃二・金判1031号51頁以下（1998）、中野俊一郎・NBL627号23頁（1997）。
(36)　小林=吉田・前掲注（33）NBL630号46頁、河野俊行「アメリカの懲罰的損害賠償判決と国際民事訴訟法上の若干の問題について」法政研究58巻4号867頁（1992）（ただし、河野教授はその後全面的肯定説に改説）、春日偉知郎・ジュリ1046号290頁（1994）ほか。
(37)　竹下守夫「判例から見た外国判決の承認」中野貞一郎先生古稀祝賀・判例民事訴訟法の理論(下)（有斐閣・1995）545頁、高桑昭「外国判決の承認」新裁判実務大系(3)308頁。

裁はその承認適格性を正面から認めているわけではないが、この点に言及していないことから肯定説にたっているものと思われる。

　次に公序適合性については、懲罰的損害賠償が制度的に異質であることや賠償額が高額であることを理由に公序に反するとする考え方もあるが、懲罰的損害賠償に訴訟費用や弁護士費用、あるいは慰謝料塡補的機能が含まれることもあることに鑑みれば、その特定が可能なかぎりは部分的承認・執行を認めるべきであろう。問題は、これらの部分が特定できない場合であるが、そのような場合にも、たとえばわが国からみて適当な額に減額して承認するという作業を認めるとすると、それは実質的再審査禁止の原則に抵触するおそれが出てくる。非常に困難な問題ではあるが、個別の事案ごとに内国関連性も考慮しつつ判断していくほかない[38]。具体的には、たとえば、アメリカにおいて被告が大規模に事業を展開し、その法の庇護を受け、そこから多大な利益を得ているような場合や、アメリカの企業同士の紛争である場合には、アメリカの法制度およびそれに基づく判断に服することは、当事者間の公平や正義の観念からして当然ともいえる。他方で、一個人に対して、あるいはそれほどアメリカ社会と密接な関連性を未だ有していない段階であり、そこから利益を得ていないような場合には、公序違反が認められよう。また、懲罰的損害賠償を命じる部分とそれ以外の部分が特定できない場合に、実質的再審査禁止の原則に反しないように処理する方法としては、たとえば、判決で命じられている損害額がわが国からみて極端に高額な場合には、わが国には受け入れられない機能を果たす損害賠償が内包されているとする推定が働き、その機能を明らかにすることについて、当該判決の承認・執行を求めている原告にその立証責任を負わせるという方法も考えられよう。

　このほか、賭博や売春、麻薬取引等に関わる債務の支払を命じる外国判決の承認は公序に反する可能性が高いと一般にいわれているが、実際に公序違反を認めた判例は少ない。当事者の不誠実な態度を理由に訴訟費用の負担を命じる判決（前掲最判平10・4・28）、弁護士費用の敗訴者負担を命じる判決（東京地判平10・2・24判タ995号271頁）、出廷や答弁書提出を怠

---

(38)　芳賀・前掲注（1）238頁、中西ほか195頁参照。

った当事者に対する懈怠判決（水戸地龍ケ崎支判平11・10・29判タ1034号270頁）など、懲罰的な意味合いを含む判決について、いずれも公序に反しないとされている。水戸地裁龍ケ崎支部は、米国ハワイ地区連邦地方裁判所によって、証拠開示手続への参加を怠ったことに対して制裁として下された損害賠償金の支払を命じる懈怠判決について、わが国における執行を肯定した。ここでは、当該懈怠判決に、訴訟手続への協力を怠る不熱心な当事者に対する一般予防ないし一般制裁としての懲罰的な評価が含まれていることから、その民事判決性および公序適合性が問題となった。裁判所は、民事判決性については、懈怠判決の手続ないし制度は、基本的には訴訟追行に不熱心な当事者から他方当事者を救済する措置として、わが国の民事訴訟手続ないし制度と相容れない異質なものとまではいえないとして、これを肯定した。また公序適合性については、本件外国判決が被告らに対して支払を命じた金員の額（約154万ドル）が、原告に実際に生じたと認定した損害の額であることから、本件外国判決の内容がわが国の公序に反するということはできないとした。本件は、原告、被告とも日本人ではあるが、ハワイ州のゴルフ場等の開発をめぐる紛争であり、その意味ではわが国との関連性は薄いともいえる。懲罰的な意味合いがあるとはいえ、その実質的機能が損害の塡補にあることを理由に公序適合性を否定した点は注目に値する。

　⑵　**手続的公序**　　手続的公序は、外国判決の成立過程における手続が、わが国の手続法的基本原則と相容れないかどうかを確認することで、被告の手続保障を事後的に図るための要件である。

　訴訟制度のあり方はその国の歴史的・社会的背景に関係していることから、外国の訴訟制度とわが国のそれとの差異から生じる末梢的な違いは問題にすべきでない。外国判決承認の根幹である「実質的再審査禁止の原則」（民執4条2項）は、外国の異なる訴訟手続の結果をそのまま受け入れ

---

(39)　本判決の評釈としては、釜谷真史・ジュリ1211号113頁（2001）、井戸謙一・平成12年度主判解314頁等がある。

(40)　平成8年民訴法改正前に、最高裁もすでに手続的公序を認めていた。最判昭58・6・7民集37巻5号611頁〔コロンビア特別行政区執行判決事件〕。手続的公序については、赤列（村上）正子「外国判決の承認・執行における手続的公序についての一考察」一橋論叢113巻1号137頁（1995）参照。

ようとする思想に基づいており、その趣旨は手続についても妥当する。し
たがって、手続的公序の適合性を判断する際には、判決国と承認国との
個々の訴訟規定を比較し、そこに存在する差異を基準とするのではなく、
承認国であるわが国の訴訟法秩序の基本原則ないし基本理念基本価値と相
容れないものといえるかどうかを基準とすべきである。具体的には、訴訟[41]
の場面における個人の尊重を目的とした審問請求権の保障と、裁判権の適
正・公平な行使の保障、および国民の信頼の保持を目的とした独立かつ公
平な裁判所の保障である。これらの基本価値が侵害され、そのような手続[42]
に基づいた判決を承認することがもはや耐えがたいと思われる場合には、
手続的公序違反が認められることになる。この観点からすると、英米法下
のサマリー・ジャッジメントのような正式事実審理を経ない略式の手続に
基づく判決であっても、双方の当事者からその言い分を聴き、かつ自己の
見解を立証する機会が与えられている以上は、その手続主体たる地位は十
分保障されているといえるから、手続的公序違反を認めるべきでない。ま[43]
た、判例は、偽造文書による判決の取得を理由に手続的公序違反を認める。[44]
しかし、判決の不当取得を手続的公序との関係で問題にすると、当該外国
裁判所の証拠評価や判断を審査の対象とせざるをえなくなり、承認手続が
外国判決の実体にわたって審査する範囲が飛躍的に増大し、その結果、実
質的再審査禁止の原則を空洞化させる危険が生じる。したがって、判決の[45]
不当取得や外国判決が詐欺によって得られた場合を、一般的に手続的公序
違反の一例として論じるべきではなく、審問請求権の侵害とみなされる場

---

(41)　赤刎（村上）・前掲注（40）、岡田・前掲注（27）名法153号395頁。なお、手続的公序に
　　ついては、内国関連性を重視すべきではない。岡田・前掲注（27）名法152号382頁。

(42)　森川伸吾「外国判決承認・執行の要件としての裁判官の独立(1)(2)」論叢（京都大学）161
　　巻2号9頁、同3号3頁（2007）参照。

(43)　前掲東京地判平10・2・25。本判決の評釈として、原田央・ジュリ1283号241頁（2005）、
　　小田敬美・平成10年度主判解268頁がある。

(44)　横浜地判平元・3・24家月42巻12号37頁、東京高判平2・2・27家月42巻12号31頁（控
　　訴審）。日本に在住し結婚式を挙げたが、婚姻届を提出していなかった韓国籍男女についての、
　　韓国地方法院の婚姻の存在を確認する旨の審判は、偽造された受理証明書に基づくもので、
　　詐欺的手段によって取得されたものと認められるとして、118条3号の要件を満たしていない
　　とした事例である。

(45)　佐上善和・判評382号〔判時1361号〕57頁、60頁（1990）。

合以外は、この問題を手続的公序適合性の審査の対象とすべきではないであろう。上述の懈怠判決や理由不備の判決、ディスカヴァリ等のわが国の制度とは異質の証拠収集手続に基づいて下された判決も、それだけでは手続的公序違反にはならない。正規の国際司法共助の方法によらない、違法に実施されたディスカヴァリが含まれるアメリカの訴訟の判決につき、わが国にその承認・執行が求められた場合はどうか。厳格に解しないかぎり、違法なディスカヴァリの実施の続発を防ぎにくいことから、手続的公序に反するとして承認・執行を拒否すべきであるとも考えられる。しかし、わが国で違法に実施されたディスカヴァリが判決にそれほど影響を及ぼしていない場合や、日本の当事者の積極的同意に基づいて行われ、日本の当事者が手続的公序違反を主張するのは信義則に反するとみられる場合には、承認・執行を認めてもよいことも多いであろう。[46]

　近時、最高裁は手続的公序について初めての判断を示した（前掲最判平31・1・18）。[47]　原告Ｘらは日本食レストランの経営を業とする米国法人およびその株主・代表取締役で、被告Ｙは不動産売買業務等を目的とする日本法人である。ＸらはＹほか数名に対して米国カリフォルニア州で損害賠償請求訴訟を提起し、訴状および呼出状はＸらの代理人からＹの当時の本店所在地宛に、日本語訳とともに直接郵送された（日本がハーグ条約10条(a)の拒否宣言をする以前の事案である）。これを受け、Ｙは代理人を選任のうえ、答弁書を提出するなどして応訴した。しかしこの代理人が裁判所の許可を得て辞任し、Ｙが続行期日に欠席したことから、Ｘらの申立てにより、手続の進行を怠ったことを理由とするデフォルトの登録がされ、カリ

---

(46)　高桑昭「渉外的民事訴訟事件における送達と証拠調」曹時37巻 4 号876頁（1985）もほぼ同旨。なお、澤木＝道垣内・入門341頁は、条約に反するディスカヴァリでも、外国の裁判自体が国際法上問題なく、かつ、その裁判との間に合理的関係があれば国際法違反の問題は生じないとする。

(47)　本判決の評釈・紹介として、長田真里・JCAジャーナル66巻 4 号10頁（2019）、安達栄司・速判解25号189頁（2019）、渡辺惺之「判決の送達を欠いた外国判決の承認（29.May.19）」〈http://www.namura-law.jp/legalessays/〉（2019）、高杉直・WJL判例コラム172号（2019）、横溝大・ジュリ1538号135頁（2019）、酒井一・法教464号121頁（2019）、川嶋四郎・法セ2019年12月号118頁、渡邊和道「判決書の送達と手続的公序の関係」金沢星陵大学論集52巻 2 号87頁（2019）、勅使川原和彦＝中本香織・判例秘書L07410001（2019）等がある。

フォルニア州裁判所は、Ｙに対し、約27万5000ドルの支払を命じる欠席（懈怠）判決を言い渡した。Ｘらの代理人弁護士はＹに対し、普通郵便で本件外国判決の言渡しに関する通知を、誤った住所宛に発送し、Ｙが本件外国判決の登録日から180日の控訴期間内に控訴をせず、他の不服申立てもしなかったことから、本件外国判決は確定した。Ｘらは本件外国判決のわが国での承認執行を求めて、執行判決請求訴訟を提起した。

　第一審（大阪地判平28・11・30民集73巻１号17頁）は、Ｙは本件外国判決が確定する４か月前には、本件外国判決の存在およびその内容を了知し、少なくとも了知しえたはずであり、確定までの間に本件外国判決に対して上訴し、さらに防御を尽くすこともできたはずであるとして、判決書を含む裁判書類につき、送達条約に基づき日本語訳を添付した送達がなされていないとしても、その訴訟手続は日本の公序に反しないとした。これに対して控訴審（大阪高判平29・９・１民集73巻１号27頁）は、判決を訴訟の当事者に送達することが、当事者の不服申立権を手続的に保障するものとして、わが国の裁判制度を規律する法規範たる公序の内容になっているのであり、本件外国判決のような欠席判決は欠席当事者に送達することを要しないとする訴訟手続自体が日本における公序に反するというべきであり、Ｙが本件外国判決自体を入手した、あるいは欠席の登録申請書がＹに送達された、いずれの事実も認めるべき証拠はないとして、118条３号の要件を満たさないことを理由に第一審のＹ敗訴部分を取り消し、Ｘらの請求を棄却した。これに対してＸらが上告。

　最高裁は以下のように判示し、原判決を破棄し、事件を差し戻した。

　「⑴　外国裁判所の判決（以下「外国判決」という。）が民訴法118条により我が国においてその効力を認められるためには、判決の内容及び訴訟手続が日本における公の秩序又は善良の風俗に反しないことが要件とされているところ、外国判決に係る訴訟手続が我が国の採用していない制度に基づくものを含むからといって、その一事をもって直ちに上記要件を満たさないということはできないが、それが我が国の法秩序の基本原則ないし基本理念と相いれないものと認められる場合には、その外国判決に係る訴訟手続は、同条３号にいう公の秩序に反するというべきである（最高裁平

成 5 年(オ)第1762号同 9 年 7 月11日第二小法廷判決・民集51巻 6 号2573頁参照)。

(2)　我が国の民訴法においては、判決書は当事者に送達しなければならないこととされ (255条)、判決に対する不服申立ては判決書の送達を受けた日から所定の不変期間内に提起しなければならず、判決は上記期間の満了前には確定しないこととされている (116条、285条、313条)。そして、送達は、裁判所の職権によって、送達すべき書類を受送達者に交付するか、少なくとも所定の同居者等に交付し又は送達すべき場所に差し置くことが原則とされ、当事者の住所、居所その他送達をすべき場所が知れないなど上記の送達方法によることのできない事情のある場合に限り、公示送達等が例外的に許容されている (98条、101条、106条、107条、110条)。他方、外国判決が同法118条により我が国においてその効力を認められる要件としては、「訴訟の開始に必要な呼出し若しくは命令の送達」を受けたことが掲げられている (同条 2 号) のに対し、判決の送達についてはそのような明示的な規定が置かれていない。

　さらに、以上のような判決書の送達に関する手続規範は国ないし法域ごとに異なることが明らかであることを考え合わせると、外国判決に係る訴訟手続において、判決書の送達がされていないことの一事をもって直ちに民訴法118条 3 号にいう公の秩序に反するものと解することはできない。

　もっとも、我が国の民訴法は、上記の原則的な送達方法によることのできない事情のある場合を除き、訴訟当事者に判決の内容を了知させ又は了知する機会を実質的に与えることにより、当該判決に対する不服申立ての機会を与えることを訴訟法秩序の根幹を成す重要な手続として保障しているものと解される。

　したがって、外国判決に係る訴訟手続において、当該外国判決の内容を了知させることが可能であったにもかかわらず、実際には訴訟当事者にこれが了知されず又は了知する機会も実質的に与えられなかったことにより、不服申立ての機会が与えられないまま当該外国判決が確定した場合、その訴訟手続は、我が国の法秩序の基本原則ないし基本理念と相いれないものとして、民訴法118条 3 号にいう公の秩序に反するということができる。

　以上と異なる見解の下、本件外国判決の内容を Y に了知させることが可能であったことがうかがわれる事情の下で、Y がその内容を了知し又は了知する機会が実質的に与えられることにより不服申立ての機会を与えられていたか否かについて検討することなく、その訴訟手続が民訴法118条 3

号にいう公の秩序に反するとした原審の判断には、判決に影響を及ぼすことが明らかな違法がある。論旨はこの趣旨をいうものとして理由があり、原判決は破棄を免れない。」

　最高裁は実体的公序に関する萬世工業事件判決を引用し、判決書の送達に関する手続規範は国ごとに異なることから、判決書の送達がされていないことの一事をもって直ちに公序違反を認めるべきではないとしており、これまでの通説と整合している。また、公序適合性の判断基準についても、わが国の法秩序の基本原則ないし基本理念と相容れないものといえるかどうかであるとしている点も妥当である。本件の事案との関係では、訴訟当事者に判決内容を了知させ、または了知する機会を実質的に与えることにより、当該判決に対する不服申立ての機会を与えることが、わが国民訴法の基本原則ないし基本理念であると明示している(48)。問題は、どのような事実があれば、不服申立ての機会を保障するに十分な、判決内容の了知あるいはその機会の付与があったといえるかであるが、最高裁はこの判断を差戻審に委ねた。判決書の送付によらなくても、欠席判決の申立書の送付や判決登録の通知等によっても、実質的な防御権の保障は可能である。日本よりも当事者主義がより徹底している制度のもとで、訴訟の途中で自ら手続に関与する機会を放棄した当事者とその相手方との間の衡平も考慮したうえで、実質的に防御が可能であったかどうかを判断する必要がある(49)。

　(3)　**内国判決と外国判決の抵触**　　手続的公序との関係では、第1章と第7章で紹介している関西鉄工事件（大阪地判昭52・12・22判タ361号127頁）を契機として、国際訴訟競合（わが国と外国の両方で同一事件につき訴訟が競合）を容認した場合に、118条3号によってわが国での訴訟係属や判決

---

(48)　芳賀・前掲注（1）175頁は、判決書の送達の問題を、118条3号ではなく2号で処理すべきであるとするが、3号の問題であろう。公序適合性の判断は、条約に沿った適式な送達があったかではなく、あくまでも訴訟法秩序の根幹をなす重要な手続保障があったかどうかが基準とされることから、判決書が直接郵送された場合でも、そのことのみで公序違反が認められるわけではない。判決国法上適法であるかぎりは、その方法で実質的に防御権が保障されていたといえるかどうかを、具体的事情のもとで個別に判断すべきである。

(49)　渡辺（惺）・前掲注（47）は敗訴当事者の手続懈怠の帰責性を、安達・前掲注（47）162頁、川嶋・前掲注（47）118頁は訴訟追行義務をそれぞれ考慮したうえで、どのような手続で不服申立ての機会を付与すべきかを考えている。

が「公の秩序」を構成するとして、競合している外国判決の承認・執行を
拒絶できるのかという問題が議論されてきた。わが国での訴訟手続を常に
優先させるという立場[50]（この立場は、わが国の裁判所の判断を外国裁判所の
判断に優先させるべきという価値観が前提にある）からは、わが国に同一事
件につき訴訟係属または確定判決がある場合には、訴訟係属の前後その他
の一切の事情を問わず外国判決の承認・執行を拒絶すべきことになる。し
かし、国際訴訟競合の場合にこのような立場をとることは、外国で訴訟を
提起されたらわが国で同一事件についての訴訟を提起して対抗すればよい
という「戦略」を認めることになり、外国で先に訴訟提起がなされ、かつ
わが国との関連性も薄く外国で審理するほうが妥当な事件についてまで、
常に外国判決を無視する結果をもたらす。これは、外国判決も一定の要件
を満たせば内国判決と同様に扱うとする、外国判決の承認執行制度そのも
のを否定することにつながり、妥当ではない[51]。

　近時は、内国判決が先に確定している場合には、これと抵触する外国判
決の効力を認めることは、先に確定した判決の効力を優先するという内国
訴訟法秩序と相容れないため、訴訟係属・判決言渡しの先後は問わず、手
続的公序に反すると解する考え方が有力である（条解641頁[52]）。

　内外判決の抵触の問題は、国際訴訟競合の延長問題であり、複数の国の
裁判所に提起された同一事件が、規制されずにそれぞれそのまま判決にま
で至った結果生じる問題であるから、国際訴訟競合の規律も考慮に入れて
考えるべきである[53]。本書では、次章で述べるように、国際訴訟競合の問題
については、当該紛争を審理する最適な法廷地はいずれであるのか、いず
れかの当事者に実質的な司法的救済の拒否が生じないかなどのファクター
を考慮し、どちらを優先させるべきかを決定するという立場をとる。この

(50)　岩野徹ほか編・注解強制執行法(1)（第一法規・1974）145頁〔三井哲夫〕。
(51)　渡辺惺之「国際的二重訴訟論」中野貞一郎先生古稀祝賀・前掲注（37）493頁、芳賀・前
　　掲注（1）265頁。
(52)　注解(5)125頁〔山本〕、秋山コンメⅡ517頁。古田啓昌「公序(3)」国際私法百選［第2版］
　　227頁は、内国判決が先に確定した場合は公序違反を理由に承認を拒絶し、外国判決が先に確
　　定した場合は、公序違反は問題とならず、他の承認要件を満たせば当該外国判決はわが国で
　　も判決効を有し、あとは内国判決に対する再審の訴えの可否の問題であるとする。
(53)　道垣内正人「国際訴訟競合（5・完）」法協100巻4号793頁（1983）、芳賀・前掲注（1）
　　265頁。

考え方を前提とすると、内外判決の抵触の処理としては、まずは提訴の先後を基準とし、⁽⁵⁴⁾外国訴訟が先に提起されている場合には、どちらがより適切な法廷地であったのかという観点から、118条1号の間接的国際裁判管轄の中で処理をすることになる。このことは、内国訴訟が先に提起・確定している場合にも同様に解される。内国訴訟が先に提起されていたが、外国判決が先に確定した場合には、自動承認の原則により外国判決が優先され、内国判決は338条1項10号の、前に確定した判決と抵触するものとして取り消されるとする考え方もある。⁽⁵⁵⁾しかしこの場合も、118条1号要件の中で、どちらがより適切な法廷地であったかという観点から考え、結果として内国判決を優先すべき場合もあるだろう。結論としては、内外判決の抵触の問題を処理するのに、安易に公序要件に頼るべきではなく、118条1号の間接管轄要件の枠内で処理することで、直接管轄についての3条の9や国際訴訟競合に関する解釈とも論理的に一貫して説明することが可能になる。

4　相互保証（118条4号）

　118条4号は、「相互の保証があること」を要求するが、これは当該判決を下した外国が、わが国と同等の条件（すなわち118条と同等の要件）でわが国の判決を承認・執行してくれることを要件としたものである。⁽⁵⁶⁾この相互保証の要件をわが国の民訴法が要求した理由としては、外国にわが国の判決を承認・執行させることを促す効果を狙ったとされているが、条約でもないかぎりは、外国がわが国と完全に同一の条件でわが国の判決を承認・執行することは通常ありえないから、実効性には疑問がある。のみならず、私人の犠牲において外国国家に外交的圧力をかけるという発想自体、

---

(54)　芳賀・前掲注（1）265頁は、権利追求に迅速に動いた当事者の利益をより尊重すべきであることを理由に、判決確定の時期ではなく、訴訟係属の先後を基準とすべきであるとする。

(55)　岡田幸宏「外国判決の効力」伊藤眞＝徳田和幸編・講座　新民事訴訟法(Ⅲ)（弘文堂・1998）386頁、秋山コンメⅡ518頁。中野・前掲注（3）449頁は、内国訴訟に遅れて係属した外国訴訟で先に確定した判決は、二重起訴禁止の趣旨から手続的公序に反し、先係属外国訴訟での判決確定後に下された内国判決は再審で取り消されうるとする。

(56)　わが国における相互保証要件に関する判例・学説を概観するものとして、芳賀・前掲注（1）269頁、とくに295頁以下参照。

国際交流・国際取引がこれだけ盛んになっている現状にそぐわない。相互[57]
保証の要件は削除されるべきであるという立法論的見解が、かねてから根
強く主張されているゆえんである。

　このため、学説は旧民訴法200条 4 号（現民訴法118条 4 号）の相互保証
の要件の緩和を解釈論（部分的相互保証理論）として主張し、最高裁もコ[58]
ロンビア特別行政区執行判決事件（前掲注（40）最判昭58・6・7）におい
て、「我が国の裁判所がしたこれと同種類の判決が同〔旧民訴法200〕条各
号所定の条件と重要な点で異ならない条件のもとに効力を有するものとさ
れていること」で足りるとし、上記の有力説の立場を承認した。外国判決[59]
の承認・執行の要件の規定の仕方は国により異なり、かつ本当の相互保証
の有無は同種のわが国の判決が当該外国で承認・執行された実例でもない
かぎりわからない。この事件で問題になった米国コロンビア特別行政区
（ワシントン D.C. の所在地）の場合にしても、10の要件を外国判決承認の要
件として課しているが、規定の観点がわが国と異なり、また要件の細かい
吟味は実例がないので困難であった。その意味では、相互保証といっても、
全体的な評価として重要な要件の等質性があれば十分であろう。この立場
はその後の香港サドワニ事件判決（前掲最判平10・4・28）によっても維
持されている。

　また、最高裁が指摘する、「同種類の判決」の比較で足りるとする部分
的相互保証理論は、わが国と当該外国との相互保証の検討の際に、あらゆ
る種類の判決全般についての相互保証を要求せず、承認・執行が問題とな
っている特定の種類の判決相互間に相互の保証があれば足りるとするもの
である。たとえば、イタリアでは外国判決が欠席判決の場合被告の申立て
により実体の再審査を行うが、だからといって相互保証なしとするのでは

---

(57)　芳賀・前掲注（ 1 ）344頁以下は、相互保証の要件がかつて有していた国家的な利益の象
　　徴的な存在意義は、現在はもはや見出すことは困難であるとする。
(58)　小林・前掲注（22）26頁、注解(1)405頁〔青山〕、高桑・前掲注（30）144頁、矢ヶ崎武勝
　　「外国判決の承認並びにその条件に関する一考察（ 2 ・完）」国際法外交雑誌60巻 2 号216頁
　　（1961）。立法論的に、明確に「相互保証」要件の撤廃を主張する近時の文献として、早川吉
　　尚「外国判決承認執行制度における『相互の保証』の要否」ジュリ1232号136頁（2002）。
(59)　本判決の評釈として、加藤和夫・昭和58年度最判解232頁、早川眞一郎・渉外百選［第 3
　　版］232頁、松岡博・国際私法百選［新法対応補正版］200頁、吉川英一郎・国際私法百選
　　［第 2 版］228頁等がある。

なく、欠席判決以外の場合につき相互保証の要件が満たされれば相互保証ありとする。また、南アフリカでは財産所在地が同国の場合同国の専属管轄としているため、同国にある財産を目的とする外国判決は承認・執行が拒絶されるから相互保証はないが、それ以外の場合については相互保証を肯定できるとする。あるいは、イスラエルなどでは判決言渡しから5年以内の外国判決だけが承認・執行できるとされているので、判決言渡しから5年以内のイスラエル判決については相互保証を肯定しようとする。

　部分的相互保証理論は、すべての種類の判決一般について相互保証を要求するのではなく、部分的にでも相互保証があればその範囲で外国判決の承認・執行を認めようとするもので、相互保証の要件を実質的に緩和しようとする流れに1つの解釈論的テクニックを付与するものである（筆者〔小林〕がかねてから主張してきた）。

　他方で、大阪高判平成15年4月9日（判時1841号111頁・判タ1141号270頁）は、中華人民共和国法院の判決について、中華人民共和国においてわが国の法律と重要な点で異ならない条件のもとに、わが国の裁判所の判決が効力を有するものとされているとまで認めることはできないとして、相互保証の要件を満たさないことを理由にわが国における効力を認めなかった。(60)中華人民共和国では、同国が締結した条約または互恵の関係があることが承認要件とされている。大阪高裁は最高人民法院が選定し、その公報において公表している裁判例を前提として、日本の裁判所の判決等の中国における実際の扱いを具体的に検討したうえで判断した。(61)

Ⅳ　外国判決の承認・執行の効果

1　承認の効果

　外国判決の承認とは、判決（裁判）がなされた国においてその判決が有

---

(60)　本判決の評釈として、釜谷真史・平成16年度重判解301頁、小野寺規夫・平成16年度主判解238頁、粟津光世・リマークス2005(上)133頁、森川伸吾・国際私法百選〔第2版〕230頁がある。また、粟津光世「日本、中国、台湾、香港の判決、仲裁判断の相互承認と執行の現況」国際商事法務26巻11号1153頁（1998）も参照。

(61)　森川・前掲注（60）231頁。東京地判平27・3・20判タ1422号348頁、控訴審の東京高判平27・11・25LEX/DB25541803も同様に相互保証を否定している。

するのと同一の効果をわが国において認めることであり、判決国法上の効力が内国に拡張されることを意味することから、その範囲は原則として判決国法によって定まるとするのが通説である（条解641頁）。

　しかし、外国によっては、わが国の判決とは異なった種類の効力や異なる範囲で効力を認めている場合があり、わが国でもそのまま承認すべきかはむずかしい問題である。たとえば、アメリカでは、コラテラル・エストッペル（近時は争点排除効〔issue preclusion〕とよばれることも多い）とよぶ判決理由中の判断の拘束力が古くから認められており、それを第三者が援用することも広く認められるようになっている[62]。わが国でも、類似の争点効理論が有力であるが、判例は信義則により同様の結果を認めた事例があるものの、必ずしも正面からこれを認めていない。アメリカの判決をわが国で承認するにあたり、コラテラル・エストッペルや第三者によるその援用をそのまま承認すべきなのか、それともわが国で認められる判決の効力の種類や範囲による制限を受けるべきなのか。判決の効力はその国の訴訟制度のあり方や手続的正義観に大きく依存する（アメリカでは、ディスカヴァリ等による訴訟資料の広範な収集の結果、密度の濃い審理が行われ、判決効の拡張を肯定しやすいし、紛争解決の一回性の要請がわが国より強い）。同時にコラテラル・エストッペルが外国判決の効力に含まれるとすることは、わが国でもその範囲についての実質的再審査が否定されることを意味するので、裁判を受ける権利との関係も問題になってくる[63]。

　原則的には判決国での判決効の種類や範囲を尊重しつつも、わが国での手続保障や裁判を受ける権利の観点から吟味してみることが必要であるだろう（118条3号の手続的公序と共通する思想ともいえる）。前述のコラテラル・エストッペルの場合について考えると、当事者間でのコラテラル・エストッペルは、わが国でも類似の有力説（争点効理論）が存在していて、違和感や手続保障の問題もあまりないから、わが国でもその効力を承認し

---

(62)　小林秀之・新版・アメリカ民事訴訟法（弘文堂・1996）246頁以下、264頁以下参照。

(63)　この問題の検討は、高田裕成「財産関係事件に関する外国判決の承認」澤木敬郎＝青山善充編・国際民事訴訟法の理論（有斐閣・1987）365頁、芳賀・前掲注（1）359頁以下が詳しい。なお、外国判決の執行力の主観的範囲については、条解民執220頁以下〔今津綾子〕を参照。

てよいのではないかと思われる。これに対して、第三者によるコラテラ
ル・エストッペルの援用の承認については、わが国の民訴法理論の現状や
手続保障、あるいは裁判を受ける権利の観点から、無理があるということ
になろうか。

2　執行の効果

　これに対して、外国判決に基づいてわが国の裁判所が当該外国判決の内
容を実現する外国判決の執行は、執行力の付与である。執行は国家権力の
発動による判決内容の強制的実現であるから、外国法上の執行力を内国で
適用させることは妥当ではないという趣旨である。もちろん、執行の対象
となる外国判決は、判決国法上執行力を有していることが前提となり、執
行の範囲は外国判決の主文に記載するところによるが、具体的な執行の手
続や方法は、もっぱら執行国たるわが国の執行法により定まる（条解622
頁）。

　この点について、養育費の支払を命じる外国判決について興味深い判例
がある。東京高判平成10年2月26日（判時1647号107頁）は、わが国では養
育費の支払義務の履行確保の制度として認められていない、給与天引の方
法で、養育費の支払を命じる外国判決の執行許容性が問題となった事例で
ある。原審および控訴審ともに、執行判決の対象となる判決とは、わが国
の強制執行に親しむ具体的な給付請求権を表示してその給付を命じる旨の
内容を有する判決をさすとした。そのうえで、原審（東京地判平8・9・
2判時1608号130頁）は、外国判決をそのまま債務名義として強制執行する
ことができないことを理由に、執行判決請求を棄却したのに対し、控訴審
は、外国判決が本来有している執行力の性質を基準として、給与天引を命
じる外国判決の記載は、債務者に対して養育費の支払義務を命じるものと
して執行力を有しているとして執行を認めた。本判決に対しては、給与天
引制度の公権力性の高さを理由として、このような判決がそもそも118条

(64)　芳賀・前掲注（1）395頁以下も同旨。
(65)　本判決の評釈として、猪俣孝史・判評482号〔判時1664号〕29頁（1999）、小野寺規夫・
　　判タ1005号220頁（1999）、横溝大・平成10年度重判解300頁等がある。

の判決といえるのかについて疑問を呈する見解もある。しかし、もととな⁽⁶⁶⁾っている実体的権利義務関係が私人間の権利関係である以上は、執行の対象とすべきであり、その具体的な執行方法については執行国に決定権があるはずである。当該外国判決で示されている債権者・債務者間の具体的給付義務について、わが国でなんらかの方法で強制的に実現することが可能であるならば、民事判決性を否定すべきではない。外国判決で命じられた⁽⁶⁷⁾給付をわが国で強制執行できるように外国判決主文を修正することは、執行力の付与の枠内で許容されるものであろう。同様の観点から、判決国法上、利息が判決主文に記載されていない場合にも、執行段階で利息金額を補充・具体化することも認められる。⁽⁶⁸⁾

V　外国判決の執行手続

　上述のように、外国判決の執行は、わが国における執行力の付与であるから、外国判決に基づいてわが国で強制執行するためには、改めて執行判決を求める訴えを提起する必要がある（民執24条）。この手続において、裁判所は実体についての再審査はせず、民訴法118条各号の手続的要件のみを形式的に審理する。この建前からすれば、現行の執行判決制度を決定手続に変更することも十分考えられてしかるべきである。実際にも、執行⁽⁶⁹⁾判決制度は、通常の判決手続によるために、被告側が徹底的に争うと、普通の訴訟よりも時間がかかるといってもいいすぎではない。⁽⁷⁰⁾

　今 1 つ、外国判決の執行判決請求訴訟で議論となるのは、外国判決言渡し後の事情変更を執行判決請求訴訟で主張できるかどうか、できるとして

---

(66)　横溝・前掲注（65）302頁。

(67)　村上正子「外国判決の執行についての一考察」竹下守夫先生古稀記念・権利実現過程の基本構造（有斐閣・2002）251頁。

(68)　澤木＝道垣内・入門346頁は裁判所が利息の支払を命じているとみることができない場合には、日本で改めて遅延利息を請求する裁判を要するとする。

(69)　英米法系諸国では、制定法により、外国金銭判決を裁判所に登録するだけで執行できるとする国が増えつつある（イギリス〔ただし一定の国〕、アメリカ〔統一外国金銭判決承認法（Uniform Foreign Money-Judgments Recognition Act, 1962）を採用している州で、他州判決が登録だけで執行できる州〕、オーストラリアやカナダ〔ただし一部の州〕など）。

(70)　前述の北川工業事件も、執行判決を求める提訴から第一審判決まで約 6 年を要した。

どのような方法で主張させるかという問題である。この問題は承認要件審査の基準時とも関係するが、外国判決確定後の事情変更が主に公序判断に影響を及ぼしうることから、公序審査の時点との関係で議論されてきた。実際にこの点が問題となるのは、継続的な権利関係が対象となる身分関係事件になるので、詳細は第8章で論じることになるが、財産関係事件においても問題にはなりうる。わが国では自動承認の原則のもと、外国判決の効力は確定と同時に内国に拡張するとされていることからすれば、承認審査の基準時は外国判決確定時と考えるのが論理的である。ただし118条3号の公序要件については、当該外国判決を承認することが、わが国の実体的・手続的基本原則と相容れず、耐えがたい結果を生むことになるかどうかが問題となることから、承認審査時を基準とすべきであるとするのが判例・通説の考え方である（条解642頁）。⁽⁷¹⁾この場合、確定判決後の事情については、請求異議の訴えによるまでもなく、執行判決請求訴訟において、抗弁として主張できることになる。⁽⁷²⁾

　なお、2019年7月2日、ハーグ国際私法会議において、「民事又は商事に関する外国判決の承認及び執行に関する条約」が採択された。未だ締約国はなく未発効ではあるが、多くの国が締約国となれば、外国判決の承認・執行に関する世界的な枠組みが提供されることになるとされている。⁽⁷³⁾わが国を含めた各国の今後の動向が注目される。

---

(71)　身分関係事件についてではあるが、東京高判平5・11・15高民集46巻3号98頁、東京高判平13・2・8判タ1059号232頁。渡辺惺之・リマークス2002(下)154頁、村上愛・ジュリ1280号145頁（2004）は反対。

(72)　中野貞一郎＝下村正明・民事執行法（青林書院・2016）184頁は、ドイツ法を参考に「訴訟経済上の理由に基づく、法律の禁じていない請求異議手続の先取り」とする。条解民執216頁〔今津〕、東京地判平25・4・26LEX/DB25512252も参照。

(73)　Convention on the Recognition and Enforcement of Foreign Judgments in Civil and Commercial Matters（concluded 2 July, 2019）. 本条約の内容については、ハーグ国際私法会議のウェブサイト〈https://www.hcch.net/〉を参照。また、本条約の逐条解説として、竹下啓介「外国判決の承認・執行に関する新しいハーグ条約(1)〜(3)」JCAジャーナル67巻4号40頁、同5号40頁、同6号42頁（2020）。

第7章　国際訴訟競合

I　国際訴訟競合の問題点

　わが国と外国とで同一の国際的な事件について同時に――あるいはどちらかが遅れて――訴訟が提起された場合にどのように処理すべきかが、国際訴訟競合の問題である。わが国と外国の裁判所の両方が、その事件について国際裁判管轄を有することが、国際訴訟競合の前提となる。このように同一の事件について日本と外国とで訴訟が重複して提起された場合には、第1段階として、日本の裁判所が、日本で提起された訴えについて国際裁判管轄を認め審判をしてよいかが問題となり（国内事件の場合は、142条によって重複訴訟として処理）、わが国の国際裁判管轄を認める、すなわち国際訴訟競合の状態を容認すると、第2段階として、両国の判決が矛盾・抵触する可能性もあり、その外国判決の承認・執行をわが国で求められた場合には、矛盾・抵触する内外判決をどのように処理するのかという問題が生じうる。これら両者の問題をはらむ国際訴訟競合の典型例が、関西鉄工事件である。

　関西鉄工事件では、アメリカでY（丸紅アメリカ）が関西鉄工に対して製造物責任による損害賠償の求償請求訴訟を提起したのに対して、関西鉄工はわが国でYに対して求償義務の不存在確認を求める消極的確認訴訟を提起し、同一事件をめぐって日米両国で訴訟が同時進行することになった。

　そして1つの争点は、Yが関西鉄工を相手取って先にアメリカで訴訟を提起したのに後から関西鉄工が同一訴訟物についてわが国でYに対し訴訟

（1）　国際訴訟競合についての包括的な文献としては、道垣内正人「国際的訴訟競合(1)～(5・完)」法協99巻8号1151頁、同9号1348頁、同10号1471頁、同11号1661頁、100巻4号715頁（1982-1983）がある。最新の文献として、芳賀雅顯「国際裁判管轄と国際訴訟競合」小林編・理論と実務365頁参照。

を提起することは、142条の重複訴訟の禁止に触れるのではないかという
問題だった。この国際訴訟競合に対する142条の重複訴訟の禁止の適用の
有無につき、大阪地〔中間〕判昭和48年10月９日（判時728号76頁）は、わ
が国の裁判所の国際裁判管轄を肯定すると同時に、「〔旧〕民訴法231条
〔現142条〕にいう『裁判所』はわが国の裁判所を意味するものであって外
国の裁判所を含まないと解すべきである」と判示して、重複訴訟にあたら
ず関西鉄工の消極的確認訴訟を適法とした。Ｙは本案前の抗弁の争いで敗
れた後は本案の審理を欠席したため、関西鉄工勝訴の本案判決が下され確
定し、他方、アメリカの訴訟のほうは、Ｙが関西鉄工に対して提起した求
償訴訟で関西鉄工は管轄の抗弁を出したほか欠席したため、Ｙ勝訴の判決
が下されこれも確定した。

　Ｙがアメリカでの勝訴判決に基づく執行判決請求の訴えを大阪地裁に提
起したのに対し、関西鉄工側の消極的確認を認容する判決が確定していた
ため、両者の牴触をどう処理するかが問題になった。これが第２段階の問
題であり、第６章で検討したものである。大阪地判昭和52年12月22日（判
タ361号127頁）は、「同一司法制度内において相互に矛盾抵触する判決の併
存を認めることは法体制全体の秩序をみだすものであるから訴の提起、判
決の言渡、確定の前後に関係なく、既に日本裁判所の確定判決がある場合
に、それと同一当事者間で、同一事実について矛盾抵触する外国判決を承
認することは、日本裁判法の秩序に反し、〔旧〕民訴法200条３号〔現118条
３号〕の『外国裁判所の判決が日本における公の秩序に反する』ものと解
するのが相当である」と判示し、Ｙの執行判決請求を認めなかった。

　関西鉄工事件についての大阪地裁の考え方を前提にすると、外国で訴訟
を提起された日本人（日本法人）は、当該外国で財産を有していないなら
ば、わが国で消極的確認訴訟を提起し勝訴判決を得ておけば（通常は関西
鉄工事件のように、本案については欠席判決で容易に勝訴できることが多いで
あろう）、外国での訴訟に敗れてもわが国での承認・執行を阻止できると

（２）　本判決の評釈として、道垣内正人・渉外百選［第２版］220頁。
（３）　本判決の評釈として、道垣内正人・渉外百選［第３版］236頁、三ツ木正次・昭和53年度
　　重判解282頁、古田啓昌・国際私法百選［第２版］226頁等がある。

いう「戦略」が示唆されてくる[4]（この「戦略」を実行したのが、IBM の米国
訴訟に対抗して日立がわが国で消極的確認訴訟を提起した IBM 対日立事件であ
る）。

　しかし、関西鉄工事件の大阪地裁判決の立場は、わが国と外国との間で
矛盾する法律関係（判決）が発生することを無条件に肯定するものであり、
また、日本人に対して外国で訴訟が提起された場合にわが国で消極的確認
訴訟を提起すれば、わが国に外国判決の効力が及ぶことを阻止でき、その
日本人がわが国にしか財産を有していなければ外国判決を無力化できるも
ので、あまりにもバランスを失しているのではないか。わが国の判決が、
その提訴や確定の前後にかかわらず118条 3 号の「公の秩序」を構成する
というのも、外国の訴訟とわが国の訴訟の調和の問題を、本来的には一定
の手続要件を満たせば外国判決を尊重しようとする外国判決の承認・執行
の制度の中で、わが国の判決を常に優先させるもので、問題へのアプロー
チの仕方としても疑問が残る。

Ⅱ　わが国の学説の状況

　わが国の学説上、先行する外国訴訟係属を考慮せずに提起された内国訴
訟が常に優先するとする無制限説にたつ学説は、きわめて少数である[5]。た
しかに142条の「裁判所」に外国裁判所が含まれないことについては異論
はないとはいえ、一定の要件のもとで内国訴訟を制限すべきであるとする
制限説が、圧倒的に優勢である。この制限説の立場は、その規制根拠や要
件において、承認予測説、比較衡量説、訴えの利益説の 3 つに分かれてい
る。

　承認予測説は、国際訴訟競合にも142条の趣旨が妥当することを根拠に、

<hr>

（4）　長谷川俊明・戦略訴訟（東京布井出版・1986）126頁。関西鉄工事件は、日本の中小企業
　　と大企業の米国子会社間の紛争であって、結論自体は必ずしも不当といえないとするのは、
　　石黒一憲・国際民事訴訟法（新世社・1996）255頁。
（5）　内国での対抗訴訟が外国当事者との和解交渉を有利にする実務的メリットがあるとの指
　　摘もある。内藤潤「国際的訴訟競合（下）」NBL528号47頁（1993）。しかし、このような内国で
　　の対抗訴訟という訴訟戦術を広く認めると、国際司法摩擦を招き、日本と外国の裁判所が常
　　に対抗しあうようになる。小林秀之「国際訴訟競合（下）」NBL526号39頁（1993）。

外国判決も承認要件を満たせばわが国の判決と同様の既判力を有すること
から（内外判決の等価性）、承認可能性がある先行外国判決を優先させよう
とする説である。ドイツ法系で立法的に採用されている（たとえばドイツ
民訴法328条1項3号）。外国判決の承認とも整合性がとれ、理論的には明
快であるが、内外の訴訟の優先順位を時間的先後だけで行うことが妥当か、
本質的な疑問がある（時間的には遅れる後行訴訟のほうが紛争解決としては優
れていることもある）。また、外国判決の将来の承認・執行可能性（118条の
要件の具備）の予測は必ずしも容易ではなく、わが国の訴訟を142条によ
り却下した後に外国での訴訟がなんらかの訴訟要件の欠缺を理由に却下さ
れてしまうと、当事者に司法的救済の途を実質的に閉ざすことになる、と
いった難点を有する。

　比較衡量説は、国際裁判管轄の有無の判断において、訴訟が係属してい
る外国とわが国のいずれかが適切な法廷地であるかを、総合的な比較衡量
によって決しようとする説で、英米法系で立法ないし判例により採用され
ている考え方である。比較衡量論の中でも有力な考え方が、判例法理とし
て確立された特段の事情論ないし「特別の事情」（3条の9）の枠内で、
外国での訴訟係属を考慮するという考え方である。当事者が日本の関係者
か、取引は外国とわが国のどちらを対象としていたか、等の諸般の事情を
総合的に考慮できる点ですぐれているが、一般的な基準をたてにくいため
に当事者の予測可能性を損なうのではないか、裁判官の裁量が広がりすぎ
ないかという難点も内包する。なお、比較衡量説に対して、わが国の訴訟
を優先させるべきときでも外国の訴訟を調整できないし、そのため外国と
わが国とで法律関係が異なる跛行的法律関係が発生する、という批判が加
えられることがある。しかし、この点は承認予測説でも同様に生じる問題
点であり、わが国との関係で問題となることが多い英米法系諸国との間で

（6）　道垣内・前掲注（1）法協100巻4号740頁、安達栄司・国際民事訴訟法の展開（成文
　　堂・2000）138頁、同「国際的訴訟競合」実務民訴〔第3期〕(6)385頁。
（7）　不破茂「国際的訴訟競合の規律」愛媛法学会雑誌17巻1号135頁（1990）、古田啓昌・国
　　際訴訟競合（信山社・1997）。
（8）　小林秀之・民事訴訟法（新世社・2013）は、現行法のもとで比較衡量説にたち、「特別の
　　事情」（3条の9）の活用を説く。筆者（小林=村上）は従来から、基本的に比較衡量説的な
　　立場にたってきた。

は、同一スタンスにたつ比較衡量説のほうが問題は少ないともいえる。[9]

　なお、承認予測説も比較衡量説も、具体的に柔軟な処理ができる中間的手段として、「期日は追って指定」という実務上の便宜的取扱いに代えて、訴訟手続の「中止」を国際訴訟競合の調整手段として導入すべきであるとする点では、一致していた。訴訟手続を「中止」すれば、外国訴訟の帰趨を見極めることにより適切な選択もできるし、外国訴訟との調整も可能になってくる。このため、「中止」制度を導入すれば、手続的に明確になり不服申立手続なども整備されることを立法論として主張していた（しかしこの点についての立法的解決は、後述するように実現しなかった）。[10]

　訴えの利益説は、判決の等価性に着目する承認予測可能性説とは異なり、判決の形成過程としての手続の等価性に着目し、142条の背後にある無益訴訟の回避という観点から、わが国裁判所と外国裁判所での権利保護に有意な差異がない場合には、二重の訴訟追行の必要はなく、わが国での重複訴訟に訴えの利益が欠如する場合があるとする考え方である。[11]国際裁判管轄の判断に不確定要素を取り込まず、国際裁判管轄の予測可能性を維持するという点ですぐれているが、訴えの利益という一般原則（訴訟要件）の中で内外訴訟を総合的に比較考量することになり、規制要件が不明確となる。結局は比較衡量説と同様のアプローチとなるが、比較衡量説のほうが「特別の事情」（3条の9）という立法に足がかりがあるだけすぐれているということになる。

（9）　承認予測説と比較衡量説それぞれの長所・短所を比較するものとして、本間ほか88頁〔酒井一〕。国際訴訟競合で問題とされる事例の多くは対米訴訟との関係で発生していることが少なくなく、アメリカとわが国との法制度の違いに鑑みれば、懲罰的損害賠償や陪審への不信から生じる日本人当事者の適切な利益保護も不当とはいい切れず、様々な事情を柔軟に考慮できる比較衡量説が適切であるとの指摘もある。松岡編291頁〔多田望〕参照。

（10）　小林秀之「今後の検討課題」三宅省三=小林秀之=塩崎勤編・新民事訴訟法大系(1)（青林書院・1997）42頁、同「国際民事訴訟」竹下守夫=今井功編・講座 新民事訴訟法Ⅲ（弘文堂・1998）16章。

（11）　渡辺惺之「国際的二重訴訟論」新堂幸司ほか編・判例 民事訴訟法の理論（有斐閣・1995）504頁。

Ⅲ　平成23年民訴法改正前の裁判例⁽¹²⁾

　かつてのわが国の判例は、国際訴訟競合を制限しない無制限説にたっているとされ、東京高判昭和32年7月18日（下民集8巻7号1282頁）や先に触れた関西鉄工事件中間判決（前掲大阪地〔中間〕判昭48・10・9）が例としてあげられてきた。しかし、いずれも原告は日本法人で、被告は、前者は日本法人と在日外国人で（原被告共通型）、後者は日本法人の100％子会社の米国法人で（原被告逆転型）、結論としては妥当ともいえる。

　無制限説に近いとされる東宝事件（東京地判昭40・5・27下民集16巻5号923頁・判タ179号147頁）や大韓航空機事件（東京地〔中間〕判昭62・6・23判時1240号27頁・判タ639号253頁）も、前者は主な当事者は日本人ないし日本法人であったし、後者は原被告共通型で、先行する米国訴訟が一審管轄権欠如を理由に訴えが却下され、わが国での訴訟提起が権利保全のために必要という事案であった。

　他方でその他の裁判例を仔細にみていくと、多くの裁判所は国際訴訟競合の問題を、国際裁判管轄の有無を判断する際の一要素として、すなわち国際裁判管轄の条理ないし「特段の事情」の判断の中で考慮しているといえる。なお、下記の裁判例のほとんどは、アメリカの損害賠償請求訴訟への対抗手段として、日本法人が日本で債務不存在確認訴訟を提起したものである。

　たとえば、グリーンラインズ事件（東京地判昭59・2・15判時1135号70頁）では、わが国に被告の事務所があり国内土地管轄は認められる事案であったが、先行する米国カリフォルニア州での訴訟のほうが証拠収集や訴訟活動には便宜であるとして、条理によりわが国に国際裁判管轄は認められないとした（管轄原因となりうる事務所所在地、義務履行地、不法行為地を否定）。同様に、文藝春秋事件（東京地判平元・8・28判時1338号121頁）、ナンカセイメン事件（東京地判平3・1・29判時1390号98頁）、エンケイ事件（静岡地浜松支判平3・7・15判時1401号98頁）は、いずれも先行するカリフ

---

(12)　芳賀・前掲注（1）386頁。

ォルニア州訴訟の存在を1つの理由に、不法行為地がカリフォルニア州で
あるとか「特段の事情」ありとして、わが国の国際裁判管轄を否定してい
る。いずれも、証拠の収集や訴訟活動の便宜あるいは被告の防御活動の負
担といった実質的な考慮を行ったうえで、国際訴訟競合について制限をし
ている。

　もう1つの規制の仕方は、先に外国で係属する訴訟で将来下される判決
が民訴法118条に従って承認可能であることを予測できるか否かを考慮す
る方法である。承認されることが予測される場合には、142条を類推して
日本での訴えは却下される。この立場にたちつつ、国際訴訟競合の規制を
正面から認める判例として、グールド事件（東京地〔中間〕判平元・5・30
判時1348号91頁）がある。東京地裁は、「同一の訴訟物に関する外国訴訟の
係属を一切顧慮することなく常に国際的な二重起訴状態を無視して審理を
進めてよいとも認め難い」として、正面から国際訴訟競合の処理の必要性
を認めている。そして、外国判決の承認が相当程度の確実性をもって予測
される場合には内国後訴の規制がありうるとしつつ、米国訴訟が裁判管轄
権が争われている初期の段階では承認可能性の予測が困難であるとし、内
国訴訟の規制を否定した。さらに、具体的な処理の仕方として、訴訟手続
の中止を認めることは法文上の根拠がないとして、立法的解決の必要性も
示唆した。品川白煉瓦事件（東京地〔中間〕判平元・6・19判タ703号246
頁）も、同様の立場をとる。

　近時の判例では、特段の事情の有無の判断において承認予測に言及する
ものがみられる（この傾向は、すでにグリーンラインズ事件判決でみられた）。
東京地〔中間〕判平成19年3月20日（判時1974号156頁）[13]は、アメリカで、
米国法人である被告らより損害賠償請求訴訟を提起された原告が、被告に
対し、損害賠償債務の不存在確認を求めてわが国の裁判所に訴えを提起し
た事案である。ここでは、本案前の主張として日本の裁判所に裁判管轄が
あるか争われた。裁判所は、先行する米国訴訟の存在が特段の事情にあた
るかどうかについては、当該訴訟が未だ本案審理に至っておらず、管轄等

---

(13)　本判決の評釈として、江泉芳信・国際私法百選［第2版］234頁、近藤ルミ子・平成19年
　　度主判解278頁等がある。

を争っている段階にあること、そして同訴訟につき本案判決がされてそれが確定することは不確実な状況にあり、相当の確実性をもって予測することはできないこと、そもそも原告らは単に先行訴訟である米国訴訟に対抗するために債務不存在確認訴訟を提起したものではなく、当該訴訟にかかる紛争は本来わが国の裁判所において解決を図るべき案件であるとの理由で本件訴訟を提起したものであること、また先行する外国訴訟があることをもって、直ちにわが国で裁判を行うことが当事者間の公平、裁判の適正・迅速を期するという理念に反する特段の事情があるということはできないとして、被告米国法人の営業所が日本にあること、および本件不法行為の実行地が東京と考えられること等からわが国の国際裁判管轄を認めた。

　以上のとおり、平成23年民訴法改正前の判例は、具体的な事案に即しつつ実質的には国際訴訟競合を規制しており、ただ、具体的処理として「中止」という中間的な取扱いが立法的に認められることを期待していた。実務でしばしば行われていた「期日は追って指定」という取扱いも、中止が法文上認められていないための便宜的な方策だったのである。

Ⅳ　現行法における解釈

1　立法化の見送り

　以上みてきたように、かねてから判例・学説ともに国際訴訟競合の立法化を期待していた[14]。具体的には、すでに近時の判例において明らかなように、比較衡量説でも外国判決の承認可能性は要件として必要なはずであり、承認予測説も「中止」については弾力的な処理を肯定しているので、いずれの説でも受け入れられる立法提案であるとの指摘や、規制が及ぶ範囲を「事件」とすることにより、訴訟物を超えて規制できることを可能とし、事情変更による取消しと新期日の指定・わが国の訴訟却下も規定することにより、外国訴訟のその後の変更にも対応できるはずであるとの指摘もみられた。立法論としては、比較衡量説を原則としながらも同時に承認可能

---

[14]　立法過程における議論については、古田啓昌「国際裁判管轄と国際契約」小林編・理論と実務276頁以下、道垣内正人「日本の新しい国際裁判管轄立法について」年報12号203頁以下（2011）、村上正子「国際裁判管轄の立法過程」小林編・理論と実務38頁参照。

性も必要条件とした要件をたて、中止命令に対する不服申立手段も整備した形での「中止」規定が望ましく、「事件」を基準として国際訴訟競合を「中止」により調整し、即時抗告や事情変更による「中止」の取消しを認めるべきであるという見解も主張されていた。

　国際訴訟競合の立法的解決は、平成の2回の民事訴訟法改正（平成8年と平成23年）でそれぞれ議論されたものの、結局は立法化に至らなかった。その理由としては、実際に競合訴訟が係属している国によって規律のあり方が異なることから、様々な国を想定して要件を設定しようとすると、かえって焦点が絞り切れず、一般的に適用しうる明文の規定を設けることには限界があることがあげられており、この問題は特定国があって初めて規律が可能となるもので、特定国との二国間条約で対応することが望ましいとの意見もあった。そのほか、わが国の企業を守るため、消極的確認訴訟を外国訴訟（とくに米国訴訟）への対抗手段として利用したいという意見が強かったためともいわれている。

　いずれにせよ、2度にわたって立法化が見送られた結果、この問題は依然として解釈に委ねられることとなった。

2　特別の事情（3条の9）による処理

　以上みたように、平成23年の国際裁判管轄法制化においても、国際訴訟競合の明文化は見送られ、立案担当者は、改正前の特段の事情論の枠組みで判断するという従前の判例の立場を踏襲し、3条の9の特別の事情の解釈として、外国訴訟係属を考慮するという立場を示していた（一問一答平23年159頁）。その中で最高裁は、ユニバーサルエンターテインメント事件判決（最判平28・3・10民集70巻3号846頁）において、この立場を採用することを明らかにした。日本法人Xと米国法人Yとの間の賭博営業をめぐる一連の紛争の中で、YがXの子会社AがYに対して有している株式を強制償還する取締役会決議を行い、これが合法的な行動であることの確認を求める訴訟を提起したのに対して、XおよびAが、取締役会決議の履行差

(15)　河村基予「特別の事情による訴え却下」小林編・理論と実務224頁、後友香「国際関連訴訟の規制のあり方」阪大法学68巻5号1043頁以下（2019）、村上正子「判批」JCAジャーナル64巻1号34頁（2017）、安達栄司「判批」金判1507号8頁（2017）。

止めを求める反訴を提起した。他方でＸらは、日本でＹを相手に、Ｙが上記取締役会決議について会社のウェブサイトに英文で掲載したことで名誉を毀損されたとして、不法行為に基づく損害賠償請求訴訟を提起した。最高裁は、日本訴訟は、米国訴訟にかかる紛争から「派生した紛争」であるとしたうえで、双方の訴訟は事実関係や法律上の争点について共通性や関連性が認められるところ、日本訴訟の主要な争点に関する証拠方法が主としてアメリカに所在すること、当該紛争についてアメリカでの解決が当事者の予測に合致するものであり、実際に当事者はアメリカで提訴し反訴も行っていることから、本訴にかかる請求をアメリカで求めたとしても当事者に過大な負担を強いるものではないこと、証拠調べを日本で実施することはＹに過大な負担を課す結果をもたらすことになるとして、3条の9の「特別の事情」を肯定し、訴えを却下した原審の判断を維持した（本判決の分析については、第2章参照）。

　たしかに、承認予測説は、国際訴訟競合の規律を外国判決承認制度との連続性を重視して考えていることから、間接管轄についての鏡像理論や外国判決の自動承認の原則、内外判決の抵触とあわせて、理論的に一貫した説明ができるところに最大の魅力がある（承認予測説は、間接管轄を明確に予測する必要があるので、鏡像理論を当然の前提として初めて成り立つものである）。このような考え方は、承認予測が容易なEU圏内であれば十分成り立ちうるが、わが国のように、国際訴訟競合の問題の多くがアメリカとの間で生じている場合には、アメリカにおける訴訟の段階にもよるが、承認要件充足の見込みの判断が実際には容易ではない。また、外国で係属している訴訟が判決に至るかどうか、さらにはわが国で承認執行が求められるかどうかもわからない。これらのことを考慮すると、実務の運用に困難が伴うことは判例が指摘するとおりである（グールド事件参照）。さらには、第6章で論じた香港サドワニ事件やアナスタシア事件のように、間接管轄が直接管轄と完全には一致せず、個々の事案ごとに調整するという立場を前提とすると、承認予測説をとることは理論的にもむずかしい。承認予測説は、間接管轄が一義的に明確であることを前提としているが（ドイツの承認予測説も同様）、わが国の判例理論および3条の9では整合性を欠く結果となってしまうからである。

　実際的にも、国際訴訟競合のパターンは様々である。大きくは、原告・被告共通型と逆転型とに分けられるが、たとえば前者の場合には、アメリカで訴訟を提起することにより広範なディスカヴァリを活用して証拠を収集し、それを日本の訴訟でも活用するということも考えられる。近時の判例でよくみられるのは後者の場合であるが、アメリカで訴訟を提起された被告が、日本で債務不存在確認訴訟等を提起して対抗するという場合である。比較衡量説によれば、国際訴訟競合の個別の状況にも柔軟に対応できるし、外国先行訴訟の段階や被告の応訴の負担など個別の事情を考慮に入れることで、承認予測説と同様の結論を得ることも可能である。

　立法化が見送られ、さらにはユニーバーサルエンターテインメント事件で最高裁が3条の9の「特別の事情」の枠組みで外国訴訟係属を考慮する立場を採用したことにより、実質的には比較衡量説が採用されたといえる。わが国の解釈論としては、国際訴訟競合と3条の9の「特別の事情」の解釈との間で連続性を保っていることで、理論的にも一貫しているとも評価できよう。そしてこのことは、前述のように間接管轄における判例の立場とも整合性があるといえる。

3　残された問題

　以上みてきたように、今後の解釈の方向性は比較衡量説によることで、ある程度固まったといえるが、他方で、細かい論点は依然として明確ではない。たとえば、前訴・後訴の判断基準や、同一紛争の判断基準などについては、今後もさらに議論を深める必要がある。

　訴訟係属を前訴・後訴の判断基準とするのは、国内訴訟の場合には妥当

---

(16)　このように類型を分けて検討するのは、小林秀之＝原強「国際取引紛争の今日的問題点」ひろば1988年4月号、同・新論点講義 民事訴訟法（弘文堂・2011）280頁、石黒一憲・国際民事訴訟法（新世社・1996）262頁、注解(5)466頁〔山本和彦〕。

(17)　石黒教授や山本教授は、原被告共通型の場合はもっぱら二重の応訴負担を強いられる被告の不利益を重視する点は共通しているが、山本教授はこの場合には承認予測説によるべきとされる。また、承認予測説と比較衡量説の融合を試みる見解として、多喜寛「国際的二重起訴（国際的訴訟競合）に関する覚書」法学新報109巻3号32頁（2002）。

(18)　国際訴訟競合の規制要件を論じるものとして、安達・前掲注（6）「国際的訴訟競合」398頁以下がある。

しても、訴訟係属の発生時期に関する考え方が各国で異なるうえに、国際
送達にかかる時間によるデメリットを当事者に負わせるべきではないこと
からすると、訴状提出時をもって訴訟係属が生じたものとして、前後の判
断をすべきであろう[19]。

　また、内外訴訟の競合をいかなる法によって判断するかについても、手
続は法廷地法によるとの考え方に従い、日本法によって判断すべきだろう
か（本間ほか95頁〔酒井一〕）。それとも自己の権利確保のために迅速に動
いた当事者の期待を重視し、当事者が選択した前訴裁判所の紛争解決枠組
み、すなわち前訴の法廷地法によって判断すべきだろうか[20]。

　訴訟物概念が国によって異なること[21]、さらには外国訴訟係属を特別の事
情の枠内で考慮するというわが国の立場（さらには142条の適用対象を広く
解するわが国の国内法の議論）を前提とすると、国際訴訟競合の対象は同一
の訴訟物とはいい切れない。むしろ、国際訴訟競合の対象をもう少し広く
とらえ、訴訟物の枠にとらわれず、同一事件を基準とし、具体的には、両
訴訟の間に「事実関係や法律上の争点について共通性や関連性が認められ
る」（ユニバーサルエンターテインメント事件判決）かどうかを基準とすべき
であろう。

---

(19)　芳賀・前掲注（1）378頁。
(20)　芳賀・前掲注（1）379頁。
(21)　渉外訴訟の訴訟物をどのように考えるかについて、本間ほか102頁以下〔酒井〕に詳しい。

第8章　国際家事事件

Ⅰ　国際家事事件の解決

1　身分関係事件の国際化とその解決の特徴

　国際結婚や国境を越えた人の移動の増加に伴い、離婚、婚姻無効、認知、親権者指定・変更、養育費、養子縁組、遺産分割などについても、国境を越えた紛争解決の必要性は年々増加している。身分関係は各国それぞれの文化や宗教の影響が強く反映されるものであると同時に、離婚や認知など、当事者対立構造のもとで紛争解決を図る人事訴訟事件から、親権者指定・変更や養子縁組、遺産分割など、裁判所（国家）が後見的な見地から裁量によって民事生活関係に関与していくという家事非訟事件まで、その類型は多様である。

　国際的な身分関係事件においても、財産関係事件の場合と同様に、どのような場合に日本の裁判所が国際裁判管轄をもつか、外国の裁判所でなされた身分関係に関する裁判が日本で効力を認められるためにはどのような要件が必要かなどが問題となる。その際には、裁判の適正・迅速、当事者間の公平という手続法の理念が妥当するのはもちろんであるが、財産関係事件と比較すると、身分関係事件の場合には、身分関係の安定を確保し不均衡な法律関係の発生防止が求められる、いずれの要素を重視するかに違いがあり、救済を求める原告の利益がより保護される、さらには子を対象とした事件においては、当事者とはなっていない子の最善の利益に配慮する必要があるなどの特徴がみられる（松岡編325頁〔北坂尚洋〕）。

2　国際家事事件についての法整備

　これまで、国際家事事件については、いくつかの条約を除いて、国際裁判管轄や外国裁判の承認執行について直接これらを規定する国内法はなか

った。かつての財産関係事件と同様に、裁判所が個別の事案において、条理や国内事件にかかる規定を類推適用するなどして、先例に基づいて判断していた。しかし、事件類型もそこで考慮されるべき要素も多様であるにもかかわらず、先例としては後述するように離婚事件国際裁判管轄についての２つの最高裁判例があるにとどまり、それ以外の事件類型については、判例法理も明確に確立されてはおらず、また学説の立場も分かれていた。

　国際家事事件についての法整備の必要性は、平成23年に財産関係事件の国際裁判管轄の規定が整備された当時すでに認識されており、平成26年４月から法制審議会の「国際裁判管轄法制（人事訴訟事件及び家事事件関係）部会」において具体的な審議が行われ、平成30年４月18日に「人事訴訟法等の一部を改正する法律」が成立し、平成31年４月１日から施行されたのである。

　改正法は、身分関係事件の国際裁判管轄の規定を、離婚や認知については人事訴訟法に、それ以外については家事事件手続法にそれぞれ設けるとともに、家事事件に関する外国裁判の承認・執行に関する規定を、民事執行法に設けている。いずれの立法についても、従前の裁判例や学説をふまえて整備されていることから、以下では、従来の議論との関係にも言及しつつ改正法を概観していくこととする。

　また、この国際家事事件の法整備に先立ち、日本は1980年の「国際的な子の奪取の民事上の側面に関する条約」（以下、「ハーグ子奪取条約」という）を批准し、その国内実施法（「国際的な子の奪取の民事上の側面に関する条約の実施に関する法律」〔以下、「実施法」という〕）が平成26年（2014年）４月１日に施行された。ハーグ子奪取条約は、国境を越えて子が連れ去られた場合に、子の監護権に関する判断は子の常居所地国で行うことがもっとも子の利益に資するという考え方のもと、当該子を連れ去られる前の常居所地国に速やかに返還することによって、子の奪取を防止することを目的としたものである。子の奪取の問題は、子の監護権についての国際裁判管轄や、子の引渡しを命じる外国裁判の承認・執行に関わり、従前から議論されてきた問題であり、実施法の理解はこれらの問題を考えるうえで必要不可欠である。

　本章では、国際家事事件のうち、離婚、子の監護、子の養育費を中心と

して、それぞれの国際裁判管轄の規定と、外国裁判の承認執行についての
規定を概観し、あわせて国際的な子の奪取に関する国内実施法の運用と問
題点についても検討する。

II　人事訴訟事件の国際裁判管轄

1　立法前の裁判例

　離婚請求をはじめとする人事訴訟事件の国際裁判管轄についての規定は、
以下で紹介する2つの最高裁判決および従前の裁判実務に沿って設けられ
た（一問一答平30年24頁）。ここではまず、離婚請求事件の国際裁判管轄に
ついて判断した昭和39年および平成8年の2つの最高裁判決およびその後
の裁判例の傾向を概観してから、新法の規定をみていくこととする。

2　最高裁昭和39年大法廷判決

　わが国には、離婚事件の国際裁判管轄について、それを直接に規定する
成文法規は存在しないとするのが一般的な理解である。したがってかつて
は、その欠缺を補充すべき準則に関して、学説・判例はかなりの分裂を示
していた[1]。その主な対立は、国籍を管轄原因とすることが妥当か、夫婦で
国籍や住所を異にする場合にいずれにも管轄を認めてよいのか等の点にあ
った。その中で、最大判昭和39年3月25日（民集18巻3号486頁）は、この
問題について初めて統一的見解を示した[2]。事実の概要は以下のとおりであ
る。

　X女（原告・控訴人・上告人）は、日本国民として出生し、1940年（昭和
15年）9月、中華民国上海市で朝鮮人であるY男（被告・被控訴人・被上告
人）と婚姻し、朝鮮国籍を取得した。その後2人はYの本国である朝鮮に
帰国し、そこで生活していたが、Xは慣習、環境の相違からYやその家族

（1）　昭和39年最判以前の判例・学説を概観するものとして、早田芳郎・渉外百選［第2版］
　　188頁、岡田幸宏「国際裁判管轄—婚姻関係訴訟を中心にして」実務民訴〔第3期〕(6)343頁
　　以下は、立法前の判例・学説の状況を詳細に検討している。
（2）　本判決の評釈として、桑田三郎・判評70号〔判時374号〕9頁（1964）、溜池良夫・民商
　　51巻6号957頁（1965）、岡野祐子・国際私法百選［第2版］208頁等がある。

との同居に耐えられず、Yから事実上の離婚の承諾を得て、1946年（昭和21年）12月に日本に引き揚げてきた。その後Yは音信不通であり、その生死も不明のまま15年が経過していた。そこでXは、自己の住所地において離婚の訴えを提起した。第一審、第二審とも、外国人間の離婚訴訟についてわが国に国際裁判管轄を認めるには、少なくとも被告がわが国に最後の住所地を有していたことを要件とすべきであり、一度もわが国に渡来したことのない者に対してまでわが国の裁判管轄を認めることは、被告に対して事実上応訴の途を封じる結果となり不当であるとして、わが国の国際裁判管轄を認めなかった。これに対してXが上告したのが本件である。

　最高裁は以下のように判示して、原審を破棄し、事件を管轄裁判所へ移送した。

　　「離婚の国際的裁判管轄権の有無を決定するにあたつても、被告の住所がわが国にあることを原則とすべきことは、訴訟手続上の正義の要求にも合致し、また、いわゆる跛行婚の発生を避けることにもなり、相当に理由のあることではある。しかし、他面、原告が遺棄された場合、被告が行方不明である場合その他これに準ずる場合においても、いたずらにこの原則に膠着し、被告の住所がわが国になければ、原告の住所がわが国に存していても、なお、わが国に離婚の国際的裁判管轄権が認められないとすることは、わが国に住所を有する外国人で、わが国の法律によつても離婚の請求権を有すべき者の身分関係に十分な保護を与えないこととなり……、国際私法生活における正義公平の理念にもとる結果を招来することとなる。

　　本件離婚請求はXが主張する前記事情によるものであり、しかもXが昭和21年12月以降わが国に住所を有している以上、たとえYがわが国に最後の住所をも有しない場合であつても、本件訴訟はわが国の裁判管轄権に属するものと解するを相当とする。」

3　昭和39年ルールとその評価

　昭和39年大法廷判決が示した基準は、原則として被告の住所地に管轄を認めるという被告住所地国主義を採用し、「原告が遺棄された場合、被告が行方不明である場合その他これに準ずる場合」には、例外的に原告の住所地国であるわが国に国際裁判管轄を認めるとするものであった。この基

準はその直後の最高裁判例（最判昭39・4・9家月16巻8号78頁⁽³⁾）によって
も踏襲され、離婚事件の国際裁判管轄については一応の判例理論が確立し
たとされた。

　一方学説においては、昭和39年大法廷判決の結論自体は、当該事案の解
決の妥当性の点からはおおむね支持されたものの、一般的に管轄の有無を
判断する基準としては問題点も指摘されていた。すなわち、被告住所地国
主義の原則に対する例外的事由とはいかなる場合をさすのか、その内容や
範囲についての解釈上の問題である。具体的には、原告が遺棄された場合
の「遺棄」の概念については、これが日本で暮らしていた夫婦の一方が他
方を遺棄して国外に去った場合に限定されるのか、外国で遺棄された夫婦
の一方が来日し居住している場合も含むのか明確ではない。また「被告が
行方不明である場合」については、管轄を認めるにはどの程度の期間を必
要とするのかが問題とされていた。さらに「その他これに準ずる場合」の
例としては、被告の国外追放や、被告の住所地で法制度上離婚ができない
場合、被告が応訴した場合などがあげられていたが、その内容は依然とし
て曖昧であり、事情の類型化が今後の課題であるとされていた。⁽⁴⁾

　本判決以降の下級審判例⁽⁵⁾の流れをみると、被告の住所地がわが国になく
ても、国際私法生活上における正義・公平の理念に基づき、最高裁の示し
た基準の例外事由にあたる場合のほかに、婚姻生活がわが国で営まれてい
たこと、被告の最後の住所地がわが国にあること、被告の住所地での訴訟
でなくても被告の保護に欠けることのない事情（たとえば、管轄や離婚につ
いての合意ないしは異議なき応訴があること⁽⁶⁾）や、わが国に住所を有する原

（3）　米国陸軍軍属として単身来日しているアメリカ人の夫からの、在米アメリカ人の妻に対
　　する離婚請求訴訟において、被告のアメリカ人の妻が来日したこともなく、日本に住所も有
　　していないことから、前述の例外的な場合のいずれにも該当しないとして、わが国の国際裁
　　判管轄を否定した事案である。

（4）　田村精一・渉外百選［第3版］211頁、岡野・前掲注（2）208頁およびそこに掲げられ
　　た文献を参照。

（5）　昭和60年までの下級審判例については、道垣内正人「離婚事件の国際裁判管轄」ひろば
　　1986年11月号13頁、20頁以下の一覧表において概観されている。

（6）　東京家審昭48・10・18家月26巻7号50頁（合意管轄）、東京地判昭58・12・16判時1125号
　　141頁（応訴管轄）、浦和地判昭58・12・21判時1112号112頁（離婚につき同意）等。

告に被告の住所地国での訴訟提起を期待できないという事情[7]などを考慮し、昭和39年ルールに従いながらも例外的事由にあたるとして、原告の住所地国であるわが国の国際裁判管轄を広く認めていこうとする傾向にあり[8]、日本国籍を有しているだけでわが国の管轄を肯定するような事例は見あたらない。

4　平成8年最高裁判決

　平成30年改正法の人事訴訟事件の国際裁判管轄法制の基礎となったもう1つの判例は、最判平成8年6月24日（民集50巻7号1451頁）である[9]。事案は以下のとおりである。

　日本人X男（原告・控訴人・被上告人）とドイツ人Y女（被告・被控訴人・上告人）は、1982年（昭和57年）にドイツ民主共和国（旧東ドイツ）で婚姻し、その後、ドイツ連邦共和国（旧西ドイツ）で婚姻生活を営んでいたが、1989年（平成元年）1月にYがXとの同居を拒み、Xは同年4月、旅行の目的で長女とともに来日し、その後、ドイツに戻る意思のないことをYに告げて、日本で生活するようになった。Yは、同年7月8日、ドイツの裁判所に離婚および親権に関する訴訟を提起した。Xへの呼出し等は公示送達により行われ、Xが応訴することなく手続が進められ、Yの離婚

（7）　名古屋地判平7・2・17判時1562号98頁、福岡地判平8・3・12判タ940号250頁等。統一教会の合同結婚式に参加して韓国人と婚姻し、日本で婚姻届を提出した日本人が、その後わが国で婚姻無効確認訴訟を提起した場合に、韓国では未だに婚姻届が出されておらず、婚姻が形式的にも成立していないという跛行婚の状態であることを認定し、原告が被告の住所地である韓国で婚姻無効確認を求める方法がなく、国際私法生活における正義公平の理念に照らし、跛行婚を放置することの回避および原告の保護を根拠にわが国の国際裁判管轄を肯定した。

（8）　名古屋高判平7・5・30判タ891号248頁は、裁判管轄の有無を昭和39年ルールの枠組みで判断したうえで、同一離婚関係の婚姻事件につき訴訟係属があることを、例外的管轄を認める事由（「その他これに準ずる場合」）に含まれるものとして処理している。

（9）　本判決の評釈としては、海老沢美広・リマークス1997(下)174頁、小野寺規夫・平成8年度主判解314頁、櫻田嘉章・国際私法百選［第2版］210頁、多喜寛・平成8年度重判解287頁、道垣内正人・ジュリ1120号132頁（1997）、村上正子・一橋論叢119巻1号162頁（1998）、山下郁夫・曹時50巻9号189頁（1998）、山田恒久・法学研究（慶應義塾大学）71巻6号95頁（1998）、横溝大・法協115巻5号689頁（1998）、渡辺惺之・判評464号〔判時1609号〕37頁（1999）等がある。

請求を認容し、長女の親権者を Y とする旨の判決が1990年（平成 2 年） 3
月14日に言い渡され、同年 5 月 8 日に確定した。一方、X も Y とほぼ同時
期の1989年（平成元年） 7 月26日に、浦和地裁に本件離婚訴訟を提起した。
なお、本件訴訟の訴状は司法共助の手続を経て、1990年（平成 2 年） 9 月
20日に Y に送達された。第一審（浦和地判平 3 ・11・28民集50巻 7 号1467
頁）は、被告の住所が国際裁判管轄を決定する際の基準の 1 つにはなりう
るとしたうえで、「離婚を認容するか否かの最終的な判断は、多くの場合
婚姻共同生活の実体の解明なしにはよくなし得ないところであるから、そ
の審理は、右婚姻共同生活が営まれた地を管轄する国の裁判所で行われる
ことが望ましく、その国に、原被告双方ともに住所を有しないような場合
ならともかく、原被告のどちらかが住所を有する場合には、その国の裁判
所が国際的裁判管轄権を持ち、その他の国の裁判所はこれを持たないもの
と解するのが相当である」として、訴えを却下した。これに対して第二審
（東京高判平 5 ・ 1 ・27民集50巻 7 号1474頁）は、「夫婦の一方が国籍を有す
る国の裁判所は、少なくとも、国籍を有する夫婦の一方が現に国籍国に居
住し、裁判を求めているときは、離婚訴訟について国際的裁判管轄権を有
すると解するのが相当である」として、わが国の国際裁判管轄を認めた。
これに対して Y が上告したのが本件である。

　最高裁は次のように判示して、Y の上告を棄却した。

　　「離婚請求訴訟においても、被告の住所は国際裁判管轄の有無を決定す
　るに当たって考慮すべき重要な要素であり、被告が我が国に住所を有する
　場合に我が国の管轄が認められることは、当然というべきである。しかし、
　被告が我が国に住所を有しない場合であっても、原告の住所その他の要素
　から離婚請求と我が国との関連性が認められ、我が国の管轄を肯定すべき
　場合のあることは、否定し得ないところであり、どのような場合に我が国
　の管轄を肯定すべきかについては、国際裁判管轄に関する法律の定めがな
　く、国際的慣習法の成熟も十分とは言い難いため、当事者間の公平や裁判
　の適正・迅速の理念により条理に従って決定するのが相当である。そして、
　管轄の有無の判断に当たっては、応訴を余儀なくされることによる被告の
　不利益に配慮すべきことはもちろんであるが、他方、原告が被告の住所地
　国に離婚請求訴訟を提起することにつき法律上又は事実上の障害があるか

どうか及びその程度をも考慮し、離婚を求める原告の権利の保護に欠けることのないよう留意しなければならない。

　これを本件についてみると、前記事実関係によれば、ドイツ連邦共和国においては、前記一3記載の判決の確定により離婚の効力が生じ、被上告人と上告人との婚姻は既に終了したとされているが……、我が国においては、右判決は〔旧〕民訴法200条2号〔現118条2号相当〕の要件を欠くためその効力を認めることができず、婚姻はいまだ終了していないといわざるを得ない。このような状況の下では、仮に被上告人がドイツ連邦共和国に離婚請求訴訟を提起しても、既に婚姻が終了していることを理由として訴えが不適法とされる可能性が高く、被上告人にとっては、我が国に離婚請求訴訟を提起する以外に方法はないと考えられるのであり、右の事情を考慮すると、本件離婚請求訴訟につき我が国の国際裁判管轄を肯定することは条理にかなうというべきである。」

5　平成8年ルール

　本件判旨の直接的意義は、法律上の障害ゆえに原告の利益が十分に保護されない場合に、例外的にわが国の国際裁判管轄を認めることが条理にかなうとした点にある。[(10)]本件のような事案は、昭和39年ルールを前提とした離婚事件の国際裁判管轄の一般理論の枠内では明確には認識されていなかったケースであると同時に、学説によってもきわめて例外事例とされる部類に入るものである。さらに本件は、公示送達に基づいて下されたという理由でわが国で承認されない外国判決の存在が、その外国における訴え提起の障害となるがゆえに、わが国に訴えを提起する以外に権利保護の方法がない場合の問題を、国際裁判管轄の有無を判断する条理の枠内で処理したという点に、その先例的意義があると思われる。本件をして、権利保護の拒絶を回避するための理論として従来あげられていた緊急管轄と同様の処理をした、とみることも可能であるが、むしろ、緊急管轄を認めるための要件としてあげられている「原告の権利保護の必要性」を、条理による

---

(10)　竹下守夫「権利保護の拒絶の回避と国際裁判管轄」駿河台法学10巻2号63頁、80頁（1997）。竹下教授は、本件判旨をして、マレーシア航空事件判決で掲げられていた「条理」という抽象的基準を、身分関係訴訟を含む渉外訴訟の国際裁判管轄を定める一般原則にとらえ直すものであると評価されている。同68頁以下。

国際裁判管轄の決定という一般原則の適用にあたって考慮すべき 1 つの要素としたと考えるのが、本件判旨の趣旨に合致しているといえよう。[11]

　ただ、緊急管轄の法理と本件判旨の基礎にある考えは、「裁判を受ける権利の保障」の要請という点で共通しているといえよう。すなわち、管轄の有無を判断する際には、その根底に、当事者の裁判を受ける権利を不当に奪ってはならないという観念がある。この点についてかつての学説は、憲法32条は、単に一般的・抽象的に裁判請求権を保障したものにとどまり、裁判を受ける権利の保障は無制限ではなく、国際民事訴訟法上裁判管轄権が肯定される場合に限定されるとしていた。[12]たしかに、司法拒絶の危険回避を根拠とした特別管轄は、きわめて例外的事例にかぎられるべきではあるが、原告の裁判を受ける権利の保障も、離婚事件の国際裁判管轄の有無を判断する段階で重要な要素となることは否定できまい。その際にはもちろん、国際社会における裁判機能を各国の裁判機関へ合理的に分配するためのルールが、骨抜きになるようなことがあってはならないのであり、[13]わが国の裁判所に訴えを提起した者すべてに裁判を受ける権利が当然に保障されているというわけではなく、その権利の保障のためにわが国の裁判所の門戸を開かせるに足る根拠がなければならない。そのための第 1 の要件が、本件判旨のいう「離婚請求と我が国との関連性」である。ここで、原告の国籍や住所地、わが国での定住の意思等が総合的に考慮されることになる。訴えとわが国との間になんらかの関連性が認められれば、第 2 の要件として、被告が自己の住所地国で裁判を受ける権利よりも、原告がわが国の裁判所で裁判を受ける必要性がより重視されるべきか否かが考慮される。そしてわが国の管轄を認めなければもはや原告がどこの国でも救済されえないような場合には、わが国の裁判所はこの原告に対して、国際裁判管轄を認める義務があるといえよう。

　平成 8 年最高裁判決以降の判例をみてみると、たとえば、東京地判平成

(11)　竹下・前掲注（10）77頁。立法論として、緊急管轄規定の必要性を説くのは、道垣内正人「立法論としての国際裁判管轄」国際法外交雑誌91巻 2 号26頁（1992）等。

(12)　江川英文・ジュリ303号94頁（1964）。

(13)　矢澤昇治「渉外離婚訴訟における国際裁判管轄について（2・完）」熊本法学44号24頁（1985）。

16年1月30日（判時1854号51頁）は、フランス人の夫とフランスにおいて婚姻し、同国内で婚姻生活を送っていた日本人の妻が、夫の度重なる暴力から逃れるために子とともに帰国し、日本の裁判所に離婚を請求したという事案である。裁判所は平成8年最高裁判決を引用したうえで、当事者間の婚姻生活が従前フランス国内で行われ、現在も被告は同国内に居住するものの、本件原告がフランスの裁判所に離婚等の請求を提起することには、原告や子の生命・身体の自由、安全が危険にさらされるという「事実上の障害」がある一方、被告が日本国での応訴を余儀なくされていることには自業自得の面があること、さらに被告が訴訟途中まで弁護士を選任して訴訟を追行させていたことなどの事情があるときは、日本に国際裁判管轄が認められるとした。[14]

6　平成30年改正法における人事訴訟事件の国際裁判管轄の規定

　人事に関する訴えには、離婚や婚姻無効、嫡出否認、認知、養子縁組無効の訴えなどが含まれるが、人事訴訟法3条の2は、上記人事に関する訴えに共通する国際裁判管轄を規定している。以下では主に離婚請求を念頭に置きつつ、新たな規定をみていこう。[15]

　(1)　**離婚請求事件の国際裁判管轄**　　人訴法3条の2は、前述の離婚請求事件にかかる2つの最高裁判例を基本としつつ、以下のいずれかに該当する場合に、日本の国際裁判管轄を認めるとする。すなわち、①被告である身分関係の一方もしくは双方の当事者の住所が日本にあるとき（または死亡時の住所が日本にあるとき）（人訴3条の2第1号～4号）、②身分関係の当

---

[14]　本判決の評釈として、江泉芳信・平成16年度重判解298頁、近藤ルミ子・平成16年度主判解236頁、山田恒久・ジュリ1290号144頁（2005）等がある。

[15]　平成30年改正法に関する文献としては、内野宗揮「人事訴訟事件及び家事事件の国際裁判管轄法制の整備について」戸籍時報746号5頁（2016）（以下、「内野論文」とする）、高田裕成ほか「〈座談会〉渉外的な人事訴訟・家事事件にかかる手続法制」論ジュリ27号4頁（2018）、竹下啓介「新しい人事訴訟事件の国際裁判管轄規定」同31頁、畑瑞穂「家事事件にかかる国際裁判管轄」同39頁、西谷祐子「人事訴訟事件及び家事事件の国際裁判管轄等に関する新法制(1)(2・完)」曹時71巻3号489頁、同4号715頁（2019）。

　なお、澤木=道垣内・入門314頁は、人事・家事事件の国際裁判管轄のルールにおいては、財産事件とは異なり、手続的正義の実現よりも、実体法上の正義をより重視して、管轄を広く認めたうえで本案審理を行うべきであるとしており、新たな規定にもそのような傾向がみられる。

事者の双方が日本国籍を有するとき（同5号）、③身分関係の当事者の双方の最後の共通住所地（婚姻住所地）が日本にあって、原告の住所地が今でも日本にあるとき（同6号）、④身分関係の当事者である原告の住所地が日本にあり、被告が行方不明である、または被告の住所地でなされた確定判決が日本で承認されないなど、日本の裁判所が審理および裁判をすることが当事者間の衡平を図り、または適正かつ迅速な審理の実現を確保することとなる特別の事情があると認められるとき（同7号）、である。

　立法過程においては、従前の離婚事件の先例および学説をふまえたうえで、被告住所地管轄を原則とし、原告住所地管轄を一定要件のもとでのみ認める案と、管轄原因として被告の住所地と並んで原告の住所地も認め、当事者の一方の住所地が日本にあれば日本の管轄を認める案とが提案されていた。身分関係事件では財産関係事件と比べて、原告の救済（身分関係を確定する利益）がより強く要請される一方で、被告の応訴の負担や手続保障への配慮、身分関係と日本の関連性が不十分となることへの懸念が示された。最終的には被告住所地管轄を原則とし、原告の住所が日本にあるだけでは日本の管轄を認めず、さらなる要件（人訴3条の2第6号・7号）を付加する規定になった。

　身分関係当事者の国籍を管轄原因として認めるかについては、いずれか一方が日本国籍を有していることだけでは日本の管轄は認められないが、他方で、当事者のいずれもが日本に住所を有していなくても、また最後の共通住所地が日本になくても、日本人夫婦であれば国籍に基づいて日本の管轄を認めている。身分関係事件が公益性を有し、わが国として関心を有すべきものであること、日本の国籍を有する者は日本に近親者がいるなど、日本との関連性を有しているであろうことが考慮された（一問一答平30年29頁）。また、日本人である以上日本国としてその身分関係を把握しておくという、戸籍制度があることも、国籍管轄を認める正当化根拠となる。

---

(16)　中間試案第1の1の甲案・乙案。中間試案および同補足説明は、商事法務編「人事訴訟事件及び家事事件の国際裁判管轄法制に関する中間試案」別冊 NBL151号（2015）所収。

(17)　内野論文10頁以下、井上泰人「人事訴訟事件等の国際裁判管轄法制について」年報16号29頁以下（2014）。

(18)　内野論文12頁以下、澤木＝道垣内・入門315頁、西谷・前掲注（15）曹時71巻3号517頁。

　当事者の最後の共通住所地は、従前の裁判例においても管轄原因として認められていたものであり、今回の規定では、原告の住所地に付加的な要件の１つとして管轄原因となっている（人訴３条の２第６号）。夫婦の日常生活や婚姻関係破綻に至るまでの事情、家計の負担状況など離婚請求に関わる証拠が存在する可能性が高く、十分な関連性が認められるし、被告にとっての予測可能性も期待できる[19]。

　今１つの付加的な要件は、従前の２つの最高裁判例が示した準則を一部修正して明文化したものである（同７号）。すなわち、原告が日本の住所を有し、かつ、①被告が行方不明であるとき、②被告の住所地でなされた同一の身分関係に関する確定した外国判決が日本では承認されないとき、③その他日本の管轄を認めることが当事者間の衡平、裁判の適正迅速にかなう特別の事情があるときには、日本の管轄を認めている。①と②は③の特別の事情の例示であり、①と③は昭和39年ルールが示した準則を一部修正して、②は平成８年ルールが示した準則を明文化したものである[20]。

　行方不明かどうかの認定にあたっては、特定の期間が明示されているわけではないので、個々の事案に応じて裁判所が判断することになる（一問一答平30年39頁）。通信手段が発達している現代社会では、たとえば電子メールやSNSで連絡はとれるが、正確な住所はわからないという場合（一問一答平30年40頁）や、必要かつ合理的な調査をしたにもかかわらず、被告の現実の住所が知れないために送達ができないような場合には、行方不明にあたると解される[21]。昭和39年ルールで行方不明と並んであげられていた「原告が遺棄された場合」は、今回の規定には含まれていない。ただ、日本で婚姻生活を営んでいた夫婦の一方が、無断で外国に去った後に、日本に残された他方が原告となって離婚請求訴訟を提起するという、遺棄の典型事例においては、人訴法３条の２第６号により管轄が認められることになる[22]。外国で婚姻生活を営んでいた夫婦の一方が、たとえば配偶者の家庭内暴力（DV）から逃れて日本に戻って来た場合も、同７号に従い原告

---

(19)　内野論文14頁以下、西谷・前掲注（15）曹時71巻３号518頁。

(20)　内野論文16頁以下、澤木=道垣内・入門316頁以下。

(21)　高田ほか・前掲注（15）13頁〔大谷美紀子発言、内野宗揮発言〕。

(22)　西谷・前掲注（15）曹時71巻３号521頁。

住所地管轄を肯定しうる（一問一答平30年39頁）。[23]

　被告の住所地においてすでに同一の身分関係について確定判決があり、それが日本では承認されない場合にも、原告の住所地が日本にあれば日本の国際裁判管轄が認められる。

　人訴法 3 条の 2 第 7 号の特別の事情に基づいて原告住所地国である日本に管轄を認めるべきかどうかは、事案ごとに当事者間の衡平、裁判の適正・迅速に照らして判断する必要がある。[24]被告の住所国で離婚が禁止されている等の事情から、かりに原告が当該国の裁判所に離婚請求をしても、確実に請求が棄却され、その判決の承認が日本の公序に反することが明らかである場合や、管轄を有するとされる裁判所国と日本との間に相互保証がなく、将来下される判決が承認される見込みがない場合は、実際に当該国で実際に提訴していなくても（確定判決がなくても）、日本の管轄を肯定すべき特別の事情が認められる。また、婚姻が不成立でそもそも離婚ができない場合や、内乱等によって司法制度がまったく機能していない場合、被告が国外追放された場合、さらには被告が異議をとどめずに本案について争った場合にも、応訴管轄を否定する新法のもとでは、特別の事情が認められる可能性がある。[25]

　今述べたように、人事訴訟事件については、合意管轄も応訴管轄も認められていない。人事訴訟事件は当事者の身分関係にかかるという意味で公益性が高いこと、外国にいる当事者への送達（応訴の意思の確認）による手続の遅延等を避ける必要があることから、当事者の意思に基づく管轄は否定された。[26]ただ上述のように、従前の裁判例では、原告住所地国である日本に国際裁判管轄を認める理由として、被告が管轄や離婚それ自体に合意していたり、管轄を争わずに応訴していることをあげる例も散見され、学説においても議論があったところである。このことから、新法は合意や

(23)　西谷・前掲注（15）曹時71巻 3 号521頁。

(24)　西谷・前掲注（15）曹時71巻 3 号523頁は、当事者の衡平に鑑みて原告住所地管轄を基礎づける事情だけではなく、原告の権利保護を正当化する事情も含まれるとする。

(25)　西谷・前掲注（15）曹時71巻 3 号524頁。澤木＝道垣内・入門318頁も参照。

(26)　西谷・前掲注（15）曹時71巻 3 号497頁。一問一答平30年23頁は、管轄地と事件との関連性を問題としない当事者の意思に基づく管轄を認めると、任意の法廷地を選択できることになり、これによって恣意的な準拠法選択を許容することになり妥当ではないとする。

応訴のみに基づく管轄を否定する趣旨であり、当事者間に合意があること
や被告が応訴していることは、原告の住所地管轄を肯定する際の考慮要素
となることは認めていると解される（人訴3条の2第7号参照）。また、離
婚の家事調停が管轄合意によって行われた場合（家事3条の13第1項3号）、
調停が不成立となった後に引き続き日本で訴訟を行うことに被告が異議を
述べておらず、積極的に応訴しようとしている場合には、日本の管轄が認
められることもありえよう。[27]

(2)　**関連請求の併合管轄**　　1つの訴えで当事者間において人事訴訟に
かかる請求と損害賠償請求がなされる場合には、人事訴訟について国際裁
判管轄が肯定される場合には、関連損害賠償請求の併合管轄が認められる
（人訴3条の3）。夫婦の一方が、不貞の事実を離婚原因として他方に対し
て離婚請求訴訟を提起し、併せて不貞を不法行為として慰謝料請求をする
場合が典型である（一問一答平30年49頁）。[28]本来両請求は性質を異にするが、
原因となる事実関係が共通しており、主張立証の点で密接に関連している
ことから、両請求を併合しても被告の応訴の負担が増すことはなく、紛争
の一回的解決に資するといえる。[29]なお、上記の例で、配偶者が不倫相手に
対してする慰謝料請求については、身分関係の当事者ではない第三者に対
する請求なので、人訴法3条の3号は適用されず併合されない（一問一答
平30年50頁）。

　併合による管轄が認められる場合の中で、立法段階においてもっとも議
論があったのは、離婚請求の附帯処分としての管轄である。[30]未成年の子の
親権者の指定および監護者の指定その他の子の監護に関する処分が離婚請
求訴訟とともになされる場合には、離婚事件について国際裁判管轄が認め
られれば、併合管轄が認められる（人訴3条の4）。本来、親権者指定等に

---

(27)　竹下・前掲注（15）38頁。

(28)　従来の裁判例（前掲東京地判平16・1・30）とも整合する。ほかには、妻が、夫から妻
　　に対する暴力を理由にする離婚の訴えと、その夫による暴力から生じた損害賠償を請求する
　　訴えを提起する場合があげられる。松岡編332頁〔北坂尚洋〕。

(29)　西谷・前掲注（15）曹時71巻3号526頁。

(30)　立法過程における議論については、西谷・前掲注（15）曹時71巻3号528頁、村上正子
　　「扶養義務に関する審判事件の国際裁判管轄」年報20号29頁（2018）。井上・前掲注（17）34
　　頁以下、北坂尚洋「離婚と親権者指定の同時解決」年報19号109頁以下（2017）も参照。

ついては、家事事件手続法により、子の利益をもっとも考慮できる子の住所地に国際裁判管轄が認められるところ（家事 3 条の 8）、平成30年改正法によれば、子が日本に居住していなくても子の親権者・監護者の指定や面会交流、養育費の請求が離婚請求に併せてできることになる。離婚訴訟が係属する裁判所に提出される、当事者である夫婦のこれまでの家庭環境に関する資料には、子の生活状況等に関する資料も含まれるので、子が日本に居住していなくても、適正かつ迅速な審理・裁判が可能であるからとされる（一問一答平30年52頁、54頁）。父母の離婚時には必ず親権者を指定しなければならないとしている日本法上の制度（民771条・819条 2 項、人訴32条 1 項）との整合性を考慮して認められた規定である。しかし、子の住所が外国にあり、日本の家庭裁判所が子の状況を十分に調査できない場合には、通則法32条の指定する準拠法によっては、親権者指定等の申立てのみを却下することもありうる（家事 3 条の14参照）。日本法やそれと同じ法制度をとる国の法が準拠法となった場合には、外国に居住する子の状況に関する調査や情報収集を国際司法共助により行い、離婚訴訟の中で適切に判断することが望ましい。外国に居住する子の状況を十分に調査できない場合には、離婚の訴えも併せて却下するか、離婚と子の監護に関する処分の管轄を別個に考え、子の住所地国で子の監護に関する判断が下されるまで離婚判決を下さないという、実務上の運用もありえよう。いずれにしても、子の利益を重視し、子の意見聴取の機会を保障することがこれまで以上に要請される中で、いかに適切な審判をするかは、今後検討していく必要がある。

　なお、国内事件において同じく離婚請求の附帯処分として扱われる財産分与については、子の親権者指定等とは異なり、家事法 3 条の12で定める財産分与固有の管轄原因がある場合にかぎって、併合管轄を認めている。

---

(31)　西谷・前掲注（15）曹時71巻 3 号529頁。

(32)　これに対して外国に居住する子に対して、家裁調査官がスカイプ等を用いてインタビューすることは現実的ではないとされる。井上・前掲注（17）36頁、高田ほか・前掲注（15）23頁〔大谷発言〕参照。また、司法共助によって外国に居住する子の意見を聴取する方法もほとんど使われていないようである。村上正子「外国裁判の承認・執行」論ジュリ27号51頁注30（2018）参照。

(33)　西谷・前掲注（15）曹時71巻 3 号529頁。

ただし、家事法3条の12は、基本的には離婚請求も含めた人訴事件の管轄原因と平仄を合わせた規定になっているため、とくに問題はない。

(3)　**特別の事情による却下**　　人訴事件においても、財産事件（民訴3条の9）と同様に、特別の事情による訴えの却下が認められている（人訴3条の5）。ただし、特別の事情の考慮要素は、身分関係事件独自の観点から、「事案の性質、応訴による被告の負担の程度、証拠の所在地、当該訴えに係る身分関係の当事者間の成年に達しない子の利益その他の事情」が例示されている。事案の性質とは、身分関係の内容や請求等の争いに関する客観的な事情（一問一答平30年63頁）、応訴による被告の負担の程度とは、応訴により被告に生じる負担や当事者の予見可能性等の当事者に関する事情、証拠の所在地とは、証人や物的証拠の所在などの証拠に関する事情（一問一答平23年135頁）をそれぞれさす。さらに未成年の子の利益とは、子の意見聴取の機会の保障（人訴32条4項参照）や、適切な調査を通じた子の実情に即した判断という、手続に関する子の利益をさす。⁽³⁴⁾

離婚の訴えについて、離婚請求につき双方日本人であることを理由に日本の国際裁判管轄が肯定される場合でも、夫婦ともに長期間外国に居住しており、日本との関連性がきわめて薄い場合（被告の応訴の負担や証拠収集の困難）や、離婚請求に併合して申し立てられた子の親権者指定や面会交流の裁判をすることが、子の利益に反するとされる場合には、訴えを却下することができる。また、財産関係事件の場合と同様に、他国で同一の身分関係事件について裁判が並行して係属しているという事実は、特別の事情として考慮されることになろう。⁽³⁵⁾

7　家事事件の国際裁判管轄

(1)　**総論**　　家事事件には多様な類型があるが、主なものとしては子の親権者・監護権者の指定、養育費など子の監護に関する処分、養子縁組や後見開始、失踪宣告などがあげられる。いずれも下級審の裁判例は多くあ

---

(34)　中間試案補足説明58頁、一問一答平30年63頁。
(35)　西谷・前掲注（15）曹時71巻3号531頁。なお、身分関係についても、財産関係事件と同様に国際訴訟競合について新たな規律は設けられず、裁判所の解釈・運用に委ねられることとなった。一問一答平30年43頁以下参照。

るものの、最高裁判例がないこともあり、家事事件の国際裁判管轄を判断するにあたっては、身分関係という括りの中で、上述の離婚請求事件についての最高裁判例が示したルールや、国内法の規定、さらには条理という判断枠組みの中で事案ごとの事情を考慮してきた。[36] 立法過程では、これらの従前の裁判例との整合性に加えて、比較法的な観点もふまえた規定づくりがされた。

　家事事件については、家事法において、共通する性質をもつ事件類型ごとに国際裁判管轄を定める規定が設けられた。日本法を前提としたこれらの事件類型には、外国法において日本法の各事件類型に相当すると解されるものが含まれるため、外国法が準拠法となる場合には、いずれの事件類型に含まれるのか、性質決定をする必要がある。[37]

　個別の事件類型ごとの管轄原因の前に、全般に関する規律をみておこう。家事事件においても、財産関係事件や人訴事件と同様に、法定管轄原因が認められる場合でも、日本の裁判所が審理および裁判をすることが相当ではない特別の事情がある場合には、申立ての全部または一部を却下することが認められている（家事3条の14）。人事訴訟事件と比べて、家事事件では後見的観点がより重視されることや、相手方のない事件類型があることから、人訴法3条の5とは条文の文言は異なっているものの、考慮されるべき具体的な事情は、人訴法3条の5と同様であり、同様の解釈論がここでも妥当する（一問一答平30年152頁）。

　これとは逆に、法定管轄原因が認められない場合でも、個別事件において申立人の利益保護や救済の必要性等の観点から、いわゆる緊急管轄を認めるかどうかについては、立法過程で議論はあったものの最終的には明文化されなかった（一問一答平30年82頁）。ただし、解釈上は認められる可能性は否定されていない。[38]

　合意管轄・応訴管轄は、人訴事件と同様の理由から、一部の例外を除いて認められていない。

---

(36)　従来の裁判例や議論については、人事訴訟事件等についての国際裁判管轄に関する外国法制等の調査研究報告書〈http://www.moj.go.jp/content/000103358.pdf〉315頁以下を参照。

(37)　中間試案補足説明2頁、西谷・前掲注（15）曹時71巻4号716頁。

(38)　畑・前掲注（15）40頁。

　なお、人事訴訟を本案とする保全命令事件については、民事保全法の規定が適用され（改正前人訴30条1項の削除）、①わが国の裁判所に本案の訴えである人事に関する訴えを提起することができるとき、②仮に差し押さえるべき物もしくは係争物が日本国内にあるときに、わが国の裁判所が管轄権を有するとされた。これに対して、家事事件を本案とする審判前の保全処分については、国際裁判管轄に関する規定は設けられなかった。家事事件審判を本案とする審判前の保全処分の申立てについては、とりわけ遺産分割事件や財産分与事件において、外国裁判所に係属する事件にかかる財産が日本にある場合に保全処分が認められるべきであるという意見も主張されていたが、本案の家事審判・調停事件が係属している裁判所のみが保全処分を命じるという現行の手続構造との関係から、将来の検討課題として今回の改正は見送られた（一問一答平30年86頁以下⁽³⁹⁾）。

　(2)　**事件類型ごとの管轄原因**　(a)　**親権者・監護者指定、子の監護に関する処分等の審判事件**　子の親権者または監護者の指定や子の監護に関する処分等の審判事件については、子の住所地が日本にある場合には、日本の国際裁判管轄が認められる（家事3条の8）。これらの事件においては、子の利益がもっとも重要であり、家庭裁判所が後見的立場から適切かつ迅速に審理判断するためには、子の生活状況や親との交流、子の意見などを十分に調査し考慮する必要があり、子の住所地の家庭裁判所がもっとも適しているからである（一問一答平30年117頁）。このような考え方は、国内管轄の場合と同様であるし（同150条4号・167条・242条1項2号）、従前の裁判例や学説においても広く認められてきた。⁽⁴⁰⁾

　ただし、すでに述べたとおり、これらの審判事件が離婚請求と併せて申し立てられる場合には、離婚請求について日本に国際裁判管轄が認められれば併合管轄が認められる（人訴3条の4）。子どもが現に日本に居住していなくても、近い将来来日して日本で生活をすることが予定されている場

---

(39)　外国の裁判所に遺産分割事件や財産分与事件が係属している場合に、財産が所在するわが国で保全処分を行うことや、国境を越えた子の奪い合いの事案で、要保護状態にある子について仮の処分を行うことの必要性は指摘されている。西谷・前掲注（15）曹時71巻4号720頁、733頁以下、畑・前掲注（15）41頁。

(40)　たとえば、東京高決平17・11・24家月58巻11号40頁。本決定の評釈として、酒井一・国際私法百選［第2版］212頁。西谷・前掲注（15）曹時71巻4号726頁も参照。

合に、あらかじめ面会交流など子の監護に関する処分について日本の審判を得ておきたいと、当事者が合意しているような場合にも、日本の国際裁判管轄を認めてよいかは議論が分かれる[41]。最終的には「住所地」の解釈の問題になろう（一問一答平30年119頁参照）。

　なお、子の監護に要する費用の分担（子の養育費）に関する処分の審判事件は、次で述べる扶養の義務に関する審判事件の規定が適用される。

　　(b)　扶養の義務に関する審判事件　　子の養育費を含めた扶養義務に関する審判事件については、扶養権利者が扶養請求する場合には、扶養権利者（子の養育費の審判事件については子の監護者または子）および扶養義務者いずれかの住所地が日本にあれば、日本の国際裁判管轄が認められる（家事 3 条の10）。扶養に関する事件は基本的に紛争性が高く、扶養権利者および扶養義務者間の利害が対立する場合が多いことから、相手方の利益保護に配慮する必要があり、被告住所地主義がここでも妥当する。他方で、扶養権利者の生活維持という性質に鑑みると、扶養を必要としている者の迅速な保護や負担の軽減という観点から、扶養権利者の保護の必要性も同様に重視されるべきである（一問一答平30年131頁）。以上のことから新法は、扶養権利者の住所が日本国内にある場合にも管轄を認め、かつ扶養義務者が申立人となる場合には扶養義務者の住所地が日本にあるだけでは日本の国際裁判管轄を認めないとする。

　このような規定は、扶養料請求をする権利者の管轄選択権を増やすという意味で評価できるが、他方で、扶養義務者の側から、いったん定められた扶養義務設定の審判の取消しや扶養料支払を命じる審判の変更を求める場合に、相手方である監護親と子が外国に移住した場合には、日本に国際裁判管轄が認められないことを意味する[42]。この点は立法段階で議論があったところではあるが、扶養料の回収を確実にするという点を重視するのであれば、一定の要件を満たした場合には申立人である扶養義務者の住所地に管轄を認めるべきであろう[43]。一種緊急管轄を認めることになるが、その

---

(41)　畑・前掲注（15）41頁。
(42)　畑・前掲注（15）42頁。
(43)　扶養料の減額を求める申立人にとっては、自分の住所地で申立てができないと扶養料の
　　支払をやめるしかなくなり、債権者にとっては履行を確保するために外国で得た扶養料支払

場合には人訴法 3 条の 2 第 7 号の規定が参考になる。具体的には、変更の
対象となる裁判が日本でなされた場合で、相手方が日本で裁判をすること
に異議を述べていない場合や、相手方の住所地国裁判所の裁判が日本では
承認されない場合には、扶養義務者からの減額申立てについて、義務者の
住所地が日本にあるのであれば、日本の国際裁判管轄を認めてもよいと解
される。

　　(c)　**財産分与に関する処分の審判事件**　　財産分与事件の国際裁判管轄は、
人訴法 3 条の 2 とほぼ同様の規定が設けられている（家事 3 条の12）。すな
わち、相手方の住所地が日本にある場合（同条第 1 号）、当事者双方が日本
人である場合（同 2 号）、最後の婚姻住所地が日本にある場合（同 3 号）、
申立人の住所が日本にあり、日本の裁判所が審理および裁判をすることが
当事者間の衡平、適正迅速な審理の実現を確保することとなる特別の事情
がある場合（同 4 号）には、日本の国際裁判管轄が認められる。この規定
は、基本的には人事に関する訴えを規定する人訴法 3 条の 2 と同様であり、
国内管轄（家事150条 5 号）とはやや異なる。財産分与は離婚ないし婚姻取
消しの効果として生じるものであるから、これらと同様の規律に服するの
が適当とされたものである。財産分与に関する処分は、離婚請求に附帯し
て申し立てられることも多いが、子の親権者等の指定とは異なり、併合管
轄ではなく、あくまでも家事法 3 条の12固有の管轄原因が認められる必要
がある点に注意すべきである。

　　なお、財産分与事件の管轄原因としては、財産所在地を認めるべきかど
うかが議論されたが、夫婦財産の全体に着目してなされる財産分与におい
ては、個別の財産の所在による管轄権を認めるべきではないとする見解が
強く、管轄原因としては認められなかった。

　　(d)　**相続に関する審判事件**　　遺産分割審判や相続財産管理人の選任な
どの相続に関する審判事件については、国内管轄（家事188条 1 項・191条

を命じる判決の承認執行をわが国で求める負担を負うことになる。大谷美紀子編著・最新 渉
　外家事事件の実務（新日本法規・2015）275頁〔皆川涼子〕、池田綾子「国際扶養をめぐる実
　務的諸問題」年報20号78頁（2018）、村上・前掲注（30）33頁以下参照。
(44)　畑・前掲注（15）42頁。
(45)　西谷・前掲注（15）曹時71巻 4 号744頁。
(46)　中間試案補足説明12頁、畑・前掲注（15）42頁。

１項等）の規定と同様に、相続開始時において被相続人の住所が日本国内にある場合には、日本の国際裁判管轄が認められる（同３条の11第１項）。被相続人の最後の住所地には、相続財産そのもののほか、審判に必要な資料が存在する可能性が高く、事件関係者との密接な関連性も認められるからである（一問一答平30年142頁[47]）。

　財産分与事件と同様に、相続財産に属する財産が日本国内にある場合に、財産所在地管轄を認めるべきかどうかが議論されたが、過剰管轄となるおそれがあることなどから、管轄原因としては認められなかった[48]。ただし、相続財産の保存または管理に関する処分の審判事件、相続人不存在の場合における相続財産の管理に関する処分の審判事件など家事法３条の11第３項に列挙された事件類型については、日本の裁判所の管轄権を肯定する必要性かつ合理性が認められることから、限定的に財産所在地管轄が認められている（一問一答平30年145頁）。また、同条第４項では、遺産の分割に関する審判事件にかぎって、合意管轄（専属的・付加的双方を含む）が認められている。遺産にかかる権利義務は、相続人が任意に処分したり、遺産分割協議によって処分したりできるからである[49]。ただし、被相続人が生前、一度も日本に居住したことがなく、相続人もきわめて短期間の来日経験しかないうえ、相続財産に属する財産も日本国内に存在しないなど、わが国との関連性がほとんどないような事案については、合意に基づいてわが国の管轄が認められる場合でも、家事法３条の14の特別の事情ありとして例外的に申立てが却下されることもありうる（一問一答平30年152頁）。

　なお、遺留分や相続権に関する訴えなどの財産権上の訴えについては、民訴法３条の３第12号および第13号が適用され、被相続人の住所地が日本にあれば、日本の国際裁判管轄が認められる（第2章参照）。

　　㈎　**養子縁組に関する審判事件**　　普通養子縁組の許可審判事件および特別養子縁組成立審判事件については、養親となるべき者または養子となるべき者の住所が日本国内にある場合には、日本の国際裁判管轄が認められる（家事３条の５）。これらの事件については、家庭裁判所が後見的立場か

---

(47)　内野論文43頁、畑・前掲注（15）42頁。
(48)　畑・前掲注（15）43頁。
(49)　西谷・前掲注（15）曹時71巻４号743頁、内野論文45頁、畑・前掲注（15）43頁。

ら、養親の適格性や養親子関係の適合性などを適切に判断できる必要があり、また、養親子関係の成立にあたって子の福祉を実現し、人身売買等を防止するという公益上の要請もあることから、養親または養子の住所地がこれらの判断をするのにもっとも適した地であると考えられるからである（一問一答平30年90頁）。この規定は、従来の裁判例や国際条約の規定（1993年ハーグ国際養子縁組条約14条以下）とも整合している[50]。

　特別養子縁組の離縁については、離縁訴訟事件に準じて、人訴法3条の2と基本的に同様の規定が設けられている（家事3条の7）。

　　(f)　**家事調停事件**　　家事事件の解決において調停が果たす役割は大きい（国内家事事件にあてはまる調停前置主義は国際事件にも妥当する）。新法では、家事調停事件について固有の規定を設けている（家事3条の13）。まず、家事調停事件全般について、調停を求める事項についての訴訟事件または家事審判事件について日本の裁判所が管轄をもつ場合には、日本の国際裁判管轄が認められる（同3条の13第1項1号）。この場合にはどの事件類型であっても、日本と密接な関連性が認められ、日本で家事調停を行うことに合理性があるといえる[51]。次に、離婚・離縁事件に関する調停事件および人事訴訟事項以外に関する調停事件については、家事法3条の13第1項1号の場合のほか、さらに、相手方の住所地が日本国内にある場合（同2号）、当事者が日本の裁判所に家事調停の申立てをする旨の合意をした場合（同3号）にも、日本の国際裁判管轄が認められる（同3条の13第3項参照）。国内土地管轄の規定（同245条1項）との整合性や当事者間の衡平、さらには家事調停自体が当事者の合意に基礎を置くものであることなどが理由である（一問一答平30年149頁）。他方で、離婚・離縁事件以外の人事訴訟事項に関する調停事件については、当事者の任意処分に服さないこと、裁判所が職権で法律上の原因を審査し、合意に相当する審判（同277条）

---

(50)　西谷・前掲注（15）曹時71巻4号722頁。たとえば、札幌家審平4・6・3家月44巻12号91頁。本判決の評釈として、西島太一・国際私法百選［第2版］214頁等がある。
(51)　西谷・前掲注（15）曹時71巻4号745頁。調停において合意に達しないときには訴訟または審判により解決されること、訴訟または審判の開始後も付調停がありうることに照らすと、家事調停事件の管轄原因は、訴訟事件または家事審判事件の管轄原因と一致することが望ましいとされる。一問一答平30年149頁。

を行う必要があることなどから、常に家事法 3 条の13第 1 項 1 号の管轄原因によるとされている（同条第 3 項）（一問一答平30年150頁）。

　　(g)　その他の事件類型について　　不在者の財産の管理に関する処分の審判事件については、審理の対象となる財産が日本国内にあるときに、わが国の国際裁判管轄が認められる（家事 3 条の 2 ）。管理の対象となる財産が日本にあれば、わが国の裁判所が当該財産の管理のあり方について適切な判断ができることや、財産管理の実効性の確保を考慮したものである（一問一答平30年89頁）。管理の対象となる財産がなければ、不在者の最後の住所等が日本国内にあっても、不在者が日本国籍を有する場合でも、日本の裁判所に管轄権は認められない（一問一答平30年90頁以下参照）。

　失踪宣告の取消しの審判事件については、日本において失踪宣告の審判があったとき（家事 3 条の 3 第 1 号）、失踪者の住所が日本国内あるときまたは失踪者が日本国籍を有するとき（同 2 号）、失踪者が生存していたと認められる最後の時点において、失踪者が日本国内に住所を有していたときまたは日本国籍を有していたとき（同 3 号）に、わが国の国際裁判管轄が認められる。事件とわが国との関連性や適正・迅速な審理の確保を考慮したものである。[52] 家事法 3 条の 3 第 2 号・ 3 号の管轄原因は、外国裁判所が失踪宣告を行った場合でも、その効力を認めたうえで（同79条の 2 参照）、わが国の裁判所が当該宣告の取消しの審判を行いうることを意味している。[53]

　後見開始の審判事件や失踪宣告の審判事件については、すでに法の適用に関する通則法に国際裁判管轄の規定がある（通則法 5 条・ 6 条）ことから、中間試案の段階では一定の提案がなされていたものの、[54] 最終的には家事事件手続法に国際裁判管轄の規律は設けられなかった（一問一答平30年127頁以下）。[55] なお、未成年後見に関する審判事件については、これまで通則法にも明文の規定がなかったため、未成年後見人の選任の審判事件については、①未成年被後見人の住所もしくは居所が日本国内にあるとき、ま

(52)　内野論文34頁以下、畑・前掲注（15）45頁。

(53)　内野論文36頁。

(54)　中間試案補足説明29頁以下、34頁以下参照。

(55)　畑・前掲注（15）44頁、45頁注(48)、西谷・前掲注（15）曹時71巻 4 号735頁以下、松岡編341頁以下〔北坂〕参照。

たは②未成年被後見人が日本国籍を有するときに、わが国に国際裁判管轄
が認められることが規定された（家事 3 条の 9 ）。保護を要する未成年者の
現在の生活状況の把握はその住所・居所のある国で行うことが適正な裁判
に資すること、日本国籍を有する未成年被後見人の財産や近親者が日本に
所在するなど日本との関連性があること、国民の保護の要請などが考慮さ
れた（一問一答平30年123頁）。

Ⅲ　身分関係事件判決の承認

1　従前の議論

　第 6 章でみてきたとおり、わが国の外国判決の承認執行制度に関しては、
民訴法118条に承認の要件が、そして民執法24条に、外国判決に基づいて
わが国で強制執行をする場合に必要な執行判決請求訴訟についての規定が
あるのみだった。そして、とくに承認要件の規定が民訴法にあること、ま
た民訴法118条が確定判決を要求していること、同条 2 号の規定が二当事
者対立構造を前提としていることから、同条の解釈論は主に訴訟手続にお
ける判決を、また執行判決請求訴訟については、財産関係事件における金
銭給付判決を念頭に置いて議論されてきたといえる。これに対して、外国
離婚判決や、わが国では家事審判事件として非訟事件に分類される身分関
係事件を扱った外国裁判の承認については特別の規定がないために、その
取扱いについては従来から議論されてきたところである。この議論の中心[56]
は、そもそもこれらの裁判が承認の対象となるのか、なるとして民訴法
118条はどこまで適用されるのかであった。前者については、外国裁判に
よって形成された法律関係について、わが国の国際私法が定める準拠法に
よっていることを要件とするアプローチと、外国裁判所でなされた判断を
そのまま尊重し、その効力を日本で承認するとするアプローチが対立して
いたが、後者の立場をとることでほぼ決着がついた。その後議論の中心は、[57]

(56)　村上・前掲注（32）47頁以下、西谷・前掲注（15）曹時71巻 4 号746頁以下。

(57)　徳岡卓樹「身分関係事件に関する外国裁判の承認」澤木敬郎＝青山善充編・国際民事訴訟
　　法の理論（有斐閣・1987）413頁、渡辺惺之「外国形成判決の承認」国際私法の争点［新版］
　　（有斐閣・1996）243頁、注釈(4)357頁〔高田裕成〕、条解626頁以下ほか。

財産関係事件を念頭に置いた民訴法118条がどこまで適用されるかであり、人事訴訟事件については、判例・戸籍実務は民訴法118条全面適用説の立場をとっていたが、家事審判事件については、民訴法118条の要件をそのまま適用する立場と、同条1号と3号のみ適用すれば足りるとする立場が対立していた。⁽⁵⁸⁾

2 平成30年改正法における外国裁判の承認

(1) **民訴法118条の適用ないし準用の明文化**　平成30年改正法においては、身分関係事件にかかる裁判を、人事訴訟事件における確定判決と、家事事件における確定した終局裁判に分けたうえで、人事訴訟事件については、民訴法118条の適用を維持するという理解のもと、人訴法には外国判決の承認についての明文規定はとくに設けず、他方で家事法では、民訴法118条が準用ないし類推適用されることが明文化された（家事79条の2）。これにより、従前議論されていた、外国の裁判につき訴訟と非訟を区別する基準は何か、そして外国非訟裁判の承認要件は何か、という2つの点が立法によって解決されたことになる。

　家事事件については、争訟性の強いものから相手方のいないものまで、様々な性質のものが含まれていることに鑑みて、「その性質に反しない限り」という条件付きの規定になっている。したがって、それぞれの事件の性質を考慮して、承認の対象とすべきかどうか、個々の事件の性質が承認要件の解釈にどのように影響するかを、個別に判断していくことになる。

(2) **承認適格性**　家事事件における裁判で承認適格性が認められるのは、私法上の法律関係を終局的に定めるもので、双方審尋の保障された手続でなされた裁判である。⁽⁵⁹⁾形式的確定力を有し、変更のためには別の手続

---

(58)　1号と3号のみ適用すれば足りるとする判例として、たとえば京都家審平6・3・31判時1545号81頁。本審判の評釈として、河野俊行・国際私法百選［第2版］232頁等がある。全面適用説をとる判例として、東京地判平4・1・30家月45巻9号65頁、東京高判平9・9・18高民集50巻3号319頁等がある。学説の議論状況については、渡辺・前掲注（57）243頁以下、条解626頁、住田裕子「民事訴訟法200条と外国裁判所による非訟事件」戸籍時報549号14頁（1989）。

(59)　財産関係事件についての最判平10・4・28民集52巻3号853頁が、身分関係にも基本的にあてはまる。条解627頁、西谷・前掲注（15）曹時71巻4号750頁ほか。

を必要とするかぎりは、確定しているといえる。英米法系諸国において、離婚や扶養料の支払に関してみられる同意ないし和解協定に基づく判決（consent judgment）も、裁判所がその内容を承認したうえで判決に引用しているかぎりで、承認適格性を認めてよいだろう。これまでの戸籍実務で準拠法アプローチに従って承認の可否が判断されていた養子縁組の成立に関する外国裁判についても、現行法のもとでは家事審判事件として、承認アプローチがとられることになる。

　さらに家事法79条の２によれば、「これに準ずる公的機関の判断」も含まれるので、たとえば扶養料の支払命令について行政機関が下す決定についても、実質的にみて司法的な機能を果たしているのであれば承認適格性を認めてよいであろう（一問一答平30年164頁）。

　身分関係の安定を確保し、不均衡な法律関係の発生を防止することや子の福祉の実現が要請される国際家事事件の特徴に鑑みると、家事事件における裁判について承認アプローチをとることが明文化された現行法のもとでは、訴訟上の和解や家事調停にあたる制度、後見開始の審判などの家事法別表第１に該当するような裁判、審判前の保全処分にあたる暫定的裁判などについて、裁判国における手続や効力などを総合的に考慮して、承認適格性を柔軟に解することが必要になるかもしれない（暫定的裁判については、第11章Ⅳ参照）。

　(3)　**承認の要件**　　新法では身分関係事件についても民訴法118条が適用ないし準用されることが明文化されたことから、以下では、身分関係事件

(60)　東京地判平29・4・25LEX/DB25553673参照。なお、名古屋高判平14・5・22裁判所ウェブサイトは、養育費支払についての訴訟上の合意を認定した裁判所の命令について、民訴法118条の確定判決とはいえないとしたが、小川和茂「判批」ジュリ1285号135頁（2005）は、このような当事者の合意に基づく命令の当該外国における位置づけについて、裁判所の関与のレベルの高さや、当事者の裁量の幅の少なさ等を考慮すると、判決と評価できるとする。
(61)　西谷・前掲注（15）曹時71巻4号751頁、松岡編344頁〔北坂〕。
　　これに対して、外国裁判以外で身分関係が形成された場合には、準拠法アプローチがとられるとする。
(62)　岩本学「外国扶養裁判承認執行制度の現状と課題」年報20号52頁以下（2018）、西谷・前掲注（15）曹時71巻4号750頁以下も参照。給与天引の方法で扶養料の支払を命じる外国判決の承認執行許容性が問題となった事例として、東京高判平10・2・26判時1647号107頁。
(63)　村上・前掲注（32）48頁、西谷・前掲注（15）曹時71巻4号750頁以下、松岡編344頁以下〔北坂〕。

特有の観点から生じる問題を中心にみていこう。

　(a)　**間接管轄**（民訴118条1号）　　第6章の財産関係事件の場合と同様に、身分関係事件の承認要件としての間接管轄の判断においては、人事訴訟法および家事事件手続法で直接的国際裁判管轄の規定が設けられたことから、間接管轄についての直接の手がかりは、これらの規定に依拠することになると考えられる（アナスタシア事件判決〔最判平26・4・24民集68巻4号329頁〕参照）。ただし、財産関係事件についても直接管轄と間接管轄の範囲は必ずしも一致しないことは、第6章ですでに述べたが、身分関係の場合には、相矛盾する身分関係の発生の防止や子の福祉の実現という基本的価値に鑑みて、承認の可能性を広げ、身分関係の安定につなげるためにも、間接管轄を直接管轄よりも広く認めるべきであるとする見解もある[64]。この点については、人事、家事双方の直接管轄についても、特別の事情による却下の規定がある（人訴3条の5、家事3条の14）ので、いわゆる鏡像理論をとったとしても、特別の事情による却下を用いて間接管轄を直接管轄よりせばめる方向に調整することはできるが、直接管轄より間接管轄を広く認めるには、アナスタシア事件判決の示した条理による調整が重要になってこよう。ただし、間接管轄の有無は、当事者にとっては承認時よりもむしろ応訴をするかどうかの時点で問題となることに鑑みると、被告ないし相手方に応訴を強いることを正当化するに足りるだけの関連性があるかという観点は、財産関係事件と同様に必要であろう[65]。

　(b)　**送達**（民訴118条2号）　　身分関係事件についても手続の開始に特化した手続保障は重要であるが、家事事件の中には、争訟性が低く二当事者対立構造にない事件類型（家事別表第1参照）もあり、訴訟事件と比べて制度上担保されている手続保障の度合いが異なる。家事法79条の2の「その性質に反しない限り」という文言は、この点に配慮したものである。裁判を開始するための具体的な手続は国によって異なることから、実質的に、日本法からみて裁判の相手方とされるべき者に、手続の主体として自己の法律上および事実上の意見を述べ、反論するための機会を保障するために、

---

(64)　西谷・前掲注（15）曹時71巻4号754頁。

(65)　西谷・前掲注（15）曹時71巻4号754頁、村上・前掲注（32）49頁、河野・前掲注（58）233頁。

手続の開始（申立て）の事実を当人が知りうるための適切な方法がとられ
ていたかどうか、という観点から審理することになる。裁判の効力によっ
て不利益を受ける者に、訴訟（手続）の開始を知らせる通知がなされず、
実質的防御権が保障されているとはいえない場合には、本号違反となる。

　なお、民訴法118条2号が準用ないし類推適用されることから、第6章
で論じた同号の解釈が基本的にはここでも妥当する。したがって、条約に
従って外国において中央当局送達や領事送達を行うことが必要とされるが、
時間がかかるという問題も指摘されている。

　(c)　公序（民訴118条3号）　　公序の基準は、外国裁判に対しても維持さ
れるべき、日本の法秩序の基本原則ないしそれを支えている基本理念に反
するかどうかであるが、公序の問題は、財産関係事件よりも身分関係事件
の方が問題となりうる。身分関係の規律は各国の文化や歴史、宗教や国の
政策等と深く関わるものであると同時に、身分関係にかかる裁判の形式
（審理方式）も国によって大きく異なりうるからである。ただし、身分関
係の安定性を確保するという要請からは、公序の適用は必要最小限の範囲
でのみ認め、できるだけ外国裁判所の判断を尊重すべきである。

　公序要件の解釈については、実体的公序・手続的公序ともに、第6章の
議論が基本的には妥当する。身分関係事件において実際に公序適合性が問
題となった事例としては、最決平成19年3月23日（民集61巻2号619頁）が
ある。事案は、生殖補助医療により米国ネバダ州在住のアメリカ人女性が
懐胎し出産（いわゆる代理出産）した日本人夫婦の双子の子らについて、
日本人夫婦を父母とする嫡出子出生届を受理しなかった区長の処分に対す
る不服申立てを却下した原審判に対して、この日本人夫婦が即時抗告をし
たものである。なお、この日本人夫婦はネバダ州地方裁判所において、自
らを法律上の親とする旨の申立てをし、同裁判所ではこれを認める命令が

(66)　村上・前掲注（32）50頁。
(67)　池田・前掲注（43）79頁。
(68)　西谷・前掲注（15）曹時71巻4号756頁。
(69)　本決定の評釈として、土谷裕子・ジュリ1341号165頁（2007）、村重慶一・戸籍時報616号62頁（2007）、門広乃里子・速判解1号135頁（2007）、西希代子・判例セレクト330号22頁（2007）、林貴美・判タ1256号38頁（2008）、早川眞一郎・ひろば2008年3月号58頁等がある。

出されていた。わが国では代理懐胎により出生した子の親子関係を規律す
る法律上の定めはなく、2003年（平成15年）の厚生労働省専門部会の報告
書と日本産科婦人科学会の指針では、代理出産禁止の姿勢が示されている
ことから、代理出産を認める外国で日本人が子をもうけた場合に、その親
子関係をわが国でどのように扱うかが問題となる。本件は申立人がタレン
ト夫婦であり、代理出産を試みる事実が以前からマスコミ等により取り上
げられていたこともあり、大きく報道された。

　最高裁はこの問題を、当該日本人夫婦を法律上の親と定めたネバダ州地
方裁判所の裁判が、わが国において承認できるか否かというアプローチに
よって判断し、民訴法118条3号の公序要件について以下のように判示し
た。

　まず、一般論として、外国裁判所の判決がわが国の採用していない制度
に基づく内容を含むからといって、その一事をもって直ちに民訴法118条
3号の要件を満たさないということはできないとした。そのうえで、「実
親子関係は、身分関係の中でも最も基本的なものであり、様々な社会生活
上の関係における基礎となるものであって、単に私人間の問題にとどまら
ず、公益に深くかかわる事柄であり、子の福祉にも重大な影響を及ぼすも
のであるから、どのような者の間に実親子関係の成立を認めるかは、その
国における身分法秩序の根幹をなす基本原則ないし基本理念にかかわるも
のであり、実親子関係を定める基準は一義的に明確なものでなければなら
ず、かつ、実親子関係の存否はその基準によって一律に決せられるべきも
のである。したがって、我が国の身分法秩序を定めた民法は、同法に定め
る場合に限って実親子関係を認め、それ以外の場合は実親子関係の成立を
認めない趣旨であると解すべきである。以上からすれば、民法が実親子関
係を認めていない者の間にその成立を認める内容の外国裁判所の裁判は、
我が国の法秩序の基本原則ないし基本理念と相いれないものであり、民訴
法118条3号にいう公の秩序に反するといわなければならない。このこと
は、立法政策としては現行民法の定める場合以外にも実親子関係の成立を
認める余地があるとしても変わるものではない」として、当該外国裁判の
わが国における効力を認めなかった。

　また東京家判平成19年9月11日（家月60巻1号108頁）は、有責配偶者で

ある夫から妻に対する離婚請求を認めたオーストラリア判決の承認の可否
が問題となった事例である。[70]　裁判所は、このような離婚請求がわが国で認
められないからといって直ちに公序違反となるわけではないが、当該事件
とわが国との関連性の強さ（原告と被告はわが国で婚姻し、婚姻生活もわが
国において送ってきた）からすると、本件事案はわが国における離婚事案
といえなくもないし（この点は民訴法118条 1 号の間接国際裁判管轄の要件に
も関係してくる）、さらには有責配偶者からの離婚請求が信義則に反する場
合には離婚請求を認めることはできないという法理は、わが国の身分法秩
序として確立されており十分尊重されなければならないから、本件離婚判
決の内容はわが国の公序良俗に反するものであるとした。本件が、公序違
反を認めるに際してわが国との関連性の強さを考慮した点は妥当であるが、
信義則に反する有責配偶者からの離婚請求を認めないという法理を、わが
国の確立した身分法秩序として尊重しなければならないとして公序違反を
認めたのは、安易にすぎる感がある。公序違反は、身分法秩序の根幹をな
す基本原則ないし基本理念と相容れないものであるかが問題なのであり、
前述の代理出産の事案とは、承認結果の異常性や重大性が異なると思われ
る。本件では、民訴法118条 1 号の間接管轄の要件も否定されており、さ
らには予備的反訴として離婚請求もしていたことから、公序審査における
婚姻関係についての認定は、離婚請求においてすれば十分であったと思わ
れる。[71]

　手続的公序については、これまでそれほど議論されていないが、とくに
子の監護や扶養に関する裁判においては、子の利益を尊重するという観点
から、子の意見聴取の機会の保障が、近時世界的にとくに重視されている。[72]
子の意見聴取の手続は国によって様々であるが、重要なのは、当該子が自

---

(70)　本判決の評釈として、織田有基子・ジュリ1362号144頁（2008）、村重慶一・戸籍時報631
　　　号82頁（2008）、渡辺惺之・戸籍時報642号26頁（2009）、北澤安紀・平成20年度重判解348頁、
　　　佐野寛・リマークス2009(上)138頁、南敏文・平成20年度主判解122頁がある。
(71)　織田・前掲注（70）146頁も同旨。
(72)　二宮周平「離婚紛争における子どもの意思の尊重」ケース研究332号 4 頁以下（2018）、
　　　大谷美紀子「家事事件手続における意見を聴かれる子どもの権利の保障」木内道祥先生古
　　　稀・最高裁判事退官記念・家族と倒産の未来を拓く（金融財政事情研究会・2018）57頁以下
　　　等参照。

らの意思を表明できる年齢に達しているとみなされる場合に、その人格を
尊重する方法で意見を述べる機会が与えられ、それが手続に反映されてい
るかどうかである⁽⁷³⁾（子の意思を裁判所が聴取するだけでなく、広く子の代理人
を認めることも考慮すべきである）。

　なお、平成30年改正法では、国際的な手続競合を調整する特別な規定は
設けられなかったため、引き続き解釈によって対応することとなる。たと
えば、日本と外国で離婚判決が競合している場合や、日本で離婚判決に附
帯して子の親権者指定の審判がなされ、他方で子が住所地を有する国で独
自に監護権の裁判がなされ、当該外国裁判に基づき子の引渡しが求められ
たとき、その前提として当該裁判のわが国における承認が問題となる場合
などは、当該外国裁判の承認は公序に反するとも考えられる。しかし、公
序の適用範囲を極力限定するという観点からは、財産関係事件の場合と同
様に、間接管轄の枠内で調整すべきであろう。とくに身分関係事件の場合
は、裁判の対象となった身分関係にかかる事情が変化することも少なくな
いことから、子の利益の保護等の観点から、いずれの裁判を優先すべきか
を考える必要があり、今後さらに検討すべき問題である（アメリカでは、
担当裁判官が相互に連絡し合い協議する制度もあるが、柔軟な解決を目指すた
めにも考慮に値しよう）。

　　(d)　相互の保証（民訴118条4号）　　相互保証要件は、身分関係事件にか
かる外国裁判の承認の場合には、相矛盾する身分関係の発生防止という観
点から不要であるとする見解は、従前から、また立法過程の議論において
も、かなり強く主張されていた。しかし最終的には、財産関係事件と区別
する積極的な理由がないこと、身分関係についてのみ不要とすると、性質
決定の議論が激化するおそれがあること等から、承認要件とされた（一問
一答平30年160頁）。身分関係事件は、財産関係事件に比べて多種多様な裁
判が含まれることから、「同種類の判決」について相互保証があれば足り
るとする要件が、必要以上に承認の障害にならないよう、重要な点で異な
らなければ足りると解すべきである。また承認を求める当事者の負担にな

⁽⁷³⁾　家事事件においては、子の手続代理人を介して子の意見を手続に適正に反映させること
　も可能である（家事23条1項・2項）。アメリカでは、子の代理人制度は広く認められている。

らないよう、立証責任等で工夫する必要があろう。[(74)]

Ⅳ　外国家事裁判の執行

1　従前の裁判例

　家事事件にかかる外国裁判に基づいてわが国で執行が求められるのは、子の引渡しを命じる裁判や養育費の支払を命じる裁判が典型である。従前は、外国家事裁判の承認と同様、明文の規定がないことから、財産関係事件を念頭に置いた民執法24条に基づき、判決手続において承認要件の有無を審査し、確定した執行判決が付与された外国裁判を債務名義として、執行が行われていた。

　子の監護や扶養に関する裁判は、子の利益（福祉）を尊重するという観点から、様々な要素・事情を考慮し、裁判所の裁量でもって将来を予測し、将来に向かって法律関係を形成するという後見的性格を有するものである。これらの裁判は、回顧的な事実認定を主とする訴訟事件とは異なり、継続的な性質をもち、事情に応じて裁判の取消し・変更を必要とする。さらに、扶養料の支払や子の監護を指定する裁判において子の引渡しを命じている場合には、それらの外国裁判をわが国で執行する必要があるが、その場合には、現行法のもとではわが国で執行判決請求訴訟を提起するしかない。そうすると、たとえば、当該外国裁判が確定した後に、子をめぐる事情が変動し、外国裁判で認められた一方の親の監護権を他方の親に変更すべき事情が生じた場合、あるいは扶養料の支払を命じる外国裁判の前提となっていた当事者の生活関係が大きく変わり、そこで命じられた扶養料の額を変更する必要が生じた場合に、わが国における執行段階で（執行判決請求訴訟において）これらの事情変更を主張し、当該外国裁判の承認・執行を阻止することができるかも、大きな問題となる。次の裁判例はこれらの問題について判示したものである。

　子の引渡し事件（東京高判平5・11・15高民集46巻3号98頁）の事案は、

以下のとおりである。⁽⁷⁵⁾

　アメリカ人Ｘ男（原告・被控訴人）と日本人Ｙ女（被告・控訴人）は1982年（昭和57年）アメリカ・テキサス州において婚姻、居住し、同年Ａ（アメリカ国籍）が出生したが、1984年（昭和59年）5月に同州地方裁判所の離婚決定により離婚した。この決定では、ＹがＡの単独支配保護者、Ｘが一時占有保護者と定められ、同地裁の許可なく州外にＡを移動させることが禁じられた。1988年（昭和63年）8月、Ｘは単独保護者をＸに、一時占有保護者をＹに変更することを求める訴えを同地裁に提起した。その後Ｙは1989年（平成元年）5月に同地裁の制限付きの許可を得て、Ａを連れて来日し、以後Ａとともに東京都に居住している。一方同地裁は、陪審裁判による事実審理を経て、同年11月、Ｘの変更の申立てを認めたうえで、Ｙに対し、一時占有保護者として認められる特定の期間を除き、ＡをＸに引き渡すことを主な内容とする判決を言い渡した。1991年（平成3年）Ｘは、本件外国判決のうちＡの引渡しを命じる部分についてわが国で執行するために、東京地裁に執行判決請求訴訟を提起した。Ｙは旧民訴法200条所定の要件の充足を争うとともに、Ａがわが国での生活になじんでおり、ふたたびアメリカでの生活を強いることは子の健全な発達の障害となる等、外国判決後の事情変更を抗弁として主張した。さらに、かかる事情を請求異議事由として請求異議の訴えを反訴として提起した。原審は、Ｘの請求を認容しＹの反訴を却下したが、これに対してＹが控訴したのが本件である。

　東京高裁は次のように判示して、原判決を取り消してＸの請求を棄却した。公序要件の審査基準時について、民訴法118条3号の公序要件の判断に際しては、「当該外国判決の主文のみならず、それが導かれる基礎となった認定事実をも考慮することができるが、更に、少なくとも外国においてされた非訟事件の裁判について執行判決をするか否かを判断する場合には、右裁判の後に生じた事情をも考慮することができると解するのが相当である。外国裁判が公序良俗に反するか否かの調査は、外国裁判の法的当

(75)　本判決の評釈として、渡辺惺之・平成5年度重判解296頁、早川眞一郎・リマークス1995(上)172頁、山田恒久・渉外百選［第3版］230頁、横溝大・ジュリ1105号13頁（1997）、西野喜一・平成6年度主判解254頁、海老沢美広・家事関係裁判例と実務245題（判例タイムズ社・2002）84頁、釜谷真史・国際私法百選［第2版］222頁等がある。

否を審査するのではなく、これを承認、執行することがわが国で認められるか否かを判断するのであるから、その判断の基準時は、わが国の裁判所が外国裁判の承認、執行について判断をする時と解すべきだからである」とした。そのうえで、本件外国判決を承認し、子の引渡しを命じる部分を執行することは、Aが現在では英語の会話や読み書きができないにもかかわらずアメリカでの生活を強いることになり、Aの福祉に反する結果をもたらすもので公序良俗に反するとした。

　本件事案には、身分関係事件判決の承認・執行の際に生じる様々な問題点が凝縮されているが、ここではとくに承認要件としての公序審査の基準時の問題を考えてみよう。具体的には、自動承認の原則との関係で、外国裁判後の事情変更を、公序要件の枠内で考慮することの妥当性の問題である。この点については、外国裁判確定時を基準時とする立場(76)と、承認要件審査時を基準時とする立場(77)がある。前者の立場は、このような事情変更は、独立の本案事件として、監護者の変更の申立てや養育費の減額の申立ての審理の中で考慮されるべきであるとする。この場合、本案事件について日本に国際裁判管轄があることが前提である。これに対して判例は上述の裁判例のように、承認要件審査時を基準時とし、外国裁判確定後に、子どもが新しい環境になじんだことや扶養義務者の経済状態が悪化したことなど、権利義務の判断に影響しうる事情変更も公序審査の中で考慮しうるとしている(78)。しかしこのような立場に対しては、事情変更が生じたことを理由に外国裁判の効力をそのまま将来にわたって維持することが、たとえば子の利益に反するかどうかを判断するのは、本来は家庭裁判所の管轄事項であ

(76)　釜谷・前掲注（75）223頁、同「外国判決承認執行制度と外国判決後の事情の考慮について」九大法学83号134頁（2002）、渡辺・前掲注（75）298頁ほか。

(77)　竹下守夫「判例から見た外国判決の承認」中野貞一郎先生古稀記念・判例民事訴訟法の理論㊦（有斐閣・1995）553頁、海老沢美広「外国判決執行の一段面」朝日法学論集25号36頁（2000）、本間ほか193頁〔中野俊一郎〕、中野俊一郎「外国判決の執行」実務民事訴訟講座〔第3期〕(6)450頁、西谷・前掲注（15）曹時71巻4号757頁ほか。

(78)　扶養料の支払を命じる外国判決について、当該外国判決言渡し後の事情変更を考慮して公序適合性を判断したものとして、東京高判平13・2・8判タ1059号232頁（公序違反を認めて執行判決請求を棄却）がある。本判決の評釈として、中西康・平成13年度重判解328頁、小野寺規夫・平成13年度主判解182頁、渡辺惺之・リマークス2002㊦151頁、村上愛・ジュリ1280号143頁（2004）ほかがある。その他、前掲注（60）東京地判平29・4・25、東京地判平28・1・29判時2313号67頁、東京地判平23・3・28判タ1351号241頁なども参照。

るはずで、それを執行判決請求訴訟において地方裁判所が適切に判断でき
るのか（この点については後述）、意図的な公序違反の操作を助長するので
はないかなどの批判が考えられる。外国判決後の事情変更は、公序要件と
は切り離すべきであるし、子の監護権や引渡しにおける子の利益適合性は
執行判決請求訴訟における抗弁として主張できるものでもない。承認要件
としての公序と執行要件としての公序を区別し、本件事案は、子の福祉の
観点から著しく不当と思われる執行を回避する緊急の救済手段として、事
情変更を執行要件の枠内で考慮したものであると評価しうるとしても、そ
の判断は、本案について管轄を有する家庭裁判所に委ねられるべきである。
したがって、事情変更を主張する者は、別途子の監護権者の指定ないし変
更の申立てをして、裁判所の判断を得たうえで、執行の公序違反を争うの
が筋であろう。

2　平成30年改正法における外国家事裁判の執行

　立法段階では、外国家事裁判の執行については、執行判決請求訴訟では
なく、決定手続による審査の導入が検討されていた。身分関係事件につい
ては迅速性が求められることやプライバシーの保護等の観点から、非公開
の決定手続の方がより適切であるとされたのである。しかし最終的には、
民執法24条の趣旨である、被告の手続保障の要請は外国家事裁判について
も妥当することから、執行判決を必要とする制度が明文化された（一問一
答平30年169頁）。

　平成30年改正法でもっとも実務に影響があると思われるのは、外国家事
事件裁判の執行判決請求訴訟の管轄が、家庭裁判所に移管されたことであ
ろう（民執24条 1 項）。わが国において家事事件を扱うのが家庭裁判所であ
ることは周知されていることをふまえると、この改正は利用者にとっての
わかりやすさに資するといえる（一問一答平30年176頁）。立法段階では、
家裁の専属管轄も提案されていたが、財産関係事件の執行手続が地裁の管
轄であることから、外国裁判の性質によっては当事者が管轄裁判所を誤っ

---

(79)　渡辺・前掲注（78）154頁、村上・前掲注（78）145頁。

(80)　釜谷・前掲注（75）223頁。渡辺・前掲注（75）298頁も参照。

(81)　小林=村上・国際民事訴訟法191頁以下参照。

て執行判決請求訴訟を提起する事態が懸念された。そこで新法では、地裁と家裁の双方に競合的に職分管轄を認め、それぞれの裁判所が相当と認めるときは、申立てまたは職権で自庁処理ができる旨定めている（同条２項・３項）（一問一答平30年178頁）。

　外国家事裁判の執行判決請求が家庭裁判所で審理されることのメリットは、上述の外国裁判確定後の事情変更が生じた場合に顕著である。従前の裁判実務を前提とした場合、公序要件の枠内でこれらの事情を考慮することになるが、子をめぐる家事事件について一定の専門的知見の蓄積のある家庭裁判所で審理するほうが、より適切な判断がなされることが期待できる。また、実務においては、子の引渡しを命じる外国裁判の執行判決請求訴訟や養育費支払を命じる外国裁判に対して、相手方が監護権者指定の申立てをしたり、養育費減額の申立てをすることがある（私見によればこれが本来の方法であることは、上述のとおり）。執行判決請求訴訟が家庭裁判所に提起されると、一方は判決手続で他方は審判手続であることから、併合することはできないものの、同一当事者間の事件として、両手続が同じ家裁で並行して審理されることが可能となるのも、メリットの１つといえよう。

　他方で、扶養料（養育費）の履行の確保などは、外国判決の承認執行のルートで行うことには限界もあることが指摘されている。条約等の締結により、迅速かつ効率的な権利実現へ向けて、そのための別ルートについて引き続き議論をしていくべきである。

（82）　中間試案補足説明67頁、西谷・前掲注（15）曹時71巻４号760頁、一問一答平30年176頁。承認公序と執行公序を区別し、執行判決請求訴訟における公序の基準時を執行拒否の判断時点とする釜谷・前掲注（75）223頁、渡辺・前掲注（75）298頁によっても、たとえば子の引渡しについて、その執行が子の利益に反するかどうか、後見的役割を果たす制度的裏づけのある家庭裁判所であれば、適切に判断できるとする。

（83）　村上・前掲注（32）53頁、高田ほか・前掲注（15）27頁〔大谷〕、西谷・前掲注（15）曹時71巻４号760頁。

（84）　池田・前掲注（43）82頁。

（85）　池田・前掲注（43）86頁以下、西谷・前掲注（15）曹時71巻４号761頁、村上・前掲注（30）35頁、岩本・前掲注（62）46頁以下、奥田安弘「外国における扶養料取立システムの構築」北大法学論集53巻５号367頁（2003）、田中美穂「子の養育費の国際的回収における実効性の確保」近畿大学法学65巻２号１頁（2017）参照。

V　国境を越えた子の奪い合い

1　問題の状況

　上述（Ⅳ 1）の平成 5 年の東京高判の事案が示すように、婚姻関係（国際結婚にかぎらない）が破綻した後、別居中や離婚裁判係属中、あるいは離婚後に、夫婦の一方が他方に無断で子どもを国外に連れ出してしまうことがある。自分の本国に連れ帰り、そこで新たな生活をスタートさせようとするケースが多いが、離婚裁判の係属中に連れ去ってしまうと、当該裁判で子の監護権者として残された親が指定され、併せて子の引渡しを命じる判決が出されたり、あるいは連れ去り親がなんらかの裁判所の命令に反して子を連れ去った場合には、一種制裁的な措置として子の監護権者が残された親に変更され、それに伴い子の引渡しを命じる判決が出されたりすることもある。従前の裁判例をみると、上述の平成 5 年判決のように、残された親が、これらの外国判決の執行を求めて日本で執行判決請求訴訟を提起した場合、判決手続で承認要件を審査するため、一定の時間を要し、その間に子どもは新しい環境に慣れてしまい、子の引渡しを命じる外国判決をわが国で承認・執行することが子の利益に反するとして、公序違反を理由に執行が認められない事例や、連れ去り親が日本の家庭裁判所に親権者指定の申立てをして、子が日本に居住していることを理由に国際裁判管轄が認められる事例もあった。これらの事例は、見方によっては「連れ去ったもの勝ち」という印象を与え、とくに残された親との間では公平とはいえず、なんらかの対処が必要であるとされていた。[86]

---

(86)　ハーグ子奪取条約加盟に至る背景・経緯については、早川眞一郎「子の奪い合い紛争の解決」家族〈社会と法〉18号136頁（2002）、同「子の奪い合いについての一考察」星野英一先生古稀祝賀・日本民法学の形成と課題下（有斐閣・1996）1209頁、同「国境を越える子の奪い合い⑴」名大法政論集164号49頁（1996）、織田有基子「『子の奪取に関するハーグ条約』の実際の運用と日本における批准の可能性」国際法外交雑誌95巻 2 号35頁（1996）、横山潤「国際的な子の奪取に関するハーグ条約」法学研究（一橋大学）34号 3 頁（2000）、半田吉信・ハーグ条約と子の連れ去り（法律文化社・2013）187頁以下等参照。

2　ハーグ子奪取条約の目的と枠組み

　このように、国境を越えて子が連れ去られた場合に、子がそれまで生活していた国（常居所地国）に迅速に返還するための法的枠組みを提供するのが、ハーグ国際私法会議で1980年に採択され、1983年に発効した「国際的な子の奪取の民事上の側面に関する条約」（以下、「ハーグ子奪取条約」という）であり、2020年8月1日現在、101か国が締約国となっている。

　ハーグ子奪取条約は、①不法に連れ去られ、または留置されている16歳未満の子どもを、連れ去られる直前に住んでいた（常居所地）国に迅速に返還すること、そして②他の締約国で認められた監護の権利および接触権利（面会交流権）を尊重し、確保することを目的としている。その基本的枠組みは、①中央当局を指定し、相互の連携協力により、連れ去られた子の所在を発見し、残された親の返還請求を援助する、②連れ去り国の裁判所は、原則として、迅速な手続により、子を常居所地国に返還するというものである。返還裁判においては、どちらの親が子どもの面倒をみるべきか、という子の監護権の本案については判断してはならないとされている。その判断は、子の常居所地国の裁判所がすべきであるからである。すなわち、迅速な返還を原則とすることで、子の奪取を防止することこそが、ハーグ子奪取条約の目的といえる。その背景には、子の不法な連れ去りによって、自己に有利な国際裁判管轄や準拠法を取得することを許さない（何人も自己の不法な行為によって利益を得ることは許されない）という考え方がある。とにかく子を迅速に返還するという原則が、子の利益と矛盾するのではないかという疑問に対しては、ハーグ子奪取条約が考える子の利益とは、慣れ親しんだ生育環境から、自己の意思によらずに見知らぬ言語的・文化的環境に移動させられないことが、子の最善の利益の1つであり、迅速に子どもをその慣れ親しんだ生育環境、すなわち常居所地国に帰すという原則が、「子の優越的利益」を尊重することにつながる、と説明されている。[87]

---

(87)　Elisa Pérez-Vera, Explanatory Report on the 1980 Hague Child Abduction Convention, para. 20 ff. ハーグ国際司法会議（HCCH）のホームページ〈https://www.hcch.net/en/publications-and-studies/details4/?pid=2779&dtid=3〉参照。同ホームページからは、日本語訳版も入手可能である。早川眞一郎翻訳監修「エリザ・ペレス-ヴェラ氏による解説報告書」7頁以下参照。金子修編・一問一答・国際的な子の連れ去りへの制度的対応（商事法務・

　日本では2013年 5 月に、ハーグ子奪取条約の締結が国会で承認され、同年 6 月に、同条約を実施するための法律である、「国際的な子の奪取の民事上の側面に関する条約の実施に関する法律」（以下、「実施法」という）が公布され、2014年 4 月 1 日より施行されている。

　日本の中央当局は外務大臣（外務省）であり（実施法 3 条）、子が日本に所在する場合の外国への返還援助や面会交流援助、子が他の締約国に所在する場合の日本への返還援助や面会交流援助を行う。[88]

　(1)　**返還裁判の概要**　　子の返還裁判に関しては、子が日本に連れ去られ、あるいは留置されているインカミングケースにおいて、当該子を常居所地国へ返還するための裁判手続が定められている。[89] 子の返還裁判の申立人（通常は子を連れ去られた親）は、子を監護している者（通常は子を連れ去った親）を相手方として、東京または大阪の家庭裁判所に返還の申立てをする（実施法26条・32条）。裁判所は、①子が16歳に達していないこと、②子が日本に所在していること、③常居所地国の法令によれば、連れ去りまたは留置が子の監護に関する申立人の権利を侵害していること、④連れ去りの時または留置の開始時に、常居所地国が締約国であったこと、のすべてを満たすことを申立人が証明した場合には、原則として子の返還を命じなければならない（同27条）。国際結婚であっても、国内の連れ去り事案には適用されないし、日本人同士の両親でも国境を越えた連れ去りなら適用される。両親や子がハーグ条約締約国のものでなくても、上記の要件を満たせば条約は適用される。

　これに対して、例外的に返還を拒否できる場合は以下のとおりである。すなわち、①子の返還の申立てが連れ去り時または留置開始時から 1 年を

2015）21頁、早川眞一郎「ハーグ子の奪取条約の現状と展望」国際問題607号18頁（2011）、渡辺惺之「国際化する紛争への対応」二宮周平＝渡辺惺之編著・離婚紛争の合意による解決と子の意思の尊重（日本加除出版・2014）178頁も参照。

(88)　中央当局の役割については、西岡達史「子の連れ去りに関するハーグ条約と行政の役割―中央当局の機能」年報15号72頁以下（2013）、孫崎馨「日本のハーグ条約への加入と中央当局の運用について」家庭の法と裁判 2 号 6 頁以下（2015）参照。

(89)　堂薗幹一郎「ハーグ条約に基づく子の返還のための裁判手続等の概要」民月68巻 9 号12頁（2013）、金子編・前掲注（87） 6 頁以下。子の返還裁判については、村井壯太郎「国際的な子の奪取の民事上の側面に関する条約の実施に関する法律における子の返還申立事件等の手続と裁判所における運用について」家庭の法と裁判 2 号15頁以下（2015）等参照。

経過した後になされたものであり、かつ、子が新たな環境に適応している場合（実施法28条 1 項 1 号）、②申立人が連れ去り時または留置開始時に子に対して現実に監護権を行使していなかった場合（同 2 号）、③申立人が連れ去りまたは留置に同意またはこれを承諾していた場合（同 3 号）、④常居所地国に子を返還することによって、子の心身に害悪を及ぼすことなど、子を耐えがたい状況に置くこととなる重大な危険がある場合（同 4 号）、⑤子の年齢および発達の程度に照らして子の意見を考慮することが適当である場合で、子が常居所地国への返還を拒んでいる場合（同 5 号）、⑥常居所地国への返還が、人権および基本的自由の保護に関する日本の基本原則により認められない場合（同 6 号）である。①・②・⑤は、裁量返還事由であり、裁判所は一切の事情を考慮して、常居所地国への返還が子の利益に資すると認めるときは、裁量で子の返還を命じうる。他方で④・⑥が認められる場合は、子の返還が子の利益に反することになるので、これらは絶対的返還事由である。また、④の判断に際しては、常居所地国で子が申立人から身体に対する暴力を受けるおそれの有無、相手方および子が常居所地国に入国した場合に相手方が申立人から子に心理的外傷を与えることとなる暴力等を受けるおそれの有無、申立人また相手方が常居所地国において子を監護することが困難な事情その他の一切の事情が考慮される（同28条 2 項）。

　そのほか実施法は、子の返還を担保するための措置として、子の返還裁判が係属中に、子がさらに国外へ連れ去られるおそれがある場合には、裁判所が、一方当事者の申立てにより、相手方に対して、子の出国禁止や子のパスポートの提出を命じることができる旨定めている（実施法122条 1 項・ 2 項）。

(2)　**返還命令の強制執行**　　裁判所が返還命令を出したにもかかわらず、連れ去り親がそれに従わない場合には、返還命令に基づいて強制執行が行われる。実施法は、子の返還（子の引渡し）の強制執行について、間接強制と代替執行を組み合わせるという方法を初めて明文化したという点でも注目された。しかし、下記に述べるように、施行後の強制執行の実施状況が芳しくなく、その実効性に対する批判が高まったことから、令和元年の民事執行法改正（「民事執行法及び国際的な子の奪取の民事上の側面に関する

条約の実施に関する法律の一部を改正する法律」〔令和元年法律第2号〕、令和元年5月10日成立・同月17日公布）に合わせて、実施法の執行手続も改正され、令和2年4月1日より施行された。

改正前の手続は以下のとおりであった。[90]

まずは間接強制手続を行い、子を返還するまで金銭の支払を命じることで任意の履行を促す。2週間経過しても履行がない場合にかぎって、代替執行の申立てができる（間接強制前置の原則）。代替執行は、手続を子の解放と返還の2段階に分け、「子の監護を解くために必要な行為」＝子の解放（第1段階）は執行官が行い、子の返還（第2段階）は裁判所が指定した者（返還実施者）が行うとされる。子の解放は子が債務者とともにいる場合にかぎり（同時存在の原則）、また債務者の住居など、債務者の占有する場所で実施しなければならない。執行官は、債務者を説得し、その抵抗を排除したり、住居等への強制的立入りの権限をもつ。場合によっては警察に援助を求めることもある。ただし、強制執行手続に際しては、何よりも子の利益に配慮しなければならないことから、子に対して威力を行使することは許されない。

令和元年改正前の手続の特徴は、間接強制前置と同時存在の原則であったが、いずれについても、立法過程からその当否については議論があり、代替執行（解放実施）がすべて不奏功に終わるという実施状況を受けて、制度の見直しが強く求められていた。令和元年の民執法改正では、上述の実施法における手続をたたき台として、それまで民執法の明文の規定がなかった子の引渡しの強制執行方法について初めて規定を設けるとともに、実施法の手続も国内事案と同様の規律に見直された。主な改正点は以下のとおりである。[91]

---

(90) 改正前の執行手続については、山本和彦「ハーグ条約実施法の概要と子の返還執行手続」新民事執行実務12号33頁以下（2014）、村上正子ほか・手続からみた子の引渡し・面会交流（弘文堂・2015）21頁以下〔村上〕参照。また、改正前の実施法のもとでの子の返還や引渡しの実情については、西岡清一郎「民事執行法改正後の子の引渡執行」新民事執行実務18号11頁、13頁以下（2020）を参照。

(91) 改正の概要については、内野宗揮「民事執行法及び国際的な子の奪取の民事上の側面に関する条約の実施に関する法律の一部を改正する法律の概要」家庭の法と裁判22号58頁以下（2019）、同編著・Q&A令和元年改正民事執行法制（金融財政事情研究会・2020）304頁以下、山本和彦監修・論点解説 令和元年改正民事執行法（金融財政事情研究会・2020）243頁以下

　第1に、間接強制前置の原則が見直され、①間接強制の決定が確定してから2週間経過後、②間接強制を実施しても、債務者が子の監護を解く見込みがあるとは認められないとき、③子の急迫の危険を防止するため直ちに強制執行をする必要があるときには、間接強制の申立てをせずに代替執行の申立てが可能となった（改正実施法136条）。

　第2に、債務者による抵抗や恣意的な執行回避を防ぐために、同時存在の原則が見直され、執行官が債務者による子の監護を解くために必要な行為は、債権者もしくはその代理人が執行の場所に出頭した場合にかぎりすることができるとして、債権者の出頭を要求することで子が執行時に直面する恐怖や混乱に対処できるように配慮した。

　第3に、債務者の占有する場所以外の場所での執行も、当該場所の占有者の同意があれば可能であることを前提に、当該占有者が債務者の親族等である場合には、執行妨害のために同意をしないことで、強制執行の実効性の確保が困難となるおそれもあることから、「債務者と当該場所の占有者との関係、当該占有者の私生活又は業務に与える影響その他の事情を考慮して相当と認めるとき」は、債権者の申立てにより、執行裁判所が同意に代わる許可をすることができるとした（改正実施法140条1項）。第4に、上記執行の過程で子の心身に負担が生じうることから、執行裁判所、執行官および返還実施者の責務として、強制執行が子の心身に有害な影響を及ぼさないように配慮しなければならないことを明記した（同140条1項・141条3項）。

3　実際の運用と裁判例

　ハーグ子奪取条約の実施状況については、中央当局である外務省のホームページに詳しい情報が随時掲載されている。2020年7月1日現在では、日本に所在する子に関する返還援助申請が143件、外国に所在する子に関する返還申請が115件となっている。このうち、日本に所在する子の外国への返還（インカミングケース）について解決ずみの事案89件の内訳をみると、子の返還が確定もしくは実現したのが50件、不返還が確定したのが

〔芝池俊輝〕、西岡・前掲注（90）17頁以下、条解民執1553頁以下〔青木哲〕等参照。

39件であり、前者のうち、裁判外の話し合いや裁判内調停、和解など友好的な解決がされたのが31件、返還命令が出されたのが19件である。不返還事案でも、友好的な解決が28件、返還裁判で不返還の決定がなされたのが11件となっている。返還、不返還を通して、全体の 7 割が友好的に解決されているのが特徴といえる(92)。

　他方で、公表された裁判例においては、上述の返還拒否事由のうち、重大な危険（実施法28条 1 項 4 号）や子の拒絶（同 5 号）をめぐる争いが、問題の解決を困難にしていることがうかがえる(93)。とくに子の拒絶は、返還命令が出た後の執行手続にも影響し、債務者（連れ去り親）や子が激しく抵抗することで執行官が執行不能を宣言するという事案が続いた。たとえば、最決平成29年12月21日（判時2372号16頁(94)）は、返還裁判において、 4 人兄弟のうち年上の 2 人については拒絶の意思が強いことから 5 号の返還拒否事由があると認めながら、返還拒否事由が認められない年下の 2 人とともに常居所地国に返還することが子の利益に資するとして、 4 人全員の返還を命じたものの、執行手続は不能に終わった。その後子を監護していた親が、返還を命じる終局決定が確定した後の事情の変更によりこれを維持することが不当になったとして、実施法117条 1 項に基づき、返還決定の変更を申し立てた。裁判所は、返還を申し立てていた親は、返還決定以前から、子らを適切に監護するための経済的基盤を欠いており、その監護養育について親族等から継続的な支援を受けることも見込まれない状況にあったところ、上記決定の確定後、居住していた自宅を明け渡し、子らのために安定した住居を確保することができなくなった結果、子らがアメリカに返還された場合のＸによる監護養育態勢が看過しえない程度に悪化したと

---

(92)　依田吉人「ハーグ条約実施法に基づく子の返還申立事件の終局決定例の傾向について」家庭の法と裁判12号27頁（2018）、澤村智子「家庭裁判所による『国際的な子の奪取の民事上の側面に関する条約の実施に関する法律』の運用状況について」法の支配191号87頁（2018）等参照。

(93)　日本における子奪取条約の解釈運用と裁判例の動向を分析するものとして、西谷祐子「日本における子奪取条約の運用と近時の動向について」家庭の法と裁判26号48頁以下（2020）参照。

(94)　本判決の評釈として、西谷祐子・戸籍時報770号46頁（2018）、織田有基子・新・判例解説 Watch23号317頁（2018）、大濱しのぶ・民商154巻 6 号1265頁（2018）、早川眞一郎・リマークス2019(下)134頁等がある。

して、変更の申立てを認め、返還申立てを却下した。

　実施法117条1項は、子の返還を命じる終局決定が確定した後に、事情の変更によりその決定を維持することを不当と認めるに至ったときには、当事者の申立てによりその決定を変更できると規定している。ただし、裁判の蒸し返しを防ぐために、子の返還を命じる終局決定確定前の事情を理由に、その決定を変更することはできない。立案担当者によれば、たとえば、子の返還を命じる終局決定が確定した後に、①子が重大な疾患を発症したため、日本で治療を受ける必要性が生じた場合、②申立人が長期間収監されることになり、ほかに常居所地国で子を適切に監護することができる者がいない場合、③常居所地国で内紛が勃発し治安が非常に悪化した場合が、決定を維持することが不当と認められる事情変更とされる[95]。ただ、子の返還裁判は審理期間（原則6週間）も審理対象も限定され、必ずしも十分な審理が保障されているわけではないこと、日々変化する子の状況を考慮する子の返還裁判には流動的な要素が強く、事情が変更した時点を明確に区切ることは非常に困難であること等に鑑みて、同117条による終局決定の変更を、子の利益の保護のための救済措置として位置づけ、変更申立て時点での状況に柔軟かつ適切に対応できるようにする必要がある[96]。たしかに、立案担当者が示した事情は、いずれも終局決定時には予測できなかったものであるのに対して、本件で事情変更として認められた、申立人の経済状態に起因した監護養育態勢の悪化は、返還の審理係属中から争われ、裁判所が返還を命じるにあたって考慮されていたものではある。このような事情は、本来は常居所地国で判断されるべき監護権本案に関する考慮要素のはずであり、蒸し返しの防止を重視するか、それとも救済の必要性という観点から変更を緩やかに認めるかによって、事情変更による終局決定の変更が妥当かどうかの判断が分かれるむずかしい事例であったといえる。とくに本件においては、返還命令の執行が不能で終了しており、返還命令の変更が認められなければ、子の監護権をめぐる本案が判断されな

(95)　金子編・前掲注（87）248頁。

(96)　法制審議会ハーグ条約（子の返還手続関係）部会（以下、「審議会」という）第5回会議議事録〈http://www.moj.go.jp/content/000082795.pdf〉43頁〔棚村政行発言〕、審議会第3回会議議事録〈http://www.moj.go.jp/content/000080857.pdf〉12頁〔山本和彦発言、棚村発言〕参照。

いまま、子は不安定な状態に置かれる。子をめぐる家族関係の継続性・可変性に鑑みると、返還命令が出されたにもかかわらず子の返還拒絶の意思が非常に強く、当該命令を履行ないし執行することが、現在の子の状況を考慮すると著しく子の利益に反するという場合には、そのことをもって終局決定確定後の事情変更として、変更の申立てを認める場合もありえよう[97]。以上要するに、本件は、変更前決定の時点で予測の範囲内であった事情であっても、子の利益の保護の観点から救済の必要性があると判断された例外的な事案ではあるが、子の監護権や引渡しをめぐる紛争に共通する問題点を含んでいるという点では参考になる。

　最判平成30年3月15日（民集72巻1号17頁[98]）は、返還命令の執行が不能に終わった後に、人身保護請求が申し立てられた事案であるが、返還裁判においては、当時13歳の子は返還拒絶の意思を示しており、執行手続においては連れ去り親が執行官に激しく抵抗していたという事情がある。しかし最高裁は、13歳で意思能力を有し、拘束者のもとにとどまる意思を表明しているとしても、子が拘束者に大きく依存して生活せざるをえない状況にあり、その意思決定をするために必要な多面的、客観的な情報を十分に得ることが困難な状況に置かれていることから、返還拒絶は子の自由意思に基づいているとはいえないし、拘束者は返還を命じる終局決定が確定した後も子を返還しない態度を示し、執行手続にも抵抗したことを理由に、拘束に顕著な違法性があるとして、人身保護請求を認め、子の出廷を確保する必要がある点を考慮して、事件を原審に差し戻した。

　これまでも、国際的な子の連れ去り事案の救済手段として、家事事件手続法に基づく子の引渡しや、子の引渡しを命じる外国判決の執行と並んで、人身保護請求も認められていた[99]。ハーグ子奪取条約加盟後は、これらの救

---

(97)　審議会第3回会議議事録・前掲注（96）10頁以下〔磯谷文明発言、大谷美紀子発言〕参照。

(98)　本判決の評釈として、光岡弘志・曹時71巻10号189頁（2019）、長田真里・リマークス2019⑴138頁、大濱しのぶ・JCAジャーナル66巻1号43頁（2019）、渡辺惺之・戸籍時報772号13頁（2018）、浦野由紀子・論ジュリ26号131頁（2018）、佐藤文彦・平成30年度重判解292頁、村上正子・判例秘書HJ100045等がある。

(99)　渡辺惺之「父母間の国際的な子の引渡紛争 国際民事手続法の観点から」右近武男ほか編・家事事件の現況と課題（判例タイムズ社・2006）391頁以下参照。また、大阪高判昭56・5・21判タ454号139頁、最判昭60・2・26家月37巻6号25頁〔トリノ音楽教師事件〕、最決平

済手段に加えて、実施法に基づく子の返還申立てが新たに加わった。これらの手続の相互関係は、手続の異なる段階で問題となり、人身保護請求との関係では、本件事案のように、実施法に基づく執行手続が不奏功となった後に人身保護請求を申し立てることが妥当か、さらにはハーグ子奪取条約加盟国との間でも、返還申立てをする代わりに、あるいは返還命令の執行手続の代わりに、人身保護請求を利用することができるかなどが問題となる。[100] 本判決が、自身の自律的見解をまとめる能力を有すると思われる13歳の子が、代理人より一連の手続について説明を受け理解したうえで示した返還拒絶の意見に反して、その自由意思を否定したことは問題であろう。[101] また、人身保護請求による子の引渡しと実施法による子の返還とは異なることから、返還命令の実現方法として人身保護請求が不適切な場合もあり、子の利益を害するおそれも否定できない。[102] ただ、本判決が、国境を越えた連れ去り自体が子の利益に反するというハーグ子奪取条約の理念に沿って、国際的な連れ去りによって生じた子の生活環境の変更と精神的負担を考慮し、ハーグ子奪取条約加盟前に批判されていた、日本の裁判所が寛容であったとされる子連れ帰国に対する態度を原則的に変更している点は、ある程度評価できる。いずれにしても、それぞれの手段の目的や要件が異なるとはいえ、常に優先されるべきは子の利益であり、どの手段をとったかで結論が異なる事態はできるだけ避けるべきであろう。[103]

4　今後の課題

　家事法において、国際家事事件に関する国際裁判管轄の規定が設けられたことは、国境を越えた子の奪い合い紛争にどのように影響するだろうか。

　ハーグ子奪取条約が適用される事案においては、実施法による返還裁判

22・8・4家月63巻1号97頁（大阪高決平22・2・18家月63巻1号99頁の許可抗告審）、神戸地判平24・7・31判時2214号90頁等参照。

(100)　浦野・前掲注（98）131頁は、より一般的に、国境を越えた子の連れ去りの事案で、実施法以外の手段がとられた場合でも、ハーグ子奪取条約の理念や枠組みを考慮すべきかも問題となるとする。

(101)　大濱・前掲注（98）48頁も同旨。

(102)　西谷・前掲注（93）56頁、長田・前掲注（98）140頁、渡辺・前掲注（98）17頁参照。

(103)　高杉直「判批」戸籍時報667号38頁（2011）参照。

を審理する裁判所は、監護権の本案について判断をしてはならないし、連れ去り先の国の裁判所は、子が返還されないことが決定されるまで、または合理的期間内に子の返還申立てがなされない場合を除いて、監護権の本案について審理判断をしてはならないとされている（条約16条、実施法152条）。したがって、たとえば外国から日本に子を連れ去ってきた親が、子が日本に所在する＝居住すると主張して日本の家庭裁判所に親権・監護権指定の申立てをしたとしても、当該外国がハーグ子奪取条約締約国の場合は、合理的な期間内（1年が目安になるか）に返還申立てがなされないか、返還裁判において不返還の決定が出され確定したか、当事者が不返還に合意した場合にしか、国際裁判管轄は認められないことになる。それ以外の場合、たとえば面会交流や仮の処分の申立てがなされた場合には、子の利益や友好的な解決促進のためには日本の裁判所の国際裁判管轄を認めるべきであるが、子の住所地を根拠とすることには無理があるとの指摘もあり、解釈（条理や緊急管轄）によるべきかどうか、今後検討が必要であろう。[104]これに対して、子が外国に連れ去られた場合には、子が日本に所在していなくても、住所地は未だに日本にあるとして、親権・監護権や養育費等についての国際裁判管轄が認められると解される。

　ハーグ子奪取条約が適用されない事案においては、子の住所地をどのような基準で認定するかが問題となる。とくに問題となるのは、子が違法に連れ去られ、または留置されている場合に、そのことを住所地の認定の際に考慮してよいかどうかである。日本がハーグ子奪取条約に加盟する前の裁判例で、東京高決平成20年 9 月16日（家月61巻11号63頁）は、子とともに帰国した母親がその直後に住民登録を済ませたうえで、日本の家庭裁判所に子の親権者指定の申立てをした事案で、子が違法に奪取されたことを考慮して、日本の国際裁判管轄を否定したが、これに対しては批判も強い。[105]子の違法な奪取を防止するという要請と、子の利益の観点から子をめぐる法律関係を速やかに確定するという要請とが対立する、むずかしい問題で

(104)　西谷・前掲注（15）曹時71巻 4 号734頁、近藤博徳「親権・子の監護に関する事件等の国際裁判管轄」池田綾子編著・詳解　国際家事事件の裁判管轄（日本加除出版・2019）123頁以下。
(105)　織田有基子「判批」戸籍時報660号 9 頁（2010）。

あるが、後者の要請を重視するのであれば、暫定的な保護措置をとるための管轄を認めるべき場合もありうる。

　近時はとくに、子の意見聴取の機会の保障が重視され、子の声をどのように聴取し、どこまで手続に反映させるか（子の代理人を独自に定めるなど）が議論されている。新たな国際裁判管轄法制と執行制度のもとで、裁判外紛争解決手続（ADR）の活用や、中央当局をはじめとする裁判外の機関との連携のあり方、さらには国境を越えた裁判官同士の協力（ハーグ裁判官ネットワーク）のあり方など、諸外国の議論を参考にしつつ、今後さらに検討すべきである。⁽¹⁰⁶⁾

---

(106)　西谷祐子「子奪取条約の運用に関する比較法的検討」ケース研究329号24頁以下（2017）、同・前掲注（93）50頁以下参照。

第9章　国際仲裁

Ⅰ　国際仲裁

1　国際仲裁の法源

　第1章ですでに述べたように、国際仲裁には、専門性、迅速性、非公開性などのメリットがあり、国際取引紛争の解決手段として利用されることが多いが、その反面、仲裁手続のルールが裁判の場合に比べて確立されていないため、不安定かつ不明確であるというデメリットがある。国際仲裁の実効を確実なものとするためには、国際的な法の整備・統一が不可欠であり、様々な試みがなされている。

　(1)　**仲裁に関する多国間条約と二国間条約**　　国際仲裁の法源としては、多国間条約と二国間条約がある。仲裁法の国際的統一のための最初の多国間条約は、1923年に国際連盟のもとで採択された「仲裁条項ニ関スル議定書」(昭和3年条約3号。ジュネーヴで署名されたので「ジュネーヴ議定書」という)である。しかし、ジュネーヴ議定書には、仲裁判断を自国内で承認・執行することに関する合意が存在するのみで、仲裁判断を行った国以外での承認・執行に関する規定は存在しなかった。それゆえ、たとえ仲裁判断を取得してもその実現は確かなものではなかった。そこで、ジュネーヴ議定書を補うために、1927年、ふたたび国際連盟の主導のもとで「外国仲裁判断の執行に関する条約」(昭和27年条約11号。ジュネーヴで署名された

---

(1)　早川吉尚「国際裁判管轄と国際仲裁」小林編・理論と実務431頁参照。司法制度改革や仲裁法改正との関係では、小林秀之=山田明美「ADRとグローバル・スタンダード」司法改革7号42頁 (2000)、澤木=道垣内・入門365頁以下。
(2)　国際仲裁の実務的なガイドとして、関戸麦・わかりやすい国際仲裁の実務 (別冊NBL167号) (商事法務・2019) がある。同書には、常設仲裁機関の規則も資料として掲載されている。谷口安平=鈴木五十三編・国際商事法務の法と実務 (丸善雄松堂・2016) は、国際商事仲裁の性格と手続に関する法理と実務を、国際ルールに依拠しつつ包括的に紹介している。

ので「ジュネーヴ条約」という）が採択された。外国仲裁判断の承認・執行
に関しては、このジュネーヴ条約が締結されたことにより、国際的な統合
に向かって著しく進展したといえるが、外国仲裁判断の承認・執行をめぐ
る問題のすべてが解決されたわけではなかった。そして、ジュネーヴ議定
書およびジュネーヴ条約に代わるものとして、1958年に国際連合の主導の
もとで「外国仲裁判断の承認及び執行に関する条約」（昭和36年条約10号。
ニューヨークで署名されたので「ニューヨーク条約」という）が採択された。
ニューヨーク条約の締約国間では、ジュネーヴ条約はその効力を失うため、
ニューヨーク条約が仲裁判断の国際的な通有性の判断について現在ではも
っとも重要な条約であり、2020年8月25日現在で締約国は165か国（国連加
盟国の8割以上）にものぼり、もっとも成功した条約の1つとされている。[3]

　ニューヨーク条約の目的は、その適用範囲を拡張するとともに、仲裁判
断の承認・執行に関する要件を簡明にすることによって、外国仲裁判断の
執行を阻害するような問題を除去し、その執行を容易ならしめるようジュ
ネーヴ条約を改定することであったとされている。国際条約の適用がある
事案では画一的処理という国際条約の趣旨から、国内法の適用が本来はあ
っても国際条約より緩い要件を国内法が規定していないかぎり、国内法の
適用はない（同条約7条1項がその趣旨である）。

　このほかの多国間条約としては、いわゆる東西貿易に関する紛争解決を
狙いとする「国際商事仲裁に関する欧州条約」（1961年採択）や開発途上国
と先進国の民間投資家の間の紛争解決を目的として世界銀行（国際復興開
発銀行）が中心となり締結された「国家と他の国家の国民との間の投資紛
争の解決に関する条約」（ICSID条約。1966年採択）などがある。

　わが国は、ジュネーヴ議定書（1928年）、ジュネーヴ条約（1952年）、ニ
ューヨーク条約（1961年）、「国家と他の国家の国民との間の投資紛争の解
決に関する条約」（1967年）を批准している（括弧内はわが国の批准年であ
る）。また、わが国はこれらの条約のほかに、約20か国（アメリカ、イギリ
ス、中国、ロシアなど）と個別に二国間条約（通商条約）を締結している。[4]

（3）　近時のニューヨーク条約をめぐる議論については、中村達也「ニューヨーク条約の問題
　　点とその改正について」国際法外交雑誌118巻2号254頁（2020）を参照。
（4）　ニューヨーク条約や二国間条約の適用関係については、野村美明「外国仲裁判断の承認

⑵　**常設仲裁機関とその仲裁規則**　　国際仲裁の仲裁手続の不安定さ・不明確さから生じる不都合をできるかぎり回避する方法の１つとしては、常設国際仲裁機関での仲裁を合意する方法がある。常設国際仲裁機関は、それぞれ長年にわたる国際仲裁の経験から生み出された合理的かつ明確な仲裁規則を有しており、常設国際仲裁機関で国際仲裁を行えば、常設国際仲裁機関の機構と仲裁規則を利用できるため、仲裁手続の不安定さ・不明確さという問題はかなり解消できる。逆に、常設国際仲裁機関を利用する場合には、その仲裁規則に従わなければならないため、当事者が自由に手続を取り決めることができる余地は減る。

　現実の国際商事仲裁では、常設機関による仲裁が広く利用されており、各常設機関はそれぞれ仲裁規則を作成している。国際商事仲裁を行う常設機関としては、とりわけ、1882年に創設されたロンドン国際仲裁裁判所（London Court of International Arbitration; LCIA）、1923年に創設されパリに本部を置く ICC 国際仲裁裁判所（国際商業会議所〔International Chamber of Commerce; ICC〕に属する）および1926年にニューヨークに創設されたアメリカ仲裁協会（American Arbitration Association; AAA）が活発な活動を行っている。このうちもっとも利用が多いのは、ICC 国際仲裁裁判所である[5]。

　わが国での国際仲裁のための常設仲裁機関としては、日本商事仲裁協会（Japan Commercial Arbitration Association; JCAA）と日本海運集会所がある。JCAA は、第２次世界大戦後、アメリカ仲裁協会をモデルとして作られた国際商事仲裁委員会から1953年（昭和28年）に国際商事仲裁協会に、さらに2003年（平成15年）に現在の名称に変更した、わが国を代表する国際常設仲裁機関である。ちなみに2015年から2019年までの申立て件数は計74件で、そのうち国際仲裁事件（当事者が外国企業または外国人の事件）は82％を占める。2010年から2019年までに終結した仲裁事件の平均手続期間は16.6か月とされる[6]。日本海運集会所は、海事仲裁の専門機関であるが、ロ

　と執行」阪大法学62巻3=4号（2012）29頁を参照。
（5）　仲裁機関と仲裁規則については、谷口=鈴木編・前掲注（2）65頁以下〔早川吉尚〕参照。仲裁機関や仲裁人選任手続に関する定めについては、関戸・前掲注（2）5頁以下、40頁以下を参照。
（6）　日本商事仲裁協会のホームページ〈https://www.jcaa.or.jp/arbitration/performance.html〉

ンドンやニューヨークの海事仲裁を参考にし、標準契約書書式の中に仲裁条項を織り込みその書式を普及させる活動を行っている。[7]

　近時注目される傾向としては、通常の仲裁手続よりも短期間かつ簡便な手続によって仲裁判断を得られる、簡易手続（expedited procedure）の導入があげられる。2017年3月にはICCにおいてもこの手続が導入されているし、JCAAの規則にも定めがある（2019年1月1日改正により、「迅速仲裁手続」という名称になっている）。JCAAの場合、請求金額が5000万円未満であれば、原則としてこの手続によるが、5000万円以上の場合は、当事者が迅速仲裁手続によることに合意し、そのことをJCAAに通知した場合のみ、利用ができる（JCAA規則84条1項・2項）。この手続においては、仲裁人は1名（同規則87条1項）、原則として書面審理（同規則88条1項）、最終の仲裁判断は仲裁廷が構成されてから3か月以内（同規則89条）とされている。[8]

　(3)　**UNCITRAL仲裁規則と国際商事仲裁モデル法**　　　上記に述べたような常設国際仲裁機関によらない、当事者が個別的に合意に基づいて仲裁手続を取り決めるアド・ホック（ad hoc）な国際仲裁については、1976年に国連国際商取引法委員会（United Nations Commission on International Trade Laws; UNCITRAL）が採択した仲裁規則が広く利用され、仲裁手続の不安定さ・不明確さという欠陥を補うようになってきている。当初UNCITRAL仲裁規則が制定された際は、あまり利用されないのではないかと危惧されたが、専門家が作成した中立的な仲裁規則であったために、アド・ホックな仲裁に利用されたばかりでなく、アメリカ仲裁協会やロン

を参照。この統計をみるかぎりは、日本で行われる仲裁の件数はそれほど高くはないが、当事者の所属国の統計をみると、利用者の半数以上をアジア諸国が占めており、中国やインド以外の他の国と毎年争うような状況であると指摘される。早川・前掲注（1）444頁。

（7）　日本海運集会所での海事仲裁の実際については、谷本裕範「海事仲裁における対処技術」判タ620号42頁（1987）参照。国際海事取引では、海運業が古くから国際間の運送手段の中心であったために、英国法を基礎にした国際的な商慣行や独自の標準契約書が各国の海商法を越えて早くから発達した。そのため、国際海事紛争では、各国の海商法に従い裁判官が判断する裁判所での紛争解決よりも、ロンドンを中心とした国際仲裁による紛争解決のほうが好まれたとされる。大阪地判昭58・4・22判時1090号146頁〔岡田海運事件〕参照。

（8）　各仲裁機関の簡易手続の詳細については、関戸・前掲注（2）28頁以下を参照。

ドン仲裁裁判所などの常設国際仲裁機関も、当事者が望んだ場合には
UNCITRAL 仲裁規則の利用を補充的に認めた。⁽⁹⁾

このような UNCITRAL 仲裁規則の予想以上の成功に気を良くした
UNCITRAL は、その後仲裁法のモデル法を作成した。これが、1985年6
月21日に採択された「UNCITRAL 国際商事仲裁モデル法」(UNCITRAL
MODEL LAW on International Commercial Arbitration) (以下、「UNCITRAL モ
デル法」という) である⁽¹⁰⁾。この UNCITRAL モデル法は、わが国をはじめ
とする世界中の多くの国が、国際仲裁についての国内法を有していないか、
有していても不備・不統一なものである現状を改善するために、各国の国
内立法の手本となる国際商事仲裁のモデル法を作成し、各国がなるべくモ
デル法に沿った国内立法を行うことを呼びかけるものであった。その意味
では、国際条約と異なり、すぐに法規範になるものではなく、各国の国内
立法のためのモデルにすぎないから、採用するかしないか、あるいは採用
するにしてもどのように修正・加除を行うかは、各国の自主的な判断に委
ねられている。しかし、各国が UNCITRAL モデル法をあまり修正しない
で採用すれば、間接的に各国仲裁法の国際的統一が実現でき、前述のよう
な各国仲裁法の不備・不統一の問題も解決できるわけであり、それが
UNCITRAL の狙いであった。⁽¹¹⁾

この UNCITRAL モデル法は、国際商事仲裁だけを対象にしているが、
後述の外国仲裁判断の承認・執行に関する国際条約と異なり、仲裁のすべ
ての局面についての規定を有する包括的なものであり (全部で36か条)、多
くの国がこのモデル法を採用して仲裁法の立法や改正を行う中、わが国も
これにならい仲裁法を制定するに至った。

(9) 曽野和明「国際商事仲裁の将来と UNCITRAL」JCA ジャーナル30巻11号4頁以下
 (1983)、関戸・前掲注 (2) 6頁。
(10) UNCITRAL 国際商事仲裁模範法の邦訳および解説については、澤田壽夫「UNCITRAL
 国際商事仲裁模範法」ジュリ857号100頁 (1986)、同・UNCITRAL 国際商事仲裁模範法 (国
 際商事仲裁協会・1986)。
(11) UNCITRAL 国際商事仲裁モデル法は2006年に改正が行われている。これについては、三
 木浩一「商事仲裁法制の国際的調和に関する新たな動き(上)(下)」NBL701号6頁、702号36頁以
 下 (2000)、同「UNCITRAL 国際商事仲裁モデル法2006年改正の概要(上)(下)」JCA ジャーナル
 54巻6号2頁、同7号12頁 (2007) を参照。

2 仲裁法の制定

　わが国は長らく、近代的な仲裁法を有しておらず、1890年（明治23年）に制定された明治民訴法を引き継いだ古色蒼然たる公催仲裁法（正式名は「公示催告手続及ビ仲裁手続ニ関スル法律」）があっただけで、しかも国際仲裁ないし外国仲裁判断の承認・執行について規定を有しているとはいえない内容であった。

　ようやく2001年（平成13年）になり、司法制度改革審議会の意見書において、裁判外の紛争解決手続の拡充・活性化の１項目として、「国際的動向を見つつ、仲裁法制（国際商事仲裁を含む。）を早期に整備すべきである」ことが明言されるに至り、仲裁法制についての立法上の改革がスタートした。そして2003年（平成15年）７月25日に新仲裁法が成立し、翌2004年（平成16年）３月１日から施行され公催仲裁法は廃止された。

　この新たな仲裁法は、先にあげた UNCITRAL モデル法に準拠したものであり（ただし、その対象は国際商事仲裁に限定されておらず、国内仲裁における独自規定も設けて統一的な規律になっている）、これによって仲裁法の国際化が実現された。[12]

Ⅱ　国際仲裁の準拠法

　当事者間で国際仲裁の合意がなされた場合に、どこの国の仲裁法を適用するかという準拠法決定の問題については、これまでわが国では、ニューヨーク条約を除いて、ほとんど明文の規定はなく、解釈で準拠法の規律を処理してきた。一口に国際仲裁の準拠法といっても、厳密にいえば、仲裁契約（合意）の成立や効力についての準拠法、仲裁手続の準拠法、仲裁判断にあたって適用すべき実体判断についての準拠法、それぞれについて問題となる。現行仲裁法は完全ではないにせよ、いくつかの重要問題につい

---

(12)　仲裁研究会・仲裁法の立法論的研究（商事法務研究会・1993）参照。わが国および諸外国の仲裁法改正の動向については、三木浩一「仲裁制度の国際的動向と仲裁法改正の課題」ジュリ1207号42頁（2002）参照。仲裁法については、近藤昌昭ほか・仲裁法コンメンタール（商事法務・2003）、三木浩一＝山本和彦監修・新仲裁法の理論と実務（ジュリスト増刊）（有斐閣・2006）、小島武司＝高桑昭編・注釈と論点仲裁法（青林書院・2007）、山本和彦＝山田文・ADR 仲裁法［第２版］（日本評論社・2015）307頁以下〔山本和彦〕を参照。

て指針となりうる規定を置き、今後の解釈論のための基盤を整備したという意味で、非常に評価されている。

以下では、仲裁契約、仲裁手続、仲裁判断にあたって適用すべき実体判断、それぞれについての準拠法について、従来の解釈論および仲裁法の規律を順にみていくこととする。

1 仲裁契約の準拠法

具体的に仲裁契約の有効性が問題となるのは、仲裁契約に反して裁判所に訴えが提起された場合の妨訴抗弁や仲裁廷の管轄についての判断、裁判所による仲裁手続への援助、仲裁判断の取消しや執行などの場面である。

仲裁契約の準拠法についての伝統的なアプローチは、仲裁契約の法的性質が訴訟契約であるか実体契約であるかによって決まるという思考方法をとっていた。たしかに、訴訟契約を訴訟法上の効果を生じる契約と定義すれば、仲裁契約もその存在が妨訴抗弁となる以上訴訟契約に含まれることになる（事実、民訴法上の通説は訴訟契約とする）。しかしながら、このことと準拠法につき「当事者自治の原則」を認めるか否かという問題は、別問題と考えるべきである。すなわち、仲裁契約が訴訟契約に属するか否かは、単に訴訟契約の定義の仕方によって決まる問題にすぎない。それゆえ、仲裁契約の準拠法については、仲裁が当事者の私的自治の原則による紛争解決手段であり当事者の合意が中核であることから、原則として「当事者自治の原則」を適用すると考えるほうが、仲裁契約の性質上妥当と考える。

冒頭で述べたように、仲裁契約が有効に成立しているかどうかは、当事者が仲裁契約に反して訴えを提起した場合に、当該仲裁契約が妨訴抗弁となりうるかという局面で問題となるが、この問題について最高裁が判断を示したのがリングリング・サーカス事件（最判平9・9・4民集51巻8号3657頁）である[13]。事案は、日本法人X社（教育関係の催事のプロデュースや一般興行等を目的とする法人）が、米国法人A社との契約に基づき、A社のサーカス団を日本に招いて興行を行ったところ、それが不成功に終わったため、A社の代表者Yの詐欺的行為により損害を被ったと主張して、日本

----

(13) 本判決の評釈として、中村達也・国際私法百選［第2版］240頁、高桑昭・平成9年度重判解296頁、豊澤佳弘・曹時52巻4号1147頁（2000）等がある。

の裁判所に不法行為に基づく損害賠償請求訴訟を提起したというものである。なお、本件興行契約の締結に際しては、「本件興行契約の条項の解釈又は適用を含む紛争が解決できない場合は、その紛争は、当事者の書面による請求に基づき、商事紛争の仲裁に関する国際商業会議所の規則及び手続に従って仲裁に付される。Aの申し立てるすべての仲裁手続は東京で行われ、Xの申し立てるすべての仲裁手続はニューヨーク市で行われる。各当事者は、仲裁に関する自己の費用を負担する。ただし、両当事者は仲裁人の報酬と経費は等分に負担する」との合意をしていた。Xの訴えに対して、YはこのX・A間の仲裁契約の効力が本件訴訟にも及び、Xが仲裁申立人となるべき本件紛争は、ニューヨークの仲裁機関に付託されるべきであるとして、訴えの却下を求めた。ニューヨーク州法によれば、X・A間の仲裁契約の効力はAの代表者であるYに対する不法行為請求にも及ぶが、日本法上はこのような解釈がとられていなかったため、仲裁契約の効力が及ぶ範囲をいずれの国の法によって判断するかが争われた。第一審（東京地判平5・3・25判時1472号88頁）、第二審（東京高判平6・5・30判時1499号68頁）は、Yの妨訴抗弁を認めて訴えを却下したため、Xが上告したが、最高裁は次のように判示してXの上告を棄却した。

　　「仲裁は、当事者がその間の紛争の解決を第三者である仲裁人の仲裁判断にゆだねることを合意し、右合意に基づいて、仲裁判断に当事者が拘束されることにより、訴訟によることなく紛争を解決する手続であるところ、このような当事者間の合意を基礎とする紛争解決手段としての仲裁の本質にかんがみれば、いわゆる国際仲裁における仲裁契約の成立及び効力については、法例7条1項〔通則法7条〕により、第一次的には当事者の意思に従ってその準拠法が定められるべきものと解するのが相当である。そして、仲裁契約中で右準拠法について明示の合意がされていない場合であっても、仲裁地に関する合意の有無やその内容、主たる契約の内容その他諸般の事情に照らし、当事者による黙示の準拠法の合意があると認められるときには、これによるべきである。
　　　これを本件についてみるに、前記事実関係によれば、本件仲裁契約においては、仲裁契約の準拠法についての明示の合意はないけれども、『Aの申し立てるすべての仲裁手続は東京で行われ、Xの申し立てるすべての仲

裁手続はニューヨーク市で行われる。』旨の仲裁地についての合意がされ
ていることなどからすれば、Xが申し立てる仲裁に関しては、その仲裁地
であるニューヨーク市において適用される法律をもって仲裁契約の準拠法
とする旨の黙示の合意がされたものと認めるのが相当である。」

「本件仲裁契約に基づきXが申し立てる仲裁について適用される法律は、
アメリカ合衆国の連邦仲裁法と解されるところ、同法及びこれに関する合
衆国連邦裁判所の判例の示す仲裁契約の効力の物的及び人的範囲について
の解釈等に照らせば、XのYに対する本件損害賠償請求についても本件仲
裁契約の効力が及ぶものと解するのが相当である。そして、当事者の申立
てにより仲裁に付されるべき紛争の範囲と当事者の一方が訴訟を提起した
場合に相手方が仲裁契約の存在を理由として妨訴抗弁を提出することがで
きる紛争の範囲とは表裏一体の関係に立つべきものであるから、本件仲裁
契約に基づくYの本案前の抗弁は理由があり、本件訴えは、訴えの利益を
欠く不適法なものとして却下を免れない。」

　そもそも仲裁契約が妨訴抗弁となるか、仲裁契約の訴訟法上の効果とし
て訴えを却下するか否かは手続問題であるから、法廷地法によるべきであ
るとするのが従来の判例・通説の立場である。[14]他方で、法廷地であるわが
国の訴訟法上、仲裁契約が訴訟法上の効果をもつのは、それが一定範囲の
紛争を訴訟によらずに解決することを定めているからであり、妨訴抗弁と
仲裁契約はその効力範囲において表裏一体のものとされ、仲裁契約の効力
の人的物的範囲において妨訴抗弁も認められる。そのため、結局のところ、
妨訴抗弁の範囲、すなわち裁判上いかなる人的・物的範囲において妨訴抗
弁が認められるかという問題は、仲裁契約準拠法で規律されることになる
といえる。その意味で、本件判決が、仲裁契約に基づく妨訴抗弁の及ぶ紛
争の範囲の問題について、仲裁契約の効力の準拠法によるとしたことは妥
当である。

　次に仲裁契約の効力の準拠法についても、合意に基づく紛争解決手段と
しての仲裁の特質に鑑みれば、本件判決が示した準則が妥当すると思わ

(14)　小島武司=高桑昭編・注解仲裁法（青林書院・1988）222頁〔澤木敬郎〕、東京地判昭28・
　4・10下民集4巻4号502頁、東京地判昭48・12・25判タ308号230頁。

れる。すなわち、第一次的には通則法 7 条によって当事者の合意によることとし、当事者間に準拠法に関する明示的な合意がない場合には、主契約の準拠法や仲裁地に関する合意その他の諸般の事情に照らして、黙示の合意を探索すべきである。

なお、仲裁法においては、妨訴抗弁審査について仲裁合意の成立・効力を判断する準拠法についての規定は設けられていないが、UNCITRAL モデル法にならって、仲裁判断の取消しおよび仲裁判断の承認・執行については、仲裁合意の準拠法について、第一次的には当事者自治、第二次的に仲裁地法によるという選択規則を定めている（仲裁44条 1 項 2 号・45条 2 項 2 号）。近時は、妨訴抗弁の局面でもこれらの規定を適用すべきであるとする見解も有力である。なお、上記最高裁判決のように、通則法 7 条に依拠しつつ、黙示の合意を探索するという見解によったとして、黙示の合意も認められない場合には、同法 8 条 1 項により最密接関係地法として仲裁地法によるとすると、近時の有力説による場合と実質的には異ならない。

2　仲裁契約の準拠法の適用範囲

「当事者自治の原則」が仲裁契約の成立・内容・解釈・効力・執行等の準拠法の決定にあたって適用されるとしても、それ以外の場合にどこまで適用されるかという準拠法の適用範囲の問題がある。具体的には、仲裁契約の分離可能性や仲裁契約の許容性（仲裁適格）の問題である。

仲裁契約の分離可能性の問題とは、主たる契約の中に仲裁条項が設けられている場合（国際取引における仲裁合意は、国際取引契約の一条項として規定されることが多い）に、主たる契約の瑕疵は、仲裁契約の効力に影響を

---

(15)　ニューヨーク条約 5 条 1 項(a)も、仲裁契約の準拠法につき「当事者自治の原則」を認めている。本間ほか241頁〔中野俊一郎〕も参照。

(16)　小島=高桑編・前掲注（14）217頁以下〔澤木〕、前掲東京地判平 5・3・25〔リングリング・サーカス事件〕。学説について、中村・前掲注（13）241頁参照。

(17)　中野俊一郎「仲裁契約の準拠法と仲裁法」JCA ジャーナル51巻11号69頁（2004）、山本=山田・前掲注（12）349頁〔山本〕。

(18)　中村・前掲注（13）241頁。東京高判平22・12・21判時2112号36頁は、通則法 7 条に依拠し、当事者の黙示の合意も認められない場合には仲裁地法によるとし、東京地判平23・3・10判タ1358号236頁は、同法 7 条により仲裁地法を当事者の黙示の合意とする。

及ぼすか否か（主たる契約が無効となった場合に、その一部である仲裁契約も無効となるのか）という問題である。従来の通説・判例は、当事者間に別段の合意がないかぎり、仲裁契約の分離可能性を肯定してよいとしてきた。

最判昭和50年 7 月15日（民集29巻 6 号1061頁）〔国際金属工業事件〕[19]では、わが国の売主が米国法人を販売代理店として独占販売代理店契約を結んだが、別の米国法人とも取引をしたため紛争が生じ、上記契約には紛争解決方法について仲裁による合意があったが、一方当事者が契約自体の無効・取消しを主張している場合にも仲裁によって紛争を解決しなければならないのか、それとも裁判所での紛争解決を求めることができるのかが、最大の争点となった。

本件は、国際取引契約の無効・取消しが争われた場合に紛争解決方法（仲裁）についての合意が契約中に存在するという国際取引紛争の 1 つの典型的なケースであり、紛争解決方法についての合意を主たる契約から切り離し、紛争解決方法についての合意に従って紛争を解決すべきか否かは今後に大きな影響を及ぼす問題だった。

国産金属工業は錠前等の製造を目的とする日本法人であり、米国法人Ａと製品の北米への輸出販売について交渉したところ、Ａは、そのために同社の副社長Ｂを社長とする子会社Ｙを新たに設立しＹに北米の独占販売代理権を与えてほしい旨申し入れ、国産金属工業もそれを了承した。このため、1968年（昭和43年） 1 月、Ｙの発起人となったＢがＹ代表として国産金属工業との間で、国産金属工業が製造する錠前をＹが北米で独占的に販売する旨の独占販売代理店契約を締結した。この独占販売代理店契約には、契約に関する紛争はすべて日本の国際商事仲裁協会の仲裁によって解決する旨の条項が含まれていた。なお、契約の準拠法はアメリカ・ニューヨーク州法とされており、Ｙは契約締結から半月ほど遅れてニューヨーク州法により設立された。

その後、国産金属工業が米国法人Ｃとも取引を始めたため、Ｙはわが国の国際商事仲裁協会に仲裁の申立てをした。これに対して、国産金属工業は、契約締結当時Ｙは未設立だった等の理由により独占販売代理店契約

---

(19)　本判決の評釈として、小林秀之・法協94巻10号1561頁（1976）、同「国際仲裁に関する序説的考察」上智法学23巻 2 号59頁（1979）がある。

の無効・取消しを主張し、仲裁手続の不許等を求める訴えを東京地裁に提起した。

　第一審、原審とも、Ｙ勝訴であり、最高裁も国産金属工業の上告を棄却し、Ｙ勝訴の判断を下したが、独占販売代理店契約（主たる契約）と、その中に含まれる仲裁により紛争を解決する旨の合意（仲裁契約）の関係について、次のように判示している（ＢがＹの設立前にＹのために締結した契約がＹにも効力が生じうるかについての準拠法についての判示もあるが、省略する）。

　　　「仲裁契約は主たる契約に付随して締結されるものであるが、その効力は、主たる契約から分離して、別個独立に判断されるべきものであり、当事者間に特段の合意のないかぎり、主たる契約の成立に瑕疵があつても、仲裁契約の効力に直ちに影響を及ぼすものではない。」

　仲裁法は13条6項において仲裁合意の独立性を認め、主たる契約が無効となっても仲裁合意は当然には無効とはならない旨定めている。したがって、仲裁合意が有効か無効かは、仲裁合意の準拠法によって独自に判断されることになる。これに対して、仲裁合意の独立性は、仲裁廷の手続続行権（仲裁14条2項）、仲裁権限判断権とともに、仲裁を望まない当事者が主契約の瑕疵を主張することにより仲裁手続が停滞することを防ぐものであるという観点から、特殊な手続関係規定として、仲裁手続準拠法の適用範囲に含めて考えるべきであるとする見解も有力である（本間ほか242頁〔中野俊一郎〕）。

　また、いかなる紛争について仲裁という私人による紛争解決が許されるかという許容性の問題は、当事者の自由処分が制限を受ける分野や、裁判所による紛争処理の独占が定められる分野のような、公益性の強い領域をどこに設けるかという、国家の司法政策に関連するものであり、国によって、また時代によっても異なりうる（松岡編361頁〔黄軔霆〕）。たとえばアメリカでは、仲裁利用を促進するという政策を受けて、反トラスト法、特許法や証券取引法の適用に関する事件なども含めてきわめて広い範囲で仲裁可能性が認められているが、わが国では、原則として「当事者が和解を

することができる民事上の紛争」にしか仲裁可能性は認められていない（仲裁13条1項）ため、国際仲裁ではいずれの国の法に従って仲裁可能性を判断するか（仲裁可能性の準拠法）が重要な問題となってくる[20]（本間ほか245頁〔中野〕）。この点については、仲裁可能性が制限される趣旨によって区別するという考え方もあるが、仲裁法44条1項7号は仲裁判断取消しにつき、同法45条2項8号は仲裁判断の承認・執行につき、日本法により仲裁可能性を判断すべきとしている。そうである以上、仲裁地がわが国にある場合には日本法、すなわち仲裁法13条1項により、当事者が和解することのできる民事上の紛争しか仲裁可能性はないとすべきである[21]（本間ほか244頁以下〔中野〕）。

3　仲裁手続の準拠法

　仲裁人の選定や忌避、仲裁手続の開始や終了など仲裁手続の準拠法について、かつては当事者が自由に指定できるとする見解が有力であった。しかし、当事者が合意によって仲裁地の強行法の適用を潜脱できるのは妥当ではないこと、仲裁地で外国法が定める手続を実行するのは困難であること、実務上仲裁地以外の法を当事者が指定することは考えにくいことなどから、わが国の仲裁法は、日本が仲裁地である場合には仲裁手続準拠法を日本の仲裁法とする旨規定している（仲裁3条）。この結果、日本が仲裁地である場合には、仲裁廷や当事者は、裁判所に証拠調べの実施を求めることができる（同35条）し、日本を仲裁地とする仲裁判断は日本で取り消すことができる（同44条）。また、仲裁合意の方式についても、日本が仲裁地になる場合には、書面性が要求される（同13条2項）。

　では、そもそも仲裁地はどのように決定されるのか。仲裁法28条は、仲裁地は当事者の合意によって定められ、合意がないときは仲裁廷が決定するとし、同条3項は、仲裁廷は仲裁地以外の場所で評議、陳述聴取などの手続を行うことができるとしている。したがって、仲裁地は手続が行われ

---

(20)　小島=高桑編・前掲注（12）63頁以下〔早川吉尚〕参照。

(21)　澤木=道垣内・入門374頁。小島=高桑編・前掲注（12）64頁以下〔早川〕は、仲裁可能性の判断基準は様々な局面で問題となりうるので、一括りに論じることができる性質のものではなく、未だ十分な議論が尽くされているわけではないとする。

る場所というよりはむしろ、仲裁を特定の国の仲裁法と結びつける紐帯といえる（松岡編363頁〔黄〕）。

　なお、具体的な細かい仲裁手続については、当事者が合意によって自由に決定することができるとされているが、常設仲裁機関に仲裁を付託する場合はその仲裁規則によらしめると規定するのが通常のようである。また、日本商事仲裁協会（JCAA）の仲裁規則では、当事者が同協会に仲裁を付託した場合はその仲裁規則を仲裁契約の一部としたものとみなす旨規定している（同規則1条）。常設仲裁機関に仲裁を付託するのではない場合は、国際契約では、当事者が仲裁手続についても詳細に規定することも多いようであるが、仲裁手続の準拠法まで定めることは少ないようである。当事者が仲裁手続についてとくに合意せず、またその準拠法もとくに定めず、常設仲裁機関も利用していなかった場合は、仲裁手続の準拠法を仲裁地法とすることが当事者の合理的意思の推定として妥当な場合が多いであろう（ニューヨーク条約5条1項参照）。

4　仲裁判断の準拠法

　わが国の仲裁法は、日本を仲裁地とする仲裁について、仲裁廷は付託された紛争について当事者が準拠法として指定した法によって仲裁判断を下す旨を規定している（仲裁3条・36条1項）。ここでいう「法」の概念については、必ずしも国家法にかぎらず、未発効の条約や私的機関が作成した法律モデル、UNIDROIT 国際商事契約原則のような私的な契約法規則、商人法（商慣習法：lex mercatoria）なども含む非常に幅広い概念であるとされている。当事者が準拠法を指定していない場合には、仲裁廷は、「仲裁手続に付された民事上の紛争に最も密接な関係がある国の法令であって事案に直接適用されるべきもの」を適用し（同36条2項）、さらに当事者双方による明示の求めがある場合には、前2項によらず、衡平と善の基準によって紛争を判断することができるとされている（同条3項）。これらの

---

(22)　本間ほか245頁〔中野〕、松岡編364頁〔黄軔霆〕。なお、澤木＝道垣内・入門379頁以下も参照。

(23)　詳しくは、三木＝山本監修・前掲注（12）102頁以下、澤木＝道垣内・入門380頁以下を参照。

適用ルールに違反して仲裁判断がなされた場合には、当該判断は取消しの対象となる（同44条 1 項 6 号・45条 2 項 6 号）。ただし、当事者が衡平と善による判断を明示的に求めている場合に、仲裁廷がある国の法を適用して判断したときは、仲裁廷が当該法によることが衡平と善にかなうと判断したものと認められ、手続違反の取消事由とはならないと解される。⁽²⁴⁾

Ⅲ　外国仲裁判断の承認・執行

1　国際仲裁と外国仲裁判断の承認・執行の関係

　国際仲裁は自主的な紛争解決手段であるため、国際仲裁の合意に基づいて国際仲裁手続が行われ、仲裁人ないし仲裁機関が仲裁判断を下しても、不利な判断を受けた当事者がそれに従ってくれればよいが、従わなかった場合、仲裁判断には裁判所の判決と異なり強制力がないことから、そのままでは仲裁判断は単なる紙切れとなり紛争が未解決のまま残されてしまう。そこで、各国の裁判所（通常は、不利な判断を受け、それに従わなかった当事者の所属国の裁判所）に協力を求め、仲裁判断を強制的に実現してもらうことが必要になってくる。この国際仲裁の仲裁判断の実現のための裁判所の協力が、外国（国際）仲裁判断の承認・執行である。

　実際にもっとも多いのは、国際仲裁で金銭の支払を命じられた当事者が履行しないために、他方当事者がその仲裁判断を強制執行することを求める場合であるが、それ以外にも目的物の引渡しや仲裁判断を確認することを求める場合もありうる。また、仲裁判断に基づいて登記を申請する場合にも、やはり裁判所の執行判決が必要である。⁽²⁵⁾その意味では、国際仲裁は当事者間の自主的紛争解決手段であるが、外国仲裁判断の承認・執行という各国裁判所による司法的強制が担保されているからこそ、自主的紛争解決手段として円滑に機能するといえる。

---

(24)　山本=山田・前掲注（12）385頁〔山本〕。
(25)　国内仲裁判断についてであるが、最判昭54・1・25民集33巻 1 号 1 頁。

2　外国仲裁判断の承認・執行をめぐる問題

　外国仲裁判断の承認・執行をめぐる問題としては、外国仲裁判断の承認・執行の要件がもっとも重要であるが、国内仲裁判断との区別、外国仲裁判断が外国の裁判所で取り消された場合どうするか、外国仲裁判断が和解に基づくものでも承認・執行できるか、外国仲裁判断が下されるまで暫定的に保全処分を求めることができるか、などの問題がある。

　外国仲裁判断の承認・執行については、前述のように多数の国際条約によって司法的協力を行う態勢が整備されている。多国間条約では、ジュネーヴ議定書、ジュネーヴ条約、ニューヨーク条約があり、いずれもわが国は加盟しているし、また日米友好通商航海条約4条2項をはじめとして、わが国が締結している二国間の通商条約の多くには外国仲裁判断の承認・執行についての条項が含まれている。問題なのは、国際条約を調整・実施するための国内法がわが国には存在しないために、国際条約相互の関係や国際条約と仲裁法の関係が錯綜しかつ不明確なことである。⁽²⁶⁾

　以上のように、外国仲裁判断の承認・執行をめぐっては多数の問題が存在しているが、判例の数も少なく学説の研究も不十分なために、未解決の問題も多い。

3　外国仲裁判断と国内仲裁判断との区別

　何をもって外国仲裁判断とするか、国内仲裁判断と国際条約等が適用される外国仲裁判断との区別の基準については、仲裁手続および仲裁判断が行われた地をもって区別する「手続地説」と、仲裁契約ないし仲裁手続の準拠法をもって区別する「準拠法説」の2つが対立していた。両説の差は、外国で日本法を準拠法としてなされた仲裁判断が、手続地説では外国仲裁判断となるのに対し、準拠法説では国内仲裁判断となる。また、わが国で外国法を準拠法としてなされた仲裁判断は、手続地説では国内仲裁判断となるのに対し、準拠法説では外国仲裁判断となる。

　国際条約においてもっとも適用可能性の高いニューヨーク条約は、基本的には手続地説にたち、仲裁判断の承認・執行が求められた国以外の領域

---

(26)　野村・前掲注（4）29頁以下、本間ほか247頁以下〔中野〕参照。

でなされた仲裁判断に原則として同条約が適用されるとしつつ、仲裁判断を求められた国において国内仲裁判断と認められない仲裁判断にも適用できるとして準拠法説による余地も残している（同条約1条1項）（本間ほか249頁〔中野〕）。

　国内仲裁判断と外国仲裁判断の区別の問題は、適用される国際条約の解釈に還元される面が強いし、外国仲裁判断の承認・執行の要件について原則的に国際条約が適用になり、国際条約が存在しない場合には仲裁法が準用されるとすると、区別の実益もそれほどないともいえる。しかし、前述のニューヨーク条約の場合のように、国際条約が区別についての各国の立場を一定の範囲で尊重する（準拠法が外国法であれば国内仲裁判断とみなさないという立場をわが国がとるならば、国内でなされた仲裁判断であっても、準拠法が外国法のものについては同条約が適用される）[27] こともあるので、両説の当否を比較検討しておこう。

　日本法を準拠法としても外国で仲裁判断がなされた場合には国内仲裁判断では通常生じない問題が生じること（翻訳文の添付や当該仲裁判断が仲裁地国で取り消された場合の取扱いなど）、準拠法の決定自体が必ずしも容易でない場合も多いこと、仲裁契約ないし仲裁手続の準拠法のいずれかが日本法であってもそれ以外の準拠法が外国法である場合は準拠法相互間で複雑な問題が生じ単純に国内仲裁判断として扱うことが妥当でないことなどを考えると、手続地説のほうがすぐれているように思われる。

　なお、以下に述べるように、外国仲裁判断の執行拒絶事由、内国仲裁判断の執行拒絶事由、内国仲裁判断の取消事由の三者間に本質的相違がないことから、これらをパラレルに扱っている UNCITRAL モデル法にならって、わが国の仲裁法45条も、仲裁地が内国か外国かを問わずに承認執行拒絶事由を規定している。

---

(27)　阿川清道「外国仲裁判断の承認及び執行に関する条約について(下)」ジュリ232号20頁 (1961) は、ニューヨーク条約の適用としては、わが国の国内でなされた仲裁判断にはわが国の民訴法のみが、国外でなされた仲裁判断には同条約のみが適用されるとするが、手続地説を前提とした解釈であり、準拠法説にたてば本文で述べたようになる。

4　外国仲裁判断の承認・執行の要件

(1)　**旧法下における要件をめぐる学説の対立**　　外国仲裁判断の承認・執行をめぐる問題の中でもっとも重要な問題が、要件の問題であるが、現行の仲裁法が制定される以前は、外国仲裁判断の承認・執行についての直接の国内法が欠缺していたことから、法の欠缺として条理により考えるべきとする多数説[28]と、旧公催仲裁法801条・802条を適用ないし準用しようとする少数説[29]が対立していた。しかし仲裁法45条は、仲裁地が日本国内か国外かを問わず、同様の仲裁判断の承認拒絶要件を定めていて、その要件はニューヨーク条約5条と実質的に同一である。すなわち、原則として仲裁判断は国内の確定判決と同一の効力を有し、例外的な事由が存在する場合にのみ、その承認が拒絶されるとしている。これは、仲裁判断の実効性を最大限尊重するという立場を明確にするものである。

(2)　**条約相互間の優先関係**　　外国仲裁判断の承認・執行についての国際条約がわが国との間に存在する国は、140か国以上にのぼり、判例に現れた事案が結論的にはすべて国際条約を適用して判断しているように、今後も、国際条約が適用される場合がほとんどであろう。国内法とニューヨーク条約の関係については、国際条約の適用がある事案では、画一的処理という国際条約の趣旨を尊重すべきこと、国際条約の趣旨も国内法がもっと緩い要件を定めるものでないかぎり国際条約が優先するというものであること（ニューヨーク条約7条1項参照）などから、国際条約のみが原則として適用されると考えることもできるが、実際のところ、すでに述べたとおり仲裁法45条がニューヨーク条約5条の承認要件と実質的に同一の要件を設けていることから、両者の優先関係についての問題は生じないであろう。むしろ、わが国との間に複数の外国仲裁判断の承認・執行に関する国際条約を有する国も多く、国際条約相互間の適用・優先関係を検討することのほうが重要である[30]。

　上述のようにニューヨーク条約は、その加盟国の数の多さからも、適用

---

(28)　川上太郎「外国仲裁判断のわが国における執行」福岡大学法学論叢22巻1号1頁（1977）。

(29)　阿川・前掲注（27）42頁。

(30)　山本=山田・前掲注（12）386頁〔山本〕、谷口=鈴木編・前掲注（2）431頁以下〔小川和茂〕参照。

可能性が今後もっとも高い国際条約であると思われるが、同条約は他の国際条約がより緩い要件を定めていないかぎり優先して適用される。二国間条約はニューヨーク条約より緩い要件を定めていないかぎり効力を有しないし（ニューヨーク条約7条1項）、ジュネーヴ条約やジュネーヴ議定書の適用がある場合でも、ニューヨーク条約の適用がある限度でそれらの効力は失われる（同条2項）。もっとも、二国間条約も外国仲裁判断の承認・執行について緩い要件を定めていることが多く、いずれが優先するかの判定が必ずしも容易でないこともある。たとえば、日米友好通商航海条約4条2項は、相手国でなされた仲裁判断が、①日本国民または日本法人とアメリカ人または米国法人との間の有効な仲裁契約に基づくこと、②仲裁判断が仲裁契約に従って正当になされていること、③仲裁判断が判断された地の法令に基づいて確定しており、かつ執行できるものであること、④仲裁判断が執行国において公序良俗に反しないものであること、の4つの要件を満たせばよいとされている（大阪地判昭36・11・27海事判例6巻5号118頁）。この日米友好通商航海条約4条2項とニューヨーク条約2条および4条〜6条の要件を比較した場合、前者のほうが要件が緩やかであると考えるが、ニューヨーク条約の要件もそれほど厳格なものではなく、当事者がニューヨーク条約に基づいてアメリカでなされた仲裁判断の承認・執行を求めてきたならば、ニューヨーク条約の要件さえ満たせば肯定してもよいであろう。

　ちなみに、ニューヨーク条約の適用対象となる外国仲裁判断は、わが国が相互主義に基づく留保宣言をしているため、わが国では締約国の領域でなされた外国仲裁判断だけが対象になる（同条約1条3項）。また仲裁の合意は、書面によらなければならない（同条約2条）。

　なお、大阪地決平成23年3月25日（判タ1355号249頁）は、中国国際経済

---

(31)　2006年にUNCITRALモデル法は、通信技術の現代化や国際商取引実務の発展に柔軟に対応するために、仲裁合意の書面要件を大幅に修正し、仲裁合意の書面要件を維持するオプションⅠと、書面要件を廃するオプションⅡを併記する方式をとった（7条）。その際ニューヨーク条約2条2項についても改正することが提案されたが、実現はせず、代わりに解釈宣言という形で事実上のハーモナイゼイションを可能にする次善の策が採用された。これらについて、中林啓一「ニューヨーク条約における仲裁合意の方式」国際法外交雑誌118巻3号305頁以下（2019）、山本＝山田・前掲注（12）387頁〔山本〕参照。

貿易仲裁委員会（CIETAC）の仲裁判断の承認執行が求められた事案であるが、中国における仲裁判断の承認・執行について適用されうる、ニューヨーク条約と日中貿易協定のいずれが優先するかが問題となった。裁判所は、ニューヨーク条約7条1項が、二国間条約の効力に影響を及ぼすものではないとしていることから、二国間条約は特別法としてニューヨーク条約に優先するとした。他方で、日中貿易協定の承認執行に関する定めが、「その執行が求められる国の法律が定める条件に従い」執行義務を負うとしていることから、結局、日本の仲裁法を適用して執行決定を認めた。本来はもっとも劣後する国内仲裁法を適用した判断に対しては、日中貿易協定の「その執行が求められる国の法律」は、ニューヨーク条約が国内法的効力を有することから、ニューヨーク条約がこれに該当するとして批判的な見解もある。ただ、上述のように、日本の仲裁法はニューヨーク条約をもとに立法されていることから、両者の内容は基本的に同一であり、いずれの見解によっても実際の結論は変わらない。[32]

　(3)　**承認・執行の要件**　　　仲裁法45条は、UNCITRAL モデル法にならい、ニューヨーク条約5条の承認・執行拒絶事由と実質的に同一の規定となっている。仲裁地が日本国内か国外かを問わない。承認・執行拒絶事由は下記のとおりである。[33]すなわち、①仲裁契約が有効でない場合（仲裁45条2項1号〔当事者の仲裁合意能力については、自然人は通則法4条、法人は国際私法上の条理に基づきその設立準拠法により判断される〕・2号）、②仲裁人の選定につき通知を受けず当事者が仲裁機関の形成に協力できなかった場合や仲裁手続で適当な通知を受けず審問請求権が侵害された場合（同3号・4号）、③仲裁判断が仲裁付託の範囲を超えた場合（同5号）、④仲裁機関の構成や仲裁手続が当事者の合意（ない場合は仲裁地法）に従っていなかった場合（同6号）、⑤仲裁判断が確定していない（当事者を拘束するに至っていない）場合や仲裁地国または準拠法国の権限ある機関により取り消されたか停止された場合（同7号）、⑥仲裁の対象事項が承認・執行国では仲裁による解決が不可能な場合（同8号）、⑦承認・執行国の公序に反

(32)　関戸・前掲注（2）166頁、条解民執151頁〔垣内秀介〕。
(33)　谷口＝鈴木編・前掲注（2）433頁以下〔小川〕、山本＝山田・前掲注(12)387頁以下〔山本〕、澤木＝道垣内・入門383頁以下参照。

する場合（同9号）である。仲裁法45条2項は、1号から7号までの拒絶事由（上記①〜⑤）については当事者に証明責任がある旨規定しているため、同8号・9号の拒絶事由（上記⑥・⑦）については職権調査事項とされる。

(4) **外国仲裁判断の執行手続**　　外国判決の承認・執行の場合と同様に、仲裁判断の承認については特別の手続を要しないが、仲裁判断の執行については、その内容を国家権力によって強制的に実現することを正当化するために、当該仲裁判断が内国で効力をもつための要件（上記承認拒絶事由がないこと）を審査する必要があり、執行機関にその判断を委ねるのは適当ではない。そこで仲裁法46条は、当事者の申立てに基づき、裁判所が強制執行を許す旨を決定（執行決定）で宣言することを要求している。旧法（公催仲裁法）は、外国判決の執行と同じく執行判決を必要としていたが、執行手続の簡易化・迅速化の要請から、現行法は改正にあたり決定手続を採用した。ただし、口頭弁論または当事者双方が立ち会うことができる審尋期日を経る必要がある（仲裁46条10項・44条5項）。執行決定が確定すれば、仲裁判断はこれとあわせて債務名義になる（民執22条6号の2）。

　なお、仲裁地国裁判所が仲裁判断に執行決定を付与した場合に、これに基づいて内国で執行を求めることができるかについては、争いがある。東京地判昭和44年9月6日（判時586号73頁）は、アメリカ仲裁協会の仲裁判断を確認する米国カリフォルニア州裁判所判決について、外国判決承認要件を審査したうえで執行判決の付与を認めている。これに対しては、仲裁判断に執行力を与える執行決定の効力は属地的なものであり、執行の容易さや迅速性の点からみても、あえて外国執行決定の執行によるべきであるとする必要性は乏しいとの指摘もある（本間ほか253頁〔中野〕）。[34]

(5) **外国仲裁判断の取消し**　　仲裁法44条は、1項各号所定の要件がある場合には、仲裁判断の取消しを申し立てることができるとしている。仲裁は一審制であることから、この申立ては仲裁判断に対する唯一の不服申

---

(34)　山本=山田・前掲注（12）389頁〔山本〕は、外国裁判所の執行判決等についての執行判決を求めることを認めることによって、わが国の仲裁法が定める規律が潜脱されるおそれがあるから、外国仲裁判断執行判決等について執行判決を求める訴えが提起されたとしても、訴えは却下されるべきであるとする。

立て手段であるといえる。この取消しの対象となるのは仲裁地が日本国内である場合にかぎられると解される（仲裁３条１項・４条参照）。これに対して、仲裁地が日本以外の場合には、わが国の判決は本来的に日本国内でしか効力を有しないのであるから、日本国内で行われたのではない外国仲裁判断を取り消したところで、直接的に効力が生じるのか疑問があるし、実効性にも乏しい。また、外国仲裁判断の承認・執行が求められた場合のみわが国の裁判所が判断すれば、実際的にも十分であろう。それゆえ、外国仲裁判断に対してはわが国では取消しの訴えを提起することは原則として許されず、実効性と適切な判断が可能であるという観点から、仲裁地国と準拠法国でのみ取消しの訴えを提起できると解すべきであろう（ニューヨーク条約５条１項(e)参照）。

　外国仲裁判断を取り消す判決が仲裁地国か準拠法国かで有効になされた場合に、それでも当該仲裁判断の執行は認められるか。仲裁判断が仲裁国や準拠法国で取り消されたことは、承認・執行拒絶事由の１つではあるが、拒絶事由がある場合でも承認・執行することは妨げられないと解釈できる規定になっている（ニューヨーク条約５条１項は「拒否することができる」、仲裁法46条８項は、執行決定申立てを「却下することができる」）ことから、可能性としてはありうる。外国仲裁判断がなくなったことになるから、当該取消判決が民訴法118条の外国判決の承認の要件を満たさなくても、外国仲裁判断の承認・執行の訴えに対しては、仲裁判断の不存在を理由にその承認を拒絶すべきであるとする考え方もある。他方で、そもそもこのような可能性が示唆される背景には、司法の公正や独立が保障されない国で不当に仲裁判断が取り消されるという事情があり、このような事情に対処

して国際仲裁の信頼性を保つためには、仲裁判断取消判決を承認審査の対象とし、公序に反する取消判決の効力を否定すべきであるとする考え方も有力である[37]（本間ほか254頁〔中野〕）。

(6)　**保全処分**　　外国で仲裁手続が行われる前や進行している途中に、仮差押えや仮処分などの保全処分の必要性が生じた場合、目的物がわが国に存在し保全処分の要件を満たしているかぎり、債務者は仲裁の合意を抗弁として主張できず、わが国の裁判所は保全処分を命じることができる（仲裁15条・3条2項）[38]。仲裁法24条は、仲裁廷に保全措置命令の権限を認めている[39]。しかし、仲裁廷による保全措置命令は、執行決定の対象となる仲裁判断にあたらないため（同46条8項、45条2項7号参照）、それ自身としては執行力を有しない[40]。そのため、実務的には、権利を暫定的に保全する必要性がある場合はいくらでも存在するが、仲裁人（仲裁廷）が保全処分を命じてもそれ自身の執行力を有しない現行法のもとでは、相手方が任意で仲裁の保全処分に従ってくれないかぎり、裁判所の保全処分に頼るしかないであろう[41]。

保全処分に対して、債務者の申立てにより起訴命令が出された場合、本案にあたるのは外国での仲裁手続であるから、外国で仲裁の申立てをなせば起訴命令に従ったことになり保全処分は取り消されない[42]。

(7)　**国際仲裁における和解**　　これまでわが国ではあまり論じられてこなかった問題に、国際仲裁和解がある[43]。国際仲裁手続において敗訴した場

---

(37)　山本＝山田・前掲注（12）390頁〔山本〕も同旨。

(38)　仲裁法制定前の議論として、喜多川篤典「国際商事仲裁の基本問題」鈴木忠一＝三ケ月章監修・実務民事訴訟講座(6)（日本評論社・1971）63頁。国内仲裁判断についてであるが、仲裁条項があっても裁判所は保全処分を命じることができるとするのは、東京地判昭29・7・19下民集5巻7号1110頁。仲裁合意がある場合でも裁判所に暫定措置を求めるオプションを確保する必要性を指摘するものとして、谷口＝鈴木編・前掲注（2）341頁以下〔小原淳見〕。

(39)　仲裁廷による暫定措置について、谷口＝鈴木編・前掲注（2）323頁以下〔小原〕参照。

(40)　UCITRALモデル法は、2006年の改正において、仲裁廷による暫定・保全措置について執行力を与えている（17条H）のに対して、仲裁法はこれを反映していない。

(41)　関戸・前掲注（2）59頁以下は、仲裁廷による暫定・保全措置が当事者によって遵守されていることを前提に、手続を説明している。これに対して本間ほか212頁〔中野〕は、保全措置命令の発布を仲裁廷に認めるのであれば、このような命令に執行力も認めるべきであるとする。

(42)　小山昇・新版 仲裁法（有斐閣・1983）82頁。

(43)　谷口＝鈴木編・前掲注（2）279頁以下〔日下部真治＝井上葵〕参照。

合には、上訴がないことから是正の余地がほとんどないこと、相手方の弁護士費用まで負担しなければならない可能性があることに鑑みると、敗訴のリスクが訴訟の場合より重いことから、敗訴リスクを回避するために、仲裁において和解をするという動機がより強く働くという指摘もある。[44]国際仲裁手続の中で、仲裁判断に到達する以前に当事者間で和解が成立した場合、仲裁手続が取り下げられたり、終了決定がされた場合（仲裁40条2項3号）には、和解には執行力はない。ただし、取り下げられた場合でも、和解の成立と同時に履行（決済）を行う場合には、強制執行の必要性がないので問題はないとされる。[45]それ以外で和解の履行を確実にするためには、仲裁判断の形式で和解内容を記録する必要がある（仲裁38条1項・2項、JCAA規則62条3項など）。[46]これによって、和解は仲裁判断としての効力をもつことになるため、ニューヨーク条約の枠組みのもとで強制執行することが可能となる。

Ⅳ　国際仲裁をめぐる近時の動き

1　Online Dispute Resolution（ODR）の台頭

　国際仲裁と同じように裁判以外の紛争解決手続として、近時は、国際消費者紛争の解決をオンライン上で行おうとする傾向がみられる。[47]わが国には、消費者庁の所管にある独立行政法人国民生活センターの中に、越境消費者センター（Cross-border Consumer center Japan; CCJ）というODR機関が置かれており、国際消費者紛争の解決のために機能している。同センターは、日本といくつかの国々との間における国際消費者紛争を主たる対象

---

(44)　関戸・前掲注（2）140頁。実務上、国際仲裁事件における相当程度が和解によって解決しているとの指摘もある。三木=山本監修・前掲注（12）313頁。

(45)　関戸・前掲注（2）148頁。

(46)　関戸・前掲注（2）147頁によると、仲裁人の選任が完了し、仲裁廷が成立していること、仲裁廷が仲裁判断の形式で和解内容を記録することに応じることが前提となる。谷口=鈴木編・前掲注（2）294頁以下〔日下部=井上〕参照。

(47)　アメリカや欧州におけるODRについて、早川吉尚「国際裁判管轄と国際消費者紛争」小林編・理論と実務306頁以下参照。これによると、裁判所における国際消費者紛争解決は機能不全を起こしており、ODRの利用が注目されているという。

として、Consumer Centre の連携による Complains Handlings ネットワーク（国境を越えて対置する消費者と事業者の間における紛争解決のための自主的な交渉がスムーズに進行するように援助するためのシステム）を公式に構築している。[48] 同センターに寄せられる相談としては、ESTA 等の電子ビザの申請代行サイトに関する相談、海外でのレンタカーの利用に関する相談、海外のチケット転売仲介サイトに関する相談、海外ホテルや航空券予約のトラブルに関する相談など、実に様々であり、年間4000件以上の相談が寄せられている。[49]

　仲裁法附則3条が、消費者仲裁に関しては消費者側に仲裁合意の解除権を与えていることから、現時点では、越境消費者紛争センターにおける ODR に仲裁手続は組み合わされていない。他方で、UNCITRAL においては、ODR 手続に関する世界統一規則の策定作業が2010年から2016年まで行われた。[50] 最終的な統一規則の策定までには至らなかったようであるが、わが国でも ODR の導入に向けて本格的な議論が始まっており、[51] 今後の展開が注目される。

2　新たな仲裁センター・施設の設置

　2018年9月1日には、東京国際知的財産仲裁センター（通称 IACT）が設立された。同センター設立の背景にあるのは、異業種間における領域横断的な知的財産紛争が増加した場合、複数国の各裁判所における国際訴訟競合が生じ、紛争解決のための負担、時間および費用が多大となるという懸念である。標準必須特許をめぐる知的財産紛争に焦点を置いた IACT の

---

(48)　早川・前掲注（47）309頁以下参照。わが国では、消費者保護の観点から国際消費者紛争の解決を念頭に、実体法面（通則法11条1項）と手続法面（民訴法3条の4・3条の7第5項）双方において規定が整備されたことは、現実には裁判にならなくても、ODR の実務に大きな影響を与えると指摘されている。

(49)　早川・前掲注（47）309頁。詳しくは、越境消費者センターのホームページを参照。

(50)　早川吉尚「消費者仲裁を巡る国際的な政策相違と世界統一規則の構築」伊藤眞先生古稀祝賀・民事手続の現代的使命（有斐閣・2015）1403頁、とくに1415頁以下参照。2014年時点で、消費者仲裁をめぐる国際的な政策の相違から、統一ルールを構築するのは困難を伴うと指摘されている。

(51)　沢田登志子ほか「〈座談会〉ODR（Online Dispute Resolution）の導入に向けて」Law and technology 82号1頁以下（2019）参照。

手続によれば、１つの手続で複数国にわたる紛争をすべて解決できるというメリットがあるという。また、仲裁人候補者には、世界各国の著名元裁判官等の知的財産紛争解決の第一人者が名を連ね、裁判所で争ったのと同等以上の知見が集積されると同時に、仲裁判断案のレビューをアメリカ・欧州・中国・韓国・日本から１名ずつ選出された５名によるパネルで行うことにより、普遍的かつ客観的な紛争解決も期待できる。さらには、仲裁判断までの審理期間を原則１年以内とすることで、迅速かつ効率的な審理を志向する制度となっている。[52]

さらに、2020年３月には、わが国初の仲裁審問専用施設である、日本国際紛争解決センターが東京に開設された。本センターは、充実した設備を有する廉価な施設を提供するとともに、国際仲裁手続に精通した仲裁人・仲裁代理人の養成等を目的として設けられ、将来的には、日本の企業を当事者とする仲裁事件のみならず、日本以外の企業同士の仲裁事件についての仲裁地・審問場所として機能することが期待されている。[53]

3　シンガポール調停条約

2018年12月に、国連総会で「国際的な調停による和解合意に関する国連条約（シンガポール調停条約）」が採択され、2020年８月８日現在、アメリカや中国など53か国が署名し、５か国が批准している（2020年９月12日に発効）。本条約は、調停によって締結された和解条項に基づく強制執行を容易にすることで、国際紛争解決手段としての調停の実効性を高めることを目的としている。[54]近時、国際調停は、国際仲裁と組み合わせて用いられることも多く、国際仲裁をはじめとする国際商事紛争解決をめぐる状況は、今後さらに発展していくことが予想される。

---

(52)　関戸・前掲注（２）194頁以下を参照。

(53)　早川吉尚「日本国際紛争センター東京施設の開業」JCA ジャーナル67巻４号55頁以下（2020）参照。

(54)　United Nations Convention on International Settlement Agreements Resulting from Mediation（New York, 2018）. 山田文「国際的な調停による和解合意に関する国際連合条約（シンガポール調停条約）の概要(上)(下)」JCA ジャーナル66巻11号３頁以下（2019）、67巻３号31頁以下（2020）参照。

第10章　国際倒産

I　国際倒産法制の確立

1　旧法下における属地主義

　国際倒産では、これまで説明してきた国際取引紛争のように個別的な国際取引に関して生じる紛争と異なり、国際的な活動を行ってきた企業が倒産した場合の、国際取引の多数の相手方との包括的な債権債務関係の処理が問題となる。

　今日のように経済活動が国際化し、企業が海外の取引先と大量に国際取引を行うのみならず、海外に子会社や支店を設けて進出するようになると、そのように国際化した企業の倒産によるインパクトは国内にとどまらず、その法律問題も日本法だけでは処理しきれない。

　ところが、わが国の倒産法制は、かなり長い間国際倒産に対して無関心などころか、敵対的ともいえる態度をとってきた。たとえば、倒産手続が開始された場合に倒産企業の財産のうちどの範囲まで倒産手続の効力が及ぶかという基本的な問題に対し、かつてのわが国の倒産法は倒産属地主義をとり、大正時代に立法された旧破産法3条1項は、「日本ニ於テ宣告シタル破産ハ破産者ノ財産ニシテ日本ニ在ルモノニ付テノミ其ノ効力ヲ有ス」として、日本の破産手続の効力はわが国にある倒産企業の財産にしか及ばないと規定していた。そして、戦後立法された改正前の旧会社更生法4条1項も同様な立場をとっていた。また、旧破産法3条2項は、「外国ニ於テ宣告シタル破産ハ日本ニ在ル財産ニ付テハ其ノ効力ヲ有セス」として、外国の破産手続の効力はわが国にある倒産企業の財産には及ばないと規定していた。そして、旧会社更生法4条2項も同様な立場をとっていた。しかし、このような「極端な属地主義」をとり、これらの倒産法の条文を文字どおり適用してしまうと、国際的な経済活動を行い、海外にも資産を

有するわが国の企業が倒産し、わが国の裁判所で破産手続や会社更生手続
がなされても、海外にある資産にはその効力は及ばないことになる。その
ため、海外資産に対しては自由に債権者（外国債権者のみならず国内債権
者）による差押えがなされ、債権者間の公平を害し倒産手続の目的を達す
ることができず、会社更生手続の場合には企業再建も困難になってしまう。

　わが国の倒産法制の「極端な属地主義」は、1923年（大正12年）の破産
法の立法当時はともかく、現代のように国際取引が隆盛をみ、企業の経済
活動も国際化し多国籍企業の出現している状況下では、妥当とはいいがた
く、解釈によって属地主義をどこまで制限できるかが学説において盛んに
議論されていた。
（2）

　外国人や外国法人の地位についても、旧破産法2条は、「外国人又ハ外
国法人ハ破産ニ関シ日本人又ハ日本法人ト同一ノ地位ヲ有ス但シ其ノ本国
法ニ依リ日本人又ハ日本法人カ同一ノ地位ヲ有スルトキニ限ル」として、
外国人と日本人とを原則としては平等としつつも、相互主義により日本人
がその外国人の本国法で同一の地位を与えられていることを条件としてい
た（これに対して、旧会社更生法3条は、相互主義をとらず、無条件の平等主
義にたっていた）。このため、旧破産法2条をそのまま適用すると、外国人
や外国法人の地位については、本国法における日本人の地位を常に吟味す
る必要があり、破産手続において種々の困難な問題が発生した。

　ここで、従来の国際倒産規制の欠陥を如実に露呈した事件をいくつか紹
介しよう。

　まずは、多国籍グループ企業の全世界的レベルでの倒産事件として当時
有名だったBCCI事件とベアリングズ事件である。

（1）　加藤正治・破産法研究1巻（巌松堂・1924）327頁参照。
（2）　小林＝村上・国際民事訴訟法229頁以下参照。
（3）　小林秀之「BCCI事件と国際倒産法」金法1305号9頁（1992）、同「国際倒産法とBCCI
　　事件のその後」金法1397号18頁（1995）。BCCI事件の終結は、つい最近であり、今年（2020
　　年）まで国際的な手続は続いていたようである。BCCI事件の詳細な検討としては、森下哲朗
　　「国際的銀行倒産に関する法的一考察(1)～(19・完)」国際商事法務23巻12号1287頁、24巻1号
　　10頁、同2号135頁、同3号265頁、同4号379頁、同5号501頁、同6号610頁、同8号829頁、
　　同9号941頁、同11号1177頁、同12号1281頁、25巻2号139頁、同6号586頁、同8号847頁、
　　同9号935頁、同11号1201頁、26巻2号154頁、同3号267頁、同4号403頁（1995-1998）。
（4）　小林秀之＝畑宏樹「ベアリングズ事件と国際倒産法」金法1427号9頁（1995）、小林秀之＝
　　薮口康夫「親子会社の国際倒産と管財人の対応」判タ830号144頁（1994）。

　BCCI事件は、アラブ系の国際金融機関の倒産事件であり、わが国にも
BCCIグループの支店があったものの、その資産のほとんどが海外に流出
していた中で、わが国の支店の特別清算手続全体が、ルクセンブルクの本
店で行われた国際的に単一な倒産手続（プーリング手続）に参加したとい
うものである。BCCI事件は、1991年7月5日、粉飾決算の実態を知った
イングランド銀行が、ルクセンブルク、ケイマン、アメリカなどの金融当
局と連絡をとり、各国で一斉に、69か国に支店をもち登記上の本店をルク
センブルクとケイマンに置いていたBCCIグループ会社に対し、営業停止
や資産凍結の措置を行ったことに端を発する。わが国にはイングランド銀
行から事前連絡がなかったため、わが国の支店の対応が遅れ、同月22日に、
大蔵省からの債務超過の疑いという通告に基づき、職権で特別清算手続を
開始した（旧商431条・381条〔会510条・514条〕）。

　BCCI東京支店は、預金残高が約537億円、負債総額は約632億円にのぼ
ったが、資産の大半はアメリカやケイマンに送金されており、清算人が国
内で回収できた資金（配当原資）は、約40億円にすぎなかった。わが国だ
けの予想配当率は6.43％で、プーリング手続に参加すれば32％になるとい
う説明がなされたため、わが国の特別清算手続もプーリング手続に参加す
る方向に動いた。プーリング手続とは、回収した資産をすべて1つの基金
にプールし、各国の清算人が債権者に平等な配当を行うための資金を基金
から受け取れる「プーリング合意」と、最大株主が所有する債務者の資産
を配当財源として拠出するという「拠出合意」からなるものである。

　この事件は、表面的には、わが国内のBCCI日本支店の資産はほとんど
なくなっており、BCCIの海外における外国倒産処理手続をわが国で承認
する必要が生じなかったようにもみえなくもない。そして、わが国の特別
清算人とBCCI各国の清算人が協力し合えば十分であったように思われな
くもなかった。しかし、実はBCCIはグループ会社であり、わが国に支店
があったBCCI銀行の資産はほとんど海外に移されてしまっていたが、別
のグループ会社の資産はわが国に存在していたのである。別のグループ会
社の法人格はBCCI銀行とは異なるため、この会社の資産に対しては、
BCCIのどの会社に対する外国倒産処理手続の効力も及ばないし、わが国
の特別清算の効力も及ばないという問題が発生していたのである。また、

わが国の特別清算手続は、すべての資産（わが国に残されていたBCCI銀行の乏しい資産全部）をもって、BCCI本店があったルクセンブルクで行われたプーリング手続に参加しており、主従関係的な調整がなされていたのである。[5]

BCCI事件では、一見すると、世界全体で単一のプーリング手続が成立し、各国の債権者が原則的に平等に取り扱われ、理想的な普及主義である国際単一倒産主義が成立したようにも思えなくはない。しかし、最大株主であったアブダビ政府の、任意による巨額な（18億ドルともいわれる）拠出金の存在が大きな成功要因であった。このような特殊事情を他のケースに期待できるかは不明であろう。ちなみにアメリカは、BCCIグループの資産が集中したために、プーリング手続に参加するよりも属地主義的な取扱いのほうが債権者にとっては有利という判断から、プーリング手続に協力するが参加しないという態度をとっていた。

ベアリングズ事件の発生は、1995年（平成7年）に、ベアリングズ・グループ（「女王陛下の銀行」として230年の歴史をもつ金融機関）の経営危機が表面化したことによる。発端は、子会社のシンガポール会社のトレーダーの先物取引による損失が800億円を超す巨額なものになったことにあった。同年2月26日、ベアリングズ社は、英国高等法院に対して財産管理手続（administration）の申請を行い、直ちに管理人（Administrator）の任命がなされた。

事件当時、わが国には、ケイマン法人のベアリングズ証券の東京・大阪支店があった。1995年（平成7年）2月27日、わが国では両支店とも大蔵省が営業停止・預り資産の保全措置をとらせるとともに、債務超過の疑いありとして通告をし、職権による特別清算手続の開始を申し立てた（旧商431条3項）。同年3月2日・3日、東京支店と大阪支店に特別清算手続開始を前提とした保全命令が発令され、ついで東京地裁で特別清算手続開始決定がなされた。ここで問題となったのは、英国の本店で開始された手続が再建型手続であるにもかかわらず、わが国で選択された手続が清算型手

（5）　小林秀之「倒産法改正の焦点㊤」法セ1999年9月号74頁。

続という、両手続の不整合の点であった。⁽⁶⁾

　最終的には、1995年（平成 7 年） 3 月 5 日、オランダの金融グループ ING が、ベアリングズ・グループを一括買収することを発表し、同月 8 日にロンドンの裁判所の認可も得たため、東京地裁は、同月 9 日に特別清算手続終結決定を下すという形で、この事件は収束を迎えたことから、この事件においては、日英両国間での手続の不整合から生じるであろう問題もほとんど生じないままであったが、まさに従来の国際倒産規制の欠陥を如実に露呈した事件であったといえよう。

　今 1 つの山一證券事件は、わが国の倒産法が極端な属地主義にたっていたために、海外資産の差押えとそれに伴う金融市場の大混乱のおそれから、会社更生手続を利用できなかった事件である。

　山一證券は、当時わが国の四大証券会社の 1 つであったが、1997年（平成 9 年） 9 月中旬に経営危機が表面化したことから、一度は会社更生法の適用の途を探ってはみたものの、結局は自主廃業という形を選択した（ただし、その後1999年（平成11年） 6 月に、東京地裁で破産宣告〔現行の破産手続開始決定〕が下された）。山一證券が、経営破綻当初に会社更生法の適用を断念した理由としては、裏の簿外債務の存在という問題もあったが、わが国の倒産法が属地主義を採用しているために、国際倒産がうまく機能しないことがあげられていた。山一證券は、海外に多数の金融資産を有していたが、会社更生申立てとともにこれらの海外資産が差し押さえられ、世界中の金融市場が大混乱に陥ることが懸念されたためである。ちなみに、山一證券よりも小さい準大手の三洋証券も、山一證券とほぼ同じ時期に経営破綻に陥ったが、三洋証券については海外資産が少なかったために会社更生法の適用が認められたことと比べると、両者の手続の差異は歴然としており対照的であった。

2　倒産属地主義から倒産普及主義へ

　現代のように企業活動が国際化し国際的な規模の倒産事件が頻発し、国

（6）　小林秀之「国際倒産実務動向と民事再生手続要綱の属地主義化の検討」債権管理86号54頁（1999）。

際的な通信・交通手段の発達により海外資産の回収や外国での倒産手続へ
の参加が必ずしも困難ではない状況のもとでは、むしろ倒産属地主義の不
都合さのほうが目につくようになってきた。倒産会社の海外資産は自由に
差し押さえられるというのでは、差押えを行った債権者とそうでない債権
者の間で不公平が生じるし、さらに国際的な経済活動を行っていた倒産企
業は常に海外での差押えの危険にさらされるから、そのような企業の再建
型倒産手続の実現が困難になる。また、外国の裁判所にわが国の倒産手続
に協力してもらうこともできなくなる。日常的に国際的な倒産事件が生じ
ている時代においては、もはや従来の倒産法の枠内ですべてを解決するこ
とには限界があり、国際倒産については立法的解決が不可欠という共通の
認識が生まれ、1996年（平成 8 年）から、UNCITRAL 国際倒産モデル法
（UNCITRAL, Model Law on Cross-Border Insolvency）を参考にした国際倒産
法制の整備が進められた。[7] 具体的には、1999年（平成11年）の民事再生法
において、片面的な倒産普及主義が導入され、国内再生手続の対外的効果
を承認するとともに、とくに並行倒産の場合を中心に、内外管財人等の協
力などの国際協調的な措置についての規定が定められた。続く2000年（平
成12年）には、外国倒産処理手続の効力を日本国内で適切に実現すること
を目的として、「外国倒産処理手続の承認援助に関する法律」（外国倒産
法）が制定された。そして倒産法全般にわたって倒産普及主義を広く採用
すべく、破産法および会社更生法の改正が行われ、上記の民事再生法の国
際倒産関連規定が拡張され、同時に国際倒産管轄の規定が新たに設けられ、
国際倒産に関する包括的な法整備が行われた。これによりわが国はついに
「倒産属地主義」から「倒産普及主義」への立法的大転換を果たしたので
ある。[8]

（ 7 ） UNCITRAL 国際倒産モデル法については、山本和彦・国際倒産法制（商事法務・2002）
　　191頁以下を参照。
（ 8 ） 改正の経緯については、小林=村上・国際民事訴訟法233頁以下、山本・前掲注（ 7 ） 6
　　頁以下を参照。また、改正後の国際倒産法制については、山本・前掲注（ 7 ）、深山卓也編
　　著・新しい国際倒産法制（金融財政事情研究会・2001）、田頭章一・倒産百選〔第 5 版〕204
　　頁、村上正子「国際破産総論」竹下守夫=藤田耕三編・破産法大系 第 3 巻（青林書院・
　　2015）147頁を参照。

3　現行法下における倒産普及主義

　国際倒産制度全体に関する理念からすると、本来、本店所在国で倒産手続が始まるとその手続の効果が国際的に及び（普及主義）、その債務者の全世界に存在する財産がその単一の倒産手続によって規制されるとする主義（国際的単一倒産主義）が理想といえる。国際的単一倒産主義をとると、世界的に債権者の平等が図れ、かつ会社の債権も統一的に処理することが可能となるからである。しかしながら、現時点では各国における倒産制度に様々な違いがあるため、国際的単一倒産制度はルクセンブルクなどを除き存在しない。国際的単一倒産主義を理想として、わが国が倒産手続開始国の倒産手続の効力を認める普及主義を肯定しても、現実には、他の関係国は一定の条件を満たした場合にのみ外国の倒産手続を承認するものであるから、国際的数個倒産主義が世界の現状である。

　これをふまえて、現行の国際倒産法制においては、「修正された普及主義」が採用されている。すなわち、国際倒産管轄が複数の国に認められていることを前提として、並行倒産状態が生じた場合の手続間の協力・調整を図るための方策を設けることによって、国際的な協調の仕組みを構築している。

Ⅱ　国際倒産管轄

　国際倒産管轄とは、どこの国の裁判所が倒産手続を行うかという問題で、国際裁判管轄に類似する性格の問題である。すでに述べたとおり、国際的単一倒産主義が理想的であることから、債務者の経済的利益の中心地に単一倒産管轄を認め、そこでの倒産手続により統一的に財産等の包括的処理がなされるのが理想である。しかし、倒産関係各国には、国内債権者のために、自国で倒産手続を行う利益があることから、現実的には各国がそれぞれの国際倒産管轄規定をもち、単一の債務者について複数の国に国際倒産管轄が認められることになる[9]。

　わが国の国際倒産管轄の規定は概要以下のとおりである。

（9）　田頭章一「国際倒産管轄」小林編・理論と実務450頁。

　まず、破産および民事再生については、債務者が個人の場合には日本国内に営業所、住所、居所または財産を有するときに、法人の場合には日本国内に営業所、事務所または財産を有するときに、わが国の国際倒産管轄が認められる（破4条、民再4条）。財産所在地に管轄を認めているのは、国内にある債務者の財産を引当てに与信をした国内債権者の保護を図るとともに、小規模・少額内国債権者の負担を軽減する必要性が大きいからである。なお、民事再生は再建型倒産手続であるにもかかわらず国際倒産管轄の範囲が破産と同一で、広すぎるようにみえないこともないが、実務的には清算のための民事再生手続の利用がかなりあることに配慮したものと考えられる。なお、財産が債権である場合には、その所在地につき、民事訴訟法の規定により裁判上の請求ができる債権は日本国内にあるものとみなされる（破4条2項、民再4条2項）。これに対して、会社更生については、債務会社が日本国内に営業所を有するときにかぎり認められる（会更4条）。これは、会社更生手続の原則的国内管轄が主たる営業所に限定されていること（会更5条1項）、また会社更生手続では元来大規模な事業を行っている株式会社を対象とし、かつ担保権者等も手続に取り込む慎重な手続であることから、申立て会社が日本国内に営業所を有する場合にかぎってわが国の国際更生管轄を認めたものである（本間ほか216頁〔本間靖規〕）。

　国際的取引関係にかかる契約書においては、国際裁判管轄について合意がされているのが通常であるが、倒産債務者が当事者となっている契約に合意管轄の定めがあるとしても、それにより法定の倒産管轄原因以外の国に国際倒産管轄が認められるかについては、消極的に考えるべきである。倒産手続は、多数かつ多様な利害関係人が関与する集団的な手続であり、関係人の平等や優先順位が体系的に定められ、手続の基本的な立場は国や手続ごとに異なることに鑑みれば、私的自治が妥当する財産事件とは異なり、国際倒産管轄は公益的な観点から決定されているといえる。

(10)　山本・前掲注（7）137頁。
(11)　田頭・前掲注（9）451頁。澤木＝道垣内・入門388頁は、立法に疑問を示している。
(12)　田頭・前掲注（9）452頁。
(13)　田頭・前掲注（9）452頁。竹内康二・国際倒産法の構築と展望（成文堂・1994）219頁以下も参照。

Ⅲ　外国倒産手続の対内的効力

1　外国倒産承認援助法

　2001年（平成13年）4月1日から施行された外国倒産法は、倒産属地主義を対内的にも廃止し、外国倒産処理手続にも一定の承認と援助を与えるための具体的な規定を整備し、「修正された普及主義」をとったものである。外国倒産処理手続は自動的にわが国でも効力を有するのではなく、承認決定によって初めて対内的効力が認められる。しかも、手続開始国の倒産手続の効力をそのままわが国に及ぼすのではなく、国内法独自の観点から裁判所の裁量に基づき援助や協力を行うとした。基本的には、UNCITRAL国際倒産モデル法の趣旨に沿いながらも、後述のように複数手続の同時承認は認めない「一債務者一手続進行の原則」をとっている点が若干異なる。外国倒産法の概要は、次のとおりである（以下、同法につき条文番号のみで記す）。[14]

　(1)　**承認の申立ておよび対象**　　承認の申立てにかかる事件は、東京地方裁判所の専属管轄に属する（4条）。ただし、東京地裁は、著しい損害または遅滞を避けるため必要があると認めるときは、職権で、外国倒産処理手続の承認の決定と同時に、またはその決定後、承認援助事件を債務者の住所、営業所または財産所在地を管轄する地方裁判所に移送することができる（5条）。債務者の日本における主たる営業所等が、東京から離れた場所にある場合には、その地を管轄する地方裁判所に事件を移送して、後述する承認決定を前提とした各種の援助処分を行わせたほうが適切であるという考慮からである。[15]

　外国倒産処理手続において債務者の財産の管理処分権を有する者（外国管財人等。2条参照）は、債務者の住所、居所、営業所または事務所があ

<hr />

(14)　外国倒産承認援助法については、深山編著・前掲注（8）13頁以下、山本・前掲注（7）22頁以下、村上・前掲注（8）159頁以下、山本和彦「外国倒産処理手続の承認援助法について(1)」ジュリ1194号56頁（2001）、山本克己「外国倒産処理手続の承認援助法について(2)」同63頁参照。同時に施行された国際倒産法制に関する最高裁規則については、菅野雅之「国際倒産法制の整備に係る最高裁判所規則の概要」同48頁参照。

(15)　深山編著・前掲注（8）50頁、田頭・前掲注（9）453頁。

る国で申し立てられた外国倒産処理手続について、裁判所に承認の申立て
をすることができる（17条1項）。これは、承認の対象となる外国倒産処
理手続の管轄（間接管轄）を定めたものであり、債務者の財産が当該外国
にあるだけでは足りず、住所、営業所等のより密接な管轄原因を必要とし
ている。国内倒産手続の管轄（直接管轄）については、財産のみを管轄原
因としても正当化できるのに対して、承認の対象となりうる外国倒産処理
手続の場合は、財産の所在だけで管轄を認める手続では不十分であると考
えられたからである。[16]

　(2)　承認の要件・決定　　外国手続の承認要件としては、外国倒産手続
該当性（2条1項1号）、外国手続の開始（22条1項）、国際倒産管轄の存在
（17条1項）のほか、申立棄却事由の不存在があげられる。裁判所は、①
当該手続の効力が日本国内にある財産に及ばないものとされていることが
明らかであるとき、②当該手続を承認することが日本における公の秩序ま
たは善良の風俗に反するとき、③処分等をする必要がないことが明らかで
あるとき、④申立てが誠実にされたものでないことが明らかであるとき等
の棄却事由（21条）が存する場合を除き、外国倒産処理手続の承認の決定
をする（22条1項）。

　このうち21条3号（上記②）の公序要件については、外国裁判所の確定
判決の承認（民訴118条3号）の場合と同様、制度が異なる（援助処分を行
った結果として現出する法状態が日本の倒産手続において実現するそれと一致
しない）というだけでは公序違反とはされず、その結果が日本の法秩序か
らみて受け入れがたい結果を招く場合にのみ、公序違反が認められる。[17]た
とえば、当該外国手続が外国債権者の属性にかかる理由のみに基づいて債
権者を差別的に扱っている場合や、手続における債権の優先順位等の取扱
いが日本と大きく異なり、日本法の基本的価値に反する場合などが考えら
れる。[18]手続的公序については、外国に対する通知等がきわめて不十分な形

(16)　深山編著・前掲注（8）117頁、田頭・前掲注（9）453頁。
(17)　山本・前掲注（7）41頁以下。
(18)　山本・前掲注（7）42頁。米国連邦破産裁判所が管轄するチャプター11（わが国の民事
　　再生・会社更生手続に相当）手続のもとで開始した麻布建物の再建手続において、公序違反
　　性が問題となった事例がある。片山英二ほか「日米にまたがる麻布建物㈱にみる承認援助手

でしかなされず、債権者等の手続参加の機会が実質的に保障されない場合や、倒産裁判所について買収等により公正な判断が期待しえない場合には、公序違反が認められうる。(19)当該外国とわが国の制度の相違を前提としたうえで線引きをするのが困難な問題であるのは、外国判決の承認の場合と同様であるが、本法律の趣旨ないし制定目的と、承認決定がそれに続く援助処分の基礎となるにすぎないものである点を考慮し、場合によっては、とりあえずは承認決定をして、その後の援助処分で一定の条件を付するなど、柔軟な対応をすることが期待される（56条1項2号参照）。(20)

　東京地決平成15年11月11日（官報平15・11・25第3738号24頁）は、2001年（平成13年）4月1日の施行以来、外国倒産法に基づく初めての承認事件で、外国手続開始の要件が問題となった事例である。(21)債務者X（香港法人と推測）が2001年（平成13年）12月14日に中華人民共和国の香港高等法院第一審裁判所に申し立てた強制清算事件について、2003年（平成15年）に入ってXが東京地裁に外国倒産法に基づく承認を申し立てたというものである。この事件では、香港の裁判所で仮清算人のみが選任された状態をもって、手続開始があったと認めることができるかが問題となったが、東京地裁は、当該仮清算人を承認の申立権を有する外国管財人として扱い、承認決定をしたうえで、承認管財人による管理を命じた。

　承認決定は、日本法上の破産手続開始の決定等に相当する判断がある場合にのみ認められるものであるが（2条1項1号）、香港には法定の再建型手続が存在せず、判例実務によって、仮清算人による保全管理手続において裁判所の関与のもとに会社再建を行う方法が認められている。したがって、仮清算人の選任は再建型手続の開始に相当する判断ということができることから、本決定は相当と評価されている。(22)

　日本法は、倒産手続開始に常に裁判を必要としているが、たとえば、アメリカの自己申立手続など、裁判所の明示の判断がなくても、申立てと同

続と国際並行倒産」事業再生と債権管理127号67頁以下（2010）を参照。

(19)　深山編著・前掲注（8）135頁以下。

(20)　山本・前掲注（7）43頁以下参照。

(21)　本決定の評釈として、山本和彦・国際私法百選［第2版］242頁等がある。

(22)　山本・前掲注（21）243頁。各国の倒産手続は様々な歴史的経緯で発展してきたことから、手続開始要件についても実質的な観点から判断する必要があるとする。

時に開始決定があったものとみなしている手続においては、当該申立てを
もって「手続開始の判断がされたとき」に該当すると解してよいであろう。[23]

　なお、外国手続が開始していない場合でも、承認の申立て自体はできる
（17条2項）。これは、承認援助手続においては、債務者の日本国内にある
財産を保全するための必要な措置として、承認の申立てに基づく仮の処分
を承認決定前に取得することができるとされているためである（25条以
下）。UNCITRAL 国際倒産モデル法では、開始前の手続も承認対象として
いるが（同法17条(1)(a)・2条(a)）、緊急的な援助はこの承認決定前の仮の処
分で十分であるとされている。[24]

(3)　承認の効果（国内財産に関する処分等）　　　承認決定がされた場合、裁
判所は、債務者の日本国内における業務および財産に関して、①強制執行
等の手続の中止命令、②処分の禁止等の必要な処分、③担保権の実行とし
ての競売手続等の中止命令、④すべての債権者に対する強制執行等の禁止
命令、⑤中止した強制執行等の手続の取消命令、および、⑥債務者の業務
および財産の管理処分権を承認管財人に専属させる旨の管理命令を発令で
きる（25条～32条）。つまり、民訴法118条による外国判決の承認とは異な
り、承認決定がなされたからといって、外国手続の効力が日本国内に拡張
されるわけではなく、日本の承認裁判所が、日本法独自の観点から、日本
国内の債権者と債務者との間の法律関係を規律することによって、必要に
応じて具体的な援助処分を講じるという手続構造になっている。[25]

　管理命令による承認管財人の選任については、①外国手続が DIP で日
本の弁護士等を選任、②外国手続の管財人を選任、③外国手続に管財人が
いる場合に日本の弁護士等を選任の3つの類型があり、②が外国手続にも

---

(23)　深山編著・前掲注（8）147頁、山本・前掲注（7）47頁。

(24)　深山編著・前掲注（8）148頁、山本・前掲注（7）47頁。これに対して、UNCITRAL
国際倒産モデル法と同様に、仮手続の承認を正面から認める必要性を主張するものとして、
髙橋壮介「外国倒産処理手続の承認援助に関する法律の再検討」事業再生と債権管理134号97
頁（2011）。

(25)　松下淳一・国際私法百選［新法対応補正版］210頁、深山編著・前掲注（8）144頁。中
西康「外国倒産承認論の理論的検討」京都大学法学部百周年記念論文集(3)（有斐閣・1999）
770頁以下、山本克己「新しい国際倒産法制における『承認』概念とその周辺」河野正憲=中
島弘雅編・倒産法大系（弘文堂・2001）147頁以下も参照。

っとも協調的であり、原則的とされる。前掲東京地決平成15年11月11日では、管理命令が求められ、原則どおり外国管財人（仮清算人）を選任した。

なお、管理命令の発令までは、国内財産の管理処分については債務者が権限をもち、外国管財人にはなんら権限は認められないと考えられている。この考え方によれば、外国で選任された管財人は日本にある債務者の財産に関する訴訟においては当事者適格を有さず、外国倒産法による承認管財人・保全管理人が当事者適格を有することになる（本間ほか126頁〔本間〕）。しかし、わざわざ承認決定を得なくとも、直接外国管財人に当事者適格を認める余地もあると思われる（第4章参照）。

外国倒産処理手続が終了するなど一定の事由が生じた場合は、承認援助手続は承認取消決定によって終了する（56条）。

(4) **複数の手続が競合した場合の調整**　承認援助処分決定がなされても、わが国の国際倒産管轄が制限されるわけではない。同一の債務者について外国倒産処理手続の承認援助手続と国内倒産処理手続とが競合した場合には、原則として、国内手続が優先する。したがってこの場合には、承認申立ては棄却されることになる。ただし、外国手続が主手続であり、その承認援助手続を行っても国内債権者の利益を不当に侵害するおそれがないなどの要件を具備していれば、外国手続が優先する（57条）。

複数の外国手続の承認援助手続が競合した場合には、第1に主手続である外国手続が優先し、第2にその承認援助手続を行うことが債権者一般の利益に適合する外国手続が優先する（62条）。結局のところ、同一債務者について複数の倒産手続が生じることは認めつつも、同一債務者につき複数の倒産処理手続が日本で同時に効力を生じることは認めないとする「一債務者一手続進行の原則」をとった。

承認援助の対象となる2つの外国倒産処理手続のいずれが主手続であるかが争われる場合には、「主たる営業所」の所在国が問題となる（2条2号参照）。東京高決平成24年11月2日（判時2174号55頁）は、外国倒産手続の承認申立てが競合した場合の優先関係につき判断した事例である。米国

(26)　山本・前掲注（7）112頁以下。外国倒産規則29条2項3号も参照。
(27)　松下・前掲注（25）211頁。
(28)　本決定の評釈として、横溝大・平成25年度重判解308頁等がある。

デラウェア州法を準拠法として設立された株式会社につき、営業所がある
イタリアで破産手続が開始された後、さらにアメリカで破産手続が開始さ
れ、その後、当該株式会社が、わが国の裁判所に、米国破産手続について
外国倒産法に基づく申立てをし、本件債務者に対する強制執行等を禁止す
る旨の決定がなされた。その後当該株式会社の外国管財人が、イタリア破
産手続を承認し、援助処分として本件債務者に対して承認管財人による管
理命令を発することを求める申立てをした。上述のように、外国倒産処理
手続の承認を求める申立てが競合した場合、すでに承認されている外国倒
産手続が外国主手続であるときは、新たに申し立てられた外国倒産手続の
承認申立ては棄却するとされている（62条）。裁判所は、外国主手続とは、
「主たる営業所」がある国で申し立てられた外国倒産手続を指し、ここに
いう「主たる営業所」は、国連国際商取引法委員会（UNCITRAL）が策定
したUNCITRAL国際倒産モデル法の「COMI（主たる利益の中心）」と同
義と解されることから、COMIについての諸外国の裁判例やUNCITRAL
の議論を参酌して検討すべきであり、それによれば、「主たる営業所」の
判断の基準時は、最初に倒産手続開始の申立てがされた時点と考えるのが
相当であり、判断基準としては、本部機能ないし中枢、あるいは債務者の
マネージメントの行われる場所、債務者の主要な財産またはオペレーショ
ンの認められる場所、債権者から認識可能な場所といった要素を重視して
判断すべきである、とした。そして、本件債務者の新経営陣の事務所がア
メリカにあること、本件再建計画に沿って本件債務者の有する知的所有権
につき、重要な契約が同事務所で締結されていること、アメリカの事務所
に勤務する新経営陣により、本件債務者のソフトウェアが管理され、ソフ
トウェアに関わる営業活動が統括されていたといえることから、本件債務
者の主要な財産またはオペレーションの認められる場所は、アメリカとい
うべきであると判断した。

　これに対しては、外国倒産処理手続の承認とは、具体的な複数の手続の
どちらに協力するかという問題であるから、協力を決める時点でどちらの
手続がその目的に適合しているかを判断するのが相当であるという理由か
ら、承認申立てがあった時点を基準として、「主たる営業所」がどこかを
判断すべきであるとする考え方もある。この考え方は、「主たる営業所」

の判断要素についても、経営陣の都合を重視すべきではなく、債権者の視点からどの手続に協力することがその利益にかなうかを考えるべきであり、債権者の手続参加の便宜や取引の一括的把握による事業再生の便宜等の観点から、債権者一般の利益に適合する可能性が大きいと考えられる主要な取引先、従業員や債権者等の所在地を重視するべきであるとする[29]。

　日本と外国で並行して進捗する倒産処理手続を相互に調整することの重要性は近時増大しており、親子会社の国際倒産をめぐる問題など経済的破綻が複数国の拠点にまたがる場合に、外国倒産法の枠組みでどこまで対応できるのか、今後さらに検討していく必要がある[30]。

2　国際並行倒産の際の協力

　現在の国際倒産法制においては、並行倒産を認めたうえで、並行手続間の協力を図るという緩やかな国際協調アプローチがとられている。承認援助手続があるとはいっても、並行倒産自体は広く認められていることから、国内手続優先の原則がある以上は並行倒産状態における手続間協力の必要性は大きいといえる[31]。

　具体的には、外国倒産処理手続がある場合の特則として、外国管財人との協力や相互の手続参加などが定められた。すなわち、外国管財人との協力として、管財人は外国管財人との間で相互に必要な協力と情報の提供を行う（破245条、民再207条、会更242条）。外国管財人は、わが国で破産申立てないし会社更生申立てができ、破産の債権者集会ないし会社更生の関係人集会に出席し意見を述べることができる（破246条、民再209条、会更244条）。相互の手続参加も認められ、外国管財人は、外国倒産処理手続に参加しているがわが国の手続では届出をしていない債権者を（会社更生の場合は更生担保権者も）代理して、わが国の破産ないし会社更生手続に参加

---

(29)　山本和彦「国際倒産に関する最近の諸問題」法の支配170号12頁以下（2013）。

(30)　佐藤鉄男「国際統合企業の倒産」山本克己=山本和彦=坂井秀行編・国際倒産法制の新展開〔増刊金判1112号〕（2001）159頁以下、山本和彦「親子会社と国際倒産の諸問題」清水直編著・企業再建の真髄（商事法務・2005）737頁以下等参照。

(31)　山本・前掲注（21）280頁。並行倒産については、片山英二=米山朋宏「並行倒産」竹下=藤田編・前掲注（8）179頁以下参照。

できる。逆にわが国の管財人は、わが国の破産ないし会社更生手続に参加しているが外国倒産処理手続に届出をしていない債権者を（会社更生の場合は更生担保権者も）代理して、外国倒産処理手続に参加できる。その場合、代理した債権者（会社更生の場合は更生担保権者も含む）のために、届出の取下げ、和解などの権利を害するおそれがある行為を除き、外国倒産処理手続に属する一切の行為をすることができる（破247条、民再210条、会更245条。いわゆる「クロス・ファイリング」）。このような手続により、並行倒産手続に事実上参加することのできない債権者の権利保護を図り、実質的に債権者平等の原則を実現することが可能となる。[32]

　なお、外国倒産処理手続がある場合には、破産原因ないし会社更生手続開始原因があると推定される（破17条、会更243条）。

3　倒産手続における外国人の地位

　前述のように、旧破産法2条は、外国人の法的地位につき日本人が当該外国法において同一の地位を与えられていることを条件として、日本人と同一の地位を与えていた。この旧破産法2条の相互主義につき、従来の通説は、当該外国法の内容を吟味し当該外国法の破産手続において日本人が享受できる地位と同一の地位を与えるものであると解してきた。[33]

　この従来の通説の実質的相互主義では、外国の倒産手続における日本人の地位を比較することが必要であったが、体系の異なる外国法との比較は厳密には困難であるし、倒産手続上の地位の有利不利も一概には決まらなかった。相互主義を厳密に貫き国家の責任を個人に問うとか自国民保護という思想自体、疑問があったし、国際倒産で多数の外国人が関係してきた場合には取扱いが大変であった。旧会社更生法3条が旧破産法2条と同様な規定でありながらも、相互主義の部分を削除していたのは上記のような相互主義の問題点を認識したためであろう。結論的には、旧破産法2条但

---

(32)　片山＝米山・前掲注（31）188頁以下。

(33)　ただし、破産能力については、この立場を貫くと商人破産主義をとる外国（フランスなど）の非商人については破産を宣告できないため、自国民保護の思想に基づく相互主義に反する結果になるとして適用を除外していた。中田淳一・破産法・和議法（有斐閣・1959）36頁、山木戸克己・破産法（青林書院・1974）36頁など。

書の意義は、単に外国人と日本人を差別していない外国法であることを要求している（形式的相互主義）と解するか、もう一歩進めて旧破産法2条但書をまったく無視してしまうしかなかった。[34]

このため、国際倒産法改正では旧破産法2条但書は削除され、これにより、いずれの手続においても、その利用資格や手続参加資格等に関して、日本人（法人）と外国人（法人）とは完全に平等に扱われることになった。この結果、民事再生も含め（民再3条）、倒産法全体で内外人完全平等主義がとられ、2004年（平成16年）の現行破産法では免責や復権についても、平等原則がとられた。

Ⅳ　国内倒産手続の対外的効力

国内手続の外国における効力の問題については、日本の従来の倒産法制が、倒産手続の国際的効力について厳格な属地主義を採用していたことから様々な問題があった。そのため、倒産手続の国際的効力（日本の倒産手続の対外的効力および外国倒産手続の対内的効力）を認めることは、属地主義の廃止とともに、国際倒産法制整備の最大の課題であった。以下では、現行法のもとでの倒産普及主義の概要をみてみよう。

現行法は旧破産法3条1項および旧会社更生法4条1項の「日本国内で開始した（破産ないし）更生手続は、日本国内にある会社の財産についてのみ、効力を有する」という倒産属地主義の規定を全面的に削除した。また、保全管理人や管財人の管理処分権の及ぶ財産についても、日本国内にあるかどうかを問わないとし（民再38条1項、会更32条1項）、破産財団の範囲についてもその財産が日本国内にあるかどうかを問わないとした（破34条1項）。

すでに述べたように、承認の対象となる外国倒産手続については、財産の所在のみに基づく管轄は認めていないのに対して、財産の所在のみに基づいて日本の倒産手続が開始されれば、その対外的効力は認めるというこ

---

(34)　青山善充「倒産手続における外国人の地位」新実務民訴(7)267頁以下は、旧破産法2条但書を無視すべきことを説得的に論じていた。

とで、一見日本の利益のみに偏した枠組みにもみえる。しかし、日本の倒産手続を承認するかどうかは、外国の裁判所の判断に委ねられており、営業所所在地国で倒産手続が開始されない場合には、日本の倒産手続の承認を通して当該国の事業停止や財産の散逸を防ぐ必要性も認められるかもしれない。このような考慮から、日本法として一律に対外的効力を認めることにしているとされる（本間ほか222頁〔本間〕）。

　さらに、外国財産からの債権者の回収と国内手続における配当・弁済とを調整することにより、国際倒産の場面での債権者平等の趣旨を貫徹させるために、その調整ルールとして、すでに民事再生法において先がけて採用されていた（民再89条2項）、いわゆるホッチポット・ルールを、破産手続や会社更生手続においても採用した（破201条4項、会更137条2項）。ホッチポット・ルールは、倒産債権者が国外にある財産への権利行使によって満足を受けた場合、他の債権者が自己の受けた弁済と同一割合の弁済を受けるまでは、国内にある財産からの満足を受けられないというものである。これにより、一部の倒産債権者が、外国にある債務者の資産から、他の債権者に先立って不平等な弁済を受けて保持することは認められないことになる[35]（本間ほか224頁〔本間〕）。

　ただ、このルールには、①配当調整の対象に外国で債務者が任意でした弁済が含まれるか、②特定の倒産債権者が外国財産への権利行使によって得た弁済の割合が、国内手続による弁済・配当率を上回る場合に、その差額を不当利得として破産財団等へ返還させることができるか、という問題が残されている[36]。

　このルールが、内国倒産手続開始決定の対外的効力として位置づけられるとすると、①については、倒産債権者が本来受けることができない任意弁済（破100条、民再85条1項、会更47条1項参照）も弁済・配当調整の対象となる。②については、国内倒産法が求める債権者平等原則が対外的にも及ぶとすれば、不当利得としての返還請求も認められる[37]。

(35)　竹下守夫ほか編・大コンメンタール破産法（青林書院・2007）861頁〔富盛秀樹〕。
(36)　田頭・前掲注（8）204頁。
(37)　田頭・前掲注（8）204頁、山本・前掲注（7）152頁以下。なお、澤木＝道垣内・入門395頁以下は、この問題を含め、国際倒産の実体法上の問題を論じていて参考になる。

　ちなみに、UNCITRAL 国際倒産モデル法32条においては、配当調整の対象は、並行倒産の状態が生じていることを前提として、外国において開始された倒産処理手続において配当が実施された場合に限定されている。これに対してわが国では、以下の2点で UNCITRAL 国際倒産モデル法とは異なる規定をしている。第1に、わが国では外国での強制執行等における弁済または配当も配当調整の対象としている点、第2に、UNCITRAL 国際倒産モデル法では、国内倒産処理手続の開始決定と外国倒産処理手続における配当の実施との先後関係を問わず、配当調整の対象としているのに対して、わが国では、国内手続開始決定後に行われた外国手続での弁済のみを配当調整の対象としている点である。第1の点については、配当調整の対象範囲を拡充し、債権者間の公平・実質的平等を実現しているもので、UNCITRAL 国際倒産モデル法の理念である国際協調的性格をさらに前進させたものと評価されている。一方、第2の点については、一見配当調整の対象範囲を狭めているようにもみえるが、国内倒産処理手続の対外的効力を前提として、わが国の規定が外国での強制執行等における配当または弁済も配当調整の対象としていることから当然の帰結であるし、外国における配当の後にわが国で倒産手続開始決定がなされることは通常ないことから、UNCITRAL 国際倒産モデル法に比べて国際協調性に欠けるとはいえないとされる。[38]

---

(38)　山本・前掲注（7）149頁、408頁、深山編著・前掲注（8）380頁。

第11章　国際民事保全

I　国際民事保全とは

　これまでみてきたように、国際的な民事紛争の解決にあたっては、国際裁判管轄に始まり、仲裁合意の有効性、外国から、あるいは外国への送達や証拠収集・証拠調べなど、手続の様々な局面でむずかしい判断を迫られ、それに費やされる時間も予想以上にかかることになる。したがって、適時に必要かつ実効的な権利や地位の保全措置を講じておくことは、国内事件以上に重要であり、国際民事保全法の果たす役割も大きいといえる（本間ほか201頁以下〔中野俊一郎〕）。そして、国際民事保全法は、暫定的な仮の救済である民事保全手続のすべての段階について、国際保全管轄に始まり外国保全命令の承認・執行に至るまで国際的要素の取扱いをめぐる1つのまとまった小宇宙（ミクロ・コスモス）の世界であり、国際民事保全として1個の法領域を形成するにふさわしい内容を有している。

　以下、国際民事保全法に包含される各局面のうち、重要なものを列挙してみよう。

　①国際保全管轄　　どのような場合に、国際民事保全のためにわが国の裁判所が審理・裁判を行うことができるのか。国際裁判管轄の民事保全版であるが、本案の国際裁判管轄との関係がとくに問題となり、仮差押対象物所在地ないし係争物所在地の取扱いが焦点となる。

　②国際民事保全の審理　　被保全権利の審理との関係では外国法の調査と審理の迅速性との兼ね合いが特に問題となるし、保全の必要性との関係では国外への持ち出しの可能性が要件を満たすことになるのかが問題となる。また、いずれの要件の審理も疎明の困難さや翻訳との関係で、実務的な解決が求められる。

　③外国本案訴訟との関係　　本案訴訟の起訴命令に対して外国で本案訴

訟を提起すれば、起訴命令を履行したことになるのか。また、外国本案
判決の承認・執行のためにすでに存在する保全処分を利用できるのか等
が問題になる。

④国際民事保全執行　　これには2つの局面が存在し、わが国の裁判所
が命じた国際民事保全命令の執行段階の問題と外国保全命令の承認・執
行の問題に大きく分かれる。

上記①～④のように、国際民事保全は、民事保全の各局面に対応した全
体的な法体系であり、個別的な局面ごとの考察が必要である(1)。しかし、民
事保全法の立法過程では国際民事保全についての検討はほとんどなされず、
立法時には国際民事保全への考慮は乏しかった(2)（次に述べるように、平成23
年改正まで待たなければならなかった）。

その後、平成23年改正法では、民事保全法（新法）11条で、「保全命令
の申立ては、日本の裁判所に本案の訴えを提起することができるとき、又
は仮に差し押さえるべき物若しくは係争物が日本国内にあるときに限り、
することができる」として、国際保全管轄規定が新設された。本案管轄地
に国際保全管轄を認めるのは、本案訴訟に対する保全命令事件の従属性お
よび裁判所の審理の便宜から、また、目的物・係争物の所在地に国際保全
管轄を認めるのは、執行の便宜等を考慮してのことである（一問一答平23
年183頁）。立法の際の補足説明によれば、各々の概念は、民保法12条1項
の国内民事保全管轄の文言の従前の意義解釈と異ならないとしているから、
平成23年改正法以前の判例・学説が民保法12条1項の国際民事保全管轄へ

（1）　道垣内正人「渉外仮差押え・仮処分」澤木敬郎＝青山善充編・国際民事訴訟法の理論（有
斐閣・1987）465頁。
（2）　民事保全法の立法担当者による解説である山崎潮・新民事保全法の解説（金融財政事情
研究会・1990）は、国際民事保全法についてほとんど言及しておらず、唯一、旧民訴法738条
後段が外国において判決の執行を行うに至るべきときには絶対的な仮差押えの必要性を認め
ていたのを、新法が削除したのは、事案に応じて必要性を判断すべきからだと説明していた
くらいである（同書122頁）。
　　これに対して、道垣内正人「保全訴訟の国際裁判管轄」新裁判実務大系(3)399頁、長谷部由
起子「保全の必要性と被保全権利の存在」同406頁、中野俊一郎「外国保全命令の効力」同
414頁の3論文は民事保全法下での国際民事保全を本格的に論じている。また、国際民事保全
の比較法的検討については、野村秀敏・国際的民事紛争と仮の権利保護（信山社・2017）が
詳しい。

の準用を前提に議論していたことは、大筋においてあてはまるはずである。他方で、日本が本案管轄地である場合に、外国に所在する財産について保全命令の管轄が認められるか、日本に本案管轄はないが、財産が所在する場合に保全命令の管轄が認められるか、本案にかかる請求について外国裁判所の専属管轄や仲裁合意がある場合に、わが国に保全管轄が認められるか、など個々の問題については解釈に委ねられている。

Ⅱ　国際保全管轄原因

1　国際保全管轄原因

　民事保全法は、管轄を専属管轄としつつ（民保6条）、保全命令事件の管轄裁判所を本案管轄裁判所または仮差押対象物もしくは係争物所在地の管轄裁判所で地方裁判所としている（同12条1項）。仮差押命令については、管轄裁判所は民事保全法制定前の旧民訴法739条と同一であり、仮処分については管轄裁判所を仮差押命令の場合と同様にし、係争物所在地を管轄する地方裁判所を独立の管轄裁判所としており、「急迫ナル場合」（旧民訴757条1項・761条1項）であることを必要としない。「急迫ナル場合」の要件を削除したのは、本案管轄裁判所での再審理手続をやめたことの兼ね合いからであり[3]、国内土地管轄規定としての性格は当然の前提とされている[4]。

　国際保全管轄を考える場合には、専属管轄であることは重要であり、国内土地管轄がないのにわが国の国際裁判管轄を認めても意味がないから、国際保全管轄は本案管轄裁判所または仮差押対象物もしくは係争物所在地管轄裁判所と同一範囲内になってくる。

2　仮差押命令の国際保全管轄

　(1)　**仮差押命令の国際保全管轄**　　民事保全法は、仮差押命令の管轄原因として本案管轄と仮差押対象物所在地の2つを挙げているが（民保11条・

（3）　山崎・前掲注（2）103頁、大島隆明「保全命令、異議・取消事件の管轄、移送」三宅弘
　人ほか編・民事保全法の理論と実務　上（ぎょうせい・1990）286頁。
（4）　山崎・前掲注（2）101頁以下、大島・前掲注（3）287頁以下。

12条1項)、本案管轄で財産所在地（民訴3条の3第3号〔旧民訴8条〕)が認められているために、管轄地域内に対象物が存在するときには両者はオーバーラップしてくる。

　仮差押命令の国際保全管轄については、国内土地管轄（本案管轄と仮差押対象物所在地）を1つの基準として考えるのが従来の考え方であり、[5]国内土地管轄が専属管轄であることによる上限性や民保法11条の文言との適合性から、基本概念も同一である国内土地管轄原因を出発点として考えていこう。

　本案管轄は、保全訴訟の付随性や当該請求権に関する情報がある可能性が高く担保の決定にあたっても適切な判断ができることが国内保全管轄原因の理由とされているが、上述のように、基本的には国際保全管轄の場合にもあてはまる。問題となるのは、実効性であり、国内仮差押えの場合には仮差押対象物が存在する地の管轄裁判所・執行官に仮差押えの執行を委託できるからなんら問題がないのに対して、国際仮差押えの場合にはわが国に仮差押対象物が存在しなければわが国で執行できないうえ、執行に関する時間的制限（債権者の命令が送達された日から2週間以内。民保43条2項)もある。

　仮差押対象物所在地は、仮差押えの管轄原因としては実効性の点では問題ないとしても、本案管轄で財産所在地が管轄原因であることとの関係から、独立に国際保全管轄原因とすることの意義は本案管轄がわが国にない場合である（外国裁判所を専属管轄とする合意がある場合や外国での仲裁合意がある場合など)。担保の決定にあたっては、対象物の価値も基準となりうることは、仮差押対象物所在地を国際保全管轄原因とすることの根拠の1つになろう。

　(2)　**従前の裁判例**　　仮差押えの国際裁判管轄について従前の判例の多くは、内国に本案管轄があることを理由に国際保全管轄を認めているが、

（5)　道垣内・前掲注（1) 467頁は、仮差押命令の国際保全管轄を条理によって考えるとしつつ、旧民訴法739条（民事保全法12条1項の差押えの管轄と同旨）の財産所在地および本案管轄裁判所が条理に合致するとし、同470頁は、仮差押目的財産がわが国に存在するかぎりそれ以外の事情を問うことなく、仮差押えの国際保全管轄を肯定すべきであるとする。

いずれも、目的物や係争物が内国に所在する事例でもあった。⁽⁶⁾

たとえば、旭川地決平成8年2月9日（判時1610号106頁）は、外国裁判所を専属管轄とする合意があった事案である。⁽⁷⁾船舶の修理を業とする韓国法人Xが、漁業を営むロシア法人Yの所有する本件船舶を修理したが、修理請負契約では韓国プサンの裁判所を管轄裁判所とする合意があった。ところが、Yは修理代金の一部を支払っただけで残代金を支払わなかったため、Xは、わが国の港に寄港した本件船舶について仮差押命令の申立てをして、これが認められたのに対し、Yが、国際裁判管轄のない裁判所がなした違法な仮差押命令であるとして保全異議を申し立てた事案である。裁判所は、仮差押命令の国際裁判管轄は仮差押目的物の所在による実効性と同時に外国本案判決のわが国でも執行可能性（民訴法118条1号および4号の要件を一応満たす可能性）があれば肯定されるとして、次のように判示した（稚内港での本件船舶の仮差押命令を認可）。

【1】「仮差押命令事件の国際裁判管轄も、本案事件に対する付随性及び仮差押えの実効性の観点から検討を加えるべき点では国内土地管轄と同様」であり、「日本の裁判所に本案事件の裁判権が認められなくとも、仮差押目的物が日本に存在し、外国裁判所の本案判決により、将来これに対する執行がなされる可能性のある場合には、日本の裁判所に仮差押命令事件についての裁判権が認められると解するのが相当である。なぜならば、外国裁判所の仮差押命令を日本において直ちに執行する手続は現在のところ存在せず、目的物の所在地を管轄する日本の裁判所で仮差押命令を得てこれを執行することが、仮差押えの実効性の観点からは最も妥当である上、外国裁判所において請求権の存否内容が確定され、その判決によって目的物に対する執行がなされる可能性があれば、本案事件に対する付随性の要請も充たされると考えられるからである」。

【2】「本件の本案訴訟については、当事者間の合意の効力として、日本

---

(6)　永和号事件（関東庁高等法院上告部決昭元・12・27新聞2687号4頁）、セルファースカーク号事件（横浜地判昭41・9・29下民集17巻9=10号874頁）など、詳細は、小林秀之「国際民事保全（管轄・審理・執行）」小林編・理論と実務463頁以下参照。

(7)　本決定の評釈として、的場朝子・国際私法百選［第2版］204頁、小田敬美・平成9年度主判解230頁、奥田安弘・リマークス1998(上)164頁等がある。

の裁判権が排斥される可能性があるが、……本案についての外国の裁判所の判決が日本で執行される可能性が認められれば、本件船舶の所在地を管轄する当裁判所に本件仮差押命令申立事件の管轄権を認めるのが相当である」。そして、「当該外国の裁判所において将来下される判決の執行可能性の有無を判断するにあたっては、保全命令の段階では、〔旧〕民事訴訟法200条〔現118条〕各号の要件を全て具備することまでは要求されないというべきであり、同条の1号及び4号の要件を一応充たす可能性があれば、執行の可能性についてはこれを肯定することができると解される」。

(3)　**仮差押えの国際保全管轄判例の分析**　上記判例の事案のように、専属国際管轄や国際仲裁の合意がある場合のように、本案管轄がないにもかかわらず仮差押対象物や係争物所在地だけを理由に、国際民事保全管轄を認めることには問題がありうる。民事保全の付随性や暫定性からいって、本案管轄との関係をまったく無視することはできないのではないか（本案管轄がないのに認めてよいか）、という疑問が生じる余地があるからである。これらの場合、わが国には仮差押えの国際保全管轄がないとする説もある[8]が、目的物や係争物がわが国にあるかぎり、外国判決や外国仲裁判断の執行保全のために実益は十分にありうる（本間ほか203頁〔中野〕）。外国判決や外国仲裁判断の承認・執行の要件を満たす可能性がかなりあることは、保全の必要性の要件の中で吟味すればよいであろう[9]。

　管轄合意はどのように考えるべきか。たとえば、当事者間の合意が専属国際裁判管轄合意ではなく、単に外国法人同士の国外での国際紛争であるならば、通常は、民訴法3条の3第3号の財産所在地を理由とする本案管轄による国際民事保全管轄も仮差押目的物所在地によるのとは別に生じる

（8）　池原季雄「国際的裁判管轄権」新実務民訴(7)39頁。
（9）　この点について、上記旭川地裁決定は、本案管轄地である外国で下されるべき判決が内国で承認可能かどうかを、保全管轄の判断にあたって考慮している。これに対して本間ほか203頁〔中野〕は、承認予測は困難であるし、保全の段階ではどの国で本案訴訟が定期されるかを特定できない場合もありうることから、迅速が求められる保全管轄の判断に際しては、外国判決の承認可能性を要求すべきではないとし、本案起訴命令の段階で配慮すべきであるとする。なお、国際条約でも、仮差押対象物所在地国に独立の仮差押えの国際保全管轄を認める傾向にある。航海船舶の仮差押えに関するある規則の統一のための国際条約2条、衝突事件の民事裁判管轄権に関するある規則の統一のための国際条約1条(1)(b)参照。

ため（その財産の価格が著しく低いときを除く）、あまり問題はない。本案訴
訟をわが国で提起することも可能だから、保全処分の付随性には反しない
からである。当事者間の合意が専属的合意である場合には、たしかにこの
ことを考慮せざるをえない。しかし、専属国際裁判管轄を有する外国の裁
判所が仮差押命令を発したとしても、わが国で執行することは困難であり
（民訴法118条は「外国裁判所の確定判決」を、民執法24条は「外国裁判所の判
決」を要件とする）、実効性ないし実現可能性の観点からは、わが国の裁判
所で仮差押命令を発することを認めるべきだろうし、仮差押目的物の所在
地を独立の国際民事保全管轄原因としている立法趣旨もそこにある。承[(10)]
認・執行の可能性については、管轄の有無の判断ではなく保全の必要性の
枠内で判断すべきことはすでに述べたとおりである。

　本案管轄があっても仮差押対象物がわが国に存在しないときには、命令
の執行が保障されない以上実効性を欠くという問題がある。これについて
は、保全命令の発令段階では執行可能性がなくても債務者による任意の履
行がありうること、保全命令の審理は本案審理と重複する点が多いことな
どから、両者を同一の判断機関に委ねるのには合理性がある（本間ほか204
頁〔中野〕）。実際問題として、わが国の仮差押申請は目的物を特定して行
うため、仮差押対象物が船舶のような特殊な場合を除き仮差押申請をしに
くいし、船舶の場合はわが国の港に入港することがあらかじめわかってい
て入港してから申請したのでは間に合わないことを慮って申請しており、
仮差押対象物が近い将来存在することが前提になっているという特殊事情
があるので、国際保全管轄を認めてもよいであろう。

3　仮処分の国際保全管轄

　(1)　**仮処分の国際保全管轄**　　民事保全法は、旧法と異なり、本案管轄
と係争物所在地を各々独立の仮処分命令の管轄原因として認めている（民
保11条）。民事保全法は、「急迫な場合」の係争物所在地の裁判所の判例を

---

(10)　的場・前掲注（7）205頁。道垣内・前掲注（2）405頁は、「本旭川地裁決定はよく考え
　　られており、この分野における先例として参照されるべき」とする（なお、日本での承認可
　　能性がなくても、日本での権利実現が必要なときは、緊急管轄を認めるべきとする）。

本案裁判所に再審理させることをやめ、仮差押えと同様に係争物所在地の裁判所に本案裁判所と対等の地位と管轄を肯定した（同12条１項参照）。

　仮処分命令では、係争物がわが国に所在しない場合の実効性の問題はより深刻である。たとえば、外国に存在する不動産の処分禁止・占有移転禁止の仮処分を考えた場合、仮処分命令が発令されても執行は不可能である。

(2)　**仮処分命令の国際保全管轄判例**　　仮処分命令の国際保全管轄の判例としては、まず、インターナショナル・エア・サービス事件（東京地決昭40・４・26労民集16巻２号308頁）があった。事案は、アメリカ人で雇用関係があったが解雇されたため、労働者側が地位保全の仮処分命令を申請したものである。東京地裁は、次のように判示して、旧民訴法４条３項の営業所所在地の本案管轄から国際保全管轄を肯定した（インターナショナル・エア・サービス社〔Y〕は、航空会社に飛行要員を供給する会社で、債権者は航空機の機長）。[11]

　　　「外国法により設置された法人といえども、わが国内に事務所等を置いて営業を行う場合、わが国の裁判権に服すべきことは多言を要しないところであつて、〔旧〕民事訴訟法第４条第３項もこれを当然の前提とする規定と解するべきである。ところでYが飛行要員52名を日本国内の航空会社に提供し、その営業所を肩書地の現業事務所において行なつていることは前叙のとおりであるから、Yにわが国の裁判権が及ばないというYの主張は採用できない（右現業事務所は〔旧〕民事訴訟法第４条第３項にいわゆる『日本ニ於ケル営業所』にあたると解すべきであるから、Yは、同所に普通裁判籍を有するわけであつて、本件仮処分命令申請はYの右普通裁判籍所在地を管轄する当裁判所の管轄に属する）。」

　インターナショナル・エア・サービス事件では、一応係争物はわが国に所在するといえても、Yがわが国に資産を有しないため必要性を欠くのではないかが争点となったが、東京地裁は次のとおり判示した。

---

(11)　喜多川篤典・ジュリ349号120頁（1966）は、Yの現業事務所は商法上には該当しないが、旧民訴法４条３項にいう営業所には含まれると解してよいとして、国際保全管轄を認めた結論に賛成する。また、保全の必要性の判断で債権者が日本国内に資産を有しないことは問題ではなく、仮処分を求める者の緊急性を第一義的に考えるべきであるとする。

　「仮りにＹが無資産であるとしても、仮処分の裁判につき任意の履行を期待し得ないわけではないから、執行の対象となるべき資産が日本にないという一事によつて本件仮処分の必要性を否定することはできない」。

　インターナショナル・エア・サービス事件と同様の労働仮処分事件で、国際保全管轄が争点になった事件が、英国証券会社事件（東京地決昭63・12・5労民集39巻6号658頁）である。事案は、英国証券会社Ｙの東京駐在員事務所の代表者として雇用されたイギリス人Ｘの勤務態度が不良であるとしてＹによって解雇されたため、Ｘが地位保全および賃金仮払いの仮処分を求めたものである。

　　「Ｙは、外国に本店を有する法人であって、日本国内に営業所をも有していないが、本案となりうる賃金請求の義務履行地は日本にもあり、その争点は、解雇の効力の有無であるところ、解雇理由は、要するにＸの東京事務所の代表者としての勤務成績が不良であるというものであるから、それについての証拠方法の多くは日本国内にあることが予想され、また、Ｙの代表者が日本に来ることも稀ではないというのである。これらの事情の下では、当事者間の公平、裁判の適正、迅速を期するという理念に照らし、わが国裁判所が裁判管轄権を有すると解することが条理にかなうというべきである。そうすると、仮処分事件についてもわが国裁判所は裁判管轄権を有すると解するのが相当である。」

　英国証券会社事件でも、インターナショナル・エア・サービス事件と同様、本案管轄から国際保全管轄を導いている。すなわち、義務履行地（旧民訴5条）により賃金の支払地がわが国であり、証拠方法がわが国に多く存在し、被告（債務者）の代表者もわが国に来ることもまれではないことから、当事者間の公平、裁判の適正・迅速という理念に照らしてもわが国の国際裁判管轄を認めることが条理に合致するとして本案管轄を肯定しているが、これは本案管轄のリーディング・ケースであるマレーシア航空事件（最判昭56・10・16民集35巻7号1224頁）に沿った判例である。[12]

(12)　一問一答平23年187頁は、事案における具体的な事情を考慮しても日本の裁判所に本案の訴えの管轄権が認められる場合には、さらに「特別の事情」があるとして保全命令の申立て

　もっとも、係争物の所在地はYの東京事務所ないしX自身の所在地であるから、係争物の所在地からわが国の国際保全管轄を直接導くことも可能であったと思われる[13]。また、平成23年改正後の事件であれば、「個別労働関係民事紛争」として労務の提供場所であるわが国に本案管轄が認められるので（民訴3条の4第2項）、それを基に国際保全管轄を認めることもできたはずである。

　さらに、韓国シリコンウェハー仮処分事件（東京地決平19・8・28判時1991号89頁）では、継続的契約の更新拒絶・解除をめぐり、作為・不作為および契約上の地位を仮に定める仮処分が求められた[14]。韓国法人Yの製造するシリコンウェハーを日本において継続的に供給する代理店XとYとの間で、代理権契約の更新をめぐって争いが生じたが、同契約には韓国を仲裁地とする仲裁条項と韓国法を準拠法とする条項が含まれていた。Xはわが国の裁判所に対して、契約履行請求権を被保全権利として、Xを介さずに製品を販売することを禁止することや、契約上の地位を仮に定めること等を求める申立てをした。この事案では、当事者が主に民事保全法12条1項の「本案の管轄裁判所」の意義を争い、かつ結論的には独占禁止法24条の差止請求に関する国際民事保全管轄が肯定されたこともあって、契約履行請求に関する国際民事保全管轄は否定され、次のような判示になっている。

　　【1】「民事保全法12条1項は、民事保全事件の管轄について、本案の管轄裁判所又は仮に差し押さえるべき物若しくは係争物の所在地を管轄する地方裁判所と定めるところ、『本案』とは、被保全権利又は法律関係の存否を確定する手続をいい、訴訟手続のほか、仲裁手続もこれに該当すると解されるから、仲裁合意が存在する場合における同項所定の『本案の管轄裁判所』とは、当該仲裁の仲裁地を管轄する裁判所をいい、仲裁合意がなければ本案訴訟について管轄権を有したであろう裁判所を含まないと解す

　が却下されることは、ほとんどないとする。
(13)　佐野寛・平成元年度重判解284頁は、労働仮処分の本案化のために本件判旨は本案管轄から国際保全管轄を導いたと解している。
(14)　本決定の評釈として、不破茂・国際私法百選［第2版］206頁、竹下啓介・平成20年度重判解345頁、三宅明佳・平成20年度主判解206頁等がある。

るのが相当である。なぜなら、このように解さなければ、仲裁合意が存在
するために本案訴訟について管轄権を有しない裁判所が、保全事件につい
てのみ管轄権を有することとなり、保全事件が本案訴訟に対して付随性を
有することに反する結果となるからである。また、仲裁地を管轄する裁判
所が保全事件について管轄権を有するとすることは、仲裁合意によって仲
裁地を定めた当事者の合理的意思に沿うものであり、当事者間の公平の理
念にも合致するということができる。」

【2】「Yは韓国に本店を有する韓国法人であること、Xも韓国ソウル市
に支店を有し、韓国と日本における半導体関連事業を行っていること、X
の代表者は、21歳まで韓国で生活しており、韓国及び日本の双方に幅広い
人脈を有していること」に加え、「本契約は韓国法を準拠法とするもので
あること、本件仲裁合意にしたがって、韓国において大韓商事仲裁院の商
事仲裁規定に従って仲裁の申立てを行うことにより迅速な紛争解決を期待
することができることに照らせば、我が国で裁判を行うことが当事者の公
平や裁判の適正・迅速の理念に沿う特段の事情が存在し、本契約に基づく
履行請求権を被保全権利とする申立てについて我が国の国際裁判管轄を肯
定すべきということもできない」。

(3)　**仮処分命令の国際保全管轄の分析**　　仮処分命令の国際保全管轄も、
基本的には、仮差押命令の国際保全管轄と同様に考えられる。実効性の観
点は、任意の履行が期待できないわけではないうえ、仮処分命令について
は、仮差押命令以上に本案訴訟での再審理がわが国で可能であることの意
義は大きいといえる。ただ、わが国との関連性がきわめて薄かったり、外
国ですでに仮処分命令が出され国際保全競合になるおそれが実質的にある
場合には、特別の事情（民保7条、民訴3条の9）ないしは保全の必要性判
断で絞り込みを行う必要はあるだろう。[15]

わが国が係争物所在地である場合は、本案管轄の財産所在地（民訴3条
の3第3号）とオーバーラップする場合が多いだろうが、そうでない場合
についても、外国判決の承認可能性を十分吟味しつつ、保全の必要性の段

---

(15)　本間ほか205頁〔中野〕、不破・前掲注（14）206頁も同旨。これに対して一問一答平23年
　　187頁は、民事保全法は民訴法3条の9の適用を除外するものではないが、日本の裁判所に保
　　全命令事件の管轄が認められる場合に、特別の事情ありとして保全命令の申立てが却下され
　　ることはほとんどないとする。

階で絞り込むことで足りる。

　韓国シリコンウェハー仮処分事件は、仲裁合意があるため本名の管轄裁判所がわが国にはないとして、国際裁判管轄を否定した。保全請求権についても、一定範囲で当事者の処分権を認め、外国裁判所への専属管轄合意や仲裁合意がある場合に、それが内国裁判所の保全管轄も排除する趣旨と解される場合には、日本で保全命令の発令はできないとする考え方もある（本間ほか205頁〔中野〕）。たしかに、国際仲裁では、保全処分の判断も仲裁裁判所が下すべきともいえる（仲裁24条参照）が、他方で、外国仲裁裁判所の保全処分のわが国での執行は不可能に近い。わが国での執行決定の対象として仲裁法が予定する「仲裁判断」（同45条・46条）にあたらないからである。むしろ仲裁法15条は、仲裁合意があっても、裁判所による保全命令の発令を肯定している。その意味では、外国での仲裁合意があってもわが国の国際民事保全管轄を肯定すべきである。⁽¹⁶⁾

　仮処分は、非金銭債権の保全のための係争物仮処分と、急迫の損害・危険を防ぐ仮の地位を定める仮処分に分かれ、前者は仲裁裁判の実現可能性確保の視点から、後者は弱者保護の必要性が加わることが多いこと（とくに労働事件など）などからすると、仮処分でも係争物所在地を理由とする国際民事保全管轄は、積極的に肯定すべきだろう。すなわち、「仮の地位を定める仮処分」では、当該作為または不作為がなされる地（本件ではわが国）を「係争物所在地」とみなすべきであろう。⁽¹⁷⁾差止請求の国際民事保全管轄が別に認められ、実質的に国際民事保全管轄が重要な部分で肯定されていることが結論に影響を及ぼしていると思われるが、仲裁の実効性を担保するためにも本件では契約履行請求でも国際民事保全管轄を認めてよかったと思われる。

　国際仲裁手続の進行が迅速であれば、あえて仮処分を認める必要がなくなる事案もあるが、それは保全の必要性の判断の中で考慮すべきである。

---

(16)　河野正憲・判タ1320号26頁（2010）は、仲裁地の決定は手続上の考慮とは別の考慮に基づいていることから、仲裁地管轄裁判所と本案管轄裁判所を直ちに同視することは相当ではないとする。

(17)　河野・前掲注（16）26頁。一問一答平23年183頁は、民保法（新法）11条の「係争物」の所在地についても議論は分かれるとする。

⑷　**国際保全管轄の審理段階**　　国際民事保全の審理については、Ⅲで詳説したいが、国際保全管轄の判断については迅速性の観点から段階的に行う必要があることを、ここでは指摘しておきたい。保全命令申請の判断の段階では、債務者審尋や口頭弁論（仮の地位を定める仮処分の場合）を開けば別であるが、国際保全管轄を否定する事実は、債権者側の疎明資料からはなかなか現れにくい。保全命令の判断の段階では、本案管轄か仮差押対象物・係争物所在地にいずれかがわが国にあれば一応国際保全管轄を肯定し、保全異議の段階で債務者側の主張・立証を待って否定的な事実がないかを、国際保全管轄と保全の必要性の両面から判断すべきであろう。

Ⅲ　国際民事保全の審理

1　外国法の適用

　渉外事件において、準拠法が日本法以外の場合、準拠法となった外国法の適用をどのように行うかという問題がある。具体的には、外国法の調査を誰が（裁判所か当事者か）どこまでどのように行うのか、外国法の内容が調査しても不明の場合、事実と同様に証明責任によって処理してよいのか、証明責任的に当事者に不明のリスクを負担させることが許されないとしたら、不明な外国法の内容をどのように決定するのか、といった問題が生じる。

　一般的に外国法の適用（調査・不明）をめぐっては、第1章Ⅱで述べたように、国際私法学でも議論があるところであるが、筆者としては通説の説くように、外国法も事実ではなく法であり国内法の適用と基本的には同様に解すべきだと考える。外国法が準拠法であっても紛争解決のために果たす機能は国内法と同様であるし、当事者が外国法を誤って理解していた場合に弁論主義により裁判所がそれに拘束されるとするには不当だし、国際化の流れに逆行し、わが国での外国法研究の成果を否定するものであろう。もっとも、裁判所が外国法の内容を調査する義務があるといっても限界があり、実際上は当事者の外国法についての調査に依存する度合いがかなり高いことは否定できない。

　渉外事件においては、外国法の内容を調査するのは裁判所の責務である。

しかし、国際民事保全の場合には、事件の緊急性との関係から、裁判所による調査もかぎられたものになるし、外国法専門家の鑑定を求めることもむずかしく、いきおい、当事者の調査に依存する度合いは高くならざるをえないし、国際民事保全の緊急性から内国法によらざるをえない場合も例外的に出てくるだろう[18]。

　たしかに、適用される外国法の内容が全く不明であれば、申立人（当事者）は当該外国法の要件事実に該当する事実も的確に主張できないので、被保全権利の疎明もないことにつながってくる。しかし、通常は適用を求める外国法の内容を推認できる程度の主張・疎明を当事者は行うものであり（適用されると信じる外国法規の部分的な疎明、邦語文献による概説的な説明、近似法による当該外国法の内容の推認など）、被保全権利の立証が疎明で足りる以上、適用される外国法の証明も通常の場合よりは低い程度で足りると解されるから、本案訴訟の場合と同様に裁判所に調査義務を負わせてもよいと思われる。

　外国法の調査・証明の方法は、とくに国際民事保全の場合自由に行えると解すべきで、裁判官が書斎や図書館で自分で調べることもなんら問題ないし、外務省や外国大使館に照会してもよいだろう。時間的な関係から後で裁判官が緊急に調査した外国法の内容を訂正する必要があるときは異議審・上級審で保全命令を修正すればよい。さらに、あまり疎明度が高くない場合は、被保全権利の疎明の場合のように担保の金額をやや高めにして調整することも可能であろう[19]（民保14条）。

2　保全の必要性

　(1)　**国際民事保全と保全の必要性**　　旧民訴法738条後段は、仮差押えの保全の必要性につき、仮差押えをしなければ外国において判決の執行をし

---

(18)　長谷部・前掲注（2）413頁は、保全命令手続においては、担保の額の決定において考慮しつつ、内国法適用を肯定すべきとする。

(19)　道垣内・前掲注（1）478頁は、旧法下でも、相当な方法を用いて外国法の内容を調査し、利用可能なあらゆる情報を動員して判断するしかなく、場合によっては保証の供託の活用により外国法の内容の不確実性から生じる危険をカバーすることを主張していた。民事保全法は、保証の供託で被保全権利の疎明に代えることを許していないが、保証供託による疎明補完は認めてもよい。澤木=道垣内・入門359頁も同旨。

なければならなくなる場合を唯一の具体例としてあげ、学説はこの場合を絶対的仮差押事由と解していた。[20]これは、債務者が財産を国外に持ち出した場合、債権者としては本案で勝訴してもわが国の判決を外国で執行することが必要になってくるが、わが国の判決を外国で執行することが必ずしも容易でない現実を考慮したものであると説明されていた。[21]

　しかし、民事保全法は、仮差押えの保全の必要性については実質的変更をしなかったにもかかわらず、旧民訴法738条後段を削除している。この理由を立案担当者は、「執行債権の大部分を満足させるだけの財産が日本国内にあり、ごく一部の財産が外国にある場合にも、常に仮差押えの必要性があるものとするのは相当でなく、逆に大部分の財産が外国にあって、もともと外国における執行が予定されている場合に、わずかに日本国内にある財産につき常に仮差押えがあると認めるものではありません。要するに事案に応じて必要性を判断すべきであるから」と説明している。[22]たしかに、昨今債務者が国内と海外にまたがって財産を所有していることが増えているが、その場合に仮差押えの必要性が常にあるとすることは適当ではないだろう。

　(2)　民事保全法下の国際民事保全の必要性　　民事保全法には、国際民事保全における保全の必要性についての特別規定は存在していないが、通常の国内事件に比較すれば資産の海外持出しにより執行困難が生じる可能性が高いことは否定できないだけに、国際民事保全における保全の必要性の類型化は緊急の課題であろう。旧民訴法738条後段の削除は妥当であるとしても、それに代わる規定が設けられなかったことは、ある意味において国際民事保全の研究の立遅れによるものであり、保全の必要性の判断をする際に国際民事保全であることの特殊性がどれだけ影響するのかは、詰めて考える必要がある。

---

(20)　注解(6)30頁〔西山俊彦〕、西山俊彦・保全処分概論（一粒社・1972）40頁。

(21)　道垣内・前掲注（１）479頁は、旧民訴法738条後段につき、「判決の相互執行についてのネットワークのできていない現状では、なお妥当であるといえよう。そもそも、この規定は、債権者の財産の国境を越えた移動自体を保全の必要あるとする」ものと説く。しかし、旧民訴法738条後段の立法論的妥当性については本文でも説明したように疑問があったし、債務者の財産の国境を越えた移動も一定の場合にのみ保全の必要性を満たすと解すべきだろう。

(22)　山崎・前掲注（２）122頁。

　上述したように、保全の必要性においては、日本の裁判所が本案管轄地として保全管轄を有する場合には、内国での実効性を、また目的物・係争物の所在地として保全管轄を有する場合には、本案管轄地たる外国裁判所の判決の承認可能性を、さらには保全管轄の競合やすでに本案訴訟が係属していることなどを、考慮する必要がある。また、民保法11条が2つの管轄原因を認めていることからも、目的物ないし係争物が内国に所在しないという一事をもって、保全の必要性を否定すべきではない（本間ほか208頁〔中野〕）。外国企業がわが国にある営業所・事業所を閉鎖しすべての在日資産を外国に引き揚げる場合は、当該外国企業がいかに外国で資産を有していても、保全の必要性は通常肯定されるべきであろう。

3　訴訟命令と外国訴訟

　⑴　**国際民事保全と起訴命令**　　民保法37条は、旧民訴法746条の本案の起訴命令とこれを遵守しないことによる保全命令の取消しの申立てを引き継いだものであるが、本案の訴えの提起を命じるだけでなくこれを遵守したことを証する書面を、裁判所が定めた一定の期間内に提出することを要求している。そして、民保法37条5項〜7項は、調停申立てや仲裁開始でも本案の起訴に代わると規定しているが、外国本案訴訟の提起で足りるかについては規定がない。

　旧民訴法下でもとくに規定はなかったが、当然にわが国で提起された本案訴訟でなければならないとするのが多数説のようだった。[23]これに対して、当該外国訴訟において将来下される判決がわが国で執行できる（言い換えれば、民訴法118条の要件を具備している）と判断される場合には、わが国での本案訴訟提起を同視してよいとする有力説もあった。[24]

　⑵　**民事保全法下の起訴命令**　　民事保全法のもとでも、起訴命令についてなんら規定がない以上解釈によって決するしかないが、基本的には有力説が説くように、一定の外国本案訴訟についてはわが国での本案訴訟提起

---

(23)　道垣内・前掲注（1）484頁は、明言するものは少ないが旧民訴法下では多数説であったとする。
(24)　道垣内・前掲注（1）484頁。現行法について、澤木＝道垣内・入門359頁以下。

と同視してよいだろう。国際保全管轄の箇所（本章Ⅱ）で述べたように、本案管轄とは別に仮差押対象物・係争物所在地に独自に国際保全管轄原因を認めている関係から、国際民事保全をわが国で行えても本案訴訟の提起はわが国ではできないが、国際民事保全を紛争解決まで継続する必要性がある場合が存在する（仮差押対象物や係争物がわが国に存在するが、本案訴訟については外国裁判所を専属管轄とする合意が、有効に成立している場合など[25]）。また、外国で本案訴訟が係属し（あるいは提起予定で）、その執行の一部を保全するためにわが国でも保全処分を行うという国際民事保全もあるだろう。このような局面を想定するかぎり、一定の場合には外国本案訴訟の提起で足りるとすることが必要なことは否定できない。

　問題は、わが国での本案訴訟提起と同視してよい外国本案訴訟の範囲であるが、わが国での執行可能性を考えていることはわかるにしても民訴法118条のすべての要件具備を要求するのは、若干行きすぎだろう。外国訴訟がわが国での起訴命令に従って提起されたばかりの段階では、下されるであろう外国判決がわが国の公序良俗に反しないか（民訴118条3号）、わが国との間に相互保証があるか（同4号）どころか、本案訴訟の送達が国際条約（送達条約、民訴条約、二国間司法共助）に従ってなされた適法なものであるか（同2号）さえ、起訴時では不明である。結局のところ当該外国本案訴訟が国際裁判管轄をわが国の国際民訴法の観点から有しているか（間接国際裁判管轄。同1号）だけを要件として、考えざるをえないのではないだろうか[26]。なお、外国判決のわが国における執行判決請求訴訟は、被保全権利の存否を終局的に確定する手段と認められるとして、民事保全法37条の「本案の訴え」にあたるとした裁判例がある（知財高決平26・3・26裁判所ウェブサイト）。

　ちなみに、民保法37条1項・2項は、裁判所が相当と認める一定の期間内に本案訴訟の提起ないし係属を証する書面を提出しなければならず、そ

---

(25)　貿易実務講座刊行会編・貿易実務講座(8)（有斐閣・1962）549頁〔宮脇幸彦〕は、多数説に与しつつも、外国裁判所を専属的管轄裁判所とする合意ができている場合は外国本案訴訟で足りるとする。

(26)　承認・執行の可能性がない場合には、適式な本案起訴がない場合に準じて、民保法37条3項による保全命令の取消しを認めることになる。本間ほか209頁〔中野〕。

の期間は 2 週間以上でなければならないと規定するが、国際民事保全の場合、期間はかなり長期間でなければならないだろう。本案訴訟をわが国で提起するか外国で提起するかの決定は、翻訳の必要性は法制度の差異から慎重な比較衡量が要求され、外国との通信や外国で本案訴訟が提起された場合の外国裁判所からの証明文書の取得や翻訳の手間（裁判所法74条との関係から裁判所に提出する文書すべてにつき日本語訳文の添付が要求される）を考えれば、 2 〜 4 か月の期間は少なくとも本案訴訟の提起ないし係属を証する書面の提出期間としては必要なように思われる。

Ⅳ　国際民事保全の執行

1　外国保全処分の執行

　近年まで、外国保全処分がわが国では承認・執行の対象にならないことは、ほぼ当然のことと考えられていた。民訴法118条は、承認・執行の対象を外国裁判所の「確定判決」に限定しているからである。

　民訴法118条の文言解釈のほか、外国保全処分がわが国での承認・執行の対象にならない理由としては次のようなことが考えられる。

　具体的な理由として、①外国保全処分は本案訴訟に付随するものであり、本案訴訟が確定していない以上変更の可能性が大きく、権利変動が生じやすいのに承認・執行するとわが国の法律関係の不安定を招きやすい。②外国保全処分が本国で取り消されると、わが国の承認・執行も取り消す必要が生じるが、債務者の損害が回復できないおそれがある。③保全処分は略式手続であるため、債務者の手続保障が侵害されやすい。④わが国の承認・執行は、執行判決手続を通常の判決手続によることとしているため時間がかかり、わざわざ外国保全処分の執行判決を得るより直接わが国で保

---

(27)　道垣内・前掲注（ 1 ）482頁。

(28)　注解(1)388頁〔青山善充〕、高桑昭「外国判決の承認及び執行」新実務民訴(7)136頁など、通説は民訴法118条の文言解釈と後に不服申立てにより外国未確定裁判が取り消された場合の執行判決の処理の面倒さから当然のごとく否定していた。これに対して、中野俊一郎「外国未確定裁判の執行（ 4 ・完）」国際商事法務13巻12号885頁（1985）は、本文であげた②・③が主な理由であり、権利保護を図るべき強度の緊急性と債務者に審級を重ねさせる利益との比較衡量から、例外的に承認・執行を肯定してもよい場合が存在すると説く。

全処分を申し立てたほうが迅速で実際的である。

　これに対して、外国保全処分であっても緊急・迅速に承認・執行をわが国で行わなければ債権者の権利実現が害される状況（目的物・対象をわが国でようやく発見し、外国保全処分を直ちに執行しなければまた見失う可能性が高い場合など）が考えられるので、承認・執行の必要性と債務者の手続保障とを比較衡量しつつ、例外的に外国保全処分の承認・執行を認めてもよいとする考え方も現れてきている。近時の国際条約の傾向としても、承認・執行の対象たる裁判が終局的に確定していることを承認・執行の要件とせず、外国保全処分の承認・執行を認める方向性が顕著になってきている。

　実質的に考えても、仮執行宣言付判決、満足的仮処分命令、扶養料、監護権者についての保全処分などの場合には、債務者の手続保障が守られているかぎり、わが国でもむしろ承認・執行の方向で可能性を探ってみることは必要なのではないかと思われる。ただし、現在のわが国の執行判決制度の鈍重さ（通常一審だけで数年かかるうえ、要件の解釈が明確でないために立証が定型化されず、要件ごとに議論が尽きない）を前提とすると、実際にはわが国で、外国保全処分の存在を疎明資料として、もう一度保全処分を申請するほうが迅速であることが多いだろう。また、保全処分の性格上、後で取り消された場合のために債権者に担保を供させることが必要であろう。

　以上のような点を考慮すると、現在の段階では外国保全処分の承認・執行という民訴法118条のルートよりも、外国保全処分のための保全処分という特殊保全処分を肯定するほうが妥当ではないかと思われる。これは一見すると、わが国で保全処分の申請を行う際に疎明資料の１つとして外国保全命令を提供するにすぎないのではないかという疑問が提起されるかも

---

(29)　中野・前掲注（28）889頁、同・前掲注（2）418頁、石黒一憲・現代国際私法(上)(東京大学出版会・1986）452頁（ただし、承認効は認めるが執行方法は保全処分）。

(30)　道垣内・前掲注（1）488頁は、この点を問題視し、承認・執行に好意的ではあるが結論を留保する。澤木=道垣内・入門360頁以下も参照。

(31)　石黒・前掲注（29）465頁に基本的に近い。岩野徹ほか編・注解強制執行法(1)（第一法規出版・1974）105頁〔三井哲夫〕は、外国保全処分をわが国での保全処分申請の疎明資料として活用すべきとする。

しれないが、外国保全処分命令の存在が被保全権利および保全の必要性を疎明レベルで一応推定させるという効果を有すると解すべきだろう。そして、わが国の国際保全管轄や債務者の手続保障（必要があれば債務者審尋）を吟味した後、わが国の保全処分として発令すべきである。このような外国保全処分のために保全処分というルートによるほうが、簡易・迅速で保全処分の性格に合致する、わが国の手続上可能で公序に反しない保全処分しか発令されない、債務者側の不服があれば保全異議、保全取消し、保全抗告といった簡易・迅速な救済手続をとれるといったメリットがあるため、理論的にも実質的にも妥当な解決が得られるのではないだろうか。民訴法118条の文言との関係も、直接同条の承認・執行のルートによるわけではないので「確定判決」との抵触の問題も生じないし、基本的な考え方としても当該手続（保全手続）において一応終局的・確定的になった裁判の効力がわが国でも認められるというふうに解すれば、旧民訴法200条（現民訴法118条）はむしろ例示的な規定とみることが可能になってくる。

　わが国でこれまでに出ている2つの最上級審判例を、このような観点から簡単に検討しておく。

　1つは、オルガ引渡し事件（大判大6・5・22民録23輯793頁）で、アメリカ人夫婦が不仲になり娘オルガの監護権が争われ、妻を監護権者とするアメリカ・マサチューセッツ州の裁判（decree）が下されたが、夫がそれに従わずオルガを日本に連れてきたため、妻が当該裁判に基づきオルガの引渡しを求めたという事案である。大審院は、「当院の調査する所に依れば右裁判は仮処分たるの性質を有するに止まり確定力を有する終局判決の性質を有せざるを以て、外国たる日本に於いて効力を是認すべき筋合いに非ざること固より当然なり」と判示して、妻の引渡請求を認めなかった。しかし、おそらく大審院が仮処分たる性質を有すると判断した理由である、マサチューセッツ州の裁判の事情による変更可能性は、なんら裁判の終局性を害しないという指摘もなされているし[32]、とくに本案訴訟にあたる手続

---

(32)　石黒・前掲注（29）455頁や中野俊一郎「外国未確定裁判の執行(1)」国際商事法務13巻9号624頁（1985）は、確定要件の形式的適用によって渉外的私法生活の安全が破壊された不当な判決と批判する。

が別にあるわけではなく夫側の主張・立証の機会が保障された対席手続であることからすると、旧民訴法200条（現民訴法118条）の承認・執行を認めてもよかったように思われる。[33]

　これに対して、トリノ音楽教師事件（最判昭60・2・26家月37巻6号25頁）は、イタリアのトリノで音楽教師をしていた夫婦の離婚にからみ日本人の夫が子ども2人を連れて日本に帰国し、イタリア人の妻がトリノ裁判所の命令では監護権者とされたことを理由に、わが国の裁判所に人身保護請求をしたという事案である。原審は実体審理のうえ妻の請求を認めず、最高裁も、「所論の命令は、〔旧〕民訴法200条〔現118条〕にいう確定判決にあたらないから、原判決が右命令と異なる判断をしたことに所論の違法があるとはいえない」として、原審の判断を支持した。学説ではトリノ裁判所の命令が「確定判決」を理由に承認を拒否したことを批判する意見も[34]あるが、相手方を審尋せずに一方的に発令された緊急的・暫定的な命令に、本案審理（人身保護請求ではあるが）に対する拘束力まで認めるのは無理がある。外国保全処分に基づく特殊保全処分という観点からは、トリノ裁判所の命令に基づいて、子の監護事件についての審判前の保全処分（家審規52条の2〔家事規75条〕）によらしめることが妥当だったように思われる。

2　国際民事保全命令の執行・効力

　わが国の裁判所が命じた国際民事保全命令のわが国での執行に関しては、民事保全法43条以下に定められた手続に従うのが原則である。被保全権利が外国法を準拠法とするものであっても、保全命令自体はわが国の民事保全法に従って執行される形で発令されるから、執行方法について国際民事保全であるがゆえに生じる問題はそれほど多くはない。

---

(33)　民訴法118条の「確定判決」の意義につき、注解(1)388頁〔青山〕は、広く実体私法上の請求権につき相対立する当事者双方の審尋を保障する手続において裁判所が最終的にした裁判としているが、マサチューセッツ州の裁判もこのカテゴリーに含めることは十分可能なように思われる。

(34)　中野俊一郎・ジュリ857号126頁（1986）。また、道垣内正人「イタリアから連れ去られた子の人身保護請求事件」ひろば1985年5月号78頁も、暫定性は別居判決という性格上必要とされているにすぎず、未だ「確定判決」でないという扱いが妥当か否かの問題となりうるとする。

　国際保全管轄は、目的物・係争物所在地以外に本案管轄からも認められるので、保全命令が発令されたが目的物・係争物がわが国に存在しないために執行できないという事態は生じうる。しかし、目的物・係争物がわが国に存在しないにもかかわらず債権者が保全命令を申請するのは、保全執行の時間的制約から（民保法43条2項は、「保全執行は、債権者に対して保全命令が送達された日から2週間を経過したときは、これをしてはならない」と規定する）、通常は債務者所有の船舶が国の港に近日中に寄港するといった事件が存在し、執行が発令と同時に可能でないことはあまり問題にする必要はない。しかも、わが国の民事保全では目的物・係争物を特定するから、保全の必要の審理の中で執行可能性は吟味されているのが普通だろう。

　ただ、債権仮差押執行の場合、執行方法は裁判所が第三債務者に対して債務者への弁済を禁止する仮差押命令を送達する形で行われるため、第三債務者がわが国に所在しない場合に保全執行できるかという問題が生じる。旧民訴法下では、第三債務者がわが国に所在するのでなければ弁済禁止命令は実効的でないので、債権仮差押えの執行は許されない（執行管轄権は否定される）という有力説が主張され[35]、実務の運用も同様であったのではないかと思われる。

　しかし、第三債務者が旅行などでわが国にわずかでも滞在する場合には、その期間を見計らってホテルなどで執行官が交付送達すれば足りるし（民訴105条参照）、それが不可能でもわが国に就業する場所（本人のものではなく他人の住所や事務所でも可。同106条参照）があればそこでの送達も可能だろう。さらに、国際司法共助により、外国に所在する第三債務者に対しても民事訴訟法条約や送達条約あるいは二国間司法共助取決めに従った送達による債権差押えの執行が可能ではないかも検討に値する。弁済禁止命令という裁判上の文書であるので、国際司法共助の対象文書とも考えられるからである（国際司法共助一般については、第5章参照）。

---

(35)　道垣内・前掲注（1）487頁。

■ 事項索引

■判例索引

小林　秀之（こばやし・ひでゆき）

　1974年東京大学法学部卒業、1976年第28期司法修習修了。その後、東京大学助手、上智大学法学部教授、同法科大学院教授、一橋大学教授を経て、現在、一橋大学名誉教授・SBI大学院教授・弁護士。

　『アメリカ民事訴訟法［新版］』（弘文堂・1996）、『プロブレム・メソッド新民事訴訟法［補訂版］』（判例タイムズ社・1999）、『破産から新民法がみえる』（日本評論社・2018）、『わかりやすい新破産法』（共著、弘文堂・2005）、『破産法』（共著、弘文堂・2007）、『民事訴訟法』（共著、弘文堂・2011）、『法学講義 民事訴訟法』（編、弘文堂・2018）、『新製造物責任大系Ⅰ・Ⅱ［新版］』（責任編集、弘文堂・1998）、『国際裁判管轄の理論と実務』（編集代表、新日本法規・2017）など。

村上　正子（むらかみ・まさこ）

　1992年上智大学法学部卒業、1998年一橋大学大学院法学研究科博士課程修了（法学博士）。その後、筑波大学人文社会科学研究科准教授・教授を経て、現在、名古屋大学大学院法学研究科教授。

　「外国判決の承認・執行における手続的公序についての一考察」一橋論叢113巻1号（旧姓赤冽、1995）、「外国判決の執行についての一考察」竹下守夫先生古稀祝賀『権利実現過程の基本構造』（有斐閣・2002）、「外国非訟裁判の承認執行制度再考」民事訴訟法雑誌51号（2005）、「外国裁判の承認執行」論究ジュリスト27号（2018）、『手続からみた子の引渡し・面会交流』（共著、弘文堂・2015）、『民事訴訟法［第2版］』（共著、有斐閣・2018）など。

新版 国際民事訴訟法

2020（令和2）年9月30日　初版1刷発行

著　者	小林　秀之 村上　正子	
発行者	鯉渕　友南	
発行所	株式会社 弘文堂	101-0062 東京都千代田区神田駿河台1の7 TEL 03（3294）4801　振替 00120-6-53909 https://www.koubundou.co.jp
装　幀	笠井　亞子	
印　刷	港北出版印刷	
製　本	井上製本所	

Ⓒ 2020 Hideyuki Kobayashi & Masako Murakami. Printed in Japan

ISBN978-4-335-35802-9

好評発売中 *＊表示価格（税別）は2020年9月現在のものです。*